Das Praxilogie-Buch aus dem Internet

D1725130

Aber warum hat mir denn das niemand früher gesagt ?!

Ein Ratgeber für
erfolgreiches Lebensmanagement

von

Otto Buchegger

www.praxilogie.de

Auf vielfachen Wunsch der großen Internet-Leserschar ist dieses Praxilogie-Buch jetzt auch in gedruckter Form erhältlich.

Damit man sich auch ohne Computer und Bildschirm von den vielen Gedanken inspirieren lassen kann.

Dieses Buch eignet sich bestens als Geschenk für neugierige Menschen aller Altersstufen.

Und ganz nebenbei wird man bei der Lektüre auch viel über die praktischen Möglichkeiten des Internets erfahren.

Wer aber mehr von Otto Buchegger lesen will, wird weiterhin zu einer der drei vorhandenen Internet-Adressen surfen:

www.buchegger.com
www.buchegger.de
www.praxilogie.de

Copyright © 2000 by Otto Buchegger, Tübingen
Alle Rechte liegen beim Autor
Herstellung: Libri Books on Demand
Lektorat: Margarete Knoedler-Pasch, Tübingen
Grafik: Otto Buchegger, Tübingen

Printed in Germany
ISBN 3-89811-519-4

Vorwort

Erfolgreich ist nur, wer auch sein tägliches Leben gut meistert. Dieser Gedanke hat mich motiviert, bewährte Managementprinzipien auf den Alltag und auch auf das private Leben zu übertragen. Ich habe mich immer darüber gewundert, warum der Berufsalltag und der private Alltag so verschieden sein sollten, dass sie nicht nach ähnlichen Prinzipien organisiert werden könnten.

Diese Gedanken habe ich in 7 Jahren (von 1993 bis 1999) in Vorlesungen mit jungen Leuten diskutiert und dabei herausgefunden, was besonders wichtig für sie ist. Das Ergebnis der Diskussionen ist dieses Praxilogie - Buch über Lebensmanagement und Managementpraxis.

Die LeserInnen, die ich damit ansprechen möchte, sind solche, die gerne effektiver arbeiten und glücklich und erfolgreich sein wollen. Die bereit sind zu lernen und das Gelernte auch anwenden. Besonders junge Menschen werden das vorgestellte Wissen zu schätzen wissen. In ihrer Ausbildung haben sie wenig über praktische Managementmethoden gehört, aber das Wissen darüber wird entscheidend für ihren beruflichen und privaten Erfolg sein.

Auch 'Alte Hasen' werden ihre Freude haben. Finden sie doch vieles bestätigt, was ihnen in ihrem Berufsleben geholfen hat. Und wenn sie ihr Wissen an die Jugend weitergeben wollen, haben sie damit gleich eine praktische Unterlage zur Hand.

Alle vorgestellten Methoden sind bewährt und getestet. Praktisch - Einfach - Menschlich waren meine Leitlinien. Auf modische Gags wurde weitgehend verzichtet, aber das Wissen ist trotzdem aktuell. Allerdings wird keine Gewähr oder Garantie für die Vorschläge übernommen. Sie sind als Tipps zu verstehen, die man annehmen kann, aber nicht muss.

Am meisten wird man von diesen Tipps haben, wenn man sie immer wieder liest und sich dadurch zum Handeln anregen lässt. *Aber warum hat mir denn das niemand früher gesagt?!*, das war eine häufige Reaktion in meinen Vorlesungen. Darum habe ich auch diesen Titel gewählt.

Der Begriff Praxilogie für die Theorie der Praxis oder auch die Wissenschaft der Praxis wird seit 1997 nur von mir verwendet. Damit ist die Praxilogie ein gutes Suchwort, unter dem man meine Arbeiten im Internet leicht findet.

> Richtiges Handeln ist das Ergebnis des richtigen Wissens!

Theorie und Praxis

Meine lange akademische Ausbildung (erst mit 29 bin ich voll ins Berufsleben eingestiegen) und die damit erworbenen Titel (Diplomingenieur der Nachrichtentechnik, Doktor der technischen Wissenschaften) haben mir oft den Anstrich der Lebensfremdheit eingebracht. So fühlte ich mich dann häufig herausgefordert, praktische Probleme anzupacken und zu lösen.

Dabei habe ich den Eindruck gewonnen, dass es so etwas wie eine Praxilogie, eine Theorie der Praxis, gibt. Man könnte Murhpy's Gesetze (z.b.: Alles was schief gehen kann, geht schief) dazu zählen. Später habe ich gelernt, dass die Erkenntnisse im Umgang mit komplexen Problemen tatsächlich allgemein anwendbar sind.

> Praxis: Alles funktioniert, aber keiner weiß warum.
> Theorie: Jeder weiß alles, aber nichts funktioniert.
> Wir kombinieren Theorie und Praxis:
> Nichts funktioniert und keiner weiß warum.

Aber nicht nur die theoretischen Erkenntnisse der Psychologie der Komplexität, sondern vor allem viele Lebensweisheiten, von der Bibel bis zu Orakelbüchern (z.B. I Ging), von Sprichwörtern, Aphorismen bis zu Kalendersprüchen enthalten nützliche Anweisungen im Kampf gegen praktische Probleme.

Vor allem die Kenntnis der Menschen hat einen wichtigen Anteil bei der Lösung. Deshalb habe ich vor allem der menschlichen Komponente des Managements großen Raum gelassen.

Man sollte annehmen, dass die Psychologie schon viele Antworten parat hat. Aber das kann ich nicht generell bestätigen. Die Psychologen und die Mediziner, wie die meisten anderen Wissenschaftler, wissen zwar unendlich viel im Detail über den Menschen, aber es fehlte mir bei ihnen der große Überblick und ein Wissen über Zusammenhänge. Hingegen konnte ich viel von den Menschen lernen, deren Erfolg oder deren Überleben sogar direkt von der Kenntnis der Menschen abhängt. So ist etwa die praktische Erfahrung von Kaufleuten eine nützliche Quelle, über das konkrete Verhalten von Menschen zu lernen. Und das Studium der Wirtschaftswissenschaften lehrt viel über komplizierte Zusammenhänge in der menschlichen Gemeinschaft.

> Nichts ist praktischer als die richtige Theorie.
> Die Nebenwirkungen sind oft wichtiger als die Hauptwirkungen.
> Die Praxis sieht die Ergebnisse, weniger die Absicht, das Ziel oder den Einsatz.

Themen der Praxilogie

Neben Praktisch - Einfach - Menschlich wurden noch folgende Richtlinien bei der Wahl des Inhaltes beachtet:

- Vom Abstraktem zum Konkreten, vom Allgemeinen zum Speziellen.
- Viele Themen und diese eher übergreifend, als ein Thema tiefschürfend.
- Alles Vorgestellte ist sehr vereinfacht.
- Die menschlichen Aspekte stehen im Vordergrund.
- *So markiert, handelt es sich oft um (m)eine persönliche Meinung.*
- *Beispiele und Fragen zum Reflektieren des Gelesenen werden angeboten.*

Viele Aussagen erscheinen trivial, enthalten aber viel Weisheit. Es wird schwer sein, einige der angebotenen Lösungen zu verstehen, wenn man das Problem nicht kennt. Erst wenn man das Problem schon einmal gehabt hat, bekommen die Lösungen den richtigen Stellenwert.

Gerade für junge Leser mit einem geringen Erfahrungsschatz wird es schwierig sein, angebotenes Wissen eines fremden Menschen zu akzeptieren. Dies ist auch vernünftig so, gibt es doch viele Wegweiser, die in die Irre führen. Deshalb möchte ich hier betonen, dass keinerlei weltanschauliche oder religiöse Bezüge beim Niederschreiben besonders wichtig waren.

Wichtig hingegen war mir, was in unserem westlichen Umfeld wirklich funktioniert und was mit einiger Wahrscheinlichkeit im Leben von Akademikern, speziell auch eines Ingenieurs und einer Ingenieurin vorkommen wird.

Die Praxilogie unterscheidet sich von vielen anderen Büchern u.a. dadurch, dass sie nicht beschreibt, wie die Welt eigentlich sein sollte, sondern sie reflektiert vor allem meine persönliche Meinung dazu, wie die Welt wirklich ist.

Dieses Buch eignet sich nicht zur Heilung kranker Menschen. Sie werden einen Arzt brauchen. Ich bin kein Arzt, ich versuche nur mit meiner Lebenserfahrung Menschen zu helfen, gesund zu bleiben.

Viele Themen kamen als Vorschläge von meinen LeserInnen. Wer spezielle Fragen oder Vorschläge hat, ist herzlich eingeladen, sich an mich zu wenden, einfach eine Nachricht an *otto@buchegger.com* senden!

Lebensmanagement

Dieser Begriff ist dem Englischen entnommen. Es ist die Übersetzung von 'LIFE MANAGEMENT'. Dieser Ausdruck wird im deutschen Sprachraum kaum verwendet. Man spricht eher von Selbstmanagement. Selbstmanagement aber war mir ein zu einengender Begriff.

Warum ist dies ein interessantes Thema für Sie / für dich? In meinen Vorträgen über Projektmanagement habe ich festgestellt, dass die Managementmethoden, die man für sich persönlich anwenden kann, das größte Interesse bekamen. Die Anwendung auf das eigene, persönliche Leben verspricht doch den größten Nutzen.

> Viele Menschen stecken mehr Aufwand in die Planung eines Urlaubs als in die Planung ihres ganzen Lebens.

Deutschland hat eine lange Tradition auf diesem Fachgebiet. Einer der Väter des Selbstmanagements, Dr. Gustav Großmann, hatte in diesem Jahrhundert einen großen Einfluss auf die Entwicklung von Lebensmanagement-Techniken. Unter seinen Schülern haben besonders zwei, Hirt und Helfrecht seine Methode weiter entwickelt und auch eine große Anhängerschaft zu verzeichnen.

Das Wissen des Lebensmanagements ist oft als geheimes, d.h. esoterisches Wissen weitergegeben worden. In Zirkeln, Logen und Schulen wurde es weitergegeben. Und man gehörte zu den Eingeweihten, wenn man es hatte. Fast habe ich den Eindruck, dass auch heute noch Lebensmanagement-Techniken zu den geheimen Techniken gehören. Es gibt zwar in der Zwischenzeit sehr viele Kurse darüber, allerdings zu Preisen, die sich der Durchschnittsbürger kaum leisten kann. Aber zum Ausgleich gibt es inzwischen sehr viel Literatur zum Thema.

Die Weitergabe des Wissens von Mensch zu Mensch funktioniert schlecht. Selbst in Firmen, die auf Weiterbildung großen Wert legen, wird die Erfahrung von Einzelnen auf diesem Gebiet kaum an die KollegInnen weitergegeben. Die Gründe sind sicher vielfältig. Einer der Hauptgründe ist sicher, dass man einen persönlichen Wettbewerbsvorteil nicht gerne aus der Hand gibt, aber auch der Konflikt zwischen den Generationen spielt eine Rolle.

Vor allem alte, erfahrene Menschen wären eine gute Informationsquelle. Aber oft wollen diese ihr Wissen behalten, damit sie von der Jüngeren nicht abgehängt werden. Und oft akzeptieren die Jungen das angebotene Wissen der Alten auch nicht, weil sie es nicht mehr als aktuell empfinden. Aber ich habe zu meiner Freude entdeckt, dass das Internet ein wunderbares Medium ist, die Sprachlosigkeit zwischen Jung und Alt erfolgreich zu überbrücken!

Für andere ist das Thema vielleicht zu trivial, als dass man darüber reden müsste. Tatsache aber ist, dass vor allem Berufsanfänger wenig zu dem Thema erfahren.

Der einzige Mensch ...

... der mein ganzes Leben bei mir ist,
... der die größte Verantwortung für mich hat,
... der sich immer um mich kümmert,
... der es wirklich gut mit mir meint,
... der mich wirklich kennen müsste,
... auf den ich mich verlassen muss,

... bin nur ich selbst!

Lebensmanagement ist die Voraussetzung für jede andere Managementaufgabe und für ein erfolgreiches und befriedigendes Leben. Denn nur wer sich selbst steuern kann, kann es auch für andere. Wer chaotisch mit sich selbst umgeht, der schafft auch überall sonst Chaos.

Eine Führungskraft, die sich nicht selbst organisieren kann, bleibt es nicht allzu lange, entweder weil sie nicht erfolgreich sein wird, oder weil sie Raubbau an den eigenen Ressourcen treibt und aus gesundheitlichen Gründen dann aufgeben muss.

Aber nicht nur Führungskräfte müssen sich selbst managen können. Jeder der berufstätig ist, muss es tun. Und auch Nichtberufstätige werden ihren Vorteil aus den Lebensmanagement Methoden ziehen.

Die ideale Zielgruppe zum Lernen der Lebensmanagement Methoden sind jugendliche, akademische Berufsanfänger und Studierende in höheren Semestern. Ein ganzes Leben lang können sie Vorteile aus dem erworbenen Wissen ziehen. Der Nachteil der Jugend ist es allerdings, dass wegen mangelnder Erfahrung nicht immer eingesehen wird, dass die Anwendung nützlich ist.

Ein Problem der Jugend ist nämlich ihre Vorliebe für eine normative Weltschau. Die Jugend will die Welt so sehen, wie sie sein sollte und nicht, wie sie ist. Ich bekomme deshalb auch Kritik von Idealisten (z.B. Lehrern), die meine Sicht aus Unwissenheit ablehnen.

Wer keine Erfahrung hat, hat zuwenig Fehler gemacht, um einzusehen, dass eine Methodik Vorteile bringen kann. So wird jemand, der schon viele Fehler auf einem Gebiet gemacht hat, eher bereit sein zu lernen, wie sich Fehler vermeiden lassen. Und viele Menschen entwickeln erst mit Hilfe eines Coachs die Bereitschaft, sich zu verändern und weiterzuentwickeln.

Was man nicht in der Schule lernt

Ich bin zwar lange zur Schule gegangen, aber ich habe dort viele wichtige Dinge nicht gelernt. Selbst eine gute, akademische Ausbildung lässt noch vieles offen, was üblicherweise erst dann im Berufsleben trainiert wird.

Der größte Mangel an Wissen ist das Wissen über sich selbst: wer man denn eigentlich ist, was einen glücklich macht, wo man seine Zukunft bauen wird.

Es fehlen die Kenntnisse der eigenen Fehler und Stärken, was man eigentlich selbst will und inwiefern man denn nur die Wünsche und Projektionen von anderen, zum Beispiel der Eltern, erfüllt.

> LERNE - ARBEITE - STIRB?

In die Zeit des jungen Erwachsenenseins fällt auch die Partnerwahl. Und da merken wir schmerzlich unsere mangelnde Ausbildung in Sexualfragen. Auch darüber lässt uns unsere Ausbildung ziemlich im Dunkeln. Und wie gewinne ich Freunde. Welche Freunde soll ich mir auswählen. Wo finde ich diese?

In jungen Jahren ist man noch eher gesund als dann später. Hier ist die Hauptfrage: Wie erhalte ich meine Gesundheit, wie füge ich ihr keinen Schaden zu. Viele der Gewohnheiten der Jugend werden dich (dem Charakter des Buches entsprechend habe ich die informelle Anrede gewählt) ein ganzes Leben lang prägen. Und viele Entscheidungen, die in jungen Jahren gefällt werden, sind lebensentscheidend.

Eigentlich wird schon in den Jahren zwischen 20 und 30 festgelegt, an welchem Tod ihr wahrscheinlich sterben werdet. Die Anlagen, geerbt von den Eltern, die Wahl der Ernährungsweise und der Hobbys, die Wahl des Berufes und des Wohnortes, sie werden entscheidend sein, wie ihr euer Leben auch beenden werdet.

Dies ist typisch für jede Art von Management, dass Entscheidungen sehr lange Fernwirkungen haben. Was heute entschieden wird, kann u.U. erst in 20 Jahren zu bezahlen sein. Denn alles was wir tun, hat Folgen.

Fast jeder Jugendliche hat einen großen Nachholbedarf an Kommunikationsfähigkeiten. Dazu gehören Kenntnisse der Körpersprache, Erfahrung im Schauspielen, Menschenkenntnisse.

Speziell die Erfahrung, die man beim Theaterspielen machen kann, sind unbezahlbar für den Berufsalltag. Denn wer zum Beispiel weiß, wie er wirkt oder welche

Wirkungen er erzielen kann, wird sich im Umgang mit Mitmenschen wesentlich leichter tun.

Zur Kommunikation gehören auch eine leserliche Handschrift und die Fähigkeit, schnell und viel lesen zu können. Im Berufsalltag ist es nicht ungewöhnlich, dass ein Buch von 500 Seiten an einem Tag oberflächlich durchgearbeitet werden muss und dazu muss man wirklich schnell lesen können.

Auch das Maschinenschreiben will in jungen Jahren geübt sein. Nahezu jeder akademische Beruf verlangt das Schreiben von irgendwelchen Texten, heute mittels Computer, und wer schneller tippen kann hat unbestreitbare Vorteile. Der sichere Umgang mit einem PC, sowie mit dem Internet, wird heute ohnehin als selbstverständlich vorausgesetzt.

Da viele Erfolgreiche auch viel reisen werden, sind Sprachkenntnisse, Kenntnisse über fremde Kulturen und fremde Länder notwendig. Sowie auch eine gewisse Praxis, wie man effektiv und sicher reist. Ein Führerschein und sichere Autofahrkenntnisse werden überall vorausgesetzt.

Leider sind viele Führungskräfte auch oft alleine. Und Grundkenntnisse, wie man selbst seinen Haushalt führen kann, oder sich zum Beispiel auch im Ausland sein Lieblingsessen selbst kochen kann, sind für das eigene Wohl sehr wichtig.

Es ist frustrierend zuviel von dem zu lesen, was man noch zu tun hat, ohne dagegen etwas zu unternehmen. Deshalb will ich gleich an dieser Stelle die Vorgangsweise angeben, wie man gegen diesen Frust erfolgreich ankämpfen kann.

Jede Bildungslücke, die ich gerne schließen will, schreibe ich als TODO (d.h. zu Tun) in mein Zeitplanungsbuch. Ein Wort, ein Satz wird am Anfang genügen, um den Denkprozess zu starten, der dann letztendlich diese Bildungslücke schließen wird. Allerdings ist es damit allein noch nicht getan. Vieles wird erst durch permanente Übung und ständige Verbesserung zur Routine. Erst dann gehört mir das Wissen oder die Fähigkeit! Wer aber nicht bereit ist, diesen ersten Schritt, das Aufschreiben, zu tun, der kann diesen Ratgeber gleich wieder weglegen.

Letzten Endes wird die Erfahrung im Beruf das entscheidende Wissen bringen, aber einiges kann man vorbereiten und dazu soll dieses Buch helfen. Immer vorausgesetzt, dass gute Umgangsformen, dazu gehören auch akzeptierte Esssitten, euch auf dem Weg nach oben unterstützen werden. Die Wichtigkeit von gutem Benehmen, Einfühlungsvermögen und von Respekt gegenüber den Mitmenschen, heute oft auch Soziale Kompetenz genannt, werde ich noch oft betonen.

Schon jetzt will ich auf die Magischen Worte "DANKE, BITTE, GUTEN TAG, ENTSCHULDIGEN SIE BITTE, VERZEIHUNG" hinweisen. Ihr Fehlen hat manche Karriere und viele persönliche Beziehungen frühzeitig beendet!

Lebensfreude wird ein Hauptthema der Praxilogie sein, aber ich werde auch auf wichtige Negativ-Themen, wie Intrigen oder Mobbing, eingehen.

Essen und Trinken

Dieses Kapitel kann natürlich nicht eine fundierte Ausbildung in Gutem Benehmen, Training von Esssitten oder sogar einen Kochkurs ersetzen. Aber ich will wenigstens einige Anregungen geben, sich auf dem Gebiet des Essens und Trinkens weiterzubilden.

Kenntnisse auf diesem Gebiet sind absolut notwendig, um neben der Gesundheit vor allem auch die Lebensfreude zu erhalten. Für Führungskräfte kommt dazu, dass sie häufig bei offiziellen Anlässen essen müssen und dabei immer kritisch beobachtet werden. Nehmen sie doch immer - ob sie es wollen oder nicht - eine Vorbildrolle ein. Und schlechte Sitten können jede Karriere schnell zerstören oder zumindest den Amtsinhaber lächerlich machen.

Gelegentlich wird man - dann meist mit Partner - auch bei einem Nobel-Essen getestet. Wenn man kann, besucht man dann schnell noch einmal vorher die Lokalität. Man wird entsprechend Eindruck schinden, wenn man sich schon auskennt.

Aber, wie wir auch bei den Zukunftstrends sehen werden ist das Essen selbst ein wichtiger Trendindikator. Weiterbildung auf diesem Sektor ist also immer auch fachliche Weiterbildung, auch wenn das Finanzamt es nicht so sieht.

> Gourmands essen viel,
> Gourmets essen gut!

Essen und Trinken erlernt man nicht in der Jugend. Die Kultur der Jugend legt überhaupt keinen Wert darauf und gutgemeinte Versuche der Eltern die Jugendlichen dafür zu schulen, sind im Normalfall zum Scheitern verurteilt. Lediglich das Vorbild der Eltern, deren eigene Lebensfreude damit, kann für die Jugendlichen motivierend wirken.

So müssen die Erwachsenen - ähnlich wie auf dem Sexualsektor - ihre Ausbildung selbst dafür in die Hand nehmen. Zwei Faktoren sind dabei sehr hilfreich:

1. Das Kochen
2. Das Essen in Gruppen

Gutes Essen und gutes Kochen gehören zusammen. Erst durch eigenes Kochen wird man gutes Essen verstehen und erst durch gutes Essen wird man seine Kochkünste vervollkommnen. Ich kann also alle meine LeserInnen, Männer genauso wie Frauen, nur ermuntern sich mit dem Kochen zu beschäftigen.

Das Schöne am Kochen ist, dass man seine eigene Kreativität und Kunst darin auch selbst genießen kann! Es gibt wenige andere Künste, wo dies auch der Fall ist! Kochen hilft auch gute soziale Kontakte zu knüpfen und kann im Alter helfen, sich lange selbst zu versorgen. Obwohl gutes Kochen oft ziemlich teuer ist, kann man aber die Kenntnisse darin auch dazu verwenden, um zu sparen und sich doch richtig und gesund zu ernähren.

Das Essen in Gruppen fördert die Kenntnisse beim Essen und Trinken. Es gibt immer jemanden, der etwas besser Bescheid weiß und der Gruppe zum Beispiel spezielle Esstechniken beibringen wird.

Bei Gruppenessen muss der Bezahlungsmodus im Voraus geregelt sein, soll es nicht zu unangenehmen Überraschungen kommen.
Folgende Varianten sind fair:
- Festpreis für Menü und Getränke
- Festpreis für Menü, Getränke zahlt jeder selbst
- Jeder zahlt auf eigene, separate Rechnung

Bei allen anderen Varianten muss man sich auf die Fairness der Teilnehmer verlassen können. Diese Fairness ist nicht gegeben, wenn die Gruppe groß ist oder Teilnehmer mit unbeschränkten Spesenaccounts (z.B. US-Amerikaner) dabei sind. Dann ist oft die einzige Alternative, einfach nicht mit zum Essen zu gehen.
Man vergesse auch nicht: Wer bestellt, muss bezahlen. Wer wegen Sprachproblemen für ausländische Kollegen mitbestellt, muss im Streitfall auch für diese bezahlen! Deshalb immer die Kreditkarte mitnehmen!

Ich habe oft nach dem Vorbildprinzip gehandelt: Geh mit jemanden essen, der erfahren ist und zu dem du Vertrauen hast. Und iss alles, was der auch genießt, egal was du vorher darüber denkst. So habe ich gelernt, Hummer zu zerlegen, Austern zu schlürfen, Meeresschnecken roh zu essen und vieles andere mehr, wovor ich vorher wegen Unkenntnis nur Abneigung hatte.

Natürlich kann man Essen und Kochen in der Gruppe auch kombinieren. Aber das Gruppenessen in einem guten Restaurant hat doch seine eigene Atmosphäre, die man zuhause schlecht nachvollziehen kann. Ein langes Essen, mit vielen kleinen

Gängen, mit entsprechender Beratung durch einen kompetenten Kellner, wird an einem Abend viel Know-how bringen und auch große Freude bereiten.

Ich habe einige Jahre Essreisen ins Elsass organisiert. Ein Kleinbus voll Genießer hat nach einer kleinen Wanderung dann ein ausgezeichnetes und fast immer unvergessliches Essen miteinander gefeiert. Auch nach vielen Jahren denke ich gerne an diese Ausflüge zurück. Heute hat sich die Szene etwas gewandelt und ich wähle jetzt die deutsche Seite des Rheintals oder Italien für diese Reisen.

Geschmack braucht Zeit, um sich zu entwickeln. Gelegentlich wird man etwas öfter versuchen müssen, um dahinter zu kommen, warum etwas so ausgezeichnet schmeckt und begehrt ist. Und manches wird einem nie schmecken, darauf kann man dann getrost auch verzichten.

So brauchte ich mehrere Anläufe und auch Beratung, um herauszukriegen warum Austern so lecker sind. Erst die richtige Kombination Austern mit Muscadet sur Lit, langsam mit etwas Zitronensaft genossen, mit einigem Abstand zum nächsten Gang, hat mir die Erleuchtung gebracht. Hingegen habe ich nie Geschmack an Trüffeln gefunden. Auch nach vielen Versuchen stellte ich fest, dass sie einfach nach gar nichts schmecken! Und das ganze Gerede darum - für mich - nur Geschäftemachen ist!

Bei diesen Gruppenessen wird man schnell die entsprechende Ausbildung zum Gourmet erhalten. Der Guide Michelin mit seinen Sternen hilft auch die richtige Auswahl zu treffen. Nach einigem Training kann man dann die Ausbildung feierlich in einem Drei-Sterne Restaurant abschließen. Damit ist man dann für alle Festbanquette und ähnliche Anlässe vorbereitet.

Wer mit fremdartigem Essen am Anfang nicht zurechtkommt, kann immer den Ober befragen, dafür ist dieser auch da. Wer die Esssitten des Hausherren, der Hausfrau nachmacht, wird keine schwerwiegenden Fehler machen. Wer unsicher ist, wie es schmecken wird, lässt sich zuerst ein Kostprobe oder eine kleine Portion geben.

Bei Fischessen braucht man einmal eine Anleitung über die Anatomie der Fische. Am Besten übt man dafür mit einer Forelle, die ist einfach zu zerlegen und typisch für die meisten Fische. Wenn Geflügel oder Hummer serviert werden, darf man diese auch mit Hilfe der Hand essen, nachher muss man sich allerdings die Hände waschen oder abwischen!

Besteck nimmt man von außen nach innen. Viele Gläser sind manchmal verwirrend, aber richtige Fehler kann man damit kaum machen. Man lässt sich dann einfach einschenken.

Viel Theater wird immer um die Weinauswahl gemacht. Inzwischen gibt es Weinseminare, sogar spezielle für Führungskräfte, wo man entsprechende Beratung bekommt. Aber auch hier hat sich viel gewandelt. Man trinkt, was einem schmeckt. Bei Gruppen wählt der aus, der zahlt oder die Einladung ausgesprochen hat. Solange man nicht Wein mit Bier oder Coca-Cola mischt, kann man kaum schwerwiegende Fehler machen. Also, nur Mut bei der Wahl!

Der Genuss von Alkohol ist bei Auftritten in der Öffentlichkeit immer zu kontrollieren. Man darf nie lallen! Wer schon nach einem Bier lallt, der lasse den Alkohol ganz weg. Ebenso soll der nichts oder nur wenig trinken, der noch eine große Rede zu halten hat. Dafür braucht man alle seine Sinne!

Vermeiden sollte man u.a. in unserem Kulturkreis:
Reden während des Kauens, jede Art von Zahnhygiene am Tisch, lautes Rülpsen, Nachziehen des Lippenstiftes, Kämmen am Tisch, Ablegen der Essensreste außerhalb des eigenen Tellers, frühzeitiges Aufstehen von der gemeinsamen Tafel, Rauchen, solange andere noch essen, Benutzung des Handys.

Aber gestattet sind:
Gegenseitiges Kosten, genüssliches (leises) Schmatzen, bei Krustentieren und Geflügel die Hand einsetzen, Stehen lassen von Speisen.

Immer nützlich ist:
Vor dem Essen Hände waschen, den Koch, die Köchin loben, sich für die Einladung bedanken, über schöne Dinge reden, Komplimente machen und das Flirten nicht vergessen! Denn nicht nur Essen und Trinken gehören zur Lebensfreude!

Zum Schluss noch der Hinweis zum Trinkgeld (Service, tip). Man halte sich streng an die Landesregel, kennt man diese nicht, so fragt man danach. In Deutschland rundet man den Betrag auf, aber in USA muss man 15% der Summe geben. Davon lebt die Bedienung, wem das zu hoch ist, der darf in USA nur zu McDonalds gehen. Dort sind die Preise Inklusivpreise!

Ich hoffe, mit meinen Anmerkungen zu helfen, dass Esssitten kein Stolperstein in der Karriere werden, sondern sie mithelfen, Lebensfreude zu gewinnen. Diese wird in einem sonst sehr feindlichen Umfeld bitter notwendig sein!

Management - Grundlagen

Etwas Theorie ist nützlich für die späteren Kapitel. Die getroffene Auswahl bringt jene Grundlagen, die ganz allgemein anwendbar sind. Speziell für junge Menschen wird dabei sehr viel Wert auf Zukunftsfragen und auf das Management von Veränderungen gelegt.

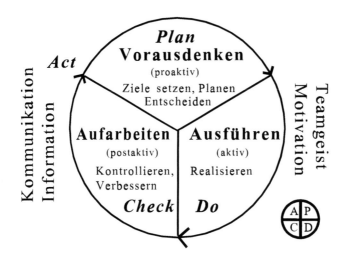

Der Managementkreis beschreibt ein Modell für die verschiedenen Abschnitte nahezu jeder Tätigkeit, jedes Projektes oder Ablaufes, oder auch jeder Verbesserung. Drei grundverschiedene Abschnitte sind zu unterscheiden. Vor der eigentlichen Ausführung gibt es die Planungsphase, auch Vorausdenkens-Phase oder Proaktive Phase genannt. Die Ausführungsphase oder auch aktive Phase ist immer im Kernpunkt. Ihr wird meist die größte Aufmerksamkeit gewidmet.

Nach ihr kommt die Aufarbeitungs-Phase oder auch Postaktive Phase. In ihr wird kontrolliert, ob das Ergebnis erreicht wird und überlegt, was man hätte verbessern können. Aber auch Überlegungen, wie man das erreichte Ergebnis neu und anders nutzen kann (Wiederverwendbarkeit), sind hier angebracht.

Normalerweise schließt sich dieser Kreis und wie eine Spirale wird, nach Durchführung der notwendigen Änderungen, wieder von vorne begonnen.

Übernommen aus dem Japanischen Qualitätsmanagement werden die Phasen auch PLAN, DO, CHECK, und ACT für den Neubeginn genannt. Der Kreis wird dann viergeteilt und heißt in dieser Form auch Deming-Kreis, benannt nach dem Pionier des Qualitätsmanagements. Je nach Art der Aufgabe werden die Phasen verschiedene Dauer und auch Wichtigkeit haben. Es ist allerdings unwahrscheinlich, dass eine einzelne Phase ganz ausfällt.

Für den privaten Bereich ist die Erweiterung der proaktiven Phase sehr wesentlich. Hier wird entschieden was die Ziele und Inhalte sind und welchen Weg man einschlägt sie zu erreichen.

Aber auch die Betonung der postaktiven Phase kann sehr gute Wirkungen erzielen. Es kann sehr viel an Ordnung und Erfahrung gewonnen werden, wenn aktive Phasen mit einer postaktiven Phase abgeschlossen werden.

Nach der Party (aktive Phase) wird sofort aufgeräumt (postaktive Phase). Durch die schnelle Herstellung des Ausgangszustandes wird keine Arbeit aufgeschoben und es wird weniger die Gefahr einer Überlastung in der Zukunft eintreten.

Am Rande stehen Begriffe, die einer Organisation ermöglichen zu arbeiten. Kommunikation und Information als die mehr sichtbaren Begriffe und Motivation und Teamgeist als die eher inneren Kräfte. Aber auch noch viele andere Aspekte, die später genauer beschrieben werden sollen, sind wichtig.

Ein Modell für Management - Aufgaben

In diesem Bild wird eine Turbine, die vom Wasser angetrieben wird, das aus einem Behälter kommt, zur Veranschaulichung der Managementaufgaben gewählt. Anhand dieses Modells werden einige Begriffe erläutert, die für das Management wichtig sind.

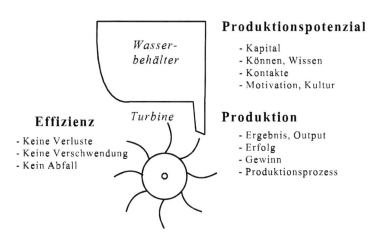

Wie jedes Modell, so ist auch dieses nur eingeschränkt anwendbar und vor allem für Produktionsaspekte interessant.

Das PRODUKTIONS - POTENZIAL ist notwendig, um überhaupt etwas produzieren zu können. Dazu gehören im Normalfall Kapital, Wissen und Können, aber auch z.b. Kontakte und Motivation.

Die PRODUKTION ist die Tätigkeit, die jene Ergebnisse produziert die gewünscht sind, wie zum Beispiel die Erzeugung von Strom.

EFFIZIENT bedeutet, dass keine oder wenige Verluste entstehen, etwa keine Verschwendung, kein Abfall entsteht.

Zusammenfassend sind die Aufgaben:

> Mit Blick in die Zukunft, im engen Kontakt mit Kunden und Mitarbeitern: Produktionspotenzial aufbauen und dieses effizient in Produktion umwandeln.

Der Blick in die Zukunft ist wichtig, weil nur dadurch sichergestellt wird, dass ich auf Veränderungen vorbereitet bin. Der enge Kontakt mit Kunden ist unerlässlich, denn nur so weiß ich, was meine Abnehmer benötigen. Und da nahezu jede Arbeit von mehreren gemacht werden muss, ist der enge Kontakt zu den Mitarbeitern ebenso lebensnotwendig.

Für kurze Zeiträume ist es möglich einen der drei Aspekte Produktionspotenzial, Produktion oder Effizienz zu vernachlässigen, ohne gleich zugrunde zu gehen. Leider führt dies gerade beim Produktionspotenzial dazu, dass es vernachlässigt wird und dann irreparable Schäden verursacht. Viele Firmen, aber auch Menschen leben 'von der Hand im Mund' und kümmern sich zuwenig um ihr Vermögen, etwas leisten zu können.

Ohne Produktion wird sehr schnell nichts mehr gehen, deshalb gilt auch ihr das Hauptaugenmerk. Und da nur sie kurzfristig Geld einbringt, werden gerne die anderen Aspekte vernachlässigt.

Aber ohne Investition in das Potenzial, d.h. das Vermögen etwas zu tun und in die Effizienz, d.h. in Verbesserungen wird der Erfolg nicht lange anhalten.

Diese ist vor allem für das Lebensmanagement wichtig. Die richtige Wahl der Weiterentwicklung des Produktionspotenzials und der Effizienz werden entscheidend sein, wie lange ein Mensch erfolgreich etwas 'produzieren' kann, z.B. Geld verdienen kann.

Es ist wichtig, ein Gleichgewicht zu finden, in dem alle Aspekte entsprechend berücksichtigt werden. Die Betonung nur eines einzelnen Punktes wird zumindest langfristig zum Misserfolg führen.

Ressourcen - Management

Ressourcen sind hier ganz allgemein gemeint. Es sind die klassischen Betriebsmittel und Güter, aber auch Fähigkeiten sind miteingeschlossen. Oft nennt man Ressourcen Manager auch Kümmerer, sie kümmern sich um etwas, was wichtig ist.

Einer der wesentlichsten Aspekte einer Ressource ist, dass sie als solche identifiziert ist. Erst wenn klar ist, dass sie ein wichtiges oder knappes Gut ist, wird sich ein Kümmerer finden.

Die Luft wird nicht als wichtiges Gut betrachtet, solange es genügend davon gibt und die Qualität der Luft gut ist. Erst mit der Luftverschmutzung wird sie eine Ressource, um die man sich kümmern muss. Tatsächlich haben alle Großstädte inzwischen Abteilungen, die diese Aufgabe vorzunehmen haben.

Sind nicht genügend Ressourcen vorhanden, dann wird die wichtigste Aufgabe sein, sie zu schaffen. Ist im Augenblick genügend davon vorhanden, dann wird das Erhalten einer Ressource die wichtigste Aufgabe sein. Ist zuviel einer Ressource da, dann wird es notwendig sein, den Überfluss, sofern seine Betreuung Geld kostet, wieder abzustoßen.

Eine Ressource, deren Betreuung - relativ zum Wert - geringen Aufwand darstellt, ist Geld. Es lohnt sich also fast immer überzählige Ressourcen zu Geld zu machen.

Es sollten zu jedem Zeitpunkt soviel wie nötig, aber nicht zuviel Ressourcen vorhanden sein. Denn zuviel, das bedeutet auch zuviel Erhaltungsaufwand, deshalb ist sowenig wie möglich ein erstrebenswertes Ziel.

Aus Sicherheitsgründen oder auch aus Bequemlichkeit wird man wichtige oder lebensnotwendige Ressourcen doppelt anlegen, damit im Krisenfall immer noch ein Überleben stattfinden kann.

In einem Haushalt sind mehrere Telefone vorhanden, obwohl eines genügen würde. Aber es ist bequemer, in jedem Raum ein Telefon zu haben.

Ressourcen, die nicht erhalten werden, gehen dem Besitzer verloren.

Das Haus, dessen Dach nicht rechtzeitig erneuert wird, verfällt in der Witterung.

Aber auch Fähigkeiten oder Rechte können verloren sein, wenn ihre Ausübung nicht regelmäßig vorgenommen wird.

Die Amerikaner haben für das Sexualleben alternder Menschen den sinnigen Spruch: Use it - or loose it!

Ein Verlust ist immer dann wahrscheinlich und dann sogar auch sinnvoll, wenn der Wartungsaufwand größer wird, als der Nutzen der Ressource.

Der Kontakt zu Mitmenschen (dies ist auch eine wichtige Ressource) wird abgebrochen, wenn er zur Belastung wird. Dieser Nutzen ist dann zu gering, um den Erhalt des Kontaktes zu pflegen.

Die regelmäßige Wartung einer Ressource setzt Disziplin voraus.

Der Pianist wird regelmäßig seine Etüden spielen, um in Übung zu bleiben. Der Kunstmaler wird regelmäßig seine Fähigkeiten ausüben und verbessern. Die Ressource der künstlerischen Schaffungskraft bleibt nur dann erhalten, wenn sie mit Disziplin ständig trainiert wird.

Interessant für den Erfolg ist, dass es günstig ist diejenigen Fähigkeiten weiter zu entwickeln, die schon am besten entwickelt sind. Diese Betriebsmittel zu verbessern, die schon sehr gut sind. Diese Produkte zu bewerben, die am besten laufen. Diese Art der Auswahl des Ressourcenmanagement ist nicht intuitiv einzusehen. Ihre Begründung liegt im Wettbewerbsvorteil von Spitzenleistungen und Spitzenpositionen.

Oft wird es im Kontinuum einer Entwicklung gar nicht klar, dass zu viele Ressourcen vorhanden sind. Es ist dann sehr hilfreich, mit Obergrenzen dafür zu sorgen, dass nicht unbegrenzt Ressourcen angehäuft werden.

Eine kleine Abteilung wächst ständig. Um unkontrolliertes Wachstum einzudämmen, wird festgelegt, dass die Abteilung nicht mehr als 15 Leute haben darf. Diese Kopfzahl lässt offen, welche Menschen in dieser Abteilung arbeiten werden, sie schränkt nur die Anzahl ein und reduziert damit Probleme, die bei zu großen Abteilungen entstehen würden.

Kümmerer einer Ressource sollten diese auch mögen, eventuell sogar lieben, damit sie wirklich für das Wohl der ihnen anvertrauten Ressource voll eintreten. Sie müssen gelegentlich abstrakten Ressourcen einen Sinn geben, damit jedermann versteht, was man vermissen würde, wenn man sie nicht mehr hätte. Dazu gehört auch Wege zu finden, abstrakte Ressourcen sichtbar zu machen und sie so darzustellen, dass ihre Bedeutung erkannt wird.

Preisrichter eines Eiskunstlaufes geben Noten, um die Schönheit einer Vorführung zu bewerten. Damit wird selbst Schönheit sichtbar und vergleichbar gemacht.

Man schützt nur das, was man schätzt.
Man schätzt nur das, was man kennt.

Führung

Eine Gruppe, die auf sich allein gestellt ist, wird sehr schnell einen Führer, in diesem Fall nennt man ihn den informellen Führer, stellen. In vielen Experimenten wurde entdeckt, dass eine Gruppe immer jenen Menschen sich aussucht, der ihr den meisten Nutzen bringt.

Nutzen bringen kann sein, dass die Gruppe am sichersten geführt wird, dass die Gruppe durch die Führungskraft am besten nach außen vertreten wird, dass die Führungskraft die beste Leistung erbringt, das beste Fachwissen hat. Aber auch, dass die Führungskraft die meisten Meinungen vertritt, dass sie ausdrücken kann, was alle oder zumindest die meisten denken und dass sie sich durchsetzen kann.

Der Platz für Führung ist in der Mitte

Ändert sich die Situation, dann ändern sich auch die Anforderungen an die Führungskraft. Das heißt, eine Führungskraft, die in verschiedenen Positionen bestehen soll, muss ein großes Repertoire an Fähigkeiten haben.

Es gibt sehr viele Arten von Führung. In der Wirtschaft, in der Politik, in der Wissenschaft, überall wird ein anderes Profil gefragt sein.

Neben der Fachkompetenz einer Führungskraft ist vor allem die soziale Kompetenz wichtig. Der richtige Umgang mit Menschen, vor allem mit Menschen in schwierigen Situationen, und mit schwierigen Menschen ist unumgänglich. Eine Führungskraft muss z.B. Streitsituationen beruhigen können, erkennen, wann Zwistigkeiten vorhanden sind und gelegentlich auch über etwas hinwegsehen können.

Der Umgang mit Problemen mit und zwischen den Menschen will gelernt und geübt sein. Deshalb sollte jeder im Laufe seiner Ausbildung 'Spielwiesen' suchen, wo ohne großen Schaden die soziale Kompetenz entwickelt werden kann.

Geeignet sind dazu alle Gruppen in denen Menschen zusammenkommen. Vom Verein, der Klasse, der Familie, bis zur politischen oder religiösen Organisation.

Die sozialen Grundfähigkeiten haben wir in der Familie, im Kindergarten und in der Schule gelernt. Eigentlich sollten wir aber nicht aufhören uns in den sozialen Fähigkeiten weiterzubilden.

Im Berufsleben ist das Lehrgeld dafür oft zu teuer, es empfiehlt sich daher nach unkritischen, anderen Spielwiesen umzusehen. Der Sportverein, die Studentenvertretung, die Kirche, eine Wohngemeinschaft oder ein Klub sind bessere Orte spielerisch zu lernen.

In diesen Umgebungen werden Fehler leichter verziehen und wir getrauen uns dadurch mehr Lernerfahrung zu sammeln. Dazu gehört auch die Anpassung an verschiedene Umfelder, auch verschiedene Menschen. Die Sprache wird je nach Publikum verschieden sein müssen, will die Führungskraft von verschiedenen Menschen akzeptiert und verstanden werden.

Sollte eine offizielle Führungskraft für eine Gruppe bestimmt werden, so ist es klug einen informellen Führer dazu zu nehmen. Damit ist schon eine große Hürde für den Erfolg der Führungskraft, nämlich die Anerkennung der Mitarbeiter zu gewinnen, genommen.

Allerdings wird dies nicht immer möglich sein, vor allem, wenn die Führungskraft nicht die Gruppeninteressen, sondern z.B. die Interessen der Aktionäre vertreten soll. Etwa, wenn Kündigungen vorgenommen werden müssen oder sogar Werkschließungen vorgenommen werden müssen.

Führung übernimmt auch, wer in der Lage ist, die richtigen Fragen zu stellen. Im richtigen Augenblick die entscheidende Frage zu stellen, ist zwar nicht immer einfach, aber ein bewährtes Mittel die Führung in die Hand zu nehmen.

Die Hauptfragen dabei sind:

- o WAS wird gemacht, soll gemacht werden (bis wann, wohin soll es führen)?
- o WIE soll es getan werden (wer soll es tun, mit welchen Mitteln)?

o Und die schwierigste Frage ist immer WARUM? Damit sollte man vorsichtig umgehen.
o Bei allen Fragen ist es klug, nach einer Quantifizierung oder Messbarkeit zu suchen, und dann stellt sich immer die Frage: WIEVIEL?

Wer fragt, macht sich zwar auch gelegentlich unbeliebt, er zeigt aber dadurch Interesse und das Vermögen mitzudenken. Und wer die richtigen Fragen stellt, demonstriert, dass er das Problem verstanden hat!

Management by ...

Wie für jede andere wichtige und komplexe Aufgabe, zu deren Lösung die Praxilogie dient, so werden auch in Managementfragen gerne alle verfügbaren Erkenntnisse zur Lösung bestehender Probleme herangezogen. Und in Modewellen wird immer ein Thema in den Vordergrund geschoben, auf das sich dann viele Autoren gerne stürzen, weil sich diese Bücher gut verkaufen.

Es gibt kaum Erkenntnisse der Psychologie, der Wirtschaftswissenschaften, der Kriegskunst, der Politik, aber auch vieler anderer Wissenschaften, die für Managementfragen nicht von Bedeutung wären. Und so werden die jeweiligen Modewellen mit Management by... abgetan.

Management by....

Champignon: Die Mitarbeiter im Dunkeln lassen, mit Mist bewerfen, wenn sich Köpfe zeigen - absägen!
Nilpferd: Auftauchen, Maul aufreißen, wieder untertauchen!
Jeans: Nieten an allen wichtigen Stellen.
Robinson: Alle warten auf den Freitag.
Pingpong: Jeden Vorgang solange weitergeben, bis sich die Sache von selbst erledigt hat.
Helikopter: Über allem schweben, gelegentlich auf den Boden kommen und viel Staub aufwirbeln!

Zwei Konzepte aber haben vor allem für alle westlichen Firmen große Bedeutung erlangt und sind über die Zeiten wichtig geblieben.

Es sind dies das Management mit Zielvereinbarungen (Management by Objectives) und damit zusammenhängend das Vereinbaren von Ausnahmebedingungen (Management by Exception), bei denen die übergeordnete Stelle informiert werden muss. Management by Objectives soll sicherstellen, dass untergeordnete Funktionen Freiheit bei der Erreichung ihrer Ziele haben. Es wird nur das Ziel, das gewünschte Ergebnis, vereinbart. Und es wird vereinbart, bei welchen Abweichungen vom Plan oder vom Ziel informiert werden muss. Damit bleibt die Motivation und Verantwortung dort, wo sie hingehört, nämlich bei der durchführenden Stelle. Und trotzdem bleibt die für den Erfolg oder Misserfolg entscheidende Information dem höheren Management erhalten.

Für den persönlichen Kontakt hat sich in vielen Betrieben das Management by wandering around (Management durch Herumgehen) bewährt. Dabei geht die Führungskraft - z.b. am Morgen - durch alle Zimmer und begrüßt die MitarbeiterInnen. Diese haben dadurch ohne eine formelle Prozedur die Chance eventuelle Fragen oder Beschwerden loszuwerden und die Führungskraft sieht von Angesicht zu Angesicht, wie es den Menschen geht.

Leistung und Betriebsklima

Eine der ersten Erfahrungen, die jede Führungskraft macht, ist, dass Fachwissen allein nicht genügt, um Erfolg zu haben. Neben Fachkompetenz ist vor allem soziale Kompetenz notwendig. Überall haben sie mit Menschen zu tun, es menschelt, wie es so schön heißt.

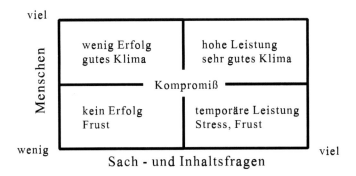

Und im Privatbereich ist die menschliche Komponente noch viel wichtiger. Was nützt etwa das Wissen der Mutter, wenn die Kinder nicht gerne mit ihr zusammen sind.

Du bist daher gut beraten - dies kann gar nicht oft genug betont werden - deine soziale Kompetenz oder anders ausgedrückt deine Geschicklichkeit im Umgang mit Menschen früh zu schulen.

Arbeitsumgebungen, in denen das Management die Menschlichkeit und Sach- und Inhaltsfragen gleichermaßen hoch betont, zeichnen sich durch sehr gutes Betriebsklima und hohe Leistung aus.

Auf unser Privatleben übertragen heißt dies, so richtig wohl fühlen wir uns nur, wenn auch die Anerkennung für unsere Leistung da ist. Und wenn wir in der Lage sind, etwas zu leisten.

Allerdings kann die Motivation zur Leistung schon sehr verschiedene Formen annehmen. Von Motivation durch Angst und Gier (dies wurde z.B. dem sehr erfolgreichen GE Manager Jack Welch nachgesagt), durch spielerische Herausforderungen bis zu esoterischen Formen wird man ziemlich alles in der Praxis finden. Entscheidend ist, wo sich jeder individuell am besten aufgehoben fühlt. Und wo er oder sie auch auf längere Dauer gesund, leistungsfähig und zufrieden bleibt.

Wo will ich stehen? Wo verdient man am meisten? Wo ist der Familienbetrieb, wo der Beamte? Wo ist der Platz für die Jugend, das Alter? Suche Beispiele für jedes Feld!

Planung

Die ist nur ein grundsätzliches Kapitel über Planung, das einen zusammenfassenden Charakter hat. Fachleute werden auf die umfangreiche Literatur zu diesem Thema zurückgreifen müssen!

Management eines Projektes "Segeln"	Management eines Prozesses "Bahnfahren"
Einmalig, einzigartig Spezifisches Endergebnis Anfang und Ende sind vorgegeben Viele, verschiedene Fachleute Kunde = Endabnehmer ist definiert	Wiederholt sich oft (>20) Verfahren, Ablauf, Mission, Fluss Ist beschreibbar und messbar Wer ist der Besitzer (Owner)? Sind alle Kunden bekannt?
Gewünschte Projekte: im Zeitrahmen Nach Plan, im Budget In definierter Qualität Kunden sind zufrieden Ohne Überraschungen "wie ein Baby"	**Gewünschte Prozesse:** Groß, stabil, menschenfreundlich Einfach, verständlich, universell Veränderungsfähig, ohne Verluste Wenige, optimiert, minimiert, lean Rund, ohne Brüche, ohne Abfall "wie geschmiert"

Unter Planung ist die gedankliche (und auch damit verbundene materielle) Vorbereitung von Produkten, eines Projektes oder Prozesses zu verstehen. Der Einfachheit halber werde ich primär von (einmalig vorkommenden) Projekten (die Produkte erzeugen) reden, aber grundsätzlich sind damit auch (immer sich wiederholende) Prozesse gemeint.

Menschen, die mit Planungsarbeiten beauftragt werden, sollten sehr viel Erfahrung haben. Man erwartet doch von ihnen, dass sie genau voraussagen können, was alles passieren wird und wie man sich darauf vorbereiten soll.

In der Bauindustrie ist die Planung so fein gemacht, dass man - auch bei Großprojekten - bis zu Stunden genau die Arbeiten festlegen wird. So weiß man immer, ob man im Plan ist oder eine Verzögerung hat!

In der Praxis, und vor allem bei Projekten, die man vorher noch nie, auch nicht in ähnlicher Form gemacht hat, wird man dieses Wissen nicht voraussetzen können. Am ehesten werden dann Teams von Experten dieses Wissen erbringen können. Und so sind Planungsteams auch sehr häufig anzufinden.

Bedingt durch die Größe von Projekten, wird man sie in Abschnitte, sogenannte Phasen einteilen. Jede Phase hat ein genau definiertes Abschlussprodukt. Dies ist wichtig, denn nur so kann man wissen, dass man eine Phase auch erfolgreich abgeschlossen hat. Diese Abschlusspunkte nennt man auch Meilensteine. Ihr Erreichen ist immer ein Grund zum Feiern.

In der Lebensplanung ist das Abitur (in Österreich die Matura) ein definierter Abschnitt. Entweder man hat es, oder nicht. Es ist nicht möglich, das Abitur nur zu 90% zu haben. Allerdings wird man später, auch wenn man den Schein nicht hat, das Abitur doch oft mit vergleichbarer Berufserfahrung ersetzen können.

Zu den bewährten Planungsvorgangsweisen gehört es, zuerst mit den grundsätzlichen Fragen zu beginnen. Und vom Abstrakten zum Konkreten, vom Groben zum Detail zu gehen. Man nennt diesen Vorgang Top-Down und er ist erfolgreich, wenn genügend Detailkenntnisse schon vorhanden sind.

Fehlen diese, wird man für Detailabschnitte gerade umgekehrt vorgehen müssen. Dies nennt man buttom-up. In der Praxis treten dann auch beliebige Mischformen auf.

Es ist absolut notwendig, die Planung schriftlich, in Form von Dokumenten oder Verträgen, zu machen. Nur so sind sie kommunizierbar. Und nur so weiß man später, was man sich früher einmal gedacht hat. (Dies ist vor allem notwendig, wenn man die Schuldigen ausmachen muss oder Verträge einklagen muss!) Gerade Anfänger machen zuwenig schriftlich. Es gibt viele Gründe dafür, einer ist sicher die Unsicherheit damit und der naive Glaube, es wird schon alles von selbst richtig laufen.

Das Niederschreiben hilft auch bei der Umwandlung von Tacit Knowledge (Wissen im Kopf) zu Explicit Knowledge (aufgezeichnetes, codiertes Wissen). So kann indi-

viduelles Wissen zu Gruppenwissen werden, ein ganz entscheidender Wettbewerbs-vorteil für eine Organisation!

Folgende Fragen sollten zumindest im generellen adressiert sein. Beim Top-Down Ansatz auch in dieser Reihenfolge. Bei großen Projekten wird die Beantwortung, Abstimmung oder Durchführung einer Frage eine ganze Phase (d.h. mehrere Wochen oder Monate) beanspruchen!

WARUM (Objectives, wie viel, wann, für wen,...)?
WAS (Requirements, Spezifikationen, wie viel, wann, mit wem,...)?
WER (wer verantwortlich für Leitung, Ownership)?
WIE - Ungefähr (Grobdesign, Schnittstellen, wie, wann, mit wem, womit,...)?
WIE - Genau (Implementation, Wochenpläne, Tagespläne,...)?
Wirklich erreicht (Test, Zusammenbau, was sind die Strafen bei Nichterreichen,...)?
Wie Besser (Innovation, Fehler verhindern)?

Zu den grundsätzliche Fragen gehört erstens, WARUM man etwas macht. Man nennt dies die Ziele (oder Objectives) zu definieren.

Zweitens wird man sich damit beschäftigen, WAS dann die Ziele der ersten Planungsphase erfüllt. Dies ist die Frage nach den Anforderungen (den Requirements), auch Spezifikationen genannt.

Erst dann kann man sich um das WIE (das Design) kümmern, und hier auch zuerst mit den großen Fragen beginnen, bevor man in die Details geht.

Dies sind die sogenannten primären, die proaktiven und aktiven Phasen, danach wird man verifizieren müssen, ob das geschaffene Produkt auch alle Ziele und Requirements erfüllt. In der Praxis wird man dann immer Wartungs-, größere Korrektur- und kleinere Verbesserungsschritte anfügen müssen. Es ist selten, dass ein Produkt (sei es jetzt ein Projekt oder Prozess) jetzt wirklich fertig ist.

Es sind fast immer postaktive Aktivitäten notwendig, einfach weil etwas, was in die reale, sich ständig ändernde Welt eingebettet ist, auch ständig an diese reale Umwelt angepasst werden muss.

Innovation, Reengineering <---------- Aus der Routine ausbrechen	
Projekte	**Prozesse**
Jeden Fehler nur einmal machen! ------------------> Qualität	

Viele Menschen, vor allem die ohne akademische Ausbildung und mit geringem Abstraktionsvermögen, haben große Probleme mit dieser - im komplexen Umfeld, z.B. in der Softwareentwicklung bewährten - strukturierten Vorgangsweise. Sie wollen vor allem etwas tun, etwas ausprobieren, ob es auch geht, schnell einen Prototyp, den man auch herzeigen kann, fertig stellen.

Sie sind dazu verdammt, immer wieder Arbeiten zu wiederholen, sich immer wieder an Unvorhergesehenes anzupassen. Aber sie sind damit oft durchaus auch erfolgreich.

Lediglich, wenn viele Menschen zusammenarbeiten müssen, ist ein strukturierter und disziplinierter Ablauf absolut notwendig. Dann kann man mit Hartnäckigkeit und Durchhaltevermögen allein wenig bewirken. Hier muss man dann alle Beteiligten mit gemeinsamen Dokumenten in eine Richtung bewegen, sonst wird man wenige sinnvolle Ergebnisse bekommen.

Zu den grundsätzlichen Planungsproblemen gehört das Teilungsproblem: Wie teilt man eine große Sache sinnvoll in kleinere Teile auf? Mehr dazu im nächsten Kapitel. Mit dem Teilen hängt aber nun auch das Synchronisieren zusammen. Wie und wann bringt man die Teile wieder zusammen?

Angenommen, mehrere Teile ergeben ein Ganzes. Dann muss jeder einzelne Teil zu einem bestimmten Zeitpunkt fertig werden. Der letzte Teil, der fertig wird, liegt auf dem kritischen Pfad. Seine Verzögerung wird alles verzögern. Kritische Pfade wird man deshalb besonders gut ausstatten und betreuen müssen.

Es wird in der Praxis viele Abhängigkeiten der Teilabschnitte geben. Auch wenn Teile nicht im kritischen Pfad liegen, werden Verzögerungen dadurch zum Problem. Es ist also für Planungssicherheit ungeheuer wichtig, das Schluss oder Abgabetermine auch eingehalten werden. Wir werden beim Zeitmanagement sehen, dass im wesentlichen nur Puffer dafür Sorge tragen können. Es sind also von Anfang an genügend Puffer, je nach Erfahrung und Komplexität, einzuplanen. Besonders Anfänger machen den Fehler, notwendige Puffer nicht zu berücksichtigen.

Es gibt heute gute Planungshilfen, z.B. Computerprogramme, die einem helfen alle notwendigen Fragen zu adressieren und auch genügend Kontrolle anbieten. Gegen sie spricht allerdings manchmal aber der dazu notwendige Planungsaufwand.

Sehr bewährt zur Steuerung haben sich Projekt-Sites im Internet, mit denen virtuelle Teams untereinander kommunizieren können.

Eine Hilfe beim Synchronisieren stellt das Konzept der Roten Fahne dar. Damit warnt man, dass man sein Endprodukt nicht rechtzeitig wird fertig stellen können und fordert Hilfe an. Da diese Hilfe fast immer als Versagen angesehen wird und einen Gesichtverlust bewirkt, wird oft die Rote Fahne zu spät gehoben, nämlich dann, wenn man nicht mehr helfen kann, das Kind schon in den Brunnen gefallen ist. Auch hier machen Anfänger gerne den Fehler, zu spät sich um Hilfe umzusehen.

Auf die Dauer werden nur jene Menschen erfolgreich in ihrem Umfeld sein und anerkannt werden, wenn sie ihre Termine halten. Sie haben dann auch die entsprechende Erfahrung nur jene Verpflichtungen (committments) einzugehen, die sie auch halten können. Und sie werden geschickt die Versuche ihrer - meist unwissenden - Vorgesetzten abwehren, die Unmögliches von ihnen verlangen.

Wir werden bei der Kommunikation sehen, wie notwendig sie für alle Projekte und Prozesse ist. Aber schon hier möchte ich auf einige Kommunikationsfaktoren aufmerksam machen, die sich für die Planung besonders bewährt haben:

1. Ehrlichkeit, aber mit Zurückhalten von (noch nicht notwendigen) Details
2. Bescheidenheit, verbunden mit Selbstsicherheit und Wachsamkeit

Man muss ehrlich bleiben. Es ist unklug zu lügen, denn man wird von der Realität schnell eingeholt. Und hat man seine Glaubwürdigkeit einmal verloren, ist sie kaum wieder herzustellen. Aber es ist genau so unklug, Details weiter zu geben, die noch gar nicht endgültig festliegen. Denn muss man sie verändern, gilt man genauso als Lügner. Es hat sich bewährt, mit dem Konzept des LATE BINDING zu fahren, nur soviel preiszugeben, wie man sicher versprechen kann und die allerletzten Details erst ganz zum Schluss festzulegen und zu veröffentlichen. Beim Umgang mit der Komplexität werden wir dies Divergenz-Effizienz nennen.

Bescheidenheit und Wachsamkeit hängen auch eng zusammen. Die Bescheidenheit hilft, dass Schwachstellen sichtbar gemacht werden und mit Wachsamkeit wird man sie dann auch entdecken und beheben. Auf der anderen Seite ist Selbstsicherheit ein entscheidender Erfolgsfaktor, größere Schwierigkeiten zu überwinden. Wir sehen also auch hier, dass ein Mittelweg zwischen sich in den Extremen widersprechenden Anforderungen notwendig ist.

Sehr gefährlich ist in diesem Zusammenhang Arroganz, sie verhindert ziemlich sicher, dass Fehler rechtzeitig entdeckt und damit billig behoben werden.

Eine große Autofirma hat mit dem Elchtest ungewollte Berühmtheit erlangt. Die verantwortlichen Mitarbeiter haben früh auf das Kippproblem aufmerksam gemacht. Die Reaktion der Verantwortlichen aber war angeblich: Unsere Autos kippen nicht um!

Ich hoffe, mit diesem Kapitel nicht zu viele LeserInnen vom Weiterlesen abzuschrecken. Zum Glück werden nur wenige Berufsanfänger mit schwierigen Planungsfragen beschäftigt. Lediglich Jung-Unternehmer werden schneller - als ihnen wahrscheinlich lieb ist - mit diesem Problem konfrontiert.

Regeln für das Teilen

Die klassische Antwort der Ingenieure, Probleme zu lösen, ist ein großes Problem in kleinere aufzuteilen. Insofern ist das Teilen eine für Ingenieure leichtere Aufgabe, als für Menschen, die in ganzen und größeren Einheiten denken.

Die hier gezeigten Regeln sind Grundbestandteil - zum Beispiel - jeder Programmierausbildung. Große Programme werden in kleinere Module aufgeteilt, die dann von verschiedenen Programmierern erstellt werden.

Zusätzlich zu diesen Regeln ist es klug, die Bauteile so zu entwerfen, dass sie möglichst universell gelten und immer wieder verwendet werden können.

Beim Teilen kommt man oft in die Situation, die typisch für komplexe Probleme ist. Das Teilen ist nämlich nicht nur die Lösung, sondern oft auch das Problem. Es ist also überlegenswert, ob ich nicht ein Problem als Ganzes lösen kann, ohne Teilprobleme daraus zu machen.

Man erspart sich dann die Schnittstellenproblematik, nämlich die Fehler, die passieren, wenn zwei Teile, zum Beispiel auch zwei Menschen miteinander kommunizieren müssen.

Regeln für das Teilen

Zeitunabhängigkeit, die Aufteilung soll lange gelten.
Es soll zusammenbleiben, was zusammengehört.
Wenige und klare Abhängigkeiten der Teile voneinander.
Nicht zuviel Teile, schlechte Übersicht bei mehr als sieben Teilen.
Wenn notwendig weitere Unterteilung.
In Abhängigkeit von der Gesamtgröße:
optimale und ausgewogene Größen der Teile anstreben.

Was bringt die Zukunft?

Die Beschäftigung mit der Zukunft sollte um so interessanter sein, je jünger man ist, denn um so mehr persönliche Zukunft liegt vor einem. Leider wird die Zukunft fast ausschließlich von alten Menschen bestimmt. Denn nur sehr wenige junge Menschen haben echtes Interesse an Zukunftsfragen.

Die Beschäftigung mit der Zukunft führt vor allem dazu, dass man die Gegenwart und ihre Entwicklungen besser versteht. Wer in die Zukunft projizieren kann, wird vor allem frühe Signale von Entwicklungen sehen und interpretieren können. Die Auseinandersetzung mit der Zukunft lohnt sich deshalb nicht nur für berufliche Fragen, sondern auch im Privatbereich!

Die meisten Entwicklungen, die Bestand haben, geschehen relativ langsam und kündigen sich durch sehr frühe Signale an. Da es aber nahezu unendlich viele frühe Signale gibt, wird nur derjenige die entscheidenden aus dem Rauschen herausfiltern können, der eine Vorstellung davon hat, was kommen wird.

Die Beschäftigung mit Visionen schärft das Auge und erlaubt die Beobachtung zu sehr frühen Zeitpunkten. Wer eine Vorstellung davon hat, wie die Zukunft sein wird, kann dann schon sehr früh sehen, mit welcher Mächtigkeit eine Entwicklung fortschreitet.

Jeder junge Mensch muss ein bisschen Futurologe, d.h. Zukunftsforscher, werden und sich mit folgenden Fragen beschäftigen:

- Wie verändert sich die Welt?
- Was sind die Probleme der Zukunft?
- Was wird es Neues geben, aber auch was wird verschwinden?
- Welche Innovationen könnten große Veränderungen bringen?

Denn nur, wer die richtigen Antworten dazu findet, wird sein Leben entsprechend gestalten können und nicht allzu viele unangenehme Überraschungen erleben.

Gute Hinweise auf die Zukunft geben uns Regionen mit hoher Mobilität und Innovation, z.B. Kalifornien (liberales Umfeld, viel Geld, verschiedene Kulturen, Hochtechnologie), sowie das Verhalten unserer eigenen Kinder (sie werden unsere Zukunft).

Auch die Änderung unserer Ernährungsweise gibt uns Hinweise auf zukünftige Entwicklungen. Bei der Ernährung wird bis zu dreimal täglich entschieden, was und wie gegessen wird. Sonst unbewusste Einflüsse können sich so gut manifestieren und als Trend sichtbar werden!

Passe aber deine Visionen an die Realität an! Sammle Daten z.B. über die Berufe der Zukunft, Probleme der Zukunft, Bevölkerungsentwicklung, Klimaänderungen. Lies die Delphi-Berichte!

Seit einigen Jahren wird mit der Delphi-Methode (Iteration von Fragen und Antworten an eine breite Expertengruppe) versucht, einen Blick in die Zukunft zu werfen. Der daraus entstehende Delphi-Bericht ist die größte Expertenbefragung zur Zukunft von Wissenschaft und Technik in Deutschland. Mehr als 2.000 Fachleute haben über 1.000 Einzelentwicklungen in 12 Themenfeldern bewertet und die Entwicklung der nächsten 30 Jahre eingeschätzt.

Aber gestalte die Zukunft auch mit, zum Beispiel durch Wählen und durch eigene Innovationen! Es ist immer wieder faszinierend, dass manchmal ganz wenige Einzelpersonen in der Lage sind, große Veränderungen für die ganze Menschheit zu bewirken. Man braucht nur an Bill Gates zu denken. Vielleicht wird dein Beitrag etwas kleiner sein, aber er kann ganz wichtig für dich und dein Umfeld werden!

Mode, Trends, Megatrends und Visionen

Je nach Zeitraum der Wirkungen sind verschiedene Aspekte zu nennen. Visionen beschäftigen sich mit der fernen Zukunft. Was wird in 10 oder 20 Jahren sein? Welche Veränderungen, vor allem welche Probleme wird es geben und was sind die Lösungen dazu. Da viele Entwicklungen sehr lange dauern, kann es schon heute angebracht sein, an diesen Lösungen zu arbeiten.

Im Gegensatz dazu ist die Mode nur heute aktuell. Sie will die variable Befriedigung des immer gleichen Bedürfnisses. Und so schnell sie kommt, so schnell ist sie auch weg. Im wesentlichen befriedigt sie das Bedürfnis nach Abwechslung.

Trends zeigen veränderte Bedürfnisse auf. Wenn Trends von sehr vielen Menschen verfolgt werden und auch längerfristig vorhanden sind, dann spricht man von Megatrends. Gegen Megatrends ist schlecht anzukämpfen, sie bleiben lange und setzen sich im allgemeinen durch. Aber man kann sie für seine eigenen Zwecke nutzen, in dem man mit ihnen schwimmt.

Anhand von Sehhilfen, z.B. Brillen wird gezeigt, wie diese Zukunftskräfte zu verstehen sind.

Aber warum hat mir denn das niemand früher gesagt?!

Reagieren   proaktiv-planen   die Zukunft mitgestalten

Taktik   Strategie   Visionen

heute   in 5   in 10   in 20 Jahren

Visionen   Welche Veränderungen?
Welche Probleme?!
Welche Lösungen?!

Megatrends
Langfristige, "molekulare" Kräfte, regional-global

Trends   Veränderte Bedürfnisse

Mode   Variable Befriedigung der gleichen Bedürfnisse, kurzfristig, lokal-global
schnell da - schnell weg

Mode: Brillen unterliegen sehr stark Modetrends. So werden Formen und Farben von Brillengestellen häufig geändert, ohne dass sich an der Funktion einer Brille etwas ändert.

Trends: Mit erhöhtem Wunsch nach Bewegung, z.B. durch Sport, werden Brillen unpraktisch. So werden immer mehr Kontaktlinsen als Sehhilfen verwendet.

Megatrend: Die Menschen in unseren Kulturkreisen werden immer älter. Aus diesem Grund besteht ein immer größerer Bedarf nach Sehhilfen.

Visionen: Sehfehler werden nicht mehr durch Sehhilfen korrigiert, sondern durch Operationen, die das Auge selbst verbessern. In manchen Kliniken wird diese Vision schon Realität.

Prognosen

Prognosen sind Voraussagen darüber, was kommen wird. Auf technischem Gebiet ist die Gültigkeit einer Prognose eher schlecht. Nur etwa 20% technischer Voraussagen der Vergangenheit haben sich als richtig erwiesen. Oder anders ausgedrückt, es waren 4 von 5 Aussagen falsch. (Ein arabisches Sprichwort sagt: Willst du Allah erheitern, dann erzähle ihm von der Zukunft.) Wer auf der negativen Seite bei Prognosen steht, hat also oft recht. Aber die 20% erfolgreichen Prognosen haben die Welt verändert!

Immer richtige Aussagen haben keinen Informationsgehalt.

31

Zu den Ergebnissen der Prognoseforschung gehört auch, dass es meist viel länger als erwartet dauert, bis sich etwas durchsetzt. So brauchten die meisten Erfindungen 20 Jahre, bis sie sich wirklich durchgesetzt haben. Man braucht deshalb als Erfinder einen langen Atem und viel Geld, will man die Früchte seines Geistes und seiner Arbeit auch sehen.

Es gibt allerdings auch Ausnahmen. Eine davon ist der Computer. Er hat sich als wesentlich nützlicher und universeller gezeigt, als es selbst die kühnsten Geister angenommen haben. Und in der Computerentwicklung traten viele Änderungen wesentlich schneller als vorausgesagt ein. Und weitere Ausnahmen sind die Compact Disc, die CD, und seit kurzem auch das Internet.

Wer Marktführer ist oder sogar ein Monopol hat oder wer über Gesetze und Verordnungen Änderungen erzwingen kann, der hat es leicht, relativ sichere Prognosen zu machen, denn er kann die Zukunft bestimmen.

Von den meisten Veränderungen haben sich die praktischen und kleinen besser durchgesetzt als die großen und revolutionären. Verbesserungen an bestehenden oder Kombinationen von bestehenden Dingen haben eine bessere Chance sich durchzusetzen als ganz neue Dinge. Es gibt auch wenige Sprünge in der Geschichte, sondern eher eine Vielzahl kleiner Veränderungen. Auch die Natur springt nicht, sondern sie entwickelt sich nach dem evolutionären Prinzip weiter. Ausnahmen sind allerdings die großen Katastrophen, von denen es aber nicht viele gibt.

Einfach ist das Prognostizieren (in stabilen Systemen, wie zum Beispiel in den meisten westlichen Demokratien) des Verhaltens, das auf Bevölkerungsentwicklungen basiert. Man kann schon heute leicht ziemlich genau sagen wie viel 40jährige es in 10 Jahren gibt, wenn man die Anzahl der 30jährigen kennt.

Selten hat eine neue Entwicklung die bestehende total ausgelöscht. Meist kommt es zu einem langen Nebeneinander, wobei die alte Situation zumindest in Nischen noch lange erhalten bleibt.

Will man Prognosen beurteilen, dann sollte man zumindest immer den Auftraggeber, sowie die Orientierung des Prognoseerstellers beachten, da bei einer Prognose sehr viel von der Diagnose, der Erklärung des Ausgangszustandes, abhängt (wo stehen wir, warum sind wir gerade da, wo wir sind).

Die Erklärung der Gegenwart ist die Basis für die Vorausschau in die Zukunft.

Veränderungen

Da junge Menschen sehr oft eingestellt werden, um neues Blut in Firmen zu bringen, wird es sehr oft ihre Aufgabe sein, Veränderungen vorzunehmen. Es ist schwierig, bleibende Veränderungen vorzunehmen. Schon bei sich selbst ist es schwierig, um so mehr wird die Aufgabe größer, wenn andere Menschen verändert werden sollen.

Die Bereitschaft, Veränderungen zu ertragen oder sogar mitzutragen, selbst wenn ihre Notwendigkeit von allen akzeptiert wird, ist i.A. gering. Auch im menschlichen Bereich gibt es eine Trägheit, die Bequemlichkeit, die am liebsten alles beim Alten bleiben lässt.

Veränderungen können sehr oft Angst oder Furcht auslösen, lähmend wirken und sogar aggressiven Widerstand herausfordern. Veränderungen bedeuten bei allen Beteiligten Arbeit und auch die Gefahr, etwas dabei zu verlieren. Deshalb muss bei jeder Veränderung jeder gefragt werden, keiner darf übergangen werden, jeder will ernst genommen werden, sonst wird er die Veränderung nicht mit tragen.

Jede Veränderung muss gut erklärt werden. Es muss für alle Beteiligten, die natürlich sehr früh eingebunden sein müssen, klar werden, was nachher anders ist als vorher. Es besteht bei Veränderungen ein enormer Kommunikationsbedarf. Was einem klar ist, ist noch lange nicht allen klar. Vor allem muss jeder verstehen, was er dabei gewinnt, was sein Nutzen ist.

Jede größere Veränderung bedarf einer Lobby. Diese muss in Einzelgesprächen gut vorbereitet und gebildet werden. Ein Einzelner kann selten eine große Veränderung hervorrufen.

> Erfolgreiche Veränderungen müssen den Ausgangszustand sehr gut kennen, das Ziel immer plastisch vor Augen haben und es flexibel und geduldig mit unendlicher Beharrlichkeit verfolgen.

Kleine Änderungen, sozusagen natürliche Entwicklungen, werden leichter akzeptiert. Und Situationen, die man als Lernsituationen deklariert, werden auch leichter akzeptiert, weil man ja zum alten Zustand zurückkehren kann. Die meisten stimmen zu, dass man etwas einmal ausprobiert. Jede Veränderung sollte eine Testphase haben. Und auch eine Kontrollphase, um zu überprüfen, ob die Änderung vorgenommen wurde.

Aber soll eine Veränderung ernst genommen werden, muss sich sehr bald, am besten sofort etwas Signifikantes ändern. Sonst bleibt es nur bei der Absicht.

Das Gute ist der Feind des Besseren. Gemeint ist mit diesem Sprichwort, dass die mit dem Guten Zufriedenen keine Motivation haben werden, etwas besser zu machen. Dadurch bleiben sie beim Guten, verändern nichts mehr, werden so auf die Dauer immer schlechter und sind schließlich dem Untergang geweiht. Zufriedenheit bringt keine Spitzenleistungen hervor. Wer Fortschritt haben will, muss also mit dem Bestehenden unzufrieden sein, es zumindest in Frage stellen.

Aber mindestens ebenso häufig trifft man auf meine Variante des Sprichworts: Das Bessere ist der Feind des Guten. Gemeint ist, dass das Streben nach einem Ideal die Betroffenen für die Realität so blind macht, dass sie dann auch das naheliegende Gute nicht mehr sehen, geschweige denn machen. Besonders bei Ideologen, Radikalen und in der Realität Unerfahrenen trifft man dieses Phänomen häufig an.

Diese Menschen sind zwar voller guter Ideen, werden aber von den Widerständen ihres Umfeldes so frustriert, dass sie auf die Dauer so erfolglos werden, dass sie wirklich unfähig sind überhaupt noch irgendwelche Veränderungen durchzusetzen. Letzten Endes werden sie scheitern. Die Geschichte der Technik ist voll mit diesen tragischen Schicksalen, die z.B. mit ihren Erfindungen einfach zu früh versucht haben, etwas zu verändern.

Wer erfolgreich agieren will, muss pragmatisch immer beides anstreben, sowohl verändern, wie auch bewahren. Das Bessere anstreben und das Gute tun und bewahren. Je nach Umgebung wird eher das Schwergewicht auf der einen oder auf der anderen Seite liegen. Wer immer nur eines tut, nur verändern oder nur bewahren, wird untergehen. Der Erste wird sich wegen Kraftverschleißes erschöpfen, der Zweite wird aussterben, weil er nicht mehr ins Umfeld passt.

Es ist ein beliebter, wenn auch leicht durchschaubarer Winkelzug das Gute abzuschaffen, indem man mit Sturheit immer ein Ideal fordert. Besonders junge Menschen folgen gerne dieser Strategie, die wenn sie erfolgreich ist, wirklich Neues und Gutes bringen kann. Aber in der Praxis werden sie häufig scheitern. Darum besser wenige, kleine und realistische Schritte konsequent fordern und umsetzen, hier erreicht man viel mehr, als mit ellenlangen, utopischen Forderungen, die nur in Schubladen landen.

Evolution

Wenn es einen Bereich gibt, wo die Natur unsere überlegene Lehrmeisterin ist, dann ist es sicherlich die Evolution. Ihre Erkenntnisse gehören zu den wichtigsten Einsichten über die Gesetze der Praxis.

Es ist für mich immer noch unglaublich, dass Menschen sie entdeckt haben, denn es erfordert sehr abstraktes, konsequentes und auch langfristiges Denken, sie zu durchschauen. Wie wir wissen, ist die simple Übertragung der Evolution auf menschliche Systeme (Sozialdarwinismus) nicht sinnvoll. Aber ihre Grundprinzipien - vor allem auch im Bereich der Coevolution (wenn sich zwei Entwicklungen wechselseitig beeinflussen) - sind eine gute Quelle für Ideen zum Handeln.

Einige Menschen lehnen die Evolution aus religiösen Gründen ab. Ihnen empfehle ich, dieses Kapitel zu überspringen!

Alles hängt mit allem zusammen.

Zu den Leistungen der Evolution gehören die permanente, aber langsame Anpassung und damit das Überleben in einer ständig sich ändernden, feindlichen Umwelt. Denn nur was sich verändert, kann erhalten bleiben. Erfolgreich im Sinne der Evolution ist, was sich in Raum und/oder Zeit ausdehnt. Die Ausdehnung im Raum kann auch kurzfristig sein.

Beim Anblick der Spatzen muss ich immer an die Leistungen der Evolution denken. Sie sollen doch die Flugsaurier in ihrer Entwicklungskette haben. Da wird mir klar, dass wir kaum die Fantasie haben, uns vorzustellen, welche Veränderungen Tausende von Generationen bewirken können.

Die Evolution versagt bei schnellen und radikalen Veränderungen. Hier liegt nicht ihre Stärke. Da unsere Zeit vielfach sehr schnelle Veränderungen hat, sind also die Evolutionsgesetze nur begrenzt einsetzbar. Aber auch Evolution findet in Schüben statt. So hat Evolution auch immer einen geringen Anteil an Revolution in sich.

Drei Komponenten sind für die Evolution hauptverantwortlich:

- Variabilität
- Selektion
- Vererbung

Besser überlebensfähig oder 'fit' - im Vergleich zu den Konkurrenten - ist, wer die größte Anzahl an lebensfähigen Nachkommen hat. Zwei Hauptfaktoren, die voneinander abhängig sind, bestimmen die Überlebensfähigkeit: Vielfalt (Genetische Variabilität) und schnelle Reproduktionszyklen.

In der Biologie hängen die beiden über die Sexualität zusammen. Ohne Sexualität geht die Reproduktion am schnellsten, aber durch die genetische Homogenität, die dabei entsteht, passieren nur geringe Veränderungen. Das heißt, Überleben ist nur bei konstanter Umwelt sichergestellt. Oder anders ausgedrückt, der Aufwand der Natur für die Sexualität ist der Preis für die genetische Vielfalt.

Ich denke daran, wie das Verständnis über Evolution hilft, die Bedeutung der Sexualität einzuschätzen. Wie kann etwas weiterleben, wenn die Sexualität nicht einen großen Stellenwert hat? Aber auch die Existenz von Krankheiten wird unter dem Aspekt der Evolution besser verstehbar. Wie die Sexualität sind auch sie ein Preis für die genetische Vielfalt und die permanente Anpassung an ein sich ständig änderndes Umfeld.

Unter Selektion ist nicht nur zu verstehen, dass Mutationen, die in einem gewissen Umfeld nicht lebensfähig sind, sterben oder sich nicht fortpflanzen, sondern auch dass Präferenzen der Paare und andere äußere Einflüsse, wie glückliche Zufälle, entscheidend sein können.

Kommunikation kommt nicht nur durch Vererbung zustande, sondern vor allem auch durch die Teilung gemeinsamer Ressourcen. Interaktion zwischen den Arten betrifft Konkurrenz und Kooperation. Konkurrenz verändert, Kooperation bewahrt. Kurzfristig ist Bewahren die wichtigere Strategie, aber langfristig muss immer eine Veränderung stattfinden. Beides muss also passieren.

Anpassung kann durch Suche nach einem neuen Gleichgewicht (Homöostase) passieren. Diese Art der - kurzfristigen - Anpassung hat keinen Einfluss auf die Populationen. Oder durch Plastizität. Hier verändert die Umwelt die Individuen.

In ökologischen Systemen sind Kräfte und Gegenkräfte nicht immer zu verstehen und daher auch nicht vorhersagbar. Im Gegensatz zur Wirtschaft kann man die Natur auch nicht so leicht reparieren, die Natur ist viel nachhaltiger.

Anstelle künstlich herbeigeführter Veränderungen, deren Ergebnisse man gar nicht abschätzen kann, ist oft 'leben und leben lassen' die einfachere, dauerhaftere und damit auch effektivere Strategie.

Lies dazu die Anstrengungen, der Kaninchenplage in Australien Herr zu werden.

Und es oft sinnvoll mehrere Strategien zu haben und diese auch parallel zu verfolgen, weil man ja auch nicht wissen kann, welche die Richtige ist.

Zusammenfassend ziehe ich folgende Lehren aus der Evolution:

- Viele Versuche machen
- Verschiedene Versuche machen
- Sehen, was dabei rauskommt
- Für Vererbung sorgen, indem Bewährtes weitergegeben werden kann
- Veränderungen können - wie Krankheiten - schmerzhaft sein
- Schnelle Zyklen
- Gemeinsam und gleichzeitig Bewahren und Verändern
- Mehrere Strategien parallel verfolgen

Meine Lebensressourcen

Diese Schlagworte sind als Checkliste zu verstehen. Jeder wird spezielle Ressourcen haben, die konkret für ihn wichtig sind, für die er verantwortlich ist und die verloren gehen oder Schaden nehmen, wenn er sich nicht um sie kümmert.

Sein	**Körper**	Gesundheit, Vitalität, Sexualität, Sprache, Schrift,...
	Geist	Fach- und soziale Kompetenz, Wille, Einstellung,...
	Seele	Zufriedenheit, Freude, Spaß, Religion,...
Haben	**Zeit**	Muße, Eigenbestimmung, Freiheit,...
	Besitz	Geld, Vermögen, Freiheit, Eigenbestimmung,...
	Rollen	Familie, Beruf, Ehrenämter, Anerkennung,...
Schein	**Kontakte**	Know-Who, Beziehungen, Mitgliedschaften,...
	Karriere	Erfolge, Erfahrung, Verpflichtungen, Bindungen,...
	Image	Erster Eindruck, Name, Titel, Aussehen, Kleidung,...

Es ist absolut notwendig, sich einmal oder mehrmals im Leben die Mühe zu machen, sich seine Ressourcen bewusst zu machen. Denn nur was bewusst gemacht wird, am besten aufgeschrieben ist, das kann man managen. Wem zu vieles im Kopf herumschwirrt, der schreibt sich zuwenig auf!

Die Philosophen teilen diese Ressourcen ein in das SEIN, das HABEN und den SCHEIN. Abstrakt ist dies leicht aufzuschreiben, aber das konkrete Ausfüllen ist schwierig. Es bedarf sicher mehrerer Anläufe und viel Lebenserfahrung, um darauf zu kommen, welche Ressourcen für einen bestimmten Menschen wirklich wichtig sind.

Die gezeigte Checkliste muss unvollständig sein. Sie soll nur einen Hinweis darauf geben, woran man zu denken hat. Am leichtesten wird man mit einem vertrauten Gesprächspartner zu den gewünschten Ergebnissen kommen.

Selbst wenn jemand ganz wenig Zeit hat, so sollte er (oder sie) doch auf jeden Fall sich seine Rollen aufschreiben. Dazu gehören die Rollen in der Familie, im Beruf, in der Freizeit und im öffentlichen Leben. Wer dies tut, wird immer wieder fasziniert sein, wie vielfältig sein Leben ist. Aber er wird sich auch wundern, wie es gelingt, dies alles unter einen Hut zubringen.

Einige Rollen werden zentral für dich sein. Du kannst keine davon - außer ganz kurzzeitig - vernachlässigen und du musst sie alle parallel ausfüllen.

Schau dir deinen Schlüsselbund an. Jeder Schlüssel daran wird zu einer deiner Rollen gehören.

Wer Rollen anhäuft, sollte sich dabei gelegentlich überlegen, ob er (oder sie) nicht mit zunehmenden Alter, d.h. abnehmender Leistungsfähigkeit, einige Nebenrollen, die auch alle Zeit kosten, abzugeben oder zu kündigen.

Und auch den Besitz sich mindestens einmal im Jahr vor Augen zu führen, ist mehr als nützlich. Erstens kann man dadurch einen eventuellen Zuwachs erst bewusst schätzen. Und zweitens kümmert man sich dann wenigstens einmal im Jahr um vielleicht später einmal sehr wichtige Ressourcen. Und auf jeden Fall wird man durch seine wachsenden finanziellen Möglichkeiten zum Weitermachen motiviert.

Wir können nur managen, was uns bewusst wird. Und nur was wir managen, bleibt uns erhalten. Schau in deine Geldbörse: Jede Karte darin bedarf der 'Pflege'. Was nicht gewartet oder gepflegt wird (oder geübt) wird, geht leicht verloren.

Die Motivationsforschung scheint uns einige Hinweise über das Management der Lebensressourcen zu liefern.

Bedürfnisse - Motivation

Die Bedürfnispyramide von Maslow ist ein Modell für die Befriedigung der menschlichen Bedürfnisse. Die Stufen der Pyramide besagen, dass zuerst ein Bedürfnis der niederen Ebene befriedigt sein muss, bevor die nächste Stufe in Angriff genommen werden kann.

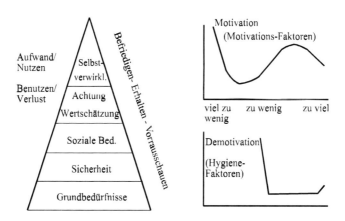

Wer z.B. hungrig ist, hat wenig Interesse an Philosophie. Andererseits ist ein Bedürfnis, das befriedigt ist, nicht mehr interessant.

Selbstverwirklichung ist die höchste Stufe der Bedürfnishierarchie. Das eigene Leben gestalten können, nicht eingeschränkt zu sein, das heißt sich selbst zu verwirklichen. Dies ist allerdings nur möglich, wenn die darrunterliegenden Stufen oder Schichten abgehakt sind.

Die Bedürfnispyramide gibt aber lediglich eine abstrakte Anleitung für das Lebensmanagement: Wir müssen 'nur' jeweils eine Stufe höher kommen und dafür Sorge tragen, dass das Fundament unserer Lage, das sind die darrunterliegenden Schichten, erhalten bleibt.

In der Praxis treten dabei aber viele Probleme auf. Erstens ist die Befriedigung der Bedürfnisse nicht nacheinander, sondern meist nur parallel zu erreichen. Weiter ist permanente 'Wartungsarbeit' der darrunterliegenden Schichten zu tun.

Es gibt kaum Stufen, die für immer abzuhaken sind. Höchstens ein Bedürfnis nach Sicherheit kann z.B. durch eine eigene Wohnung zum Teil für immer zufriedengestellt werden.

Auf die Bedürfnisbefriedigung folgt das Erhalten und auch die Vorausschau, was später noch kommen wird und wozu ich langer Vorbereitung bedarf. Auch müssen immer der Aufwand zur Erhaltung des Bedürfnisses seinem Nutzen oder potentiellen Nutzen gegenübergestellt werden.

Eine weitere Frage der Wartung ist die des Benutzens. Wenn etwas nicht genutzt wird, geht es im Normalfall verloren. Will ich den Verlust verhindern, muss ich die regelmäßige Benutzung anstreben.

Die Wartung kann einen großen Aufwand darstellen. Zum Beispiel stellt unser Schlaf so einen Wartungszustand dar. Die Natur investiert in diesem Fall bis zu 30 % in Wartung.

Aus diesem Grund ist ohne permanentes Zutun die Sicherstellung von unterliegenden Schichten nie für immer gelöst. Als Lebensregel kann man etwa 30% immer für notwendige Wartung und Sicherstellung seiner Situation angeben. Dies ist erschreckend viel. Aber wird sie nicht getan, dann tritt Verlust ein.

Motivation und Demotivation treiben uns in einem komplizierten Wechselspiel. Für mich immer wieder interessant sind die bemerkenswerten, nichtlinearen Zusammenhänge. Sie bewirken, dass es mehrere gleichwertige Zustände - auf ganz verschiedener Basis - geben kann. So können wir gleichermaßen vom Mangel, wie vom Überfluss, frustriert werden. Oder kleinste Änderungen können uns von der Zufriedenheit in die Unzufriedenheit bringen.

Um so wichtiger ist daher die persönliche Einstellung, sowie auch die Kenntnis über sich selbst, vor allem seiner eigenen Bedürfnisse, wenn man erfolgreich sich selbst managen will.

Jede Altersperiode hat eigene **Motivationsschwerpunkte**:

bis 17: Lernen, Spielen
17-25: Partnersuche, Sex
25-35: Geld, Auto, Kinder
35-45: Erfolg, Haus
45-55: Macht
55-65: Gesundheit, Zeit
65-85: Gesellschaft

Wer bin ich? Was will ich ? Was will ich nicht?

Es ist zwar schwierig, sich selbst zu erkennen, aber es ist nicht unmöglich, vor allem wenn man sich einiger Hilfsmittel bedient.

Die Grundlage aller Selbsterkenntnis ist das Sammeln von Informationen über sich selbst in einer Image Datei. Das Notieren, das Aufzeichnen mit der Videokamera, dem Tonband. Aufzuschreiben was man tut, was man erreicht hat, was man denkt, was man träumt. Dies alles ist Arbeit, deren Nutzen nicht sofort offensichtlich ist, deshalb wird sie auch selten getan.

Wenn man sich aber dann bewerben muss, dann ist diese Selbstdarstellung plötzlich ganz wichtig. Ein angenehmer Nebeneffekt des Anlegens einer Image Datei ist, eines Dossiers über sich selbst, ist z.B., dass das Erstellen von Bewerbungsunterlagen kinderleicht wird.

Das Sammeln von Informationen über sich selbst kann oft ganz nebenbei passieren. Wenn man zum Beispiel einen Sprachtest machen kann, dann soll man es auch tun. Plötzlich weiß man, wie man objektiv seine eigenen Kenntnisse einzuschätzen hat.

Alle Schreiben, Zeitungsausschnitte, Dankschreiben, andere Dokumente, die Auskunft über meine Kompetenzen geben können sind wichtig. Künstler legen ganze Mappen an, um sich korrekt darzustellen. Aber auch für ganz gewöhnliche Privatpersonen ist dieses Dossier nützlich. Zur Selbsterkenntnis und zur korrekten Selbstdarstellung.

Ein guter Datenspeicher ist die eigene Verwandtschaft, vor allem die eigenen Eltern. Die Wahrscheinlichkeit, so zu werden, wie die Eltern es sind oder waren, ist doch relativ groß. Leider wird - aus naheliegenden Gründen - dieses Wissen von jungen Leuten nicht gerne aufgegriffen, dazu liegt die Pubertät noch nicht lange genug zurück. Aber wenigstens das, was die Altvordern gut gemacht haben, sollte uns als positive Anregung dienen, was wir vielleicht selbst auch gut können. Die Eltern als Datenspeicher kann man allerdings nur gut nutzen, solange sie leben. Oft sterben sie zu früh, und das Wissen, dass sie in den Tod mitnehmen, ist dann verloren.

Wer noch auf der Partnersuche ist, sollte sich die Eltern des zukünftigen Partners unbedingt ansehen. Die Wahrscheinlichkeit, dass die zukünftige Frau im Alter so wie ihre Mutter, der Mann so wie sein Vater sein wird, ist groß! Aber Vorsicht, manche Tochter wird wie ihr Vater, mancher Sohn wie die Mutter!

Auch Informationen über unsere Kontakte gehören zu den wesentlichen Informationen in unserem Leben. Speziell junge Leute sind mit der Pflege der Kontakte sehr nachlässig. Es lohnt sich auch hier eine Datei anzulegen und die Adressen fortzu-schreiben. Dazu bietet sich natürlich eine Datenbank im Computer an. Aber auch schon ein größeres Adressbuch kann genügen.

Alle Notizen sind mit dem Datum zu versehen, damit man auch die Entwicklung über die Zeit sehen kann. Sowie gelegentlich eine Inventur der Dinge nützlich ist, so ist es auch die Inventur darüber, was man ist, wie man gesehen wird, was man nicht so gut kann etc.

Die Aussagen der Familie und der Freunde sind ernst zunehmen. Es ist nützlich, diese Information einmal nicht abzulehnen, sondern aufzuschreiben. Wenn ihr wollt, könnt ihr dazu das folgende Schema zur Charakterisierung eines Menschen, mit den Domänen Extraversion, Neurotizismus (stabil), Offenheit (flexibel), Ver-träglichkeit (sozial) und Gewissenhaftigkeit (zuverlässig), nehmen. Interessant ist dabei eine eventuelle Diskrepanz zwischen Eigeneinschätzung und Fremdeinschät-zungen.

Die 5 Charakterdimensionen (The Big V)						
	extra-vertiert	flexibel	sozial	emotional stabil	zuverlässig	
sehr						1
eher						2
so-so						3
eher						4
sehr						5
	intro-vertiert	unflexibel	unsozial	unstabil	unzuverlässig	
	E	F	S	E	Z	

EFSEZ -Schema   © 2000 Dr. Otto Buchegger

Ein esoterischer, das heißt, geheimer und nur für sich selbst bestimmter Lebenslauf ist eine wichtige Informationsquelle für sich selbst. In diesem Lebenslauf wird ehr-lich aufgeschrieben, warum man wirklich gewisse Entscheidungen getroffen hat. Einmal im Jahr, zum Geburtstag, zu den Feiertagen, z.B. zu Weihnachten sind gute Termine mit sich selbst. An diesen Tagen wird dann Inventur mit sich selbst ge-macht.

Namen und Titel

Zu den wichtigen Ressourcen eines Menschen gehört der Name. Leider wird in unserer heutigen - speziell deutschen - Kultur darauf wenig Rücksicht genommen. Menschen werden zuwenig mit ihrem Namen angesprochen, selbst wenn wir die Namen kennen. Ein Grund dafür ist sicher, dass es uns auch selbst gelegentlich unangenehm wird, wenn wir zu oft, vor allem in der Öffentlichkeit, mit unserem Namen angesprochen werden. Ein anderer Grund ist, dass wir nicht - schon von Kindesbeinen an - geschult werden, uns fremde Namen zu merken. Aber trotz all dieser Bedenken ist es fast immer angepasst, Menschen, die wir kennen, mit ihrem Namen zu grüßen.

So hat jeder, der geschickt mit dem Namen anderer und natürlich auch mit seinem eigenen Namen umgehen kann, unbedingt Wettbewerbsvorteile. Verkäufer wissen dies sehr gut, meist werden sie dafür geschult und können dieses Wissen auch gewinnbringend einsetzen.

Natürlich kann man auch Missbrauch mit Namen treiben. So ist es eine bewährte Mobbing-Methode Menschen regelmäßig mit falschem Namen anzusprechen.

Zu den wesentlichen Hilfsmitteln, sich Namen zu merken, gehört die Namensbrücke, das ist eine Eselsbrücke für Namen. Wenn man dies weiß, dann ist es sehr geschickt, sich selbst eine gute Namensbrücke für seinen eigenen Namen zu suchen und diese Namensbrücke beim Vorstellen gleich mit anzubieten. Man gibt dann seinem Gegenüber eine gute Chance, sich den Namen merken zu können.

Suche dir einige Namensbrücken und teste, welche sich am besten bewährt. Gut sind immer lustige und originelle Brücken. Manchmal muss man den Namen einfach erklären oder bei häufigen Namen eine Differenzierung anbieten.

Wer sich vorstellen muss, sollte seinen Namen, am besten mit seinem Vornamen langsam und laut nennen. Natürlich hat jeder sich schon x-mal vorgestellt, aber jede Vorstellung ist für das Gegenüber einzigartig und auch schwierig. Unterstützen kann man die Vorstellung natürlich auch durch den Austausch von Visitenkarten.

Eine gut gestaltete Visitenkarte ist ein sehr effektives Mittel, sich in Erinnerung zu halten. Mache dir selbst eine für den Privatgebrauch. Versuche vor allem auch ein nettes Foto von dir - auf dem du lächelst - darauf unterzubringen. Und nütze auch die Rückseite der Karte!

Zu Beginn eines jeden Kontaktes hat man einen Freiraum für Fragen, die später peinlich sind. So darf man sich einen Namen buchstabieren oder aufschreiben lassen, wenn man ihn nicht gut verstanden hat. Und bei unbekannten Titeln darf man auch fragen, welchen Titel man wählen darf.

Hättet ihr gewusst, dass man in Österreich den Dekan einer Hochschule mit 'Spektabilität' oder den Rektor mit 'Magnifizenz' anspricht?

Wenn man vertraute Menschen im direkten Gespräch mit ihren Titeln anspricht, darf man dabei gerne übertreiben oder auch ungewohnte und kreative Bezeichnungen wählen. Nur mit seinen eigenen Titeln muss man korrekt umgehen. Das Risiko im Umgang mit Titeln ist die Wahl eines zu niedrigen Titels. Wenn man sich nicht sicher ist, ist es günstiger, den Titel wegzulassen.

Jeder Medizin - Student im hohen Semester wird sich freuen, wenn man ihn mit 'Doktor' anspricht, jeder 'Arzt' im Krankenhaus wäre gerne 'Oberarzt'. Und den Chorleiter darf man gerne 'Maestro' nennen.

Unternehmen legen sehr viel Wert auf ihr Logo. Logos sind Wortmarken zur Schaustellung der Firmenidentität. Einzigartigkeit und Identifikation sind wichtige Aspekte eines Logos. Und dies kann man natürlich auch für private Zwecke nützen. Gelingt es für eine Lebensaussage ein treffendes Logo zu finden, hat man eine große Kraft geweckt.

Der Lebenslauf als Lebenslinie

Ein Lebenslauf in Form einer Lebenslinie ist sehr anschaulich. Vor allem wenn eine Lebenslinie nicht alleine betrachtet wird, sondern man parallel dazu die Lebenslinien der nahen Umgebung zeigt, zum Beispiel der Familie, für die man zu sorgen hat.

Die Lebenslinie ist eine grafische Darstellung des Zeitraums von Geburt bis zum Tod, mit der Einheit 1 Jahr. Sie zeigt anschaulich, dass das Leben begrenzt ist und dass es auch sehr kurz ist. Anhand der Lebenslinien kann man gut zeigen, wie sich die Familie entwickelt hat und entwickeln wird, wie die Berufsausbildung und Erfahrung gewachsen ist, wo man gelebt hat etc. Jeder wichtige Aspekt bekommt eine eigene Zeile dabei.

Da es in jedem Leben vorgegebene Krisen gibt, zum Beispiel die Pubertät, die Wechseljahre, die Midlife-Krise, wird eine Lebenslinie ein gutes Werkzeug für die Lebensplanung. Vor allem wenn große Entscheidungen anstehen, wie zum Beispiel, ob und wann man Kinder bekommen soll oder für die Wahl eines neuen Berufes oder Wohnortes, ist ein Blick auf die Lebenslinie mehr als nützlich.

Zeigt sie doch, wie lange man zum Beispiel für seine Kinder zu sorgen hat, wann wahrscheinlich die Eltern gebrechlich werden und Unterstützung brauchen oder wie lange man einen Kredit zurückzuzahlen hat. Oder auch, wann sich mehrere Krisen, wie Pubertät der Kinder und Midlife-Krise, häufen werden.

Zeichne deine Lebenslinie und parallel dazu die Lebenslinien der Menschen, die dir nahe stehen, wie Eltern, Partner, Kinder, Geschwister. Trage ein, zu welchen Zeitabschnitten sich Krisen häufen werden.

Beispiel: Er (30) und Sie (25) bekommen ein Kind. Die Eltern sind alle so um 55. Die Lebenslinienkonstellation für diese Familie sieht dann so aus:

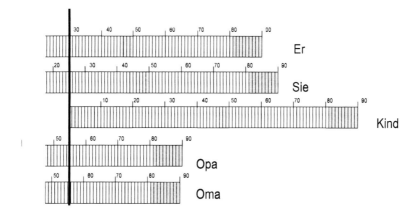

Die kritischen Lebensphasen sind hier schraffiert. Es sind die ersten 3 Jahre nach der Geburt, die Pubertät, Midlife-Krise und Wechseljahre, sowie das hohe Alter. In dieser Konstellation kann das Neugeborene mit einer großen Familienunterstützung rechnen, die Pubertät des Kindes fällt aber mit der Midlife-Krise des Vaters zusammen und wird in der Familie zu erheblichen Problemen führen. Kaum haben die Eltern die Pubertät ihres Kindes überstanden, werden ihre alternden Eltern (Opa, Oma) sie dann in Anspruch nehmen.

Gesundheit

Gesundheit ist die wichtigste Lebensressource aller Menschen, auch junger Leute. Da aber junge Leute eher gesund sind als ältere, nehmen sie diese Ressource oft zuwenig ernst. Aber auch für sie bedeutet Fitness Selbstvertrauen, Ausgewogenheit, Wohlbefinden und bessere körperliche und geistige Leistungsfähigkeit.

Freiheit der Handlung heißt alles tun zu können, was sie tun wollen. Und das nicht zu wollen, was sie nicht tun können. Wer tun kann, was er will und nicht durch zu viele körperliche Gebrechen eingeschränkt wird, hat viel erreicht.

Hauptziel ist die Erhaltung der meist noch vorhandenen Gesundheit. Leider akzeptieren viele junge Leute nicht, dass sie mit ihrer Lebensart viel Schaden für spätere Jahre anrichten werden.

Es ist nützlich, die eigenen Eltern nach deren Schwachstellen im Körper auszufragen, um für sich selbst vorsorgen zu können.

Da in unserem Land die Arbeit und deren Sicherheit von genügend Stellen überprüft werden, liegt die große Gefahr für junge Leute in ihren Hobbys. In der Übertreibung führt die körperliche Anstrengung zum Raubbau. Es treten dann nicht mehr reparierbare Schäden ein.

In der Jugend erworbene, häufige Schäden sind die Schwerhörigkeit durch zu laute Musik im Kopfhörer oder in der Disko (immer Ohrenstopfen mitnehmen), aber auch die vielen Sportunfälle, Freizeitunfälle (u.a. auch Blendung, deshalb immer Sonnenbrille oder Schutzbrille aufsetzen) oder Verkehrsunfälle (vor allem mit dem Zweirad, besser ein altes Auto fahren).

Wichtige Grundlage der Gesundheit ist die Ernährung. Sie wird im wesentlichen bestimmen, wie alt ihr werdet und an welcher Krankheit ihr sterben werdet. Dazu ist es nützlich, die Grundfehler der heimischen Ernährung zu kennen und diese zu vermeiden.

Die Grundfehler der deutschen Ernährung sind: zuviel Fleisch, zuviel Salz, zuviel Zucker, zuviel Fett, zuviel Alkohol.

Viel kannst du hier mit **Ressourcenmanagement** steuern.
Denn was du nicht im Haus hast, wirst du auch nicht essen. (Wer nur Olivenöl hat, wird keine Cholesterinprobleme bekommen). Hast du kein Bier zuhause, wirst du nicht regelmäßig eines trinken. Von kleinen Tellern isst du weniger. Wer immer Obst anbietet, wird auch selbst welches essen.

Eine Reduktion des Fleischkonsums hat viele Vorteile. Das Essen wird insgesamt billiger, manche Krankheiten (z.B. Gicht) werden leichter in Zaum gehalten und Berufstätige werden nach einem fleischarmen oder vegetarischem Mittagessen viel weniger Müdigkeit verspüren.

Gute Anregungen für gesunde Ernährung bieten uns die Küchen der Mittelmeerländer oder die japanische Küche. Nicht umsonst werden japanische Frauen mit am ältesten auf dieser Welt.

> Ein zufriedenes, erfülltes Leben, mit gutem, befriedigendem Essen, sehr kleinen aber mehreren Portionen und viel Bewegung sind eine gute Basis für einen gesunden, belastbaren Körper, in dem sich auch die Seele wohlfühlt.

Errechne deinen BMI (Body-Mass-Index). BMI = Gewicht in kg dividiert durch das Quadrat der Körpergröße in Meter. Beispiel: 80 kg, 180 cm groß, BMI= 80 /(1,8*1,8)= 24,7. Ein BMI zwischen 20 und 25 bedeutet Normalgewicht, zwischen 18 und 20 leichtes Untergewicht, zwischen 25 und 28 leichtes Übergewicht. Werte unter 18 oder über 28 sind gefährlich und bedürfen der Aktion!

Ich werde gerne wegen meiner Gläubigkeit an Vitaminpräparate und an Aspirin belächelt. Aber seit dem ich regelmäßig Vitamine (die lasse ich mir aus den USA mitbringen, da kostet eine Jahrespackung weniger als 20 DM!) nehme und auch nicht zögere Aspirin einzunehmen, werde ich kaum noch krank. Vielleicht liegt es aber auch am gelassenen Leben und den vielen Kinderkrankheiten, die ich hatte oder dass ich mir großteils selbst koche?

Ein Hauptfehler moderner Menschen ist, dass sie zu wenig trinken. Dabei gibt es einen einfachen Test, ob ihr genug trinkt. Nur wenn der Harn hell ist, trinkt ihr genug. Viel zu trinken in jungen Jahren trainiert auch euren Kreislauf. Und es hilft euch, im Alter nicht aufs Trinken zu vergessen, was viele alte Menschen tun.

Sucht euch riesige Trinkgläser, zum Beispiel Halbliter- oder sogar Maßgläser und ihr werdet sicher genug Flüssigkeit - am besten natürlich Wasser - zu euch nehmen. Im Büro am Morgen drei Wasserflaschen (à 0.7l) auf den Schreibtisch stellen und erst wenn sie leer sind, darf man nach Hause gehen. Bei wassertreibenden Getränken - wie Kaffee oder Alkohol - stets Wasser dazu trinken! Eine kleine Plastikflasche in der Handtasche erlaubt auch einen Schluck Wasser unterwegs. Leider ist bei uns die Kultur der öffentlichen Trinkwasserbrunnen noch nicht eingeführt! Hier könnte sich eine Gesundheitsministerin ein Denkmal setzen.

Über Rauchen oder Drogen etwas zu sagen, erspare ich mir meistens. Wenn ihr genügend Freude in euer Leben bringen könnt, mit Sport, Bewegung, Abhärtung, Sex, dann seid ihr sicher genügend stark, um diesen offensichtlichen Gefahren ausweichen zu können.

Leider sind die sonst so nützlichen Computer auch eine Ursache von Krankheiten. Wer viel am Computer sitzen muss, unbedingt Pausen machen und sich bewegen, auf optimale Sitzhaltung und Beleuchtung achten, gelegentlich die Augen schließen und die Maushand immer wieder abwechseln. Der Doppelklick führt schneller als man glaubt zu Sehnenscheidenentzündungen.

Ein probates Gegenmittel dazu sind für mich die Gymnastikringe (z.B. Maxi Grip Professional, gibt es in Sportgeschäften). Sie stärken den Arm und verhindern angeblich auch den Tennisarm.

Wer den Weg in ein gutes Fitnesszentrum findet, der wird mit Krafttraining, Ausdauertraining und Dehnen nicht nur zu besserer Haltung, besserem Aussehen und zu Vermeidung von Bewegungsverletzungen finden. Er wird auch die nötige Gelassenheit und Stärke bekommen, Stress gut zu meistern.

Aber auch ein langes, heißes Bad, die wöchentliche Sauna oder gegenseitige Massage sind perfekte Entspannungsformen.

Um über wesentliche Impfungen den Überblick zu behalten, empfiehlt es sich, ein kleines Gesundheitsbüchlein anzulegen, das euch dann ein ganzes Leben begleiten wird.

Wer Hilfsmittel zum Sehen oder Hören braucht, sollte diese auch nehmen und sich nicht von der Eitelkeit leiten lassen. Nur mit guten Sinnen überlebst du gut deine Konkurrenz.

Meditation

In einem Buch über Lebensmanagement darf natürlich ein Abschnitt über Meditation nicht fehlen. Oft wird das Meditieren von den Religionen belegt und wird dadurch für viele nicht mehr leicht akzeptierbar. Aber Kenntnisse der schnellen Erholung sind nützlich, um die Leistungsfähigkeit zu erhalten. Und es gibt - mit dem Autogenen Training - eine anerkannte, fast überall zu lernende, einfache und billige Methode sich zu entspannen, ohne schlafen zu müssen.

Der Grundgedanke fast aller Meditationen ist eine bequeme Körperhaltung, ungestört zu sein, und dazu eine gedankliche - meist monotone - Beschäftigung.

Atme bewusst ein, atme mit einem Mantra (zum Beispiel dem Wort 'Ohm') aus und wiederhole dies bis Ruhe in dir eintritt. Am Ende der Meditation (z. B. nach 5 min) spanne deine Muskeln an, gähne und strecke dich. Du wirst dich sehr viel frischer fühlen.

Gemessen am Aufwand ist das Meditieren sehr effektiv die Leistungsfähigkeit wieder herzustellen, es erspart natürlich nicht den Tiefschlaf. Aber auch ein kurzer Mittagsschlaf ist extrem hilfreich, einen anstrengenden Arbeitstag zu überwinden. Und wer überhaupt keine Möglichkeit hat sich einmal zurückzuziehen und zu dösen, kann dies immer noch auf einer Toilette tun. Sicherlich nicht der beste Ort dafür, aber einer, der eben zur Verfügung steht.

Ich mache in meinen Vorlesungen auch immer einige Lockerungsübungen, damit wir alle fit bleiben. Diese kann man auch in Meetings und während der Arbeit machen!

Für das geistige Wohlbefinden kann aber auch ein Mannschaftssport, mit gemeinsamen Umtrunk nachher, wunderbare Effekte haben. Oder das Tagträumen mit schöner Musik aus dem Kopfhörer.

Wichtig ist bei allen Erholungsaktivitäten, dass man sich erholt, bevor man ganz ausgelaugt ist. Andernfalls kommt es zu 'burn-out' Erscheinungen, Erholungen sind dann schwierig, der Körper wird dauerhaft geschwächt. Auch wenn man sich immer wieder kurz erholt, ein Urlaub ist nicht zu ersetzen!

Urlaub

Für die meisten berufstätigen Menschen ist die Urlaubszeit primär die ersehnte Abwechslung von der Arbeitswelt. In ihm wird die Freiheit gesucht, die sonst in der Arbeitswelt fehlt. Vor allem wenn die Motivation bei der Arbeit nicht allzu groß ist, die Chefs inkompetent sind, wenig Sinn in der täglichen Beschäftigung gesehen wird, dann werden unverhältnismäßig viele Erwartungen und Ressourcen in den Urlaub gesteckt.

So entsteht häufig Raubbau. Der von der Arbeit erschöpfte Mensch lässt sich dann nahezu nahtlos im Urlaub weiter stressen, anstelle auf die notwendige Regeneration von Geist, Körper und Seele zu achten. In ganz jungen Jahren wird man diesen Raubbau noch leichter wegstecken, aber wenn man dem 30. Geburtstag entgegenstrebt, wird man vielleicht doch etwas über den Urlaub nachzudenken beginnen.

Dabei könnte man vor allem in Deutschland, mit fast 6 Wochen Urlaub für viele Menschen, wesentlich mehr mit dem Urlaub machen, als sich nur der Erholung hingeben. Ich denke hier an den Ausbau oder die Ergänzung wichtiger Lebensressourcen, zum Beispiel auch für Weiterbildung.

Man kann den Urlaub zum Sprachenlernen, für Kochkurse, zum Nachholen des Führerscheins machen, sein Computerwissen aufpolieren, einen ausführlichen Erste-Hilfe-Kurs machen. Also nicht nur um Fähigkeiten der Hobbys weiter auszubauen, sondern auch Defizite des Berufswissens auszugleichen.

In späteren Jahren kann der Urlaub auch zur Vorbereitung für neue Lebensabschnitte, z.b. für den Ruhestand, einsetzen. Einige Tage sollte man sich immer reservieren, um problemlos Vorstellungsgespräche führen zu können.

Drei Tage habe ich mir immer für den Winter aufgehoben, um an den Tagen des ersten Schneefalls oder des Eisregens zu Hause bleiben zu können. Diese Vorsichtsmaßnahme habe ich aus den USA übernommen, sie führt dazu, dass wesentlich weniger Unfälle mit Blechschäden auf den Straßen passieren.

Wer will, kann sich auch drei sogenannte „Unlusttage" reservieren. Wenn einem alles in der Firma stinkt, bleibt man einfach weg, nimmt einen Unlusttag und macht sich einen schönen Tag. Auch dies hatte bei mir erstaunlich positive Effekte und kann ich nur zur Nachahmung empfehlen.

Es ist unklug, den Urlaub oder Erholungsphasen ganz ausfallen zu lassen. Meist entsteht dabei doch größerer Schaden, der vielleicht nicht immer gleich sichtbar wird. Denn viele wählen dann statt Urlaub den Aufenthalt auf der Intensivstation. Auch wer total motiviert ist, wie zum Beispiel Selbständige in der Anfangsphase des eigenen Unternehmens, sollten auf gewisse Ruhephasen achten. Gerade sie kann ein Zwangsausstieg total aus der Bahn werfen. Meist ist ihr soziales Netz nicht eng genug, um eine längere Krankheit aufzufangen.

Wer älter wird, sollte über mehr Muße nachdenken. Man kann nicht immer das Tempo eines Dreißigjährigen unbeschadet durchhalten. Und ab 50 wird man dann zusätzlich zum Urlaub an Kuraufenthalte denken müssen. Wer bis 65 arbeiten muss, wird ohne Kuren kaum seine Leistungsfähigkeit erhalten können.

Wann

Wer an Betriebsferien gebunden ist, für den stellt sich diese Frage sowieso nicht. Viele Berufstätige aber können den Zeitpunkt wählen.

Sehr erholsam ist eine Urlaubswoche im Winter. Egal, ob man sie nun im Schiurlaub oder auf Mallorca verbringt. Sie bringt einfach etwas Sonne in diese triste Jahreszeit und hilft auch einige Tage weniger auf den vereisten Straßen zubringen zu müssen.

Im Frühjahr kann man dann eventuell die Feiertage geschickt für Kurzurlaube mit einplanen. Diese Zeit eignet sich bestens für Wanderungen, zu Fuß oder mit dem Rad. Die sich entfaltende Natur wird gut für deine Seele sein.

Nach vielen Versuchen und Variationen, muss ich feststellen, dass der heiße Sommer, wenn das Arbeiten am anstrengendsten wird, ein guter Zeitpunkt ist, für mindestens 3 Wochen die Arbeit zu unterbrechen. Auch wenn dann alles etwas teurer ist und man mit vielen anderen unterwegs ist, hier spart einfach an Kraft, wenn man nicht bei extremer Hitze - ohne Klimaanlagen, die bei uns ja immer noch unüblich sind - Leistung erbringen muss.

Das Gegenargument dazu ist, dass es angenehm zu arbeiten ist, wenn alle weg sind, die Strassen ohne Staus sind und man nicht oft unterbrochen wird. Aber man wird doch oft bei der Arbeit behindert, weil andere, die man dazu braucht, nicht da sind.

Einmal pro Jahr sollte man mindestens drei Wochen am Stück Urlaub machen. Denn erst in der dritten Woche wird man sich richtig erholen, weil man erst dann genügend Abstand zur Arbeit gewonnen hat.

Ein wesentlicher Gesichtspunkt bei der Urlaubsplanung ist, ob man gleichzeitig mit seinem Chef geht oder nicht. Man wird sich dabei überlegen müssen, wie viel man dann beim Arbeitsbeginn 'büßen' muss, dass man weg war. Sehr oft sind Vertretungsfragen für den Zeitpunkt entscheidend. Ich persönlich habe es besser gefunden, gleichzeitig mit dem Chef zu gehen, man hat dann ein bisschen die Vorteile, die Betriebsurlaube bringen, man muss weniger aufarbeiten.

Ebenso sollte man darauf achten, wenn Widersacher und Freunde Urlaub machen. Auch hier ist es klüger gleichzeitig mit seinen Feinden auf Urlaub zu gehen, so droht weniger Gefahr, dass man während der Abwesenheit abgesägt wird.

In vielen Firmen sind Urlaube früh, z.B. am Jahresbeginn, anzumelden. Als Berufsanfänger sollte man sich erkundigen, wie denn Urlaubsfragen administrativ geregelt sind, sonst kommt es leicht zu unangenehmen Überraschungen.

Wohin

Viele Urlaubsziele scheinen nur so gewählt zu sein, dass man mit ihnen angeben kann. Ich kann mir einfach nicht vorstellen, dass man sonst aus anderen Gründen jeweils 30 Stunden Flugreise auf sich nimmt und dann krank aus dem Urlaub zurückkommt. Viele Menschen haben auch erstaunlich wenig Informationen über ihr Urlaubsziel, die Hauptsache scheint zu sein, möglichst weit weg und alles anders. Kein Wunder, dass viele Deutsche dann mit lebenslangen Krankheiten (z.b. Malaria) einen hohen Preis für ungewöhnliche 4 Wochen zahlen müssen.

Aber auf keinen Fall sollte man nur zu Hause bleiben. Hier wird man doch zu leicht vom Alltag eingeholt. Selbst wer nicht mehr vom Berufsleben gestresst wird, wie Rentner, sollte für Abwechslung sorgen. Wer schon aus familiären oder finanziellen Gründen zu Hause bleiben muss, sollte wenigstens am Anfang und am Ende des Urlaubs eine klare Zäsur setzen. Entweder mit einem Ausflug oder mit einer Kurzreise. So gewinnt man leichter Abstand.

Ältere Menschen oder Menschen mit chronischen Leiden, z.B. Allergien, sollten bei der Wahl des Urlaubsziels unbedingt den Arzt mit zu Rate ziehen. Sonst kann die sogenannte 'Schönste Zeit des Jahres' schnell zum Horror werden.

Unbedingt zu empfehlen ist es, Flugängste zu überwinden, um damit das Flugzeug als Transportmittel mit in die Planung einbeziehen zu können. Das Flugzeug ist so sicher, dass es sich lohnt hier in Veränderungen zu investieren. Vieles hätte ich versäumt, wenn ich meine anfängliche Flugangst weiter gepflegt hätte.

Wie

Es ist unwahrscheinlich, im Urlaub den Partner fürs Leben zu finden. Man wird zwar einige nette Leute kennen lernen, aber wer sicher gehen will, im Urlaub nette Gesellschaft zu haben, der muss sie sich mitnehmen.

Vermeiden sollte man, mit schon bekannt bösen oder negativen Menschen zu fahren. Hier hat man die Garantie für den Problemurlaub gleich mitgebucht. Da fährt man besser allein. Wer in kleinen Gruppen fährt, hat es wahrscheinlich angenehmer, als wer alleine oder in Massengesellschaften fährt. Alte Erfahrung lehrt, dass bei mehr als 7 Menschen immer ein Spinner dabei ist.

Besonders kritisch sind Gruppenreisen zu Stresszeiten, wie Weihnachten oder Silvester. Hier fliehen viele vor den Alltagsproblemen, kommen aber dann auch im Urlaub nicht zurecht.

Einen schönen oder ungewöhnlichen Urlaub wird man gerne dokumentieren, um später die Erinnerung daran wecken zu können. Dies kann man nicht nur mit der Foto- oder Filmkamera, auch ein Tagebuch, Zeichenblock oder Kassettenrecorder tun hier gute Dienste. Ich nehme mir gerne eine spezielle CD mit, die ich oft im Urlaub höre, und die mir später beim Anhören den Urlaub wieder bewusst macht.

Aber man kann sich auch ein Lehrbuch über ein unbekanntes Fach mitnehmen und mit dem Erarbeiten des Stoffes das neue Umfeld assoziieren. Besonders wenn man viel Ruhe sucht, wird so eine Beschäftigung mit einem neuen Stoff, ohne Stress und mit viel Zeit große Befriedigung bringen. Wer gerne liest, sollte sich mit Lesestoff zu Hause eindecken. Es gibt in den klassischen Urlaubsorten selten gute Buchhandlungen, auch Musikläden sind da rar.

Wer ein fremdes Land gut kennen lernen will, der kann auch eine konkrete, zielgerichtete Aufgabe mitnehmen. Du wirst überrascht sein, wie viel mehr du dabei über das Land lernst. Ein Beispiel könnte sein, ein Haus in der Fremde auszusuchen, um es eventuell zu kaufen, oder einen Ferienjob für jemanden zu suchen. Mit diese Aufgabe wird man gezwungen, Kontakte zu machen, die man sonst nicht suchen würde.

Die kostbarsten Urlaubsmitbringsel sind gute Gesundheit, Erholung, gute Laune und Zufriedenheit über das eigene Zuhause. Viel mehr sollte man auch nicht planen. Viele Schnäppchen erweisen sich in der Heimat als teurer und unnutzer Tand und fristen ihr Dasein als Staubfänger bis zum nächsten Sperrmüll. Aber einiges wird das Leben doch bereichern. Ein gutes Rezept zum Beispiel, Ideen sein Leben zu verändern, typische Gewürze oder Musik, Samen von Pflanzen für den eigenen Garten (soweit gestattet) oder auch nützliche Bekanntschaften.

Weiterbildung

Weiterbildung ist Wartung des Produktionspotenzials. Ein Problem vieler Erwachsener ist, dass sie gar nicht mehr merken, dass ihr Wissen verkümmert.

Das Verkümmern des Geistes und der Fähigkeiten erzeugt nämlich oft sogar Wohlsein. Dummheit ist so angenehm. Erst wenn man wieder einmal in einen 'Spiegel' blicken kann, wird man sich erkennen. Der Blick in diesen Spiegel erzeugt oft einen sehr heilsamen Schock. Hoffentlich kommt der Schock früh genug, damit es euch nicht wie dem Frosch ergeht und alles zu spät ist.

Die **PARABEL VOM KOCHENDEN FROSCH**

Fall 1: Ein Frosch wird in einen Topf mit heißem Wasser geworfen, sofort springt er heraus.

Fall 2: Ein Frosch wird in einen Topf mit kaltem Wasser geworfen. Er erfreut sich der Nässe. Der Topf wird nun langsam erhitzt. Der Frosch erfreut sich des noch angenehmeren, warmen Wassers. Er entspannt sich und wird dann müde. Wenn das Wasser dann unangenehm heiß wird, ist er nicht mehr fähig, aus dem tödlichen Wasser zu fliehen. Schließlich stirbt er und wird im Wasser gekocht.

Ein Eigenanteil, zum Beispiel in Form von Einbringen der eigenen Zeit, des Urlaubs, wird auch viele Chefs überzeugen, bei Weiterbildung mitzumachen.

> Was macht dein Partner, während du dich weiterbildest?

Eigeninitiative und Eigenverantwortung sind die beiden Hauptfaktoren einer lebenslangen Weiterbildung.

In den **TIME** Berufen ist die Halbwertszeit des Wissens höchstens 5 Jahre!

Telekommunikation
Informationstechnik
Medien
Entertainment

Das Verdummen ist ein angenehmer Vorgang, nur das Aufwachen ist dann sehr schmerzlich. Zum Glück gibt es auch hier einige Frühindikatoren, die uns helfen, unsere Schwächen zu erkennen. Wenn mich zum Beispiel niemand mehr um meine Meinung fragt, dann ist es ein sicheres Zeichen, dass mein Wissen unbrauchbar geworden ist.

Checkliste für meine Weiterbildung

- Ich bin für meine Weiterbildung verantwortlich.
- Ich will meinen Marktwert erhalten und steigern.
- Ich nütze jede Gelegenheit zur Weiterbildung.
- Ich mache auch nichtfachliche Weiterbildung.
- Ich riskiere Neues.
- Ich suche die Prüfung meines Wissens und halte Vorträge.
- Ich wende das Gelernte sofort in der Praxis an.
- Ich werde um meine Meinung gefragt.
- Ich werde zu Diskussionen, Vorträgen, Konferenzen eingeladen.
- Ich rede wenig von der Vergangenheit.
- Ich fördere Kreativität und Innovation bei anderen.
- Ich binde meine Familie in meine Aktivitäten ein.
- Ich setze meinen Urlaub und mein Geld für Weiterbildung ein.
- Ich sammle Weiterbildungsangebote.
- Ich kann mich noch verändern und anpassen.

Lernen

Alles was erhalten werden soll, muss sich verändern können. Denn was nicht mehr verändert werden kann, droht in einem sich stets verändernden Umfeld auszusterben. So müssen auch wir uns stets verändern können, um zu überleben. Das heißt wir müssen die Fähigkeit haben, uns anzupassen, wir müssen lernen können.

Vielfach passiert das Lernen im komplexen Umfeld nach dem bewährten Konzept 'Versuch und Irrtum' (Trial and Error). Leider ist dieses Lernen auch mit vielen Schwierigkeiten verbunden. So muss ich mich für den Misserfolg einer Sache auch verantwortlich machen können, will ich daraus lernen. Viele Menschen aber schieben den Misserfolg immer anderen zu. Der Preis dafür ist, dass sie dazu verdammt sind, immer dieselben Fehler zu machen, weil sie aus ihren Fehlern nicht lernen können.

Diese Schwierigkeit haben auch Unternehmen und Firmen. So ist oft der Erfolg in der Vergangenheit und die daraus resultierende Arroganz der Grundstein des Misserfolges in der Zukunft.

Das Lernen mit Versuch und Irrtum scheitert aber auch, wenn der Versuch nicht wiederholbar ist oder die Wirkung des Versuchs so spät kommt, dass kein Bezug zur Ursache mehr herstellbar ist.

Optimal verläuft das Lernen, wenn einmalige Erfindungen in dauerhafte Erneuerungen umgesetzt werden können. Bei Organisationen heißt dies, dass vor allem die Kommunikation des einmaligen Erfolges so gut funktionieren muss, damit alle anderen hier nachziehen wollen. Schaffen dies selbst Organisationen, so spricht man von 'lernenden Systemen'. Leider sind lernende Systeme eher die Ausnahme, weil auch bei Organisationen eine gewisse Trägheit der Veränderung im Wege steht, nicht viel anders als bei einzelnen Menschen.

Lernen braucht Freiräume.
Wer diese nicht hat und nicht flexibel sein darf, wird auch nichts lernen.

Lernen wird man auch durch Lehren. Die häufige Wiederholung und immer wieder neue Versuche des Erklärens schaffen auch beim Lehrer Fortschritte in der Erkenntnis. (Gute Schüler und Studenten sollten sich deshalb um Tutorenstellen bemühen, denn damit bekommen sie neben Geld auch permanente, eigene Weiterbildung.)

Oft ist ein Wettstreit, ein Konkurrenzkampf, die Hauptmotivation fürs Lernen. Diesen Wettstreit sollen vor allem Lehrer mit ihren Schülern eingehen. Nichts motiviert die Schüler mehr, als wenn sie eine Chance sehen, ihre Lehrer übertrumpfen zu können. So ist ein gutes Vorbild, dem es sich lohnt nachzustreben, immer noch die beste Lernhilfe.

Selbst in diesen Konkurrenzkämpfen sollte man auf Effektivität achten. Es genügt, ein bisschen besser als alle anderen zu sein, um zu gewinnen. Menschen, die immer gewinnen, verlieren damit auch manchmal. Wer immer gewinnt, macht sich soviel Feinde, dass der Wettkampf unlauter werden kann. Wer gelegentlich auch verliert, vor allem wenn der Schaden gering ist, erscheint menschlicher und hat doch die Nase vorn!

Es gewinnt auch nur, wer nachher nicht disqualifiziert wird oder ins Gefängnis kommt. Der Zweck heiligt eben nicht immer die Mittel. Besondere Gefahr droht vor allem denen, die sich abgesichert fühlen, weil sie naiver weise z.b. die Firma oder ihre Organisation hinter sich glauben. Aber schnell wenden sich alle anderen vom Gefährdeten ab und einsitzen müssen immer Individuen und nicht Institutionen. Wer also - für Firmenzwecke - unbekannte Risiken eingeht, sollte darauf achten, dass die 'Mittäter' nicht später ungestraft zu 'Zeugen' werden. Dies muss man durch geeignete Dokumentation sicherstellen.

Erfahrungen

Je mehr jemand aus seinen Fehlern gelernt hat, um so mehr Erfahrung hat er. Das heißt, es gibt zwei Komponenten der Erfahrung, die Vielzahl der probierten Versuche, aber auch die Bereitschaft, daraus zu lernen und sich das Gelernte auch zu merken, bzw. es in einem anderen Zusammenhang auch anwenden zu können. Erfahrung setzt also Intelligenz voraus.

Nicht alles muss man aus eigenen Fehlern oder Unfällen lernen. So kann man auch aus den Situationen lernen, wo fast etwas passiert wäre, man nennt dies die Beinaheunfälle. Oder man akzeptiert die Erfahrung anderer Menschen und lernt aus deren Unfällen. Oder man lernt aus der Erfahrung früherer Generationen, in dem man die von ihnen angebotene Erziehung akzeptiert.

> Wer nicht von anderen lernt, muss alle Fehler selbst machen.

Eine besonders gute Quelle von Erfahrung sind vor allem alte und intelligente Menschen, die viel in ihrem Leben riskiert und erlebt haben.

Suche solche Menschen auf und frage sie nach ihrer Erfahrung. Sie werden dir gerne ihre Erfahrung weitergeben, weil es sie schmeichelt, wenn sie gefragt werden.

Und dir nützt ihr Wissen immer, sei es, dass du es übernehmen kannst, oder sei es, dass du es bewusst ablehnen wirst, weil sich das Umfeld geändert hat.

Kinder, vor allem in der Pubertät, wollen wenig von der Erfahrung ihrer Eltern - zumindest im persönlichen Gespräch - wissen. Aber wenn deren Erfahrungen aufgeschrieben sind, lesen sie auch die eigenen Kinder. So ist u.a. dieses Praxilogie-Buch entstanden!

> **Die Journalistin befragt den erfolgreichen Direktor:**
> Sie: Was ist das Geheimnis Ihres Erfolges?
> Er: Richtige Entscheidungen!
> Sie: Und wie kommt man zu richtigen Entscheidungen?
> Er: Falsche Entscheidungen!

Kleidung

Vieles im Berufsleben hängt vom äußeren Eindruck ab. Gibt es doch im Berufsalltag sehr viele kurze Kontakte von großer Wichtigkeit. Wer in diesen wenigen Augenblicken den unrichtigen Eindruck vermittelt, hat Chancen vergeben. Deshalb sind auch Kleidung und Körperpflege so wichtig, eine Tatsache, die vor allem Berufsanfänger gerne übersehen. In ihrer vergangenen Studentenzeit waren ja Kleidung und Körperpflege tatsächlich eher unwichtig. Es muss also in dieser Beziehung eine radikale Änderung geben, soll der Berufsstart gelingen.

Die Sorge um die korrekte Kleidung kann auch skurrile Züge annehmen. So haben Medienmenschen stets Ersatzkleidung dabei, damit bei einer kleinen Panne schnell gewechselt werden kann. Und eitle oder unsichere Menschen beschäftigen sich stundenlang damit, was die anderen tragen und was sie anziehen sollen!

> Kleider machen Karriere
> Der Erfolgreiche sieht erfolgreich aus

Zu meinen wichtigsten Erkenntnissen in Bezug auf Kleidung gehört, dass im Berufsleben überall Uniformen getragen werden. Auch wenn die Uniformen nicht wie die Militäruniformen aussehen. So muss die Kleidung überall zweckmäßig sein, darf nicht allzu sehr von der Arbeit ablenken, muss leicht gepflegt werden können, muss unterstützen den Rang des Trägers im Unternehmen leicht einordnen zu können. Man muss sehen können, wer zusammen arbeitet, wer Erfolg hat.

So hat jede Firma, jede Organisation eine Kleiderordnung, die allerdings nicht immer explizit aufgeschrieben ist. Es gehört zur Anpassungsarbeit in einer neuen Organisation diese herauszufinden und sich an sie auch zu halten. Manchmal wird einem diese Aufgabe sehr leicht gemacht (in dem man beraten wird), manchmal aber (wenn das Umfeld sehr chaotisch ist) wird es einige Zeit dauern, bis man den richtigen Stil gefunden hat.

Geschafft hat man diese Anpassungsarbeit, wenn Kleidung kein Thema mehr ist. Wenn also über die Kleidung nicht mehr geredet wird. Leider erfährt man oft nicht, dass über einen geredet wird. Aber ein gutes Zeichen, dass über meine Kleidung nicht geredet wird, ist, dass in meiner Anwesenheit überhaupt nicht von Kleidungsfragen die Rede ist.

Gelegentlich wird man von den verborgenen Botschaften überrascht, die von der Kleidung ausgehen. So sind weiße oder gelbe Socken in Anglo-Amerika ein Schwulen-Symbol, genauso wie Männerhandtaschen in Deutschland, und quergestreifte Krawatten können in den USA als Universitätsfarben gedeutet werden.

Kameragerechte Kleidung für das TV Studio

Ungeeignet sind: weiß, schwarz, grelles rot, helles gelb,
in kleinen Streifen quergestreift, Pepita, Glencheck.
Brillen müssen nicht färbend und entspiegelt sein.
Nicht zu warm und zu eng anziehen!

Ich war in Kleidungsfragen am Anfang meines Berufes sehr ungeschickt. Ein Rat einer Kollegin hat mir da geholfen. Sie sagte mir, frage einfach einmal beiläufig, wer im neuen Umfeld als gut und korrekt gekleidet gilt, schau dir diesen Menschen an und versuche, dieses Exemplar der Uniform für dich nachzuahmen. Genauso habe ich es dann immer wieder gemacht. Und offenbar ganz erfolgreich. Wie man mir später einmal gesagt hat, war ich im Berufsalltag immer 'Good looking'.

Gute Anhaltspunkte für neutrale und erfolgreiche Kleiderordnungen geben das Flughafenpersonal und Bankangestellte. In beiden Bereichen wird viel über Kleidung nachgedacht und ihre Vorgaben kann man getrost übernehmen.

In jeder Kleiderordnung gibt es Freiräume, die man nutzen kann. Am wichtigsten natürlich dafür, dass man selbst gut und attraktiv aussieht. Aber es gibt noch andere wichtige Aspekte. Ein ganz wesentlicher Aspekt ist, dass man an Hand der Kleidung immer leicht wiedererkannt wird. Wer geschickt seine Wiedererkennung steuert, erleichtert seinem Gegenüber den Kontakt. Und je leichter Berufskontakte werden, umso mehr Chancen für Erfolg wird man haben.

Die einfachste Art dies zu tun, ist sich mehrere Exemplare seines einmal (gut gewählten) Outfits zuzulegen. So hatte ich einen Kollegen, der 5 identische Exemplare eines braunen Anzugs (in einer Zeit, wo blau die vorherrschende Farbe war) hatte. Auch in einer Gruppe von 100 Leute war sofort zu sehen, dass er anwesend war.

Frauen werden mit dieser Strategie allerdings Probleme haben. Gehört es doch zu den ungeschriebenen Gesetzen, dass an jedem Morgen man ein anderes Outfit sehen muss, quasi als Beweis, dass sie die Nacht in ihrer eigenen Wohnung verbracht haben. Sie aber können sich mit Accessoires oder Farbauswahl helfen, einen ähnlichen Effekt zu erzielen.

Damit sind wir auch beim Thema Farbberatung. Die Farbberatung (welche Farbe passt zu meinem Typ) ist eine echte Hilfe beim Erwecken des richtigen Eindrucks und sollte unbedingt (vielleicht sogar mehrmals in einer Berufslaufbahn) in Anspruch genommen werden. Wer das Geld dafür noch nicht hat, sollte zumindest Kleidung in Harmonie zur Augenfarbe wählen. Die Augen eines Menschen sind ein so zentraler Brennpunkt, dass Kleidung die nicht zur Augenfarbe passt, nie als harmonisch gelten kann.

Je nach Kulturkreis gibt es natürlich verschiedene Kleiderordnungen. Auch in der gleichen multinationalen Firma wird man verschiedene Regeln zu beobachten haben. Interessant für mich dabei zu beobachten (ich hatte Chancen in den verschiedensten Konzernen ein- und auszugehen) war die Dominanz der Konzernzentrale. War die Zentrale in UK, dann sah es überall sehr britisch aus. Und USA dominierte Firmen ließen alle ihre Führungskräfte immer ein bisschen wie Amerikaner aussehen. Es ist also von Nutzen, dies zu wissen und zu beobachten, worauf es ankommt. Oft kann man schon mit kleinen Accessoires (z.B. bei Männern Uhr und Krawatte, bei Frauen Ohrringe und Schreibgerät) die nötige Referenz erbringen.

Ebenso strahlen die obersten Führungskräfte immer aus, was 'man zu tragen hat'. So wie schon zu allen Zeiten auch die einfachen Bürger die Könige und Feldherren imitiert haben, so werden natürlich überall die Leute an der Spitze imitiert. Allerdings sollte man nie zur exakten Kopie des Chefs werden oder ihn in Qualität (d.h. Preis) der Kleidung übertrumpfen.

Dies gilt vor allem auch für seine Automarke (oder in USA auch Flugzeugtyp), die ja - zumindest in Deutschland - auch ein Teil der eigenen Identity ist. Hingegen ist es immer ehrenvoll und sogar notwendig, dieselben Zeitungen wie der Big Boss zu lesen.

Zurück zur Kleidung. Ein wesentlicher Aspekt ist ihre Pflege. Man muss einen Weg finden, stets gepflegt auszusehen, aber nicht zuviel Aufwand (Zeit und auch vor allem Geld) dafür zu treiben. Nach meiner Erfahrung lässt sich diese Frage am leichtesten durch den Kauf hochqualitativer Produkte lösen. Einfach beim Einkauf immer die Pflege mit im Auge haben und im Zweifel, das teurere, aber leichter zu pflegende Produkt kaufen.

Wer viel reist, wir schnell mit dem Problem verschiedener Klimazonen konfrontiert. Aber auch im Herbst oder im Frühjahr hat man gerne die unpassende Kleidung an, am Morgen ist zu kalt und zu Mittag zu heiß. Ich habe dieses Problem dadurch gelöst, dass ich unterwegs die Unterwäsche gewechselt habe. Inzwischen gibt es aber neue Entwicklungen, die diese Anpassung überflüssig machen. Mit Spezialkleidung (z.b. Thermohosen, Thermojacken) kann man heute leicht Temperatursprünge von 20 Grad und mehr gut und gesund überstehen.

Umziehen sollte man sich, wenn man vor der Arbeit oder in Pausen Sport betreibt. Wer mit dem Fahrrad zur Arbeit kommt, tut sich keinen Gefallen, dann verschwitzt und stinkend den ganzen Tag in dieser Kleidung zu verbringen.

Zu den großen Fehlern gehört es auch, in Kneipenkleidung am nächsten Morgen im Büro zu erscheinen. Kneipenmief ist über Nacht nicht aus der Kleidung zu bringen. Für solche Fälle muss man vorsorgen, indem man sich vor dem Ausgehen entsprechend umzieht. Mir hat dafür ein Pulli gute Dienste geleistet.

> Wäsche täglich wechseln, Anzüge regelmäßig reinigen lassen, keine Kneipenkleidung im Büro, keine Gerüche (auch nicht von Schuhen!), keine Flecken, keine vergammelte Freizeitkleidung im Büro!

Wird man befördert, kommt man in ein neues Umfeld und man wird die Kleidung an die neue Position anpassen müssen. Dies hat wenig mit Arroganz zu tun, es ist einfach eine Frage der Klugheit und natürlich auch der Höflichkeit, diese Anpassung vorzunehmen. Dabei wird man etwas Fingerspitzengefühl walten lassen müssen. Denn zu teuer erscheinende Kleidung kann auch abstoßend wirken.

Die Entwicklung im Spiel der Kräfte

Unser Leben verläuft in Zuständen sich ändernder Umgebung. Im Normalfall, d.h. es gibt keine Krisen, Revolutionen oder Katastrophen, wird es eine Folge von Gleichgewichten sein, zwischen Kräften und deren Reaktionen darauf.

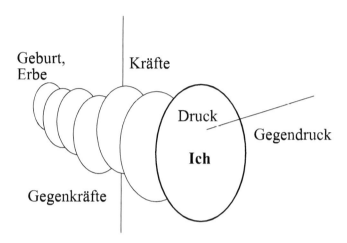

Seit unserer Geburt sind wir mit unseren Erbanlagen und unserer Erziehung ein Ergebnis aller auf uns wirkenden Kräfte. Das Gleichgewicht ist geprägt von Kräften und Gegenkräften der Vergangenheit und Gegenwart, von Druck und Gegendruck.

Als Beispiel dieser Kräfte sind zu sehen: Zwänge, Gewohnheiten, Meinungen, Erfolge und Misserfolge, Erfolgsdruck, Kontakte, Familie, Trends, Ziele, Projektionen in die Zukunft, Erziehung, Bildung, Erbe, Normen, Erfahrung, Verpflichtungen, Schulden, Verlobung, Heirat, Ehe, Interesse, Einfluss der Eltern, Umgebung, Wetter, Stimmung, Verkehrsverbindungen, Versprechen, Gesetze.

Jede persönliche Veränderung sollte eigentlich auf der Kenntnis der wirksamen Kräfte basieren und durch Veränderung dieser Kräfte einen neuen Zustand erreichen. Das heißt, im Normalfall entsteht ein neues Gleichgewicht.

Es lohnt sich einmal, die Struktur von Kräften und Gegenkräften genauer anzusehen. Wir dürfen uns dieses Kräftespiel nicht wie zwei Parteien beim Seilziehen vorstellen. Vielmehr sind es meist gekoppelte Kreisprozesse, die im Leben dieses Kräftespiel bewirken.

Eine Aktion hat ein Ergebnis, dieses Ergebnis bewirkt eine Gegenreaktion, die auch wieder auf das Ergebnis rückwirkt. Nach einiger Zeit des Anwachsens (Verstärkung) oder des Schrumpfens (Schwächung) stellt sich dann entweder ein mehr oder weniger stabiler Gleichgewichtszustand ein. Oder es ist auch möglich, dass Schwingungen zwischen zwei Extremen entstehen. (Schwingungen sind fast immer ein sicherer Hinweis auf die Existenz von Kräften und Gegenkräften).

Jemand arbeitet viel (Aktion) und verdient viel Geld (Ergebnis). Dieser Reichtum erregt Neid (Gegenreaktion), der dazu führt, dass man dem Erfolgreichen das Leben so schwer macht, dass er nicht mehr soviel Geld verdienen kann (stabiles Endergebnis).

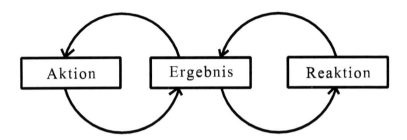

Diese gekoppelten Kreisprozesse sind intuitiv schwierig zu verstehen. Vor allem, wenn es Zeitverzögerungen gibt, was in der Praxis fast immer der Fall ist. Lediglich Menschen mit viel Erfahrung in der Regelungstechnik werden sich hierbei leichter tun.

In diesen gekoppelten Prozessen kann ich also ein Ergebnis auf zwei Arten erreichen, erstens durch die Aktion, oder aber durch den Einfluss auf die Gegenreaktion.

Jemand verdient sehr viel Geld (Aktion), ist aber klug genug, seinen Reichtum geheim zu halten. So wirkt er nach außen so ärmlich (Ergebnis), dass alle Mitleid haben und ihm Aufträge zukommen lassen (Reaktion). Im Endergebnis wird sich immer mehr Reichtum ansammeln.

Es ist daher nicht ungewöhnlich, wenn nicht die ursprüngliche Aktion, sondern die hervorgerufene Reaktion das Endergebnis bestimmt. Es kann zu sogenannten 'Paradoxen Aktionen' kommen, nämlich dann, wenn genau das Gegenteil erreicht wird, von dem was man ursprünglich angestrebt hat. Wir werden beim Umgang mit der Komplexität mehr über dieses in der Praxis häufig auftretende Phänomen erfahren.

> GUT GEMEINT ist oft das Gegenteil von GUT GEMACHT.

Für unser Lebensmanagement heißt dies alles, dass wir Ergebnisse entweder direkt erreichen können oder aber auch durch Reduzierung der Gegenkräfte.

Viele Menschen wollen allerdings gar nicht handeln. So nach dem Motto, keine Interesse, es bringt nichts. Oft werden sie dann aber von der Realität eingeholt. Anstelle, dass sie Spieler im Leben werden, müssen sie sich mit der Rolle des Balls abfinden!

Kein Interesse:

1. Es berührt mich nicht.
2. Ich kann nichts ändern.

Kräfte im Gleichgewicht

Seit unserer Geburt sind wir immer einem Kräftespiel ausgesetzt. Kräfte und Gegenkräfte wirken auf uns ein. Und es wird Druck auf uns ausgeübt und von uns Gegendruck erzeugt. Oder wir üben Druck aus und sehen uns mit Gegendruck konfrontiert.

Wollen wir nun Veränderungen vornehmen, dann müssen wir Kräfte verstärken oder Gegenkräfte schwächen, dann werden wir in einen neuen Gleichgewichtszustand gebracht.

Unser ganzes Leben ist eine Folge von stationären Gleichgewichtszuständen. Unterbrochen von Krisen, das heißt großen Veränderungen oder auch kleinen Veränderungen, Anpassungen, Lernen. Denn Lernen heißt vor allem, sich zu verändern.

Die zwei Grundfragen der Veränderung sind:

* WAS soll ich tun?
* WIE soll ich es tun?

Zum WAS gehören die Wünsche, die Visionen, die Erfüllung der Lebensaussage, das Erreichen der Ziele, die Realisierung der Träume.

Behindernd wirkt dagegen die Wirklichkeit. Die alltäglichen Notwendigkeiten, der Lebensunterhalt zum Beispiel, zwingen uns in ein Korsett, das schwierig zu verlassen ist. Aber auch unsere Gewohnheiten, das Eingebundensein in Rollen, die Zwänge, zum Beispiel durch Schulden, erlauben uns nicht alles zu tun, was wir möchten.

Harmonisches Gleichgewicht

Wünsche
Visionen
Lebensaussage
Ziele
Träume

Ich

Erbe, Erziehung
Tun, Gewohnheiten
Zwänge, Erfolge, Mißerfolge
Rollen, Erwartungen
Notwendigkeiten

Wirklichkeit

Aber durch Überlegen, Nachdenken, Planung und Methoden, die bei Änderungen unterstützend wirken, können doch viele Dinge realisiert werden.

Gerade die Gewohnheiten sind wie viele kleine, aber sehr feste Fäden, die uns fest-zurren und uns in der freien Entfaltung behindern. Gelegentlich wird man sie nur mit drastischen, ja fast radikalen Mitteln los. Eines ist, z.b. aus allen Klubs, Verei-nen etc. auszutreten und in diejenige, die man wirklich vermisst und von denen man einen konkreten Nutzen hat, dann später wieder einzutreten.

> Was du nicht hast, ist keine Last.
> Wer sich nicht bewegt, spürt seine Fesseln nicht.

Zwei grundsätzlich verschiedene Denkrichtungen werden uns helfen, die richtigen und wichtigen Veränderungen zu finden (WAS) und zu tun (WIE). Für das WAS ist die Kreativität ausschlaggebend, das Suchen und Finden, die Offenheit gegenüber Neuem, die Kommunikation. Für das WIE ist die Planung und Pro-Aktivität wichtig, Disziplin bei der Durchführung, ein Prozessdenken.

Ich mache einen Schaufensterbummel und entdecke dabei etwas, was wichtig für mich ist (WAS). Weil ich immer mein Notizbüchlein bei mir habe, vergesse ich auch nicht, am nächsten Tag im Laden anzurufen und das wichtige Objekt zu erwerben (WIE).

Ich nütze die Informationen meiner Träume, indem ich sofort meinen Traum notiere (WIE) und mich dann frage, was denn dieser Traum mir sagen will (WAS).

Glücklichen Menschen gelingt es leichter, Wünsche zu realisieren. Sie haben Me-thoden entwickelt, aus Wünschen konkrete Vorstellungen zu entwickeln, die sie - meist mit einem langfristigem Plan und Vorgehen - dann auch umsetzen.

Lebensziele - WAS will ich erreichen?

Der Umgang mit Zielen ist schwierig. Erstens, weil sie gar nicht immer klar definiert werden können. So ist es zum Beispiel gar nicht ungewöhnlich, dass man manchmal gar nicht weiß, ob das Ziel erreicht wurde.

Will jemand glücklicher werden, wann ist das Ziel erreicht? Nicht immer ist die Definition für das Erreichen so einfach wie beim Schachspiel, wo der gegnerische König matt zu setzen ist.

Oft sind wegen der Abhängigkeiten untereinander, Mittel zur Erreichung eines Zieles auch wieder eigenständige Ziele. Will ich zum Beispiel mehr Zeit haben, dann benötige ich dazu mehr Geld. Aber um mehr Geld zu verdienen, brauche ich wieder mehr Zeit, usw.

Bei fast allen realen und wichtigen Zielen gibt es Konflikte. Ich kann nur das eine erreichen, wenn ich dafür etwas anderes aufgebe.

Unser Denken ist oft sehr eingeschränkt. Wir haben große Probleme, wechselseitige Beeinflussung wirklich durchzudenken oder Abhängigkeiten zu erkennen. Es gibt auch viele Änderungen von außen, die ohne mein Zutun geschehen, mich beeinflussen, die ich aber nicht vorausgesehen habe.

Fast alle Menschen haben große Schwierigkeiten mit dem Einschätzen von Vorgängen, die sich exponentiell verändern. Sowie wir ganz allgemein mehr im Augenblick leben und glauben, alles wird so bleiben wie es ist, sowenig Verständnis für Zeitgestalten haben wir.

Im Rahmen der Komplexitätsforschung wurden vor allem drei Ansätze für den erfolgreichen Umgang mit Zielen gefunden. Das Erkennen von Superzeichen ('meine Erfahrung sagt mir'), die Handhabung der Vielzieligkeit ('sowohl - als auch')und die Methode der Divergenz-Effizienz ('was ist für viele Fälle richtig'). Mehr darüber in den entsprechenden Kapiteln.

Viele Ziele werden erst klar, wenn sie formuliert, das heißt meist aufgeschrieben sind. Mit dem Aufschreiben kann etwas Ordnung in die Widersprüchlichkeit gebracht werden, vor allem wenn Ziele kommuniziert oder abgestimmt werden müssen. So müssen wir unsere eigenen Ziele auch aufschreiben und sie uns vor Augen halten, sollen wir sie nicht aus den Augen verlieren. Es ist nämlich in der Hitze der vielen Ereignisse gar nicht ungewöhnlich, dass selbst wichtige Ziele - zumindest vorübergehend – vergessen werden.

Pro-Aktivität

Pro-Aktivität ist die Phase vor dem eigentlichen Handeln. Es ist die Phase des Vorausdenkens. Pro-Aktivität bedeutet aber auch, dass ich nicht nur spontan und unvorbereitet agiere, sondern mein Handeln bewusst durch meine Gedanken steuere.

Pro-Aktivität reduziert die Fremdsteuerung und erhöht die Eigensteuerung. Durch Pro-Aktivität reagiere ich nicht nur mehr spontan auf die Außenreize, sondern erst nach einer Überlegungsphase. Diese Phase wirkt wie ein Puffer oder ein Filter und erlaubt mir zum Beispiel, frühere Erfahrungen besser zu nutzen.

Erst durch diese Pro-Aktivitätsphase wird meine Reaktion wirklich zu meiner eigenen Reaktion.

Das Konzept der Pro-Aktivität stammt von Viktor Frankl. Während seiner Zeit im Konzentrationslager hat er sich bei schwierigsten Extremsituationen immer vorgestellt, wie er später vor einem großen und wichtigen Auditorium über seine Leidenszeit im KZ einen Vortrag halten wird. Diese Distanz hat ihm geholfen, selbst die schwierigsten Situationen zu überstehen.

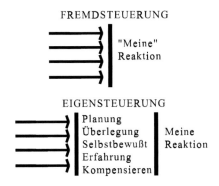

Wenn etwa Schwächen von Partnern durch pro-aktives Verhalten kompensiert werden können, ist oft viel gewonnen. Anstelle sich über Fehler von anderen zu ärgern, nutze ich mein Denken aus, wie ich diese kompensieren kann oder vielleicht sogar ausnutzen kann. Speziell im Umgang mit unangenehmen und unzuverlässigen Menschen ist pro-aktives Handeln angesagt.

Da ich weiß, dass immer Unvorhergesehenes kommen wird, plane ich Pufferzeiten ein, bevor ich die Termine für mein Projekt nach Außen gebe. Bewährt haben sich Puffer von mindestens 30 %, zum Teil - wenn viele Unwägbarkeiten zu erwarten sind - sind wesentlich höhere Pufferzeiten, bis zu 1000% (!) angebracht.

WAS ist wichtiger als WIE!

Die folgende Grafik besagt, dass ich immer dann erfolgreich und glücklich werde, wenn ich nur die richtigen - besser die für mich richtigen - Ziele habe. Und nie erfolgreich sein kann, wenn ich den falschen Zielen nachstrebe. Selbst wenn ich diese perfekt anstrebe.

Dieses Denken steht in einigem Kontrast zum allgemeinen Management (vor allem zur Bürokratie), wo Mitarbeiter vor allem daraufhin geschult werden, ja keine Fehler bei der Durchführung zu machen. Die Annahme dort ist, dass die Ziele (WAS) alle vorgegeben und korrekt sind und wirklich nur die Durchführung im Vordergrund steht.

Aber in unserem eigenen Leben sind - wie wir schon wissen - die Ziele nicht immer so eindeutig und klar. Es ist daher viel besser, das richtige Ziel über Umwege und nicht ganz perfekt zu erreichen, als das Falsche auf perfektem und direkten Weg.

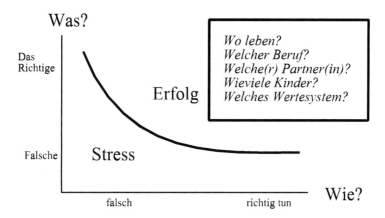

Allerdings sind viele Menschen vollends damit zufrieden die Perfektion in der Durchführung allein anzustreben. Auch wenn sie zu falschen Zielen führt. Alle Menschen, die vor allem im Prozessdenken geschult werden, wie auch Ingenieur-Innen, können leicht in diese Falle tappen.

> Es ist besser, ungefähr richtig zu liegen als völlig präzise daneben!

Zu den wirklich wesentlichen Entscheidungen gehören die Frage nach dem Lebensort, dem Beruf, den Partnern, wie viel Kinder man sich wünscht und welches Wertesystem man sich wählt.

Ich betone selbst immer gerne den hohen Stellenwert des Lebensortes, weil sich heute viele den Ort aussuchen können, und weil meiner persönlichen Erfahrung nach damit viele andere Entscheidungen (Menschen, Klima, Wohlstand) gleich mitgetroffen werden. Andererseits kann ein unglücklicher Lebensort ganz entscheidend über unser Wohl und Weh entscheiden. Wir brauchen nur an die vielen Kriegsgegenden dieser Welt zu denken.

Der Ort wird auch mitentscheidend sein, ob wir uns zu den Klugen oder zu den Dummen zählen werden. Nicht überall wird es uns gelingen, erfolgreich zu werden.

Zum Wertesystem gehören die Wahl der moralischen, ethischen, religiösen Alternativen, z.B. auch wie reich wir werden wollen, ob wir großzügig oder geizig sein wollen. Oder ob wir egoistisch oder altruistisch unser Heil finden. Viele dieser Entscheidungen laufen intuitiv und unbewusst ab, es wäre allerdings ganz vernünftig, wenn wir auch diese komplexen Entscheidungen uns bewusst machen könnten.

Glück = Erfolg + Zufriedenheit

Erfolgreich ist, wer den Platz (in der Welt, im Beruf, in der Gesellschaft)
gefunden hat, der zu ihm passt.
Zufrieden ist, wer sich an den Ort, an dem er leben muss, angepasst hat.

Was ist denn wirklich wichtig?

Neben den allgemeinen Entscheidungen, wie Wohnort, Beruf gibt es noch persönliche wichtige Entscheidungen für seine eigenen Ziele. Zum Glück ist nicht alles immer wichtig, denn nach dem Pareto-Prinzip sind immer nur wenige Dinge wirklich wichtig.

Das Pareto-Prinzip, oder auch 80/20 Regel genannt, sagt, dass nur wenige Dinge, etwa 20 Prozent, den meisten Wert, etwa 80 Prozent, darstellen. Ich muss mich also nur auf wenige Dinge konzentrieren!

Zu den bewährten Methoden, etwas über die persönlichen wichtigen Dinge zu erfahren, gehört zum Beispiel, seinen eigenen Nachruf zu schreiben. Vor allem, wenn ich dies aus der Sicht der Leute, die ich zu meinem Begräbnis erwarte, tue. Oder über die Bedeutung seiner Träume nachzudenken.

Um sich über das WAS klar zu werden, ist es gut, sich einer Vielzahl und Vielfalt von Testsituationen auszusetzen und viel auszuprobieren, um dann zu entscheiden, was denn wirklich wichtig ist. Dazu ist es immer notwendig, sich seine Gedanken aufzuschreiben, denn nicht alles ist gleich erfüllbar, viele Gedanken müssen erst gesammelt werden.

Was ist mir WICHTIG?

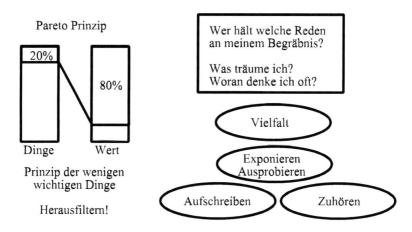

Ebenso wichtig ist auch gut zuzuhören, denn das meiste was ich noch nicht kenne, will erst verstanden werden, und dazu muss ich gut zuhören.

Aktivitäten, die diesen Prozess unterstützen, sind zum Beispiel Reisen in andere Kulturkreise, der Besuch fachfremder Vorlesungen, der Besuch von Museen, das Lesen über unbekannte Fachgebiete, Kontakt mit Freunden, vor allem, wenn diese einen ergänzen.

Jeder Mensch wird ein anderes Profil finden, das seine Bedürfnisse befriedigt. Sowie abwechslungsreiche Kost am besten die vielfältigen Bedürfnisse des Körpers befriedigt, so werden auch vielfältige Außenkontakte am ehesten zu einer befriedigenden, persönlichen Entwicklung führen. Homogene, das heißt gleichartige und auch geschlossene Systeme sind nicht gut geeignet, neue Entwicklungen zu fördern.

Manchmal aber werden es nicht die großen, sondern eher die kleinen Dinge sein, die zu einem guten persönlichen Wohlfühlklima beitragen. Vor allem, wenn die Basis des Lebens schon festgelegt ist und auch stimmt. Mehr dazu im nächsten Kapitel.

Das Klima zum Wohlfühlen

Alles was dich umgibt, hat Einfluss auf dich. Nicht nur die Menschen und andere lebenden Organismen, nein auch die sogenannten 'toten' Dinge, wie Möbel, die Farben der Wände oder Formen von Wohnungen und Häusern beeinflussen dich. Aber auch das Wetter, sogar die Mondphasen wirken auf dich. Alles kann dazu beitragen, ob du dich gut fühlst oder ob du leidest und sogar krank wirst.

Leider kannst nicht du alles beeinflussen, meistens wird es ganz wenig sein, was du aus eigener Kraft verändern oder so gestalten kannst, dass du dich wohler fühlst. Aber relativ viel Freiheit hast du in deiner eigenen Wohnung, in deinem eigenen Haus, oft auch an deinem Arbeitsplatz.

Gute Architekten haben fundiertes Wissen, wie man Räume so gestaltet, dass Menschen sie gerne annehmen. Und mit dem aus Ostasien importierten Feng Shui hat dieses Wissen einen neuen Auftrieb bekommen.

Vieles wird für fast alle Menschen gelten, weil es aus unserer gemeinsamen Evolution stammt, z.b., dass sich Menschen in 'Höhlen' geborgen fühlen und Freiheit am besten außerhalb von Mauern gefühlt wird. Andere Regeln beruhen auf Effektivität, dass z.B. zusammensein sollte, was zusammengehört, oder dass man sich durch Platz auch die Vor- und Nacharbeit sparen kann, weil man alles liegen und stehen lassen kann und nichts aufräumen muss. Aber jeder Mensch wird seine eigenen Präferenzen haben und diese zu finden, dazu will ich beitragen.

> Gestalte mutig, was du verändern kannst.
> Nimm gelassen hin, was du nicht ändern kannst.
> Mit Weisheit lernst du das eine vom anderen unterscheiden.

Alle allgemeinen Regeln haben den Nachteil, dass sie in manchen Fällen in die Irre führen werden. So kann Sonnenschein in unseren Breiten Depressionen verhindern, aber Menschen, die wechselndes Klima mit Regen gewohnt sind, wird dauerhafter Sonnenschein depressiv machen. Ich habe dieses Phänomen häufig bei Kollegen erlebt, die in den USA vom Manufacturing Belt (im Nordosten) in den Sun Belt (nach Arizona) übersiedeln mussten.

Eine Umgebung mit einem Klima, das dich krank macht, ist nichts für dich. Kannst du sie nicht verändern, fällt es dir schwer sich an sie anzupassen, dann wirst du sie fliehen müssen.

Wenn man eindeutig krank wird, z.B. vergiftet wird, ist es noch relativ leicht, die ausgeprägte Gefahr zu merken und abzustellen. Problematisch sind die schleichenden, kaum merklichen Einflüsse. Auch die Gefahren, die wir nicht mit unseren Sinnen sehen, fühlen, riechen, schmecken, sind problematisch.

Es gibt mehrere Indikatoren, wie merkst du, dass etwas nicht stimmt. Bist du z.B. immer müde, denkst du oft ans Sterben, hast du keine Lust etwas zu tun, wagst du nichts Neues, verkriechst du dich immer in deiner Wohnung, dann musst du etwas tun.

Vielen Menschen hilft der Weg zum Arzt. Manchmal kann schon eine kleine Mangelerscheinung oder Überfunktion eines Organs verheerende Folgen haben. Und mit dem richtigen Medikament wird sich das Leben dann schlagartig verbessern. Oder ein Psychiater wird helfen, eine psychische Krankheit zu überwinden.

Aber bei vielen Menschen sind auch die Ärzte ratlos. Hier können Umweltanalytiker mit Messungen feststellen, ob etwas im Raumklima nicht stimmt. Schleichende Vergiftungen z.B. durch Holzschutzmittel sind immer noch häufig. Messen lassen bringt hier Sicherheit und verhindert falsche Spekulationen. Messen lassen kann man auch Elektrosmog, viele Menschen reagieren sensibel darauf.

Aber neben allen diesen Faktoren gibt es immer noch ganz subjektive, die man selbst erforschen muss. Mein Ansatz dazu ist sich selbst zu beobachten und zu fragen:

- Warum bin ich jetzt/hier so glücklich?
- Warum bin ich jetzt/hier so unglücklich?

Und dann kleine Veränderungen zu planen und durchzuführen. Die Grundregel für das Vorgehen lautet:

- Den Anteil an 'Glücklichsein' (wenig, aber kontinuierlich) vergrößern.
- Den Anteil an 'Unglücklichsein' verkleinern.

Da unsere Zeit begrenzt ist, wird auch eine kleine Änderung zum Positiven im Gegenzug etwas Negatives verhindern und dadurch doppelt ins Gewicht fallen. Es ist also für einen merkbaren Effekt gar nicht notwendig, immer gleich die großen Schritte, die dann doch nicht stattfinden werden, zu planen!

Man wird sich seine Erkenntnisse aufschreiben müssen, damit man sie umsetzen kann. Sonst wird man schnell das Beobachtete vergessen.

Wenn ich zum Beispiel während eines Winterspazierganges im Sonnenschein feststelle, dass ich daran wirklich große Freude habe und dies mir gut tut, dann halte

ich dies fest und plane weitere Spaziergänge, eventuell sogar einen Winterurlaub in
den Bergen.

Wenn ich z.b. beim Arbeiten erschrecke, wenn sich jemand hinter meinem Rücken
heranschleicht, dann werde ich den Tisch so stellen, dass ich das Herannähern von
vorne beobachten kann und ich mich nicht umdrehen muss.

Dies klingt so trivial, wird aber von vielen Menschen trotzdem nicht gemacht. Der
Clou sind die kleinen Veränderungen, die leicht durchzuführen sind, aber die - vor
allem in ihrer Häufung - einen ausgesprochen positiven Effekt haben.

Analoges gilt natürlich auch für die Ereignisse, die mich unglücklich machen oder
die zumindest einen schalen Nachgeschmack verursachen. Sind sie gravierend,
dann werde ich sie selbstverständlich meiden. Aber kaum jemand wird die kleinen
Schäden registrieren, die ihm zugefügt werden.

Wird mir z.b. von jemanden die Zeit mit Gelaber gestohlen, dann werde ich dies
einfach ertragen. Aber warum? Sollte ich nicht darauf reagieren und diesen Kontakt
nicht mehr oder nicht so häufig pflegen?

Oder wenn ich feststelle, dass mich manche Orte unglücklich machen, z.b. weil ich
an ihnen großes Unglück erlitten habe, dann werde ich diese Orte irgendwann einfach meiden.

Auch hier werden die kleinen Änderungen viel zu meinem Glück beitragen. Dadurch, dass ich sie registriere, werden sie erst bewusst. Das Registrieren erfolgt z.b.
im Tagebuch oder man kann sich auch ein Freudenbuch zulegen. Wer ein Tagebuch
führt, kennt die Kraft die zur Selbststeuerung davon ausgeht. Das ständige Lesen
der eigenen Gedanken macht nicht nur konsequent, es öffnet auch wichtige Einblicke.

Manche der kleinen Symptome lassen sich vielleicht zu einem größeren - wirklich
wichtigen - Problem zusammenfassen, das man dann auch auf einmal abstellen
kann, z.b. durch einen Ortswechsel, durch eine Kündigung oder Scheidung.

Analoges gibt es nun in deiner Umgebung auszuprobieren und zu verändern.
Merkst du, dass dich das Fernsehen unglücklich macht, dann stelle den Fernseher
dort hin, wo er nicht mehr eine zentrale Rolle spielt. Erfreust du dich an Bildern,
dann mache aus deiner Wohnung deine persönliche Galerie.

Ich war vor vielen Jahren im Valentinmusäum (so schreibt man das wirklich!) in
München. Dessen Restaurant ist in einem Turm untergebracht, der den Blick nach

allen Seiten gestattet. Ich fand das ganz toll. Bei der Auswahl meiner eigenen Woh-nungen habe ich dann darauf geachtet, dass ich Aussicht nach mehreren Richtun-gen hatte! Einmal habe ich nur den Blick in eine Richtung gehabt, ich bin in dieser Wohnung unglücklich geworden und habe sie aufgegeben.

Hast du ein großes Bedürfnis nach Sicherheit, dann wirst du immer deinen Rücken sichern wollen. Stelle deine Tische und Stühle so, dass dich niemand von hinten beobachten kann.

Bist du visueller Typ, dann wirst du z.B. am Arbeitsplatz Stellwände aufstellen wollen, auf denen du einerseits das Blickfeld so einengst, dass du nicht abgelenkt wirst, auf deren Pinwände du aber alle deine Probleme und Projekte notierst und dadurch zu Lösungen inspirieren lässt.

Kannst du eher akustisch inspiriert werden, dann wirst du Lärm abschirmen, aber z.B. auch nach Musik suchen, bei der du gut arbeiten kannst oder dich entspannen kannst. Bist du leicht abzulenken, und du willst dich konzentrieren dann wird Leere (z.B. auch ein aufgeräumter Schreibtisch) und totale Ruhe die Antwort für dich sein.

Auf der Suche nach deinem persönlichen Wohlbefinden wirst du schnell auf die Esoterik stoßen. Mit ihren Fachbegriffen oder Theorien, die du möglicherweise nicht verstehen oder nicht akzeptieren willst, stößt sie dich vielleicht ab. Aber man-ches kannst du ja - ohne Weltanschauung oder Theorie - einfach einmal ausprobie-ren. Tut es dir gut, dann bleib dabei, ist es ohne Wirkung oder schadet es dir, dann vergiss es wieder. Du musst ja nicht gleich ein Guru oder dessen Anhänger werden.

Besonders die Anregungen von Feng Shui, mit dem Ansatz altes Wissen für har-monisches und gesundes Wohnen anzuwenden, sollte man sich doch einmal durch-lesen und jene Tipps für die Gestaltung oder Umgestaltung ausprobieren, die einem einleuchten.

Es lohnt sich kontinuierlich Arbeit und Energie für die Suche in dein persönliches Wohlfühlklima zu stecken, dein Wohlbefinden wird es dir danken. Du wirst dich dadurch besser, freier und weniger eingeengt fühlen. Und damit einen Schritt zur persönlichen Selbstverwirklichung machen.

Mindmaps

Zu den interessantesten Entdeckungen der Gehirnforschung der letzten Jahre gehö-ren die Mindmaps (zuerst vorgestellt von Tony Buzan). Mit Ihnen gelingt es leich-ter, seine Gedanken und auch Wünsche zu erforschen und zu notieren. Durch ihre intuitive Darstellung sind sie auch ein gutes Mittel, Vorträge auszuarbeiten oder sie dienen auch als Vorlage, um Vorträge frei halten zu können.

Es gibt inzwischen genügend Literatur über Mindmaps, die Landkarten der Gedanken, dass ich es mir ersparen kann, detailliert auf das Konzept der Mindmaps einzugehen. Eigentlich sind sie nur strukturierter Text, den man sich aber wegen seiner grafischen Anordnung besser einprägen kann.

Ich selbst verwende Mindmaps vor allem, um meine Gedanken zu ordnen. So ist dieses gesamte Buch mit Hilfe von Mindmaps entstanden. Und ich sehe in meinen Vorlesungen, dass immer mehr StudentInnen Mindmaps auch zum Mitschreiben und Dokumentieren verwenden.

Solange es keine Norm für Mindmaps gibt, wird in der Praxis jeder seine eigene Form von Mindmaps entwickeln. Und wahrscheinlich ist dies auch gar nicht schlecht. Aber für die Dokumentation wird man dann doch Tools verwenden wollen. Einige Adressen dazu findest du in meiner Literaturseite im Internet.

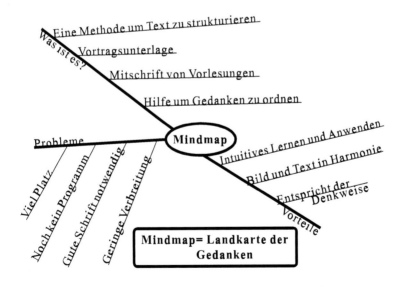

Aller Anfang wird leicht! Die Kunst der Selbstmotivation.

Mit etwas Routine wird wirklich jeder Anfang leicht. Die Kunst beim Überwinden der Trägheit ist, mit ganz kleinen, einfachen und unkritischen Schritten zu beginnen.

Zum Beispiel nur einen Satz mit dem Ziel aufzuschreiben. Am besten gleich auf einem Blatt Papier oder im Computer, damit man daraus einen Plan zur Lösung des Problems entwickeln kann.

Das Niederschreiben des Zieles oder des Problems bewirkt eine Veränderung!

Mit dem Niederschreiben wird das Bewusstsein in einen Modus gebracht, der mir erlaubt, viel besser Lösungen für das Problem zu sehen. Ich werde auch motiviert da weiterzumachen. Und dieser Satz kann auch eine Verpflichtung sein.

Man kann sich vielfältig auch selbst motivieren, bei der Lösung eines Problems weiterzukommen. Eine bewährte Methode ist es, sich gegenüber einem Außenstehenden zu verpflichten: indem man z.B. zusagt einen Vortrag über ein Fachgebiet zu halten. Zu einem Termin, der noch leicht einzuhalten ist. Dann hat man gleich viel mehr Motivation doch weiterzumachen.

Immer nützlich ist es, das Unbewusste für sich arbeiten zu lassen. Dazu muss man die Zeit vor dem Schlafengehen nützen. Im Traum, buchstäblich im Schlaf lassen sich dann viele Lösungen finden.

Die Zeit vor dem Schlafengehen ist auch die optimale Zeit, die Planung für den nächsten Tag zu machen. Man schläft dann mit dem ruhigem Gewissen ein, schon alles für den nächsten Tag vorbereitet zu haben.

Wer keine Büroarbeit nach Hause bringen will, soll den Abend im Büro dazu nutzen. Bevor endgültig Feierabend gemacht wird, wird die Planung für den nächsten Tag abgeschlossen.

Alle Arbeiten und Aufgaben, die irgendwann einmal erledigt werden müssen, finden ihren Platz in einer TODO Liste (to do = zu tun). Ein Blatt Papier, noch besser eine Datei im Computer, genügt. Alles was einmal in der TODO Liste steht, findet eine Bearbeitung oder wird bewusst gestrichen.

Die Wochenplanung nimmt dann Arbeiten aus der TODO Liste und weist ihnen Termine zu, an denen die Arbeit dann konkret angepackt oder weitergeführt oder abgeschlossen wird.

Alle Arbeiten, die man mit Postern oder Aufklebern visualisieren kann, werden besser erledigt als andere. Speziell mit post-it Aufklebern kann man sich schöne dynamische Konzepte erarbeiten.

Es ist immer klug, sich auch selbst zu belohnen, wenn man etwas abgeschlossen hat.

Auch eine richtige Arbeitsumgebung, etwa mit der richtigen Musik, kann sehr stimulierend sein, mit der Arbeit weiterzukommen. Und auch das Arbeiten mit einem sympathischen Kollegen oder im Team kann förderlich sein etwas zu beginnen und zu Ende zu bringen.

Das Geheimnis vieler erfolgreicher Menschen aber ist, früh mit den wichtigen Arbeiten zu beginnen. Und einige Abschnitte dafür einzuplanen, die Industrie nennt diese Abschnitte Phasen. Denn speziell bei lange dauernden Tätigkeiten wird der Abschluss einer Phase große Befriedigung bringen und zum Weitermachen motivieren.

Manche Menschen können allerdings nur mit großem Druck und unter Androhung massiver Strafen motiviert werden. Sie warten bis zum allerletzten möglichen Augenblick und bringen dann doch noch ein exzellentes Endergebnis zustande. Solange diese Menschen alleine arbeiten ist gegen diesen, für sie erfolgreichen Modus wenig einzuwenden. Bei Gruppen oder in der Familie wird man allerdings nicht gerne mit solchen KollegInnen arbeiten, denn in der Hektik wird dann doch nicht alles gut laufen. Ich empfehle diesen Chaostypen doch wenigstens einen kleinen Puffer in ihren Plan einzubauen oder mehrere Abschnitte vorzusehen. Ihr gestresster Körper und ihr Umfeld werden es ihnen danken.

In jedem Beruf oder Berufsabschnitt wird es notwendige Tätigkeiten geben, die niemand gerne macht, die aber trotzdem gemacht werden müssen. Die Steuererklärung, die Inventur, die Dokumentation in der Programmierung oder auch manche Bereitschaftsdienste gehören dazu. Hier muss man sich selbst weiterhelfen, sonst wird man frühzeitig aufgeben.

Bewährte Hilfsmittel sind:

- ans Geld denken, das man mit der laufenden Zeit verdient und an die schönen Dinge, die man sich dafür leisten wird;
- die Vorteile der Arbeit (und sei sie noch so stumpfsinnig) erkennen und sich diese immer wieder vorsagen;
- sich bewusst machen, warum man diese Arbeit hasst, es lässt sich dann manchmal leichter mit ihr leben;

- man kann sie mit noch viel schlechteren Arbeiten vergleichen, gleich wird man etwas zufriedener;
- den Fortschritt der Arbeit sichtbar machen, einen Countdown bis um Endzeitpunkt einführen (Meterband abschneiden, Kalender ausstreichen);
- mit jemanden darüber reden hilft oft;
- diese Arbeit als Chance sehen, dass man damit sein Durchhaltevermögen oder seine breiten Fähigkeiten demonstrieren kann
- und man kann die blödesten Arbeiten überleben, wenn man sie in einem angenehmen Team durchsteht oder man sie als Spiel betrachten kann!

> Motivieren = Sinn geben

Viele Tätigkeiten werden nicht begonnen, weil sie zu riskant erscheinen. Eine gute Lebensregel kann hier helfen, trotzdem anzufangen: Ist der erreichbare Gewinn groß und ist der maximal eintretende Schaden gering (oder zumindest tragbar), dann sollte man das Risiko eingehen!

Manchmal muss man sich motivieren, etwas NICHT ZU TUN. Hier hilft immer noch das einfache Mittel, die dazu notwendigen Ressourcen abzuschaffen oder zumindest zu verstecken. Wer keinen Alkohol im Hause hat, wird weniger davon trinken und wer den Fernseher in den ungemütlichsten Raum stellt, wird weniger fernsehen.

Zusammenfassend sollte man einfach die Grundfaktoren der Motivation und somit auch der Selbstmotivation immer in Erinnerung behalten:

- Alle notwendigen Ressourcen bereitstellen
- Alle Hindernisse wegräumen
- Dem Ziel einen anschaulichen Sinn geben
- Nicht zuviel auf einmal vornehmen
- Das Ergebnis feiern und sich belohnen

Ordnung für das geistige Arbeiten

Jeder geistige Arbeiter braucht eine bestimmte Ordnung, um seine Arbeit machen zu können. Grundvoraussetzung dazu ist immer etwas Platz. Mit weniger als 4 qm Bodenfläche z.b. wird niemand Ordnung finden können.

Dazu gehören auch einige einfache Systeme. Sehr nützlich für alle diese Arbeiten ist natürlich ein Computer, z.b. ein Notebook, den kann man dann auch leicht mitnehmen.

Die Grundelemente für ein bewährtes Ordnungssystem:

- 2-Loch Ordner
- Archiv - Boxen
- Haftnotizen (Post-it)
- Indexblätter (mit Zahlen),
  vorne im Ordner das Übersichtsblatt (mit Zuordnung der Themen zu den Zahlen)
- Ein Ordnungssystem, mit
  - Wenigen Grundkategorien (**G**eschäftsprozesse, **A**rchiv, **M**enschen, **P**rojekte, = **GAMP**)
  - Themenliste (für jede Kategorie, alphabetisch)
  - Datum (z.B. Jahr, Monat, Woche)

Es wird jedes Arbeits- und Ordnungssystem etwas verschieden sein. Man kann aber mit allgemein erhältlicher Büroausstattung sich auch für den Privatbereich ein passendes System zurecht richten. Es wird oft vergessen, dass man die Methoden des Büros auch sehr gut Zuhause anwenden kann.

Unbedingt notwendig sind ein Ablagesystem, eine Datenbank, z.B. eine Kartei für Adressen, eine Todo-Liste und ein Kalender. Sehr wichtig ist ein Notizbuch, das man immer dabei haben kann.

Nützlich sind auch Archiv-Boxen zum Aufheben von Unterlagen für ein bestimmtes Fachgebiet. Hier wird nicht eingeordnet, sondern immer beim Suchen die Box durchgesucht.

Zur Postbearbeitung gibt es die effiziente Vorgangsweise:

- Post nur aufmachen, wenn man wirklich Zeit für die Bearbeitung hat, andernfalls vorerst liegen lassen!

- Ablegen, oder
- Sofort bearbeiten, oder sofort
- Wegwerfen, am besten in eine Papierkiste, die über mehrere Tage nicht entleert wird. Im Notfall kann ich dann immer noch Unterlagen aus der Kiste holen.

Post, die ich nicht bekommen wollte, sende ich einfach zurück mit der Aufschrift: Annahme verweigert. Das führt tatsächlich zu weniger Post.

Ganz hartnäckigen Sendern kann man mit folgendem Trick erfolgreich beikommen. Man gibt an, dass man nach Australien verzogen ist. Dazu erfindet man eine fiktive Adresse in Australien. Niemand wird dorthin Post nachsenden.

Auch für die Terminverfolgung bedarf es eines Systems. Dazu dient am besten der Kalender (siehe nächstes Kapitel).

Eine sehr nützliche Sache ist das Minibüro in der Geldbörse. Ein Stift (am besten die Mine eines Kugelschreibers) hat in jeder Börse Platz. Dazu noch die kleingefaltete TODO-Liste, Liste mit Adressen und eine Kalender - Wochenübersicht aus dem Computer haben mir oft schon geholfen.

Nicht nur im Firmenumfeld, sondern auch privat, lohnt es sich Arbeitsblätter - wieder am besten mit dem Computer - zu erzeugen. Auf einem DIN A4 Blatt beginnt man zuerst mit einem Satz oder Stichwort, entwickelt dann einen Plan daraus und kann nach der aktiven Phase dann auch noch die Erkenntnisse der postaktiven Phase notieren. Abgeheftet im richtigen Ordner ergeben diese Arbeitsblätter sehr nützliche Hinweise oder Checklisten für die nächste Aktivität ähnlicher Art.

Ich verwende diese Arbeitsblätter gerne für Aktivitäten, die regelmäßig, aber in größeren Abständen vorkommen, wie zum Beispiel der Gang zum Finanzamt, die Fahrt zum TÜV oder auch zur Vorbereitung von Festen.

Einige Ordner wird jedermann/frau brauchen, hier eine Checkliste:

- Wichtige Dokumente (Originale in Plastikhüllen, Papierkopien anbei)
- Adressen, Verteiler, Kontakte, am besten neben dem Telefonbuch, DIN A4 auch hier!
- Alles, was mit Geld zu tun hat: Versicherungen, Gehaltszettel, Zertifikate, (am besten natürlich die Originale im Schließfach und im Ordner nur Kopien)
- Image - Ordner, das Dossier über mich selbst

- Tageskopien (d.s. Kopien von meinen Briefen, Bestellungen, Aufträge u.a.m.,) geordnet nach Datum, d.h. das Neueste einfach oben draufgelegt.
- Garantiescheine und Gebrauchsanleitungen, immer mit Datum und Rechnung versehen

Computer können sehr nützlich sein, um Ordnung zu schaffen und aufrechtzuerhalten. Aber sie vergrößern bei vielen Chaoten nur das Chaos. Wer sie im Privatbereich einsetzen will, um sich besser zu organisieren, sollte vorerst überlegen, ob nicht ausmisten oder aufräumen die bessere Lösung der Probleme ist!

Bewährte Organisationshilfen

An verschiedenen Stellen im Text wird ein Hinweis auf 'Bücher' (in denen man sich Wichtiges für sich merkt) gegeben, die ich hier zusammenfasse. Wer ein Zeitplanbuch führt, für den werden diese 'Bücher' einfach Abschnitte in seinem Ringbuch sein, für alle anderen gebe ich den Tipp des Schriftstellers Carl Zuckmayer weiter, sich auf DIN A6 Notiz-Heftchen (Sparbuchformat) zu beschränken. Diese kann man noch leicht in die Jackentasche oder Brieftasche stecken und hat sie damit leichter dabei, wenn man sie braucht. Und gefaltet hat auch ein DIN A4 Blatt Platz in ihnen.

Gesundheitsbuch

Ein DIN A6 Heft, mit eingeklebtem Impfpass (beim Arzt oder Gesundheitsamt gratis erhältlich). Eingetragen werden alle größeren Krankheiten, alle Operationen und Krankenhausaufenthalte, alle Impfungen, Daten zu Dauermedikamenten (Dosierung, Beginn der Einnahme), wichtige Körper-Daten (z.B. Brillenstärke). Wer will, kann darin auch noch wesentliche Krankheiten und Schwachstellen seiner Eltern eintragen. Aufbewahrt wird das Gesundheitsbuch in einem verschließbaren Schrank.

Joybook, Freudenbuch

Das ist bei mir ein dickes, schön gebundenes DIN A6 Buch, das immer neben meinem Fernsehsessel liegt und das auch jedem Urlaub dabei ist. Freuden, die mir unterwegs begegnen trage ich in mein Notizbuch ein und übertrage sie ins Joybook. Im Joybook sind auch Zeichnungen, eingeklebte Gedichte, Eintrittskarten und anderes, das mich an Freude erinnert. Wünsche, die ich mir dann erfüllt habe, werden mit Datum im Joybook abgehakt.

Meine jüngeren Studenten finden das Joybook lächerlich. Andererseits weiß ich von meiner Server-Statistik, dass mein Joybook im Internet ein Bestseller geworden ist.

Wahrscheinlich muss man erst einige Krisen durchmachen, um dessen Sinn zu verstehen.

Notizbuch

Sehr kleines (10 cm * 7 cm, etwa DIN A7) Klappbüchlein, mit Einlagen. Man bekommt es oft als Werbegeschenk, aber so was gibt es auch (in den verschiedensten Ausführungen) in jedem Schreibwarenladen. Wichtig ist, dass man darin auch einen Stift noch anbringen kann und man genügend Einlagen auf Vorrat hat, man wird - bei richtiger Benützung - viele davon brauchen. Meines hat noch ein kleines Extrafach, darin in eine Adressliste und ein 20 DM Schein (für Notfälle). Da ich noch andere kleine Zettel darin unterbringen muss, halte ich das Notizbuch mit einem Gummiband zusammen. Das verhindert auch, dass es zu leicht aus der Hemdtasche oder Hosentasche rutscht.

Viel Intelligentes lässt sich auch mit den Haftnotizen (Post-it) von 3M gestalten. Ihr Hauptvorteil ist das einfache Clustern (Zusammenfügen und Wiederauseinandernehmen), dadurch erspart man sich das Neuschreiben des Textes. Wer diese Blöcke an allen Aufenthaltsstellen (Schreibtisch, Telefon, Bett, WC, Essplatz...) aufliegen hat, kann sofort seine Gedanken notieren und später dann zu einer TODO Liste bündeln.

Adressbuch

Das ist bei mir dreigeteilt. Die Hauptinformation ist in Ordnern, jeder Kontakt hat darin (mindestens) eine DIN A4-Seite. Darin sind auch Briefe, Zeitungsausschnitte etc., Unterlagen von Geburtstagsfeiern, alles was zu diesem Menschen gehört.

Alle Telefonnummern sind in einer Liste, klein gedruckt und in der Geldbörse. Alle Adressen, die ich z.B. brauche, um im Urlaub Grüße zu schicken, sind - ebenfalls klein gedruckt - auch auf einem Blatt Papier und in der Geldbörse, sowie im Notizbuch.

Extrem bewährt haben sich - in diesem Zusammenhang - die CD Roms und Internetauskunft für Telefonnummern. Seit ich diese habe, brauche ich auch keine Telefonbücher mehr und die stetig steigenden Preise der Telefonauskunft sind mir egal geworden.

TODO Liste

Immer noch beliebt (besonders bei älteren Herren) ist das Lochkartenformat (das Format der Flugscheine). Da es schmal und lang ist, kann man es leicht in Hemd-

oder Brieftasche unterbringen, der etwas steife Karton macht es angenehm zum Halten und Raus- und Reinschieben. Und man verbindet angenehme Erinnerung an seine Jugend damit.

Brillen-Stift-Kamm-Etui

Alle, die ab 40 dem Klub der Brillenträger angehören, haben folgendes Problem. Zum Unterschreiben brauchen sie die Brille. Also habe ich mir ein kleines Etui anfertigen lassen, das neben der Brille auch einen Schreibstift hat. Damit habe ich immer das richtige Gerät beisammen. (Es ist unglaublich, dass die Industrie noch nicht geblickt hat, dass man so was braucht, aber ich habe noch nirgendwo so ein Kombi-Etui zu kaufen gesehen). Da die älteren Herren auch immer weniger Haare haben, greifen sie immer öfter zum Kamm. Also liegt es nahe, in dieses Etui auch ein Fach für den Kamm unterzubringen.

Organisation der CD Aufbewahrung

Alles, was ihr heute für die CD Aufbewahrung zu kaufen bekommt, ist für größere CD Mengen völlig ungeeignet, weil es viel zu teuer ist und viel zuviel Platz braucht. Zum Glück gibt es das perfekte System (fast) gratis. Nehmt einfach die CD-Leerkartons von eurem CD Händler mit nach Hause. Darin passen 25 Normal CDs. Ordnet die CDs nach Themen, schreibt diese vorne auf die Kartons, schiebt den Karton in ein Regal und selbst die Unterbringung von 1000 Titeln ist kein Problem mehr.

Mir ist dies immer noch zuviel Platz. Ich nehme die CD aus dem Jewel-Case, lege sie ins Leaflet, das Ganze kommt in eine kleine Plastikhülle (Adresse dazu in der Literaturseite). In einem CD-Leerkarton kann man jetzt 4mal soviel CDs unterbringen, d.h. mindestens 100 Stück. Das reicht jetzt auch für Diskjockeys.

Wer noch immer ein Platzproblem hat, der mache es sowie ich und brenne sich eigene CDs, wo nur noch die brauchbaren Titel drauf sind und die volle Speicherkapazität (74 min) genützt wird. Dies bringt eine weitere Platzreduktion um den Faktor 3-4! Zum Finden dieser Titel wird man dann allerdings eine Computerdatenbank brauchen. Damit genügt man aber auch den Anforderungen eines kleinen Radioarchivs.

Bewährt zum Musikarchivieren hat sich auch die Minidisk. MD-Geräte sind noch dazu extrem klein und da sie nicht sehr häufig sind, wird man seltener angegangen, MDs zu verborgen. Ich bekomme häufig ein Problem, wenn ich es aus Prinzip ablehne, meine kostbaren CDs auszuborgen! Und die Computerfreaks speichern ohnehin alles in MP3.

Wichtig ist, dass man wirklich mit Routine und regelmäßig diese Arbeits- und Ordnungssysteme nutzt. Nur dann werden diese stets verbessert und den sich verändernden Bedürfnissen angepasst. Nötig ist, dass man auch bereit ist, Geld dafür auszugeben. Speziell beim Computerkauf kann dies eine ganz ansehnliche Summe werden. Dieses Geld ist aber eine gute Investition. Man darf sich bei den Utensilien auch etwas Luxus leisten, es macht einfach mehr Spaß, mit hochwertigem Gerät zu arbeiten.

Nachdem ich schon viele Jahre meine Vorträge zu diesem Thema halte, hat sich als wichtigstes Ordnungsprinzip das Aufschreiben herausgestellt. Wer sich früh darin übt, die zu erledigenden Tätigkeiten sich nicht merken zu wollen, sondern sie sich - mit System - aufzuschreiben, wird - bis ins hohe Alter - viel dabei gewinnen.

Unordnung

Es gibt viele Gründe und Ursachen für die Unordnung. Neben medizinischen Störungen - die zum Glück allerdings recht selten sind - ist der Hauptgrund, dass die Unordnung kurzfristig als sehr effektiv erscheint.

So hat jede Unordnung ihren Scheinnutzen. Dies beginnt bei der angeblichen Zeitersparnis, wenn man nicht aufräumt, bis hin zu der Erfahrung, dass man eher in Ruhe gelassen wird, wenn man ein so schlampiges Zimmer hat, dass sich niemand mehr zu uns hereinwagt.

Sogenannte 'chinesische Beamte' halten ihre Unterlagen absichtlich so in Unordnung, dass niemand anderer sich zurechtfinden kann. Sie erwarten dadurch, dass sie damit ihren Arbeitsplatz absichern. In der Praxis geht allerdings diese Rechnung nicht immer auf. Wenn man deren Absicht einmal durchschaut hat, wird man sich von diesen Menschen am leichtesten trennen, um eine unangenehme Abhängigkeit loszuwerden.

Am ehesten wird man die Unordnung durch mehr postaktive Aktivitäten bekämpfen.

Die Merkregeln:

Entlehnen - Zurückgeben,
Herholen - Zurücklegen,
Ausräumen - Einräumen,
Aufmachen - Zumachen,
Benutzen - Putzen

werden dabei helfen.

Basic Training

- If you open it, CLOSE IT!
- If you turn it on, TURN IT OFF!
- If you unlock it, LOCK IT!
- If you break it, REPAIR IT!
- If you can't fix it, CALL IN SOMEONE WHO CAN!
- If you borrow it, RETURN IT!
- If you use it, TAKE CARE OF IT!
- If you make a mess, CLEAN IT UP!
- If you move it, PUT IT BACK!
- If it belongs to someone else, GET PERMISSION TO USE IT!
- If you don't know how to operate it, LEAVE IT ALONE!
- If it doesn't concern you, DON'T MESS WITH IT!
- If you can't do it, DON'T PROMISE IT!

Kampf dem Chaos

Wenn man wirklich will, kann man das eigene Chaos gut bekämpfen. Aber man darf dabei nicht zu radikal vorgehen, sonst schiebt man alles nur hinaus. Auch hier gilt die Regel: Mit kleinen Schritten, aber sofort anfangen.

Am wichtigsten ist die Einsicht, dass WENIGER MEHR IST. Man muss lernen, den Kampf gegen das ZUVIEL zu führen. Zum Beispiel muss man nicht alles besitzen, vieles kann man ausborgen, wenn man es braucht. Denn was du nicht hast, wird keine Last. Oder man sagt auch einmal NEIN, wenn man sich dadurch vor einem Zuwachs an Chaos schützen kann. Man kämpft nicht für Unnötiges und vergeudet keine Kraft für Nebensächlichkeiten.

Es ist sehr unökonomisch, sich Romane zu kaufen. Klassiker borgt man aus der Bibliothek aus, Neuerscheinungen von Freunden, die gerne ihr Lieblingslektüre weitergeben, wenn sie sie gelesen und für gut befunden haben. Kaufen sollte man sich nur Bücher, die man regelmäßig nützt, wie Lexika und Atlanten.

Vor allem alles, was nicht mehr richtig funktioniert, was man schon lange nicht mehr gebraucht hat, sollte man weggeben. Wer alle Sperrmüll und Kleidersammlungs-Termine nützt, seinen Besitz durchzusehen, wird wenig Probleme mit dem Chaos haben.

Man kann natürlich auch einige Male hintereinander umziehen, auch das wird helfen, den Besitz auf der notwendigen Größe zu halten. Soviel wie nötig, sowenig wie möglich, dies gilt auch hier.

Eine häufige Chaosquelle ist übertriebene Vorratshaltung. Dabei genügt es auch bei wichtigen Produkten, z.B. Lebensmitteln, immer nur *ein* Ersatzprodukt auf Vorrat zu halten und erst wenn dieses angebrochen wird, nachzukaufen.

Sammlungen sind besonders gefährlich. Hier lohnt es sich gelegentlich, nach dem Wert einer Sammlung sich zu erkundigen. Vielleicht stellt man dann fest, dass es billiger wäre, die Sammlung zu verschenken, als permanent den Platz dafür zur Verfügung zu stellen.

> Wenn Du etwas nachkaufen willst, schreibe es sofort auf.
> Geschenke vermehren oft das Chaos. Schenkt Geld, das braucht keinen Platz!
> Wenn Du etwas reparieren musst, tue es innerhalb einer Woche.
> Throw every day something away!

Platzprobleme helfen, den Besitz klein und übersichtlich zu halten. Hier gilt dann bald die Regel: Für jedes Gerät, das gekauft wird, muss ein altes aus der Wohnung verschwinden! Ich erinnere mich mit Schrecken an einige Umzüge, bei denen ich mitgeholfen habe. Menschen, die ein großes Haus hatten und nicht regelmäßig gezwungen waren auszumisten, haben soviel angesammelt, dass sie schier im Chaos erstickt sind.

Wer regelmäßig Putz-, Entleer-, Aufräum- und Fastenphasen in sein Leben einplant, wird viel weniger Belastung haben und dadurch mehr Freiheit gewinnen.

Die Entstehung von Stress

Mein Zeitmanagement beruht auf drei einfachen Grundprinzipien:

1. Alle Menschen haben gleich viel Zeit, denn für jeden hat der Tag 24 Stunden. Trotzdem ist die Einschätzung jedes Einzelnen, wie viel Zeit er hat, doch sehr verschieden, weil jeder die Zeit individuell verschieden nutzen wird oder kann.

2. Wer zu wenig Zeit hat, macht zu viel oder er macht das Falsche oder das Unwichtige. (Und wer zu viel Zeit hat, muss seinem Leben Sinn geben!)

3. Die einfachste Methode Zeit zu gewinnen, ist deshalb die richtigen Entscheidungen zu treffen. Dazu gehört auch, richtig (d.h. professionell = von den Beteiligten akzeptiert) NEIN zu sagen.

> Zeitmanagement = Lebensmanagement

Wenn Zeitmanagement so einfach ist, warum kommen viele Menschen so leicht in Zeitstress? Einer der Gründe ist die falsche Einschätzung der notwendigen Leistungsfähigkeit.

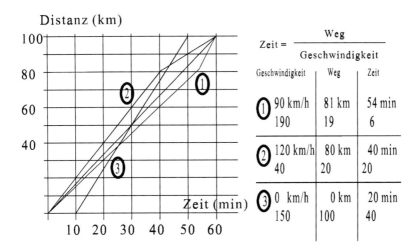

Anhand des Beispiels der Reise vom Ort A nach Ort B, der 100 km entfernt ist, lässt sich die Entstehung von Zeitstress leicht erklären. Fahre ich mit 100 km/h von A nach B dann werde ich dazu 1 h brauchen. Kann ich jetzt nur 54 min lang 90 km/h fahren, dann müsste ich in den restlichen 6 min 190 km/h fahren, um noch in einer Stunde am Ziel zu sein. Hier entsteht der Stress.

> Ankommen statt Umkommen

Zeit, die durch langsameres Fahren oder erzwungene Pausen verloren wurde, ist kaum noch einzuholen. Das heißt ohne Puffer wird mich schon die kleinste Verzögerung in Stress bringen.

Man kann deshalb auch nicht planen, genau pünktlich zu sein. Man kann immer nur planen, vorher da zu sein und einen Puffer zu haben, in dem man warten muss. Wer plant, pünktlich zu sein, wird im Normalfall zu spät kommen.

Muss man extrem pünktlich sein (wie zum Beispiel vor Gericht oder auch bei Bewerbungsgesprächen) wird man kräftige Puffer einplanen. Oder zum Beispiel schon am Vortag anreisen, um ganz sicher zum Termin da zu sein.

Im Falle 3 des Beispiels, mit einer Verzögerung am Anfang und am Ende, zum Beispiel, wenn man das Ziel noch suchen muss, muss man eine wesentlich höhere Reisegeschwindigkeit haben als man als Durchschnittsgeschwindigkeit annimmt. Im Beispiel sind es 150 km/h, um pünktlich zu sein. Das heißt die Leistungsfähigkeit muss hier um 50% höher sein, als man naiver weise annehmen würde.

Erfahrene Reisende verdoppeln deshalb für die Planung die minimale Reisezeit mit dem Auto oder planen eine Stunde Puffer bei Fahrten mit dem Zug ein. Ich habe bei neuen, noch unbekannten Zielen immer zusätzlich eine halbe Stunde Suchzeit eingeplant.

Zu den paradoxen Aktionen beim Stress gehört: Muss etwas sicher und fehlerfrei passieren, dann musst du langsam arbeiten, damit du dich konzentrieren kannst!

Ein anderer Grund die Leistungsfähigkeit falsch einzuschätzen, ist der Wunsch etwas unbedingt zu bekommen oder zu tun. Hier wird dann alle Vernunft oder Erfahrung ausgeschaltet und man verpflichtet sich über seine Fähigkeiten hinaus!

So hat man in der Programmierung die Aufwand-Schätzungen von Menschen, die ein Produkt unbedingt machen wollten, mit dem Faktor 3 versehen, um sie realistischer werden zu lassen.

Reine Arbeitszeit ist:	Es ist fertig in:
1 Stunde	2 Tagen
2 Wochen	4 Monaten
1 Monat	2 Jahre

Eine andere Fehlerquelle bei Zeitschätzungen ist der Unterschied zwischen 'Arbeit an einem Stück' und der 'Vollendung in der Praxis, auch wenn ich gestört und unterbrochen werde'. Eine Erfahrungsregel sagt: Verdopple die reine Arbeitszeit und wähle die nächste, größere Zeiteinheit, dann erst ist es wirklich fertig!

Ich habe viele Jahre - rückblickend - mit unnötig viel Stress verbracht. Seit einiger Zeit lebe ich nahezu stressfrei und schaffe trotzdem noch immer viel. In Zahlen etwa 70 Prozent von früher. Hätte ich schon früher Stress reduziert, wäre auch etwas aus mir geworden und ich hätte mir einige gesundheitliche Probleme - wie z.B. Nachtblindheit - erspart!

Die sicherste Art seine Leistungsfähigkeit nicht zu überschätzen, ist auf die Daten der Leistung in der Vergangenheit zu vertrauen. Dazu muss man allerdings diese Daten auch aufgeschrieben haben. Denn gerne werden die vergangenen Schwierigkeiten und Versäumnisse vergessen und verdrängt. Auch hier gilt das chinesische Sprichwort: Die schwächste Tinte ist sicherer als das beste Gedächtnis!

Angenehme oder aktive Zeiten vergehen wie im Nu, schlimme und passive Zeiten dauern eine Ewigkeit. Übrigens, Zeit misst Zuneigung. Die Zeit, die man freiwillig mit jemandem verbringt, sagt viel darüber aus, wie sehr man diesen mag. Wer also nie Zeit für dich hat, der mag dich auch nicht!

Es gibt viele Menschen, die sich selbst hetzen. Allen voran die Rentner und Pensionisten. Warum tun gerade sie es? Damit sie nicht an den kommenden Tod denken müssen? Oder um das Hässliche im vergangenen Leben zu vergessen? Dabei könnten gerade die Ruheständler ihre Zeit für ihren Frieden gut nützen: Ihren Besitz zu ordnen und zu verteilen, von ihrem Leben zu erzählen und so ihr Wissen weiterzugeben, junges Leben zu fördern. Oder um sich wichtige Wünsche zu erfüllen. Denn wenn sie es nicht jetzt tun, wann dann?

Aber ich erinnere mich auch an Berufstätige, die immer heuchelten, keine Zeit zu haben. Denn wer Zeit hatte, galt als unwichtig. So sind viele Manager absichtlich zu spät zu Meetings gekommen, denn wer pünktlich kam, hatte offenbar zu wenig zu tun!

Zum Schluss noch ein ganz trivialer Hinweis: Wer keine Uhr trägt, aber viele Verpflichtungen hat, soll sich nicht wundern, wenn er als unzuverlässig eingeschätzt wird! Jeder, der sich mit anderen Menschen verabreden, d.h. synchronisieren muss oder der seine Zeit verkauft, wird eine präzise Uhr brauchen. Eine Funkarmbanduhr bietet die Sicherheit, genau über die Zeit Bescheid zu wissen und erlaubt so auch kurze Pausen konzentriert zu nützen.

Wie bei anderen kritischen Eigenschaften wird auch die eigene Pünktlichkeit gerne überschätzt. Befragt doch einmal euer nahes Umfeld, ob ihr wirklich pünktlich oder doch eher unpünktlich seid!

Zeitplanbücher und Kalender

Zeitplanbücher haben in den letzten Jahren einen richtigen Boom erlebt. Inzwischen bekommt man sie in jedem Supermarkt. Sie beinhalten u.a. auch einen Kalender, aber meist auch noch viele andere nützliche Arbeitsblätter oder sogar auch eine Datenbank.

Die Erfahrung zeigt, dass jedes Zeitplansystem nur so gut ist, wie die Benützung durch den Anwender, egal wie hoch der Preis ist. So kann ein billiges System von 20 DM genau denselben positiven Effekt haben wie ein teures um 400 DM.

Man muss einfach ausprobieren, womit man glücklich wird und sich mit KollegInnen austauschen, was wirklich praktisch ist. Über den perfekten Kalender lässt sich trefflich streiten, weil jeder einen anderen anstreben wird!

So wie die Landkarte hilft, eine Reise zu planen, so hilft der ideale Kalender die Reise durch die Zeit zu planen. Jeder Kalender braucht einen Informationsteil (was ist los an diesem Tag) und einen Aktionsteil (was muss ich tun an diesem Tag). Computerkalender kommen der Lösung des Problems nahe. Ihr Nachteil ist allerdings, dass man auf den Rechner angewiesen wird.

Ich verwende einen Computerkalender, den ich einmal pro Woche ausdrucke, für die nächsten 2 Monate. Ich mache davon Kopien für meine Familie, so weiß jeder wo und wie ich erreichbar bin. Ergänzungen während der Woche trage ich handschriftlich ein.

Der Kalender sollte immer nur als Planungshilfsmittel angesehen werden. Viele Menschen fangen an, sich von ihm - ganz mechanisch - bestimmen zu lassen. Besonders feine, vorgegebene Zeitraster verführen zum Überplanen. Hier sollte man sich die Freiheit bewahren und nicht zu fein planen, damit man sich nicht zu viel vornimmt.

Ein wesentlicher Nachteil bestehender (Buch-) Kalender sind die festen Zeitgrenzen, z.B. das Jahr. Und dass man sehr viel leeres Papier mit sich herumtragen muss, sowie dass man alle Dauertermine - wie Geburtstage - immer wieder neu eintragen muss.

> ALLE Termine in EINEM Kalender

Der ideale Kalender trägt alle relevanten externen Termine automatisch ein, von den Terminen der Müllabfuhr bis zu den Sendezeiten interessanter Sendungen im Fernsehen oder Radio und erinnert mich an wichtige Termine durch ein Signal.

Wer stark von Zyklen abhängig ist (Menstruation bei Frauen, Mondzyklus bei mir) trägt sich auch diese Termine im Voraus ein. Sie helfen besonders günstige oder auch ungünstige Tage für spezielle Termine zu finden.

Wesentlich komplizierter werden Terminkalender für Gruppen. Die Nato z.b. beschäftigte ganze Abteilungen, nur um die Termine ihrer Führungskräfte zu koordinieren. Hier kann man sich nur durch ausgereifte Software etwas weiterhelfen. Und man kann Routine-Meetings festlegen, die zum festen Zeitpunkt und mit definiertem Teilnehmerkreis stattfinden. Aber selbst dann werden in einer sich ständig und rasch ändernden Welt Termin- und Abstimmungsprobleme weiter bestehen bleiben.

Es gäbe viel zu überlegen, wie der perfekte Kalender sein sollte. Letztlich wird er die meisten Eigenschaften eines perfekten Sekretariats haben.

Meiner Meinung nach lohnt es sich also, sich hier selbst zu helfen und Zeit und Mühe in den Entwurf seines eigenen, persönlich perfekten Kalenders zu investieren. Und zu beobachten, wie die technische Entwicklung hier weiterschreitet. Gerade die Kombinationen aus Computer, Telekommunikation, Internet, Armbanduhr wird hier sicherlich Fortschritte bringen.

Zum Schluss wiederhole ich noch einen einfachen Tipp, den man mit jedem Zeitplanungssystem durchführen kann. Für jede Ressource, die man nur gelegentlich nutzen kann, eine Merk-, Check- oder Todo-Liste einfügen. Wer z.B. nur gelegentlich im Internet Surfen kann, dem hilft diese Surf-Liste dann am Computer die Arbeiten, die man sich notiert hat, durchzuführen. Wer dies nicht macht, sitzt sonst ziemlich planlos vor dem Rechner und wird vieles vergessen haben. Oder wer gelegentlich nach USA kommt, schreibt seine Ideen und Kaufwünsche in eine USA -Liste. Wenn er dann dort ist, wird er nichts mehr vergessen und z.B. Produkte erwerben, die er in Deutschland nicht bekommt.

Die richtige Wahl der Prioritäten

Wenn nicht genügend Zeit für alles vorhanden ist, dann muss man eine Auswahl treffen, in welcher Reihenfolge etwas getan werden muss.

Dazu ist es nützlich zwischen dringend und wichtig zu unterscheiden. Man kann sich den Unterschied an Hand einer Bombe klar machen. Wichtigkeit entspricht der Größe der Bombe, welchen Schaden sie anrichten kann, wenn sie explodiert. Dringlichkeit ist die Länge der Zündschnur. Dringende Probleme haben eine kurze Zündschnur.

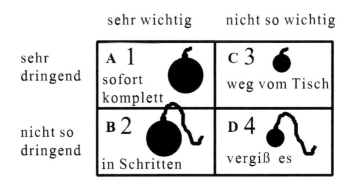

Nicht alles was dringend ist, ist auch wichtig. Es wird zwar oft der Fall sein, dass beides zusammenfällt, aber es wird nicht immer so sein.

Höchste Priorität haben die wichtigen UND dringenden Probleme. Sie werden vorrangig abgearbeitet.

Wenn ein Feuer ausbricht, dann ist die Löschung des Feuers wichtig und dringend. Alles andere ist in diesem Augenblick ziemlich unwichtig.

Aber die zweite Priorität bekommen die wichtigen Probleme, die noch nicht dringend sind. Dies ist im Widerspruch zum üblichen Verhalten vieler Menschen, die immer nur nach Dringlichkeit optimieren und so die wichtigen Probleme, die erst später dringend werden, vernachlässigen.

Wer regelmäßig zur Vorsorgeuntersuchung geht (wichtig aber nicht dringend), wird weniger Gefahr laufen, von einer akuten gefährlichen Krankheit überrascht zu werden.

Um die Zeitplanung effizient zu machen, ist die Suche der richtigen Inhalte, die Planung auf Wochenbasis, sowie die frühe Inangriffnahme aller wichtigen Inhalte maßgebend. Dazu gehört auch noch genügend Zeitpuffer. Mindestens 30% der Zeit sollten ungeplant bleiben, damit nicht auch noch Nichtvorhergesehenes alle Planung durcheinanderbringen wird und man immer nur mit Neuplanung beschäftigt ist.

Wer sich um wichtige Aktivitäten früh kümmert, wird weniger dringende UND wichtige Probleme haben. Es lohnt sich das Abarbeiten dieser Probleme in Zeitscheiben zu tun. Zum Beispiel pro Woche eine halbe Stunde dafür anzusetzen.

Ein gut verdienender Manager setzt pro Quartal einen halben Wochentag an, um sich um sein Vermögen zu kümmern. Dieser halbe Tag bringt ihm oft mehr ein als eine Woche harter Arbeit.

Zu den Aktivitäten, die weder wichtig noch dringend sind, gehören meist die Aktivitäten, die einfach Spaß machen und weder direkt zur Produktion, zum Produktionspotenzial oder zur Effizienz beitragen. Ein gewisses Maß davon wird man sich in ruhigen Zeiten durchaus gönnen.

Aber: Keine Spiele auf dem PC! Kein Fernsehen, ohne vorher ins Programm geschaut zu haben. Keine Abonnements - vielleicht mit Ausnahme einer guten Tageszeitung. Internetsurfen nur mit Suchliste!

Zeitspar-Tipps

Zeit kann man nur dann optimal nutzen, wenn man auch die Hilfsmittel dafür dabei hat. Ein Notizbuch, oder ein Notebook-Computer oder Lesematerial können Wunder wirken. Kurze Pausen kann man mit einem gut funktionierenden (Funk)-Wecker auch für konzentriertes Arbeiten nutzen.

Speziell Reisezeit im Auto kann sich mit Hilfe eines Kassettenrecorders sehr gut ausnützen lassen. Nicht nur, dass man sich Interessantes anhören kann, man kann auch selbst reden, ja sogar laut schreien, wenn notwendig, um etwas auswendig zu lernen, Sprachen zu lernen, Vorträge zusammenzustellen etc.

Wer viel Zeit vor dem Fernseher verbringt, kann diese wunderbar für Kosmetik nutzen. Nagelschere, Spiegel, Salben, Zahnstocher müssen allerdings griffbereit da liegen! Vor dem Fernseher kann man auch prima massieren, bügeln und stricken.

Beim Einkaufen kann man zum Beispiel eine optimale Route festlegen, an die man sich dann auch hält. Oder den Versandhandel nützen, dies kann sehr viel Suchzeit ersparen.

Mit dem Ausnutzen der Tagesleistungskurve kann man sehr viel Zeit sparen. In die produktiven Zeiten legt man dann die wichtigen Arbeiten. In tote Zeiten - etwa nach dem Mittagessen - kann man Routinearbeiten legen. Oder auch einfach ein kleines Nickerchen machen.

Viel Zeit geht durch falsches Aufteilen, durch Zerstückeln verloren. Wer gleichartige Tätigkeiten zusammenfasst, braucht nur einmal die Planungsarbeit und die Aufräumphase machen und erspart so viel Zeit. Man wird auch Zeit sparen, wenn ein Spezialist schwierige Arbeiten für alle auf einmal erledigt.

So ist es auch klug, Termine bei Ärzten früh am Morgen zu legen, weil man da weniger warten muss und man dann für den Rest des Tages noch was anderes machen kann. Zahnarzttermine sind optimal spät am Nachmittag, weil dann der Körper weniger schmerzempfindlich ist.

Aber man kann auch Zeit gewinnen, indem man kleine Aufgaben sofort und komplett erledigt. Dann spart man die Planungsaufgaben und eventuelle Verbesserungsphasen.

Am meisten kann man natürlich Zeit gewinnen, wenn andere zuverlässig einem die Arbeit abnehmen. Allerdings will dieses Delegieren auch gelernt sein. Und wie gesagt, besonders wenn man klug NEIN sagen kann.

Zum Neinsagen gehört zum Beispiel auch, dass man gar nicht anwesend ist, wenn die Arbeiten verteilt werden. Und manchmal wird man sich auch eine kleine Lüge leisten müssen. Denn wer immer radikal ehrlich sein will, muss sehr viel Zeit haben!

Hat man eine Rückzugsmöglichkeit, dann darf man diese nicht verraten. Dazu gehört auch, dass man - wenn man z.B. zu ungewöhnlichen Zeiten arbeitet, um einmal ungestört zu sein - dann natürlich auch das Telefon nicht abhebt. Wer hier nicht konsequent bleibt, wird schnell sein Refugium verlieren.

Viel Zeit geht durch uneffektive Besprechungen verloren. Das Tragische daran ist, dass die Zeit aller Anwesenden gestohlen wird.

Man kann sich für langweilige Besprechungen Arbeit mitnehmen und die Zeit dann etwas nutzen. Um die Zeit für Besprechungen zu limitieren, kann man auch vereinbaren, dass diese nur an bestimmten Tagen, z.B. Montag und/oder Freitag, stattfinden. Dann bleiben wenigstens die restlichen Tage der Woche etwas ungestörter.

Viel Zeit geht auch durch unnötige Perfektion verloren. So werden oft tagelange Vorbereitungen am Computer und Drucker für eine unwichtige interne Präsentation angesetzt, für die eine kurze handschriftliche Vorlage auch reichen würde.

So nützlich der Computer sein kann, so ist er in der Hand von Bastlern doch auch ein perfekter Zeitfresser. Man wird viel Zeit gewinnen, wenn man nicht jede technische Neuheit mitmacht oder erlaubt.

Viel Zeit wird auch gewonnen, wenn man sich an optimale Geschwindigkeiten hält und nicht zu schnell etwas erreichen will oder zulange zögert.

Durch Simulation und auch praktische Experimente hat man festgestellt, dass man bei einer Geschwindigkeit von 80 km/h die meisten Autos durch einspurige Straßen schleusen kann. Fährt man langsamer, geht Zeit durch Geschwindigkeit verloren, fährt man schneller, dann werden die Abstände zwischen den Autos zu groß oder es kommt leichter zu Unfällen.

Zeitfresser

Zu den größten Zeitfressern gehören unnötige Arbeiten, zum Beispiel durch Chaos, Mangel an Zielen und Plänen oder durch ständig neue Prioritäten.

Aber auch Arbeiten, deren Nutzen man sich nicht genug überlegt hat und von denen man eigentlich nichts hat, sondern durch spontane Entscheidungen gedrängt wurde, sind Zeitfresser. Es ist selten, dass spontane Handlungen, Hektik, oder Entscheidungen unter starkem emotionalen Druck (zu high, zu down) vernünftig sind.

Also sollte man zumindest seine großen Entscheidungen sich doch gut überlegen. Sie mit jemanden Kompetenten besprechen, einmal (alleine) darüber schlafen und auch emotionale Entscheidungen nochmals rational beleuchten. Viele Lebensjahre könnten so besser gelebt und genutzt werden, wenn die Entscheidungen richtig sind!

Auch Suchen gehört zu den wenig produktiven Aufgaben. Vor allem wenn man sich nicht auf das Gesuchte konzentriert, sondern durch allerlei ablenken lässt (dies gilt vor allem für die Internet-Surfer).

Die Liste der Zeitfresser ist unendlich lang. Zu ihr gehören Streitereien um unwichtige Fragen, nur um recht zu haben. Unnötige Kontrolle von Menschen, für die man nicht verantwortlich ist, Tratsch, Unentschlossenheit, Entscheidungen rechtzeitig zu fällen, ständiges Hinausschieben, zuviel Geduld und Nachsicht mit Faulen.

> Ungenutzte Zeit ist für immer verloren.

Ein bisschen Buchführung über die Zeit wird helfen sehen, wie sie wirklich ausgegeben wird. Es lohnt sich, dazu einige Tage einmal genau aufzuschreiben, wie die Zeit wirklich verwendet wird. Man kann sich zuwenig auf das Gefühl verlassen, weil die angenehmen Zeiten viel schneller verrinnen als die unangenehmen.

Man wird nicht alle Zeitfresser ausmerzen können oder wollen, aber es zeigt sich, dass etwas Egoismus und Durchsetzungsvermögen angebracht ist, wenn einem zu viele die Zeit stehlen. Denn ich kann jede Sekunde nur einmal ausgeben. Wenn ich Zeit zurückbekomme, dann ist es OK, sie anderen zu geben, aber auch in Bezug auf die Zeit gibt es zu viele, die gerne nehmen, aber nicht geben wollen.

Ich hatte einige Male in meinem Leben das Glück, viel Zeit zu haben und ich kann bestätigen, dass Zeit eine sehr kostbare Ressource ist und sie mit Geld mindestens gleichzusetzen ist. Um so verwunderlicher ist es mir, dass viele Menschen zwar mit Geld sehr vernünftig umgehen, aber wenig Motivation spüren, dasselbe auch mit der Zeit zu machen. Sonst würden sie sich gegen Zeitdiebe und Zeitbetrüger besser wehren.

Zeitbetrug und Zeitdiebstahl

Die folgende Betrachtungsweise wird vielen LeserInnen ungewöhnlich vorkommen. Wie kann man mir die Zeit stehlen? Ich habe hier vieles doch ziemlich überspitzt formuliert, aber ich denke, so wird es klarer.

Meine Aussagen sind:

1. Du nimmst die Zeit als Ressource nicht wichtig genug, weil sie dir geschenkt wird.

- Messung der Zeit
- Das subjektive Zeitgefühl
- Die Lebenslinie
- Geld muss man erwerben, Zeit bekommt man gratis

2. Du bekommst nicht immer einen echten Gegenwert für deine Zeit. Oft wirst du betrogen, aber meistens wird sie dir einfach gestohlen oder du stiehlst sie dir selbst.

- Zeit als Handelsware
- Zeit als Vorteil
- Der Scheinnutzen der Medien
- Der Zeitbetrug und der Zeitdiebstahl
- Die großen Lebenszeitbetrüger

3. Du hast nur dann Zeit für dich, wenn du dich dagegen wehrst und selbst bestimmst, wofür du die Zeit ausgibst.

- Strategien gegen Zeitbetrug und Zeitdiebstahl
- Was tun mit der Zeit
- Muße, Zeit als Reichtum

Messung der Zeit

Zeit kann man nicht direkt messen, weil sie nicht fassbar ist. Man kann nur Maschinen oder Hilfsmittel bauen, die die Zeit nachempfinden und dann deren Funktionsweise messen. Man nennt sie Uhren und Kalender. Diese Messung hat einen großen Einfluss auf unser Zeitverständnis.

Je genauer wir messen und je feiner wir die Zeit unterteilen, um so eher verlieren wir das Gesamtbild der Zeit aus den Augen. Wir glauben zwar alles unter Kontrolle zu haben, aber in Wirklichkeit kontrollieren wir nur mechanische Zusammenhänge und verlieren das Gefühl für wichtige Lebenszusammenhänge.

	Stunden	Minuten	Sekunden
1 Tag	24	1440	86400
1 aktiver Tag	16	960	57600

Jahre	Tage	Stunden
70	25550	613200
30	10950	262800

Eine Minute ist demnach etwa ein Promille eines aktiven Tages. Hättet ihr das gedacht? Ein Promille, das scheint nicht viel zu sein, ist aber nicht mehr zu vernachlässigen.

Und wir glauben doch, leicht eine Million Stunden leben zu können. Denkste, da müssten wir über 100 Jahre alt werden.

Das subjektive Zeitgefühl

Unser Zeitgefühl ändert sich radikal im Laufe eines Lebens. Je jünger wir sind, um so langsamer scheint die Zeit zu vergehen. Wer erinnert sich nicht an die unendliche Dauer in der Kindheit von "noch dreimal schlafen, dann kommt der Geburtstag".

Und wer mit alten Menschen zu tun hat, weiß, dass deren Jahre 'wie ein Tag' vergehen.

Es ist also schwierig ein Zeitgefühl zu entwickeln, das uns ein ganzes Leben lang kontinuierlich und zuverlässig begleitet. Zwar können wir im Prinzip alles in Stunden (oder Bruchteilen davon) messen, aber was sagt es schon aus? Wie erkennen wir den Wert von Zeit? Wie können wir den Gegenwert von Zeit dann festlegen?

Dies ist nur eine der Schwierigkeiten im Umgang mit der Zeit. Wir müssen also kontinuierlich unser Zeitgefühl an unser Lebensalter anpassen.

Um den Wert der Zeit richtig einzuschätzen ...

EIN JAHR ... frag Studenten, die durch die Prüfung gefallen sind,
EIN MONAT ... frag die Mutter mit dem Frühgeborenen,
EINE WOCHE ... frag den Herausgeber einer Wochenzeitung,
EINE STUNDE ... frag Liebende, die auf ihr Treffen warten,
EINE MINUTE ... frag jemanden, der soeben den Zug verpasst hat,
EINE SEKUNDE ... frag den, der beinahe einen Unfall gebaut hat,
EINE MILLISEKUNDE ... frag den Silbermedaillengewinner.

Die Lebenslinie

Ein großer Fortschritt im Zeitverständnis ist die Erkenntnis, dass das Leben endlich ist. Für die meisten jungen Menschen ist das Leben unendlich, was kümmert sie dann schon eine Altersvorsorge oder Zeitmanagement.

Meiner Erfahrung nach ist mit etwa 25 Jahren oder wenn man die ersten Kinder bekommt diese Frage zum ersten Mal wirklich relevant. Ich habe als Hochschulassistent viele HörerInnen mit folgender Zeichnung der Lebenslinie nachdenklich gemacht:

```
Geburt * ------------------------------------------------------> + Tod
         Wie werden die Details dazu bei dir aussehen?
```

Die Geburt der Kinder motiviert z.b. sich mit der Frage zu beschäftigen, wie alt werde ich sein, wenn mein Kind heiraten wird. Werde ich eventuelle Enkelkinder erleben?

Es sind also der Tod, das Ende der eigenen Lebenszeit, sowie das Weiterleben in den Nachkommen, die der Zeit eine besondere Bedeutung geben.

Geld muss man erwerben, Zeit bekommt man gratis

Dies sehe ich als das größte Problem mit der Wertschätzung der Zeit an. Wenn ich jeden Tag mein Zeitkontingent von 24 Stunden gratis bekomme, dann brauche ich nicht viel darüber nachzudenken. Denn ganz egal, was ich auch tue, ich werde nie mehr als 24 Stunden bekommen. Und auch egal wenn ich nichts tue, die Zeit verrinnt doch von selbst und auch ohne mein Zutun.

Bei Geld ist dies anders, ohne Tun kein Geld. Und je mehr ich mich anstrenge, um so mehr kann ich verdienen. Zeit ist also anders als Geld.

Aber warum heißt es dann 'Zeit ist Geld'? Es sind u.a. der Wettbewerbsvorteil von Zeit und die Möglichkeit Zeit gegen Geld einzutauschen, die den Vergleich nahe legen.

Zeit als Handelsware

In der Tat kann man Zeit tauschen, kaufen, verkaufen, wie jede andere Ware auch. Vielleicht sollte ich sagen, wie jede andere leicht verderbliche Ware auch. Denn man kann sie nicht lagern oder speichern. Zumindest nicht direkt und einfach.

Jeder Arbeitnehmer gibt seine Arbeitszeit gegen Geld dem Arbeitgeber. So gibt also hier genau definierte Anbieter und Abnehmer und es gibt einen Handelsplatz, wo mit Angebot und Nachfrage der Wert geregelt wird.

Eine etwas subtilere Form des Zeithandels ist die Beratung. Der Berater verkauft im wesentlichen Zeit, die der Kunde sonst in Form eigener Erfahrung ausgeben müsste. Dafür zahlt der Kunde dem Berater Geld.

Zeit kann man gewinnen durch Vorausarbeiten oder auch durch Vorausdenken. Man nennt dies Proaktivität. Wer gut voraussehen kann, was auf ihn einstürmen wird, kann sich rechtzeitig darauf einstellen und wird so schnell, ohne Zeitverlust reagieren können.

Zeit als Vorteil

Etwas früher zu erfahren oder als Erster zu machen wird in unserer vernetzten Welt zum großen Vorteil. Diese Erfahrung macht im wesentlichen unsere Zeit so schnelllebig. Denn schon der Zweite wird heute zum ersten Verlierer.

Jeder will auf seinem Gebiet gelegentlich Erster sein und wird es auch sein müssen, um zumindest manchmal der großen Erfolg einheimsen zu können. In unseren heutigen, elektronischen Handelsplätzen genügen oft schon wenige Minuten Zeitvorteil, um viele Millionen damit abschöpfen zu können.

Aus der Informationstheorie wissen wir, dass Information als verkehrt proportional zu der Wahrscheinlichkeit des Auftretens definiert ist, aber erst durch die weltweite Vernetzung in der Globalisierung wird ihr Wert finanziell ausbeutbar.

Deshalb glauben wir auch alles Neue immer sofort wissen zu müssen und suchen eine ungeheure, von niemanden mehr zu verarbeitende Informationsflut, von der Zeitung zum Fernsehen bis zum Internet.

Der Scheinnutzen der Medien

Wir umgeben uns also mit so vielen Informationsquellen, dass wir bald nur noch Scheinnutzen aus ihnen ziehen. Sicherlich befriedigen sie unser Informationsbedürfnis, aber liefern sie auch wirklich nützliche Information? Information, die mich zum Handeln anleitet und die mich mit guten Ergebnissen belohnt.

> Das Auge raubt dir mehr Zeit als das Ohr

Werde ich nicht immer mehr zum Zuschauer und bin ich kaum noch Akteur? Und was ist mein Nutzen als Zuschauer? Nur noch Unterhaltung, die zum Gag ausartet, das heißt ohne längeren Effekt. Bildung, die nicht mehr verändert, sondern nur noch erklärt? Das kann es doch nicht sein!

Wozu lebe ich dann? Nur noch als Füllmaterial für Quotenjäger?

Ich frage mich daher immer öfter ganz bewusst, nachdem ich ein Medium genutzt, besser konsumiert habe:

- Was habe ich dabei gelernt?
- Was ist der Nutzen dieser Aktivität gewesen?
- Hätte ich es auch vermisst?
- Möchte ich es mir wieder antun?
- War es das Geld wert? War es die Zeit wert?
- Hat es mich so unterhalten, dass ich einmal laut lachen musste?
- Würde ich es weiter empfehlen?

Bekomme ich keine befriedigende Antwort, dann versuche ich immer öfter auf dieses Medium, dieses Ereignis zu verzichten. Denn sonst fühle ich mich schnell betrogen!

Der Zeitbetrug und der Zeitdiebstahl

Der Betrüger täuscht einen Nutzen vor, den es nicht gibt, der Dieb nimmt mir einfach etwas weg, der Räuber wendet dabei Gewalt an.

Nicht nur die Medien werden zum Zeitbetrüger, in dem sie mir immer vorgaukeln, dass mich ihr Angebot interessieren müsste. Die Liste jener Menschen, Organisationen und Einrichtungen, die alle meine Zeit haben wollen, ist lang.

Sie alle wollen meine Zeit, aber geben mir keinen richtigen Gegenwert zurück. Manche geben mir wenigstens einen Scheinnutzen, der natürlich zerplatzt, wenn er als solcher durchschaut wird, aber andere geben mir gar nichts zurück! Einfach nichts!

Da sollte der Betrug doch offensichtlich werden. Wird er aber nicht: Wie lassen uns den Betrug einfach gefallen. Wir schreien nicht zurück: Hör auf, du stiehlst mir meine Zeit, ich habe sie nur einmal und werde sie mir nicht von dir wegnehmen lassen!

Nein, wir sitzen einfach da und lassen sie uns wegnehmen. Und warten. Vielleicht werden wir manchmal ein bisschen unruhig. Aber meistens sind wir gut erzogen und sehen sogar noch zu, wie jemand sie und vor unseren Augen uns aus der Tasche zieht und lächeln vielleicht auch noch freundlich dazu.

Bewährt hat sich für mich das Konzept der Negativ-Liste (die Amerikaner nennen so was sprechend Shit-List). Darauf kommt jeder, der mir schon einige Male entweder massiv die Zeit gestohlen hat, mir größeren Schaden zugefügt hat oder mich sonst irgendwie sehr geärgert hat. Entweder mit seiner Dummheit, seiner Arroganz, seiner Rücksichtslosigkeit oder auch mit Frechheit. Wer einmal auf der Liste steht, dem gebe ich keine Chance mehr, mich neu zu betrügen. Auch einige Politiker stehen drauf, ihre Beiträge lese ich grundsätzlich nicht mehr und kommen sie im Fernsehen, drehe ich ihnen den Ton ab oder zappe sie weg.

Manche sind sogar für diesen Diebstahl dankbar, dann sie hätten ohnehin nicht gewusst, was sie mit der Zeit hätten anfangen sollen. Aber andere wachen erschreckt auf und merken den Betrug oder Diebstahl. Für viele von ihnen ist es aber dann zu spät. Sie sterben schneller, als sie zu neu zu leben lernen. Und manche sterben, schon bevor sie gelebt haben.

Die großen Lebenszeitbetrüger

Nicht alle Zeitbetrüger haben dasselbe Gewicht. Manche sind wirklich vernachlässigbar und muss man einfach hinnehmen, aber andere sind gewaltig. Erst nach vielen Jahren merkt man dann, dass man betrogen wurde. Und die Reue ist dann groß. Warum hat mir denn das niemand früher gesagt? So endet dann manche reuige Einsicht.

Hier nur eine kleine Auswahl der Megazeitbetrüger:

- Studium
- Falsche Partner
- Scheidungen
- Übertriebene Perfektion
- Irreführende Religion oder Politik, Ideologien
- Kriege
- Krankheiten oder Unfälle, die selbst verursacht oder gefördert werden
- Fehler
- die Jagd nach falschen Zielen, z.B. nur nach Geld
- Leben ohne Sinn

Wenn du alte Menschen fragst, wirst du noch mehr Anregungen bekommen, was man alles falsch machen kann und wodurch man Jahre, Jahrzehnte oder sogar ein ganzes Leben verlieren kann.

Ich führe hier exemplarisch nur das Studium als Lebenszeitbetrüger auf, weil es wahrscheinlich am meisten meine Leserschaft betrifft. Sicherlich ist das richtige Studium, gedacht und ausgewählt als Berufs- und Lebensbildung für viele Menschen eine gute Basis für lebenslangen Wohlstand und ein befriedigendes Leben.

Aber sie ist bei weitem keine Garantie dafür, so nach dem Motto, je länger studiert, um so besser. Ganz im Gegenteil. Das Motto sollte lauten: Je kürzer, je zielgerichteter, um so besser. Unsere Politiker handeln verantwortungslos mit der Art, wie sie das Studium steuern. Unsere Studenten, zumindest in den alten Ländern, sind alle zu alt, überqualifiziert in den Ansprüchen, großteils inkompetent in der Praxis, ausgebildet von weltfremden Lehrern.

Ich erlebe in meiner Universitätsstadt häufig wirklich tragische Einzelschicksale, die alle bereuen, dass sie so lange studiert haben, dass sie ein unbrauchbares Fach begonnen haben, dass sie schlechte LehrerInnen hatten, dass sie ein Zweitstudium begonnen haben, dass sie ein Doktoratsstudium angehängt hatten. Viele von ihnen haben dauerhaft Schaden dabei erlitten. Dies sollte doch die Verantwortlichen nachdenklich machen! Es nützt den Betroffenen wenig, dass sie Opfer einer Ideologie geworden sind.

Immer noch lassen sich die Studenten und Studentinnen zuviel gefallen und sich an Lebenszeit wegnehmen. Wo sind die Proteste für kurze Studienzeiten und wo ist die öffentliche Anprangerung schlechter Lehrer. Wo sind die Garantien für Arbeitsplätze bei guten Leistungen zum Studiumsende? Wer sich schon den Studienort vorschreiben lassen muss, der muss doch so was einfordern können!

Ich will hier keine neuen Revolutionen anfachen, aber wir als Gesellschaft dürfen es einfach nicht zulassen, dass die Universität zum Aufbewahrungsort verkommt.

Es liegt in der Natur vieler der großen Lebenszeitbetrüger, dass das Individuum scheinbar wenig dagegen machen kann. Aber es ist nicht so. Hier haben die neuen Medien einen wirklichen Quantensprung in der Meinungsbildung geschafft. Denn die Individuen sind nicht mehr so leicht isolierbar und ihre Meinungsmacht lässt sich leichter bündeln und ihre Marktmacht ist schnell enorm.

Strategien gegen Zeitbetrug und Zeitdiebstahl

Das japanische Managementkonzept MUDDA bietet einen guten Ansatz, dagegen anzukämpfen. Es heißt übersetzt etwa: Lass es nicht umsonst gewesen sein.

Das heißt, bei allem was du tust und was du zu verantworten hast, überlege ob es vielleicht nicht umsonst ist. Wenn die Gefahr dazu besteht, dann versuche der Angelegenheit mehr Sinn zu geben. Wenn es wahrscheinlich trotzdem umsonst wird, lass es bleiben.

In der Praxis führt dieses Konzept dazu überschaubare Abschnitte einzuführen. Für das deutsche Studium würde es heißen, ein Grundstudium und ein aufbauendes Studium anzubieten. Wer den ersten Teil geschafft hat, muss beim Abbruch nicht das ganze Studium als 'umsonst gewesen' abschreiben.

Wer bei der Tageszeitungslektüre wieder feststellt, es war 'umsonst', der wird die Zeitung kündigen.

Wer sich in der Kirche unwohl fühlt, wird aus ihr austreten. Wer von seinem Partner ständig auf unloyale Weise ausgenutzt wird, wird die Scheidung einreichen. Wer in einem Meeting um seine Zeit betrogen wird, wird es verlassen, wer es nicht verlassen kann, wird sich Arbeit dorthin mitnehmen, damit die Zeit nicht umsonst war.

Wir versuchen in unserer Kultur den Ansatz: Nütze die Zeit. Aber der ist mir zuwenig klar. Da scheint es mir doch besser genau nach dem Wert der Zeit zu fragen und wenn dieser nicht gegeben ist, die Aktion zu lassen oder abzustellen und aufzuhören.

Ein anderer Ansatz ist, die Zeitdiebe öffentlich als solche zu bezeichnen und sie dadurch zu enttarnen. Einmal enttarnt, ziehen sie sich entweder von selbst zurück oder sie finden sich doch plötzlich mit einer massiven Gegnerschaft konfrontiert. Hilfreich dafür sind Feedbackkanäle aller Art, z. B. in den Medien. Aber auch persönliches Feedback kann hilfreich sein: warum sagst du nicht dem Arzt, dass du nicht mehr zu ihm kommst, wenn er sein Kalendermanagement nicht so verbessert, dass du nicht mehr länger als 30 Minuten zu warten hast. Viele Menschen wissen gar nicht, dass sie Zeitdiebe sind.

> Wer bis hierher gelesen hat, dem habe ich hoffentlich noch nicht zuviel Zeit gestohlen.

Wir müssen auch einsehen, dass nicht nur Nachdenken, Reflektieren uns vor dem Zeitbetrug bewahrt, sondern auch etwas egoistisches, vielleicht manchmal auch etwas unhöfliches Verhalten. Es hilft uns, öfter NEIN zu sagen. NEIN zum Griff in die eigene Zeittasche, NEIN zu dem, der etwas bei mir abladen will, was mir gar nicht gehört, NEIN zu den Schmarotzern und Schnorrern, die auf meine Kosten leben wollen und NEIN zu denen, die vorgeben mit mir zu kooperieren, die mich aber nur über den Tisch ziehen wollen.

Dieses NEIN wird nicht das JA zu denen ausschließen, die mir Gegenwert geben oder zumindest es versuchen. Denn nur so können fruchtbare Kooperationen entstehen.

Was tun mit der Zeit

Am besten nützt der die Zeit, der die für ihn richtigen Entscheidungen trifft. Der sich einen Beruf aussucht, der ihn glücklich macht und ihn ernährt. Der sich Partner auswählt, mit denen er das Leben besser besteht. Der sich einen Ehepartner auswählt, mit dem er auch seine Kinder großziehen kann. Der sich so ernährt, dass er auch das Leben lange genießen kann. Der fähige Parteien wählt, die für Frieden und seinen Wohlstand sorgen. Der sich eine Religionsgemeinschaft sucht, die ihm Freude, Geborgenheit und - falls notwendig - Trost gibt. Der sich ein Kontaktnetzwerk aufbaut, das ihm hilft, seine Bedürfnisse gut zu befriedigen und das ihm genügend Anerkennung verschafft. Der Hilfe gibt, die sich weiterentwickelt und zum Wohle der betroffenen Menschen ist.

Die großen Zeitbringer

- Bildung - Ausbildung - Weiterbildung
- Proaktivität (Vorausdenken und planen)
- Qualität (Es gleich richtig machen)
- Freundeskreis - Wohlwollende Familie - Gute Berater
- Selbstvertrauen - Selbstsicherheit - Bescheidenheit - Zufriedenheit
- Toleranz

Der sich nicht in Probleme einmischt, die ihn nichts angehen aber dafür die Probleme in seinem Verantwortungsbereich angeht und löst, spart viel Kraft und Zeit. Der sich weiterbildet und an Zukunftsfragen interessiert ist, wird Probleme leichter und effektiver lösen.

Die Zeit nutzt also der, der sein Leben lebt. Sich fragt, was sein Leben eigentlich ist, Aufwand in die Gestaltung der Entscheidungen steckt und diese dann auch durchführt. Und sich weiterentwickelt, wenn sich das Umfeld ändert.

Anders ausgedrückt, der einen Sinn in seinem Leben sieht und versucht diesem Sinn auch Gestalt zu geben.

Manche LeserInnen werden jetzt enttäuscht sein, weil sie sowenig Konkretes hier lesen können. Weil hier nicht steht, wann du aufstehen sollst und wie du dir die Zähne zu putzen hast, etc. um die Zeit zu nutzen.

Nein, hier steht nur, dass du deine Zeit nur dann nutzt, wenn du dein Leben lebst. Ein Leben, dem du Sinn gibst. Ein Leben, in dem du viel ausprobierst, in dem du einiges riskierst, eine Leben, das viele verschiedene Abschnitte haben wird und das dir auch einige traurige und unangenehme Überraschungen bieten wird.

Muße, Zeit als Reichtum

Wenn du die Kapitel meiner Praxilogie gelesen hast, wirst du viele Anregungen bekommen, wie du die einzelnen Probleme besser lösen kannst. Sie werden dir helfen Zeit finden, durch richtige Entscheidungen dein Leben zu gestalten .

Vielleicht kannst du dann soviel Zeit bekommen, dass du davon im Überfluss haben wirst. Dass du Muße hast.

Zum Verweilen bei dem, was du am liebsten tust, was du am besten kannst, wofür du die meiste Anerkennung bekommst, die größte Freude empfindest.

Muße, die dir gestattet wichtige Entscheidungen sorgfältiger abzuwägen und noch einmal darüber zu schlafen, als alles im Stress möglichst schnell hinter dich zu bringen.

Muße, die dir Zeit zum Kochen gibt, zum guten Essen, zum Zuhören für die Probleme deiner Kinder, deines Ehepartners, deiner Umgebung.

Muße, die dich öfter deine alten Eltern besuchen lässt, die deine Nähe so sehr brauchen.

Muße zu Anhören eines Musikstückes, zum Lernen eines Musikinstrumentes, zum gemeinsamen Musizieren im Freundeskreis.

Muße für einen Mittagsschlaf, für einen Sonnenuntergang und für einen Abendspaziergang.

Muße für viele, kleine Freuden. In einem erfüllten Leben, dass sich auch vor dem Tod nicht fürchten muss. Weil es reich und intensiv war und jeden Tag aufs Neue ist!

Geld

Von den materiellen Besitztümern ist Geld das angenehmste. Zumindest in stabilen Zeiten. Erfreulicherweise werden die meisten meiner LeserInnen auch einen gewissen Wohlstand erreichen und Geld haben.

Und sie werden auch lernen, es zu verdienen und für ihre Bedürfnisse auszugeben. Darüber will ich speziell nicht allzu viel schreiben, da steht genügend Information und Motivation zur Verfügung.

> Billig einkaufen - teuer verkaufen.
> Geld in Glück umwandeln!

Die Probleme, die ich hier ansprechen will, sind die Tabubereiche in Bezug auf Geld, Erfahrungen, die man erst in einem längeren Leben macht.

Der erste Aspekt ist, dass jeder dein Geld haben will und geschickte Strategien entwickeln wird, es auch zu bekommen. Wenn du also dein Geld nicht managst, dann wird es von dir wegfließen, ohne dass du dies groß merkst. Zum Managen brauchst du einen Finanzmanager, das sind Computerprogramme, die dich dabei unterstützen und dir sagen wohin dein Geld fließt.

Geld macht flexibel, allerdings nur, wenn man es zur freien Verfügung hat und es auch ausgeben kann. Wer sich in Zeiten hoher Einkommen unter seinem möglichen Lebensstandard einrichtet bewahrt sich ein großes Stück Freiheit und wird es leichter haben, schwierige Zeiten zu überstehen oder für Sonderanschaffungen Geld frei zu haben.

Es ist ein Irrglaube zu denken, dass es wirklich leicht verdientes Geld gibt. Langfristig wird Geld nur durch Gegenwert erworben oder es ist mit großem Risiko verbunden. Es gibt auch nichts, was wirklich gratis ist. Jedes Gratisangebot, mit dem man dich als jungen Menschen lockt, musst du später irgendwie zurückzahlen.

Die Amerikaner sagen gerne 'There is no free lunch' - Es gibt kein Gratis-Mittagessen. Weil oft bei einem Gratis-Mittagessen über Geschäfte geredet wird, die dann viel mehr als das Mittagessen kosten werden.

Bedenke bei günstig erscheinenden, langfristigen Verpflichtungen - zum Beispiel Versicherungen - ob du dir diese im Alter, wenn du sie wirklich brauchst, auch noch leisten kannst!

> Mit 55 Jahren schuldenfrei!
> Plane, dass deine Rentenzeit nicht mit 65, sondern mit 60 beginnt!

Allerdings wird ein junger Mensch ein anderes Risikoprofil in Bezug auf Geld haben, als ein Mensch, der nur noch seinen Ruhestand zu finanzieren hat. Trotzdem sollte auch ein junger Mensch auf der Hut sein, wenn Traumrenditen versprochen werden. Alle Renditen, die höher sind als die aktuellen Bundesschatzbriefe, bergen Risiko.

Eine beliebte Falle für junge Menschen ist, zu zahlen, dass man dazugehört. Überlege es dir gut, ob man nicht mit deiner Eitelkeit Geschäfte macht oder ob das Dazugehören dir auch real etwas einbringt, sonst ist der Handel nicht fair.

Geschäfte werden durch Verträge abgesichert. Nur das Schriftliche zählt, was herumgeredet wird ist Schall und Rauch. Darum lese dir die Verträge gut durch und streiche, was du nicht akzeptieren kannst.

Große Geschäfte mit Freunden und Verwandten zu machen, ist ein sicherer Weg, diese guten Kontakte zu verlieren. Wenn du Geld jemanden borgst, mach es nur, wenn du unter Umständen es ihm auch schenken könntest. Bürge prinzipiell für niemanden, wenn dich die Einlösung der Bürgschaft belasten würde. Bürgschaften sind nur für die Bank gut, nie für dich.

Viel Geld wird Menschen entlockt, indem man in Aussicht stellt, dass das Finanzamt es dann nicht bekommt. Unter dem Strich kann es dir zwar egal sein, ob du das Geld dem Finanzamt gibst oder einem unzuverlässigem Finanzberater überlässt. Aber wenn du es dem Finanzamt gibst, hat wenigstens die Gesellschaft - deren Mitglied du auch bist - etwas davon.

Allerdings sollte man wirklich nur das Geld dem Staat geben, das ihm gehört. Wenn du nicht - durch Wählen etwa - dagegen ankämpfst, wird auch der Staat viel tun, um dir dein sauer verdientes Geld wieder aus der Tasche zu ziehen. Einiges praktisches Wissen über Steuern und Geldanlage wird deshalb auch für dich nützlich sein.

Geldquellen

Geld erhält man auf zwei Arten, indem man es verdient und indem man es nicht ausgibt.

Sparen ist eine offensichtliche Geldquelle, aber auch durch Leihen oder sich Beteiligen anstelle Kaufen kann man viel Geld sparen. Warum sollte man sich jedes Gerät selbst kaufen, wenn man es sich gegen eine geringe Gebühr auch ausborgen kann. Wer zuviel besitzt, wird belastet. Er muss die ganzen Wartungsaktivitäten des Besitzes tragen, ohne vielleicht selbst den ganzen oder zumindest genügend Nutzen zu haben.

> Spare am **Monatsanfang.**
> Dies führt dich weniger in Versuchung, das Geld auszugeben.

Kennst du die Menschen gut, dann wird es dir leichter fallen, Geld mit ihnen zu verdienen. Es gibt vieles, wofür die Menschen gerne zahlen. Zu den offensichtlichen Gründen Geld auszugeben, gehört die Chance, noch mehr Geld zu verdienen.

Aber viel mehr unerschöpfliche Geldreservoire stecken in den menschlichen Grundeigenschaften Dummheit, Aberglaube, Macht, Faulheit, Eitelkeit, Ungeduld, Sensationsgier. Die Liste lässt sich beliebig fortsetzen. Alles was Menschen erfreut oder wonach sie hungern ist ihnen auch Geld wert.

Allerdings lohnt es sich auf die Dauer nie, illegale oder unfaire Methoden anzuwenden. Der Staat oder die Gesellschaft wird dich einholen. Es sind dann plötzlich zu viele Feinde, die sich an dir rächen wollen.

Baue nicht auf Ratschläge dummer Menschen. Du erkennst sie daran, dass sie in mehr als der Hälfte bei ihren Ratschlägen in der Vergangenheit unrecht hatten.

Wer mit offenen Augen durchs Leben geht, wird vieles entdecken, womit man Geld machen kann. Schreib dir diese Ideen auf, vielleicht kannst du diese Goldminen später einmal bergen. Vor allem Dienstleistungen sind eine gute Möglichkeit, klein und bescheiden anzufangen und sie zum tragenden Geschäft werden lassen.

Viele Menschen kommen auf die Idee, Geld mit dem zu machen, was sie besonders gerne machen. Dazu gehören auch die Hobbys. Dies funktioniert oft, das Risiko dabei ist allerdings, dass man das Hobby als solches verliert. Aber ist schon angenehm, zumindest soviel Geld mit dem Hobby zu machen, dass es sich selbst finanziert.

Aber sich auf das zu konzentrieren, was schon gut läuft, dies ist immer sinnvoll.

Um Geld zu machen, ist neben der Kenntnis der Wirtschaft vor allem die Kenntnis der Menschen wichtig. Was ihre wahren Absichten und Wünsche sind. Lerne von den Leuten, die von dieser Menschenkenntnis leben. Nicht von den Psychologen oder Ärzten, sondern von den Verkäufern und anderen Mitarbeitern, die in direktem Kundenkontakt stehen. Vielleicht kennst du auch einen Millionär in deinem Umkreis. Frag ihn, wie er es geworden ist! Ebenso werden die Wirtschaftsnachrichten einer guten Zeitung - richtig interpretiert - zu unerschöpflichen Fundquellen.

Die wahren Absichten und Wünsche

Es ist ein uralter Wunschtraum, die wahren Absichten der Menschen zu erfahren. Die Psychowelle NLP (neuro-linguistische Programmierung) nutzte dies geschickt. Ich will mit diesem Kapitel dazu beitragen, dass ihr eure eigene Methode entwickelt, um zumindest ein bisschen hinter diese Geheimnisse zu kommen.

Da die Menschen alle verschieden sind, wird es wenig geben, was für alle Menschen gleich gilt. So will ich meine Beobachtungen trennen und zwischen den individuellen Wünschen eines Menschen und den allgemeinen Wünschen eines Kulturkreises unterscheiden.

Wer sich für diesen Themenkreis interessiert, sollte unbedingt zwei Klassiker dazu, Knigge und Michel de Montaigne, sowie Viktor E. Frankl's Bericht aus dem Konzentrationslager lesen.

Die wahren Absichten sind oft sogar den Betroffenen nicht bewusst. Meist erst am Ende ihres Lebens, mit viel Abstand und Reife, werden sie dann etwas klarer.

Zwei Filme, ganz verschieden in ihre Art, liefern gute Beispiele. „Citizen Kane" und „Odyssee 2001". Erst im Abspann von „Citizen Kane", wenn der geliebte Schlitten Rosebud verbrennt, wird klar, warum Kane so wurde. Und der allwissende Computer HAL in „Odyssee 2001" offenbart an seinem Ende mit 'Hänschen klein, ging allein' sein Grundprogramm, das ihn zur Machtanmaßung geführt hat.

Viele Menschen entdecken mit dem beruflichen Erfolg, was ihnen wirklich wichtig ist. So konnte ich viele Grundeigenschaften entdecken, die in speziellen Berufsgruppen entscheidend für den Erfolg waren.

In der Qualitätssicherung z.B. hat sich eine negative Grundhaltung sehr bewährt. Menschen die primär das Nichtfunktionieren erwartet haben, waren wesentlich erfolgreicher beim Auffinden von Fehlern und Schwachstellen, als konstruktiv eingestellte Menschen.

Wie wir bei der Kommunikation sehen, hat jede Äußerung einen Anteil an Selbstoffenbarung. Daher offenbaren Menschen viel von sich selbst, wenn sie Ratschläge, Meinungen oder Urteile abgeben. Ratschläge sind fast immer ein Geständnis, wie ein italienisches Sprichwort sagt. Wer Ratschläge gibt, gesteht damit indirekt, dass er die Fehler schon selbst gemacht hat oder vorhatte sie zu machen.

Meinungen sind fast nie neutral, sondern projizieren die eigenen Wünsche und Erwartungen. Urteile und Noten geben die Richter und Lehrer nicht nur den Betroffenen, sondern auch damit immer sich selbst.

Ein Lehrer mit mehr als 50 % schlechten Schülern ist ein schlechter Lehrer.

In diesem Zusammenhang ist natürlich auch die Frage berechtigt, was meine eigenen, wahren Gründe für 'Aber warum hat mir denn das niemand früher gesagt?!' sind. Ein Lebensmotto für mich wurde: der Jugend zum Erfolg zu verhelfen. Und wenn ich darüber nachdenke, hängt dies sicher damit zusammen, dass ich als Jugendlicher sehr besorgt war, meinem um 9 Jahre jüngeren Bruder zum Erfolg zu verhelfen.

Informativer aber als die Worte eines Menschen sind seine Taten. Seine Gewohnheiten, seine kleinen Gesten verraten viel über ihn.

Für Kulturkreise sind die Kunstwerke aller Art DIE Datenspeicher schlechthin. Sie verraten nicht nur viel über das Wissen und die technologischen Fähigkeiten einer Zeit, sondern fast immer auch über die Sozialstrukturen und was den Menschen wichtig war.

Wichtig dabei ist die Einsicht, dass nur das vom Geschaffenen über- und weiterlebt, was den Menschen wichtig war und ist. Das andere vergeht und verschwindet.

Ganz wesentliche Informationsquellen sind die Religionen. In ihnen leben die Gottesbilder der Gläubigen. Und in ihrem Streben wollen viele Menschen sein wie (ihr) Gott. Das Gottesbild der Menschen spiegelt oft ihre Grundmotivationen. Statt Gott kann man für andere auch die Heiligen, die Reichen, die Mächtigen, die Herrschenden, das Höhere Wesen, die Vorbilder einsetzen.

Die zugeschriebenen Eigenschaften erweitern vor allem die Grenzen des bescheidenen menschlichen Handelns und Daseins. Dies wird z.B. durch die Silbe ALL ausgedrückt, oder aber auch durch die verneinende Silbe UN oder durch einen Begriff, der ein Extrem beschreibt.

Ich führe hier einigen Dimensionen auf (mit in der Klammer den zugeschriebenen Eigenschaften).

- Zeit (immer, allezeit, unsterblich),
- Ort (überall, allgegenwärtig),
- Wissen (allwissend, weise)
- Können (alleskönnend)
- Macht, Einfluss (allmächtig)
- Verehrung (angebetet)
- Schönheit (makellos, verehrungswürdig)
- Recht (gerecht, gütig)
- Individualität (einzigartig)

Will man jetzt Menschen mit neuen Ideen oder Produkten gewinnen, dann kann man die Eigenschaften des Neuen messen an der Erweiterung in den einzelnen Dimensionen.

Wer etwa INTERNET dem Menschen schmackhaft machen will, könnte jetzt so argumentieren.

• Internet mach dich unsterblich: Wer einmal im Netz vertreten ist, bleibt darin für sehr lange Zeit auch vertreten. Selbst wenn die Originaldaten gelöscht werden, sind immer noch genügend Kopien in anderen Rechnern. Die Erfahrung zeigt, dass es wirklich fast unmöglich ist, einmal gespeicherte Daten wieder zu löschen oder ihre Spuren zu tilgen.

• Internet macht dich allwissend. Du hast das gesamte Wissen der Menschheit zu deiner Verfügung

• Internet macht dich allgegenwärtig. Überall auf der Welt hast du Zugriff zum Netz. Du kannst mit allen anderen Benutzern, ganz egal wo sie sind kommunizieren.

• Internet ist zeitunabhängig. Du kannst immer und zu jeder Zeit surfen oder kommunizieren, wenn auch nur in eine Richtung.

In der Tat ist die Unsterblichkeit (für sterbliche Menschen) eine der erstrebenswertesten, wahren Absichten der Menschen. Die meisten Fortschritte unserer Medizin und Anstrengungen fitnessbewusster Menschen zielen in diese Richtung. Dabei glaube ich, dass die Realität eines unendlichen oder zumindest sehr langen Lebens gar nicht so erstrebenswert ist.

Aber wer schon nicht unendlich leben kann, der strebt doch oft nach Ruhm, d.h. ein Weiterwirken nach dem Tode mit Nachkommen, Name, Werken, Ideen, Fotos, Gemälden, Bauten, Rezepten, Patenten, Büchern u.a.m.

Wahrscheinlich hat uns die Evolution diesen Wunsch in die Wiege gelegt, in dem sie uns darauf programmiert hat möglichst viele und überlebensfähige Nachkommen zu bekommen.

Mit diesen Annahmen kann man sich jetzt an die Arbeit machen, Wissen über die wahren Absichten und Wünsche der Menschen zu sammeln. Ich nenne dazu zwei Beispiele, die verdeutlichen, was ich damit meine:

1. Astrologie.

Wissenschaftlich gesehen ist die Frage nach der Bedeutung der Astrologie leicht negativ zu beantworten. Aber die vielen Anhänger legen doch die Frage nahe, welche Bedürfnisse und Wünsche die Astrologie bei diesen Menschen befriedigt. Diese Bedürfnisse sind real und können nicht - auch nicht mit wissenschaftlichen Argumenten – weg diskutiert werden.

2. Der Tod von Lady Di.

Die weltweite Massentrauer nach dem Tod von Lady Diana Spencer 1997 hat viele, nicht nur das englische Königshaus, überrascht. Die Frage ist nun, was hat diese Trauer wirklich ausgelöst? Welche Bedürfnisse und Wünsche hat Lady Di bei den Menschen geweckt oder befriedigt, dass ihr Sterben soviel Trauer auslösen konnte?

Wie werde ich Millionär?

Meine Praxilogie animiert viele LeserInnen mir Nachrichten zu schicken, worüber ich mich selbstverständlich freue. Ich entwickle so ein Gefühl, was euch am meisten interessiert und versuche darauf auch einzugehen.

Leider gibt es große, interessante Gebiete, von denen ich zuwenig verstehe. Ein ganz Wichtiges ist: Wie werde ich Millionär?

Genauer lautet die Frage, die euch offenbar brennend interessiert:

Wie werde ich schon in jungen Jahren (so bis 37) Millionär?

Ich gestehe, ich weiß selbst noch nicht alles dazu. Aber ich vertraue wieder einmal auf die Kraft des Netzwerkes und hoffe, dass mit genügend Beiträgen aus der Leserschaft das Bild vollständig wird. Ich verspreche, alle vernünftigen Vorschläge (wenn gewünscht auch anonym) zu veröffentlichen, aber muss auch dazu sagen: alles ohne Garantie und ohne Gewähr!

Was ist ein Millionär?
Die klassische Definition war der Besitz von einer Million Mark. Eine bessere Definition wäre sicher ein Jahreseinkommen von einer Million. Ich nehme hier den Besitz im Wert von einer Million Euro an. Von den Zinsen kann man sicherlich leben, ohne in Abhängigkeit zu arbeiten. Und das ist ja wahrscheinlich das Hauptziel meiner LeserInnen.

Etwas Mathematik brauchen wir. Ganz ohne Rechnen geht es hier nicht. Aber keine Angst, wir brauchen keine Formeln, es genügt uns eine einfache Tabelle, wie es fast jedes Textprogramm kann.

Lebensjahr	Geldbesitz	Zinssatz	jährliche Ein-zahlungen	Gesamt
24	200000	5,00	10000	210000,00
25	220500,00	5,00	10000,00	230500,00
26	242025,00	5,00	10000,00	252025,00
27	264626,25	5,00	10000,00	274626,25
28	288357,56	5,00	10000,00	298357,56
29	313275,44	5,00	10000,00	323275,44
30	339439,21	5,00	10000,00	349439,21

31	366911,17	5,00	10000,00	376911,17
32	395756,73	5,00	10000,00	405756,73
33	426044,57	5,00	10000,00	436044,57
34	457846,80	5,00	10000,00	467846,80
35	491239,14	5,00	10000,00	501239,14
36	526301,09	5,00	10000,00	536301,09
37	563116,15	5,00	10000,00	573116,15
	601772	Euro		

Hauptsinn dieser oder ähnlicher Tabellen ist, sich selbst zu veranschaulichen, dass man mit der Anhäufung von Zinsen allein nicht genügend reich werden kann, dazu ist die Zeit einfach zu kurz. Man braucht schon ein großes Grundkapital und kräftige, jährliche Einzahlungen, will man mit 37 die Million erreichen.

> Reich werden durch Intelligenz, ohne dafür zu arbeiten, das ist das wahre Ziel! *FB, 53 Jahre*

Warum wurde ich nicht Millionär?

Als ich jung war, hieß es, man kann auf drei Arten Millionär werden:

1. Lotto spielen
2. Kriminell werden
3. Einen reichen Partner heiraten

Nummer 1 und 3 habe ich persönlich ausprobiert. Beim Spielen verliert man dann doch meistens und ich sehe es heute mehr als gerechtfertigt an, den Lottoeinsatz als Idiotensteuer zu bezeichnen. Je mehr man einsetzt, um so blöder ist man.

Einen reichen Partner heiraten bringt nur was, wenn man selbst auch schon ordentlich Geld auf der hohen Kante hat. Ansonsten kommt man sich subjektiv immer unendlich arm vor, auch wenn man objektiv mit dieser Partnerschaft seinen Lebensstandard verbessert. Reiche Menschen sind noch dazu meist geizig, da ist meist wenig zu holen.

Mit Kriminalität reich zu werden, ist zu riskant. Die weltweite Vernetzung lässt keine guten Oasen zum Aussteigen mehr übrig. Also habe ich dies gar nicht versucht.

Reich wird man auch nicht als Angestellter. Auch die beste Firma wird kaum genügend zahlen, um schon in jungen Jahren Millionär zu werden.

Dann habe ich auch noch lange studiert. Mein Lebenslauf ist also ein schlechtes Beispiel. So wird man nicht Millionär! Aber hier ist ein reales Gegenbeispiel:

Jeder kann im Leben erreichen, was er nur will. Auch schon in sehr jungen Jahren. Wenn wir uns vor Augen führen, dass die Altersgrenze so oder so gesunken ist, wieso auch nicht der Faktor zum Erwachsensein.

Ich bin 22 Jahre alt und habe einen eigenen Fernsehsender in Österreich. Seit drei Jahren sind wir in rund 27.000 Haushalten auf Sendung. Mit 16 Jahren hatte ich mein erstes Videoproduktionsstudio, welches ich damals noch mit meinem Lehrgeld verdient habe. Eine Firma darf man ja in diesem Alter noch nicht gründen, aber weil die Qualität vorhanden war, hatten wir trotzdem Aufträge.

Mit 18 hatte ich offiziell meine erste Firma. Studio K1 Videoproduktionen. Und jetzt den Fernsehsender. Was ich nicht so sehr mag, wenn man nur auf Millionen hin arbeitet oder Millionär werden will. Wenn man erfolgreich ist, und ein qualitativ hochwertiges Produkt kreiert bzw. produziert, kommt das Geld von ganz alleine, und das beste ist, es ist dann nicht mehr so wichtig.

Genauso wie viele sagen, ich möchte mit 30 nicht mehr arbeiten. Was soll denn das? Jeder weiß, wenn er irgendwo hin auf Urlaub geht, dass es nach vier Wochen einfach langweilig wird. Man soll soviel arbeiten, dass es Spaß macht und weiterhin einfach LEBEN. Aber nicht erst dann, wenn man schon erfolgreich ist, sondern jeden Tag. DK 22 Jahre

---

Vorbedingungen für Millionäre

Wie wir bei der Tabelle gesehen haben, brauchen wir zwei Grundbedingungen, um in relativ kurzer Zeit die Million zu erreichen. Hohes Anfangskapital und kräftige jährliche Einzahlungen. Üblicherweise sind die Wege dazu: ERBEN und SELBSTÄNDIG werden. Oder man verlängert die Zeitspanne, indem man sehr früh verdient. Konkret heißt dies: NICHT STUDIEREN.

Das Studium verschlingt viel Zeit, die man in der Lebensplanung kaum noch aufholen kann. Außerdem kostet es auch selbst noch ein gutes Stück Geld, das dann in der Familienkasse fehlt. Ich habe zwar keine sorgfältige Analyse gemacht, aber intuitiv würde ich annehmen, dass die meisten existierenden Millionäre, die es aus eigener Kraft geschafft haben, auch nur kurz oder sogar überhaupt nicht studiert haben.

Die SELBSTÄNDIGKEIT erscheint mir als einzige, leistungsgerechte Bezahlung notwendig, um die jährlichen Einzahlungen vornehmen zu können. Diese Einzahlungen erfolgen meist nicht in Barform, sondern in die Investitionen in die Firma. Ich nehme also folgende Grundvoraussetzungen an:

- Hohes Anfangskapital (z.b. durch Erben)
- Selbständigkeit
- Kurzes oder kein Studium

Strategien

Drei grundsätzlich verschiedene Strategien zu Erlangung von Reichtum sind denkbar. Sie beruhen auf der Ergiebigkeit und der Anzahl der Quellen:

Nur bei wenig Quellen mit geringer Ergiebigkeit ist Reichtum sehr unwahrscheinlich. Natürlich ist mit viel Glück, wie auch in allen anderen Fällen, auch hier Reichtum möglich, aber auf das Glück wollen wir uns im Augenblick nicht konzentrieren. Alle anderen Kombinationen aber haben zumindest ein ausgeprägtes Potenzial für Reichtum.

Reichtumspotenzial		Anzahl der Quellen	
		wenige	viele
Ergiebigkeit der Quellen	wenig	unwahrscheinlich	durch Fleiß und Intelligenz (1)
	viel	durch Beziehungen (2)	durch Macht (3)

Strategie 1: **Wenig von Vielen**

Um viele Quellen ein bisschen anzapfen zu können, ist meistens vor allem Fleiß und Intelligenz notwendig (Know-how).

Strategie 2: **Viel von Wenigen**

In diese Kategorie fällt vor allem der Reichtum, der durch Beziehungen - vor allem zu anderen Reichen und Mächtigen - entsteht (Know-Who).

Strategie 3: **Viel von Vielen**

Um viel von Vielen zu holen, wird es vor allem an Macht bedürfen. Hier muss man schon ein Monopol oder Staatsgewalt haben oder eine Kirche sein, um seine Vorstellungen durchsetzen zu können.

Strategie 3 wird also für die meisten meiner LeserInnen nicht in Frage kommen. Aber mit den verbleibenden Strategien 1 und 2 ist das Feld noch genügend groß, um es erfolgreich zu beackern. Nicht immer lassen sich beide Strategien wirklich trennen, oft ist eine Kombination beider nötig. Vereinfacht kann man sagen beides, Know-how und Know-Who werden für den Erfolg notwendig sein!

```
┌──────────────────────────────────┐
│     Know-How und Know-Who         │
└──────────────────────────────────┘
```

Wenig von Vielen

Um wenig von Vielen zu bekommen, muss man vor allem das Einsammel-Problem lösen. Wie kann ich - mit wenig Aufwand - von Vielen kleine Beträge einsammeln?

Es wird dabei nicht ausreichen, alles selbst einsammeln zu wollen. Hier kann man effektiv nur mit Unterstützung zum Ziel kommen. Die zwei klassischen Antworten sind:

1. Man lässt das Geld zu sich kommen und
2. Man lässt das Geld von jemand anderem, z.B. durch eine Organisation, die dazu in der Lage ist, einsammeln.

Im Falle 1. wird man auf Medien vertrauen müssen, die dafür sorgen, dass Viele sich den Aufwand machen, freiwillig Geld zu schicken. Alle existierenden Medien werden dazu technisch in der Lage sein, Voraussetzung für den Erfolg ist der Inhalt der motivierenden Information. Die Information muss so sein, dass sich die Empfänger angesprochen fühlen und genügend eigenen - materiellen oder ideellen - Nutzen darin sehen, Geld zu schicken.

Im Normalfall wird man einen Gegenwert für das Geld anbieten müssen (sonst ist es Betrug), aber speziell bei ideellem Nutzen wird der Gegenwert wenig kosten. Der Reichtum vieler z.B. religiöser Organisationen beruht auf diesem einfachen Prinzip.

Preiswert wird der Gegenwert auch bei Produkten oder Serviceleistungen sein, für die es (noch) keine Konkurrenz gibt. Zum Beispiel, deshalb, weil alles noch ganz neu ist, weil es modern ist, IN ist, exotisch ist. Hier kann man die Preise fast nach Belieben und ziemlich unabhängig von den Herstellungskosten festlegen. Und das Internet bietet einen riesigen Marktplatz dafür an.

Was dich ärgert, ärgert auch viele andere
und ist so eine gute Geschäftsbasis.

Im Falle 2. wird jemand das Geld einsammeln. Hier gibt es viele Möglichkeiten. Eine ganz bewährte sind in Staaten mit stabilen Rechtssystemen Patente. Man kann mit guten Patenten tatsächlich reich werden. Vor allem dann, wenn diese nicht attraktiv genug erscheinen, so dass niemand nach einer Umgehung oder einem Ersatz dafür sucht.

Ein Patentanwalt hat mir erklärt, dass eines der attraktivsten Patente der Geschichte der Radier-Gummi am Bleistiftende war. Dieses Patent hat keine Nachahmer initiiert und von den geringen Lizenzgebühren pro Bleistift ist aufgrund der Riesenanzahl der produzierten Exemplare der Patentinhaber reich geworden.

Leider gibt es noch kein Mikrogeld im Internet. Hier würde sich auch die Möglichkeit anbieten für interessante Gegenleistungen, z.B. Information, kontinuierlich Geld zu bekommen. Speziell Menschen wie ich würden davon profitieren.

Eine andere Quelle sind attraktive Medienprodukte, z.B. Musiktitel, die von vielen gekauft werden. Allerdings funktioniert das Einsammeln nur dann, wenn man die Verträge mit den Firmen so aushandeln kann, dass noch etwas für die Autoren übrigbleibt. Nur wenige schafften es auf diesem Weg, ihr Reichtum wurde allerdings riesig. Von Abba, den Beatles, den Rolling Stones und Elton John kann man lernen, dass es von Vorteil ist, möglichst viel selbst zu produzieren und zu vertreiben. Dann hat man auch etwas von seinem Ruhm. Ein Gegenbeispiel ist Joe Cocker, der von seinen Firmen angeblich über den Tisch gezogen wurde.

Auch Bill Gates von Microsoft ist mit Lizenzgebühren für Software reicher geworden (entgegen der allgemeinen Meinung kam er schon aus einem gutsituiertem Haus). Nur mit Lizenzgebühren kann man von der großen Zahl später verkaufter Exemplare profitieren.

Allen drei hier beschriebenen Beispielen ist gemeinsam, dass man neben der Kreativität (Einfallsreichtum, Originalität, Einzigartigkeit) und der fachlichen Kompetenz vor allem auch juristisches Know-how braucht, um seine Ansprüche durchsetzen und verteidigen zu können. Es sei meinen zukünftigen Millionären ins Stammbuch geschrieben, dass sie unbedingt juristisches Wissen oder entsprechende Beratung und Unterstützung brauchen werden.

Viel von Wenigen

In diese Kategorie gehören alle Berufe, die mit Vermittlung, Handel oder Erzeugung teurer Produkte oder auch Dienstleistungen zu tun haben. Ihre Bezeichnungen sind z.b. Vermittler, Agenten, Makler. Und die Produkte sind z.b. Immobilien, Schiffe, Firmen. Aber auch die Vermarktung von Stars oder Headhunter gehören in diese Kategorie, genauso wie Werbeagenturen.

Das Einkommen stammt z.b. von Provisionen, Vermittlungsgebühren, Handelsspannen (Differenz zwischen Einkauf und Verkauf) und kann beträchtlich sein.

Man wird allerdings solche Aufträge nicht zu Dutzenden am Tag durchführen können. Manche dauern bis zum Abschluss ein Jahr und länger. Ist die Zeitspanne allerdings sehr lange, dann wird man ein hohes finanzielles Polster brauchen, etwas über das man in jungen Jahren noch nicht verfügen wird.

Meine persönliche Präferenz für den Anfang ist 1 Abschluss (Verkauf, Vermittlung) pro Woche. Hier hält sich das Risiko eines Misserfolges in Grenzen, man kann u.U. auch einen Rückstand aufholen und so verschmerzen.

In den meisten Fällen wird man es mit reichen oder sogar sehr reichen Geschäftspartnern zu tun haben. Und die wichtigste Geschäftsgrundlage wird das Vertrauen und eine persönliche Beziehung sein, Akquisition kommt meist durch persönliche Empfehlungen zustande.

Die materielle Investition ist meist gering. Für viele Maklergeschäfte genügt ein Handy und ein Notebook mit Internetanschluss. Eventuell braucht man auch noch etwas zum Vorzeigen, z.B. ein schickes (geleastes) Auto oder für das Image eine teure Armbanduhr (für die es auch eine billige Roleximitation tut!). Das wahre Betriebskapital steckt im Kopf der Makler, neben der fachlichen Expertise vor allem in ihrer Menschenkenntnis und in ihrer Adresskartei.

In den USA sind die meisten Immobilienmakler Hausfrauen, die diese Aufgabe im Nebenberuf durchführen.

Enormen Einfluss auf die Geschäfte haben auch das Image, ein außergewöhnlich sympathisches Auftreten, sowie die Zugehörigkeit zu den Klubs oder Organisationen, in denen die Geschäftspartner anzutreffen sind (z.B. Golfklubs). Oft ist es auch sehr hilfreich, wenn man aus einem reichen oder adeligen Hause mit entsprechenden Beziehungen kommt.

So verlockend diese Berufe klingen und so viel Geld man auch in ihnen machen kann, so sind sie doch in vieler Hinsicht menschlich problematisch. Man ist extrem von seinen (wenigen und potenten, aber fast auch immer sehr launischen) Auftraggebern abhängig, muss enorme persönliche Kompromisse eingehen können und extrem flexibel sein.

Aber hat man die Fähigkeiten, sowie das Glück und wird zum Liebkind einer reichen Klientel, dann sind die Chancen schon in jungen Jahren zu Reichtum zu kommen sehr hoch!

Investitionen

Investieren heißt, sinnvoll sein Geld auszugeben. Entweder erhält man den Gegenwert für das Geld sofort oder erst in der Zukunft. Nur wenn das Geld sinnvoll investiert wird, erhält es seinen Sinn. Ansonsten ist Geld in unserer heutigen Zeit nur Informationen, die Bankcomputer verwalten.

Also soll man das Geld dafür ausgeben, was wirklich wichtig ist. Dazu gehören die Grundbedürfnisse Gesundheit, Freiheit und Spaß.

Viele Menschen haben Probleme, ihr Geld-Vermögen in Freude oder Glück umzuwandeln. Offenbar ist dies gar nicht so leicht, wie es sich die Nichtvermögenden, die nach dem Gelde streben, vorstellen.

> *Wer zuviel Geld hat und jemandem eine Freude machen will:*
> *Ich bin ein dankbarer Abnehmer! :-)*

Es lohnt sich meiner Meinung nach immer, in sinnvolles Können (Ausbildung) und nützliche Kontakte zu investieren. Beides, Know-how und Know-Who haben den großen Vorteil, dass sie vor allem auch in schwierigen Zeiten hilfreich zum Überleben sind, und dass man sie nicht - wie Geld - einfach entwerten kann.

Allerdings ist es nicht einfach, hierbei die richtige Auswahl zu treffen. Aber wer vielfältige Ausbildung und vielfältige Kontakte anstrebt, wird in seinem Portfolio auch etwas dabei haben, was später und in Zeiten großer Unsicherheit anwendbar oder nützlich ist.

Manche Menschen sehen Kinder als ihre einzige Investition an. Ich habe in unserem Kulturkreis allerdings zu viele Eltern erlebt, die dann sehr enttäuscht wurden. Denn unsere Mobilität hat viel in der Familie zerstört.

Genauso wird das Anstreben von zuviel Immobilien oder anderem Besitz schnell zur Belastung. Aber eine eigene Wohnung oder ein nicht zu großes Haus sind wirklich sinnvolle Investitionen.

Große Probleme können Menschen bekommen, wenn sie zuviel und einseitig in ihre Firma investieren. Legt man etwa sein ganzes Vermögen in Firmenaktien an, kann schnell die Welt zusammenbrechen. Unter Umständen verliert man dann gleichzeitig seinen Arbeitsplatz und die Aktien sind auch wertlos.

Problemkreis für viele wird die Altersversorgung bleiben. Es ist selbst in unseren ziemlich sicheren Demokratien schwierig, gut für das Alter vorzusorgen. Hier ist vor allem soziale Kreativität angesagt. Vielleicht werden wir in Zukunft doch wieder zu Großfamilien o.ä. zurückfinden.

Krise

Jeder Mensch wird in seinem Leben mehrere Krisen erleben. Entweder als Teil seiner natürlichen Entwicklung (wie Pubertät, Wechseljahre, Midlife-Krise) oder durch überraschende Ereignisse, die über Nacht alles verändern (Kündigung, Todesfall, Unfall). Wer mit Krisen rechnet und über sie etwas Bescheid weiß, wird besser überleben.

Langfristig bleibt nichts so, wie es war. Die Veränderung ist das Normale. Anpassung ist eine Notwendigkeit, um zu überleben. So steckt in jeder Veränderung und natürlich auch jeder Krise eine Chance.

Arbeitslosigkeit war der Ausgangspunkt für viele neue Unternehmen.

Zu den besten Vorbereitungen auf Krisen gehört, dass man sich rechtzeitig, d.h. in stabilen und guten Zeiten darauf einstellt. Zum Beispiel sich aufschreibt, was man in Krisenzeiten tun kann oder eventuell auch Investitionen in dieser Richtung tätigt.

Wer sich regelmäßig aufschreibt, was ihm wirklich Freude gemacht hat, d.h. sich ein Freudenbuch (Joybook) anlegt, wird aus diesem Buch in Krisenzeiten viel Informationen gewinnen, wie er die Krise überwinden kann. Denn wer z.B. depressiv wird, wird Hilfsmittel brauchen, um aus seinem Tief heraus zu kommen. Ein Freudenbuch ist ein gutes Mittel dafür.

Eine große Beruhigung für Menschen in der Krise ist, zu sehen, dass sie nicht allein sind. Menschen, die ein soziales Netz haben, werden darin eher aufgefangen. Aber eine große Gefahr sind die Menschen in gleicher Situation, die total negativ gestimmt sind. Meide diese, sie sind dir wenig Hilfe. Leider sind sie in der Überzahl. Aber es gibt immer positiv und konstruktiv Gestimmte, suche deren Kontakt, sie helfen dir aus der Krise. Und für einige schwere Krisen wird man professionelle Hilfe brauchen und man sollte sich auch nicht scheuen, diese in Anspruch zu nehmen.

Ärger macht krank und was dich ärgert hat zuviel Kontrolle über dich! Diese Einsichten werden dir helfen, etwas Distanz zum Ärger zu bekommen. Sport ist ein guter Ausgleich für Ärger und macht dich sogar noch körperlich fit.

Der Krisenverlauf ist - bei einigem Wissen - leicht voraussagbar. Nach anfänglichem Verleugnen und Verdrängen der neuen Situation kommt dann irgendwann ein Tiefpunkt, wo es schlimmer nicht mehr werden kann. Aber nach dem Tiefpunkt geht es bergauf!

Wenn es dir gelingt, dich von der früheren Situation zu verabschieden, vielleicht auch dadurch, dass du nicht immer von früher redest oder alles mit früher vergleichst, dann wird dein Kopf frei, die neuen Chancen in der jetzigen Situation zu sehen und zu nutzen. Und dann wird es auch wieder bergauf gehen.

Alter

Schon in der Jugend werden viele Entscheidungen getroffen, die im Alter erst richtig zum Tragen kommen. Umgekehrt ist die Lernfähigkeit und Flexibilität im Alter so viel geringer, dass die Jugendzeit genutzt werden muss, um sich auf das Alter vorzubereiten.

> Wir verdrängen in unserer Gesellschaft (in der angeblich alles machbar ist) gerne das Alter mit seinen biologischen Veränderungen. 'Wir sind so jung, wie wir uns fühlen' redet man uns ein. Tatsächlich aber tickt die biologische Uhr in uns und jeder, der sich z.B. einmal über Mongolismus informiert hat oder selbst von einem Herzinfarkt betroffen war, wird eher akzeptieren, dass wir uns mit den Alter verändern.
> Manches wird besser (Erfahrung, Geduld, Kontakte, ev. Vermögen, das sich ansammelt), vieles wird schlechter (Sehvermögen, Leistungsfähigkeit), einiges werden wir mit Trainieren aufrecht erhalten können (geistige Fitness, Sexualität), aber insgesamt werden wir dem Alter nicht ausweichen können.
> Und wer sich darauf einstellt und sich an die neuen Gegebenheiten jeweils anpasst, wird besser leben als die, die immer vergebens der Jugendzeit nachrennen.

Niemand der jung ist, wird sich freiwillig ernsthaft mit dem Alter beschäftigen wollen. Aber einige Hinweise sollen dabei helfen.

Um auch im Alter Freude mit Hobbys zu haben, die eine gewisse Vorbildung erfordern, muss das Fundament dazu in der Jugend gelegt werden. So sollte man sich mindestens ein Hobby aufbauen, das man auch im Alter pflegen kann.

Golf spielen kann man fast bis zum Tode. Aber man wird nur Freude daran haben, wenn man es auch gut kann. So nutze die Jugend dazu.

Zu den Hobbys, die bis ins hohe Alter hinein Freude bringen und auch wenig kosten (wer alt ist, ist auch meist nicht betucht), gehören z.B. das Wandern, das Singen, das Schwimmen.

Zu den nützlichsten Fähigkeiten im Alter gehört das Musizieren. Wer musizieren kann, wird nie allein sein müssen und gute Musiker können mit ihrem Können auch noch dazu Geld verdienen.

Wer sich in seinem Leben nur einen gleichaltrigen Freundeskreis aufbaut, wird im Alter sicher alleine sein. Es ist daher absolut notwendig, Kontakte mit einem jüngeren Bekanntenkreis zu pflegen oder Umgang in einem Verein oder Klub zu haben, in dem Wechsel und Wachstum stattfinden.

Viele wichtige finanzielle Entscheidungen kommen erst im Alter zum Tragen. Oft rächt sich dann die alleinige Ausrichtung auf Argumente, die nur in der Jugend wichtig waren.

Die Wahl einer Krankenkasse, die du dir auch im Alter leisten kannst oder die Wahl der Altersversicherung gehören dazu. Beide werden deinen Lebensabend entscheidend positiv oder negativ beeinflussen.

Es ist realistisch anzunehmen, dass dein Einkommen ab 55 Jahren sich radikal verringern wird. Plane entsprechend deine Verpflichtungen bei Krediten und gegenüber deinen Kindern. In einer leistungsorientierten und sich schnell ändernden Welt werden auch immer mehr Akademiker ab 55 arbeitslos oder sie verlieren ihre Gesundheit und gehen dann - freiwillig oder gezwungen - in Frühpension. Sich rechtzeitig darauf einzustellen, kann dir große Unannehmlichkeiten ersparen.

Bisher hat in Deutschland der Generationenvertrag (arbeitende Erwachsene bezahlen die Renten) die Alterversorgung gesichert. Es wird aufgrund der demographischen und wirtschaftlichen Realitäten immer wahrscheinlicher, dass dieser irgendwann nicht mehr finanzierbar wird. Deshalb muss sich die heutige Jugend schon früh selbst um die Altersfinanzierung (z.B. durch Einzahlungen in sichere Fonds) kümmern. Den schönen Worten von gutversorgten Politikern (die die Folgen ihrer Politik gar nicht mehr erleben werden, weil sie alt sind) traue ich nicht, wenn es um mein eigenes, direktes Schicksal geht.

Deshalb wird ein finanzieller Nebenerwerb auch im fortgeschrittenen Alter in Zukunft immer wichtiger. Um damit etwas Geld zu verdienen, aber vielleicht auch, um die dann mehr vorhandene Zeit besser zu nutzen. Aber auch dies muss wahrscheinlich - etwa durch den Aufbau entsprechender Kontakte und Fähigkeiten - vorbereitet werden.

Viele Menschen denken ans Auswandern, z.B. in ein südliches Land, im Alter. Aber sprechen sie auch die Sprache dieses Landes, haben sie genügend Kontakte, um sich auch wohl zu fühlen? Gibt es genügend Ärzte und Krankenhäuser dort? Welche Vorschriften und Gesetze (z.b. für die Steuer) gibt es für sie? Wir schimpfen gerne über die Bürokratie in Deutschland und vergessen dabei ganz, dass diese in anderen Ländern noch wesentlich unangenehmer sein kann.

Man darf nie vergessen, dass zwar Deutsche als bezahlende Urlauber fast überall gerne gesehen sind, aber die Begeisterung über sie schnell abnimmt, wenn sie - ohne sich zu integrieren - die lokale Kultur zu dominieren beginnen oder gar, wenn sie im Ausland Geld verdienen, das auch die Einheimischen gut gebrauchen könnten.

Wer Auswandern will, muss den Urlaub in seiner aktiven Zeit zur Vorbereitung dazu nutzen, andernfalls wird er sehr unglücklich werden. Und man sollte sich wirklich fundiert informieren, ob man nicht doch eine Heimatbasis und Rückkehrmöglichkeit aufrechterhalten soll. Denn geschenkt bekommt man nirgendwo was und das soziale Netz ist in Deutschland vergleichsweise immer noch gut!

Wer sich eine Wohnung oder ein Haus auch für sein Alter plant, muss daran denken, dass die Immobilie behindertengerecht ist. Ansonsten wird sie kaum als Alterswohnsitz nutzbar sein! Ich wundere mich immer wieder, mit wie viel Herzblut Häuser für die Ewigkeit gebaut werden, die schon bei einfachen Altersbeschwerden - wie Gelenksschmerzen - für die Bewohner nur noch sehr eingeschränkt brauchbar sind.

Auch wer das Alter verdrängt, spätestens mit 35 Jahren wird jeder gezwungen sein, sich damit auseinander zusetzen. Besonders Frauen will ich dazu motivieren. Ist doch das Alter meist weiblich, einsam und oft am Existenzminimum!

> Frauen leben länger - aber wovon?

Probleme, Kreativität, Komplexität

In den vergangenen Abschnitten haben wir uns mit jenen Methoden beschäftigt, die man meist auch mit Selbstmanagement bezeichnet. In den jetzt folgenden Abschnitten wird mehr auf das Verhalten in Gruppen oder untereinander Wert gelegt.

Dieses Kapitel ist dem Umgang mit Problemen und den Methoden, wie man sie lösen kann, gewidmet. Speziell im komplexen Umfeld, wie man es in der Praxis fast immer vorfindet, werden besondere Verfahrensweisen angebracht sein.

Es geht um Fragen und Erkenntnisse, die bei jedem Problem angebracht sind. Zu den wichtigsten Fragen gehört: Wessen Problem ist es? Wenn es nicht mein Problem ist, warum soll ich mich damit beschäftigen? Vielleicht ist es ein allgemeines Problem, dann bin ich natürlich aufgefordert, es auch als meines anzusehen. Aber viele Probleme werden mich nichts angehen.

Manche Menschen reagieren ausgesprochen böse, wenn man sich in ihre Probleme einmischt. Vermuten sie doch - meist zu Recht - dass ich mir durch das Einmischen Vorteile verschaffen will. Entweder will ich mit meiner Hilfe Macht ausüben oder ich erwarte mit meinem Helfen selbst Hilfe (das Helfersyndrom). Wie man richtig hilft, werden wir später noch sehen.

Wenn ich mir sicher bin, dass das Problem 'mir gehört', werde ich mich zuerst fragen: Was passiert im schlimmsten Fall? Diese Frage ist wichtig zur Einschätzung der Bedeutung des Problems. Nicht alle Probleme berühren lebenswichtige Fragen oder führen gleich zum Weltuntergang. Diese Relativierung wird mir helfen, gelassen nach der adäquaten Antwort zu suchen. Oder vielleicht finde ich dann gleich als Antwort, dass das Problem sich gar von selbst erledigen wird.

Oft schwirrt ein ganzer Problemkreis in meinem Kopf herum, dann ist es nützlich, doch das Problem zu formulieren, am besten natürlich schriftlich, eventuell mit einem Mindmap. So kann ich Ordnung schaffen und diese Ordnung ermöglicht es mir das Problem aufzuschlüsseln und vielleicht Detailaspekte dann einzeln zu lösen.

Aber viele Probleme sind mir gar nicht bewusst. Solange ich sie nicht als Problem erkenne, wird es mir schwergefallen überhaupt nach einer Lösung zu suchen. Darum ist oft das Erkennen des Problems der wichtigste Schritt zu einer Verbesserung einer Situation.

Erfahrene Problemlöser wissen, dass sich nicht nur viele Probleme von selbst erledigen, sondern auch, dass es oft klüger ist, mit dem Problem zu leben, als nach einer Lösung zu suchen. Sagen doch die Pessimisten, dass alle Probleme von heute nur die Lösungen der Probleme von gestern sind.

Aber zu den Erfahrungen guter Problemlöser gehört auch die Tatsache, dass Lösungen meist sehr viel billiger sind, wenn sie früh angewandt werden. Das Zuwarten oder Hinauszögern macht oft erst aus den kleinen Problemen die großen Probleme.

In der Softwareentwicklung ist die Lösung eines Problems in der nächsten Phase der Entwicklung normalerweise um den Faktor 10 teurer als in der vorhergehenden Phase. Bei 6 Entwicklungsstufen ist die Behebung eines Fehlers zum Schluss 1.000.000 mal teurer als ganz am Anfang!

Es gehört also zu den besonders kritischen Entscheidungen, ob man abwarten kann oder ob man gleich reagieren muss! Am unangenehmsten sind die schleichenden Probleme, diejenigen, die auf ganz leisen Sohlen kommen. Diese können sich im Laufe der Zeit als die größten Probleme überhaupt erweisen.

Wir haben bei den Zukunftsfragen gesehen, warum die Beschäftigung mit der Zukunft so gewinnbringend sein kann. Nämlich, weil wir dann früh wissen, welche Probleme wir haben werden und wir früh über das Abwehren dieser Probleme nachdenken können.

Problem - Lösungstechniken

Die klassische Methode im Ingenieurbereich Probleme zu lösen heißt: Teilen und Herrschen. Große Probleme werden in kleinere unterteilt, und mit der Lösung der kleinen Probleme wird das große Problem gelöst.

Diese Methode ist sehr erfolgreich, birgt aber auch eigene Gefahren in sich. Zum Beispiel kann es beim Unterteilen zu Schnittstellenproblemen kommen, etwa durch unzureichende Kommunikation. So wird das Teilen selbst eine Ursache von Problemen.

Relativ einfach sind Probleme zu lösen, wenn es eine passende Theorie gibt oder man Modelle für die zu lösenden Situationen hat. Aber es gibt viele Probleme, deren Theorie wir nicht kennen oder für die die Menschheit noch keine Erfahrung hat aufbauen können.

Der Zusammenbruch des Kommunismus hat ganz neue Probleme geschaffen. Zum Beispiel, wie wandelt man kollektives Eigentum wieder in Privateigentum um? Oder wie strukturiert man die marode Wirtschaft in eine funktionierende um?

Im wissenschaftlichen Bereich ist die Delphi - Methode beliebt. Sie besteht aus dem Aussenden von Fragen an eine breite Expertengruppe. Die Antworten werden konsolidiert und wieder ausgesendet. Nach einigen (mindestens einer) Iterationen bekommt man dann zumindest mehr relevante Fragen und auch eine realistischere Einschätzung der Antworten. Mit der Delphi-Methode kommt man eher an das verstreute Wissen in den Köpfen heran und reduziert die impulsiven (Fehl-) Meinungen der zu sehr überzeugten, oft sogar fanatischen Fachleute.

Probleme fesseln uns und um kreative Lösungen zu finden, müssen wir uns in eine Situation bringen, die uns von diesen Fesseln frei macht, so dass wir alle, auch bisher noch nicht beachtete Lösungen finden können. Da helfen die Kreativitätstechniken.

Verschiedene Kreativitätstechniken	
Teilen und Herrschen	Zuerst Teilprobleme lösen
Brainstorming	Viele Ideen generieren lassen, ohne Kritik
Brainpicking	Viele fragen, auch Nichtexperten, Delphi
Mind Stretch	Eine Idee ins Grenzenlose dehnen
Mind Surprise	Eine lächerliche Idee ernst nehmen
Warum nicht?	Statt Ja, aber! Einmal ausprobieren
Blödeln zulassen	Einmalfehler sind immer erlaubt
Quantensprünge	Radikale Veränderungen denken lassen
Noch schlechter machen	Dann Umkehrung der Vorschläge
Viele kleine Veränderungen	Sind wirkungsvoller als eine große

Diese Problemlösungsmethoden sind großteils aus der Werbebranche gekommen, so das weitverbreitete Brainstorming. Hier wird durch Generieren von sehr vielen Ideen auch die letztendlich gewünschte zündende Idee gefunden. Damit es dazu kommen kann, muss jede Kritik am Anfang zurückgestellt werden.

Zu den häufigen Fehlern bei der praktischen Durchführung im Brainstorming gehört vor allem das doch immer wieder auftretende Kritisieren! Brainstorming will eben auch geübt sein. Richtig durchgeführt wird in einer kurzen Einleitungsphase die Problemstellung gegeben, dann wird 20- 30 Minuten „gestormt" und so aufgeschrieben, dass alle das Ergebnis stets sehen können. Besonders in der Anfangsphase sollen und dürfen die unsinnigsten Vorschläge gemacht werden. Je abstruser und exotischer um so besser.

In der Aufarbeitungsphase wird die Machbarkeit und Nützlichkeit der Vorschläge bewertet. Hier kann ein kleineres Team diese Arbeit machen.

Brain Picking (der Zugriff auf das Wissen anderer) schlägt vor mit seinem Problem jemanden anderen zu fragen oder sich durch eine fremdartige Antwort inspirieren zu lassen. Dazu gehört auch im Lexikon nachzuschlagen oder eine Stelle aus der Bibel zu lesen. Interessanterweise muss die Antwort gar nicht passen, aber sie wird inspirieren, die Lösung zu finden.

Mindstretch ist eine weitere Variante des Brainstormings. Ein Gedanke wird immer wieder weitergesponnen.

Überlege wie sich die Welt verändern würde, wenn man nur mit Geld allein, ohne Gepäck, verreisen würde.

Mindsurprise nimmt eine lächerliche Idee ernst.

Why-Not anstelle ja aber. Einmal darf man alles ausprobieren.

Blödeln, spinnen lassen. Die Atmosphäre von Stammtischen, wo alle Probleme der Welt - mit etwas Bier - schnell gelöst sind.

Beliebt in der Industrie sind unvorstellbare Vorgaben, von denen jeder annimmt, dass sie nicht erreichbar sind. Man nennt sie Break-thrus (Durchbrüche). Eine der bekanntesten Vorgaben dieser Art war die Reise zum Mond. Dies fördert ein Denken, wo alles bisherige weggelassen werden muss, wo man ganz neu anfangen muss.

Break-thrus sind vor allem deshalb beliebt, weil das Ergebnis wirkliche Produktivitätsverbesserungen erwarten lässt. Man spricht dann von Quantensprüngen.

Wie kann man es noch schlechter machen ist eine beliebte Methode, auf Schwachstellen zu kommen, die man schon verdrängt oder mit denen man sich schon abgefunden hat. Und sie ist auch deshalb beliebt, weil man so richtig negativ vorgehen kann. Am Ende werden dann alle Ergebnisse umgedreht, und man hat neue Lösungsansätze gefunden.

Manche Menschen fördern sich gegenseitig ungemein in ihrer Kreativität. Man spricht dann von kreativen Superteams. Meist sind dies gegensätzliche, erfahrene Typen, die gut und mit Spaß miteinander kommunizieren können. Aber auch angstfreie und spielerische Umgebungen können viel zu einem kreativen Umfeld beitragen.

Viele Menschen haben gute Einfälle während sie unter der Dusche stehen oder auf dem Klo hocken! Oder während sie joggen oder im Halbschlaf dösen. Dies ist typisch für unser Problemlösungsverhalten, immer wenn die rechte Gehirnhälfte aktiver ist (z.B. auch im Sport), wird die linke frei, um die Probleme zu lösen.

Wenig Kreativität wird man in homogenen, mit Angst beladenen, abgeschlossenen Systemen vorfinden. Wer alles immer 100prozentig machen muss, wird kaum ein Risiko eingehen und immer die sicherste Lösung, das heißt die bestehende, wählen.

Die Kreativität kann man spielerisch weiterentwickeln und fördern. Sie ist nicht nur angeboren. Eine ganz einfache Methode ist die Förderung der rechten Gehirnhälfte (von Rechtshändern) durch Aktivieren der linken Hand. Also wechselt gelegentlich die Maus zur anderen Hand oder versucht beidhändig Federball zu spielen!

Oft glaubt man, nur die Jugend sei zu kreativen Lösungen fähig. Aber viele große Änderungen wurden von erfahrenen Älteren gemacht und umgesetzt, denn nicht immer ist nur Inspiration gefragt, vieles bedarf großes Wissen, gute Kontakte und Einsatz von viel Kapital. Und diese Vorbedingungen sind erst mit einem gewissen Alter gegeben.

Komplexitäts-Beispiel

Drei Blinde beschreiben einen Elefanten. Obwohl sie noch nie einen Elefanten in seiner ganzen Größe haben sehen können (sie sind seit Geburt blind), fühlen sie sich doch berufen, ein fachmännisches Urteil über einen Elefanten abzugeben. Denn alle drei hatten schon die Möglichkeit, in der Nähe eines Elefanten zu sein und ihn zu berühren und zu betasten.

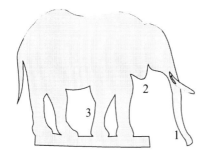

Drei Blinde beschreiben einen Elefanten. Er ist wie:

1. Schlange
2. Teppich
3. Säule

Der erste, der nur den Rüssel untersucht hat, ist ganz sicher, dass der Elefant sich so ähnlich wie eine Schlange verhält. Der Zweite, der die lappigen, großen Ohren untersucht hat, weiß genau, dass der Elefant so ähnlich wie ein hängender Teppich ist. Und der Dritte, der ein Elefantenbein umklammert hat, findet an diesem Bein eine große Ähnlichkeit mit einer Säule, die er auch schon einmal umklammert hat.

So ist sich jeder seiner Meinung ganz sicher und total überrascht, dass die anderen, blinden Kollegen zu ganz anderen Meinungen kommen konnten. Es kommt zum

Streit, weil keiner die Meinung der anderen akzeptieren kann, weil er doch mit seinen eigenen Händen den Elefanten erforschen konnte.

An Hand dieses einfachen Beispiels wird ein Grundphänomen komplexer Situationen klar. Dadurch, dass man nur Teile des Problems sieht oder versteht, kann es zu widersprüchlichen Aussagen kommen und trotzdem hat jeder - zumindest in seinem engen Horizont - recht.

So verunsichernd diese Erkenntnis ist, so hat sie auch etwas Tröstliches. Es gibt eben keine einzige Wahrheit, solange wir nur Teile eines Größeren sehen. Man muss daher mit scheinbaren Widersprüchen leben können. Oder positiv ausgedrückt, man kann Widersprüche akzeptieren und hat trotzdem recht.

Vielen Menschen fällt dieses Erkennen von Komplexität aber schwer. Sie können sich nur eine Wahrheit vorstellen, für die sie sich dann auch fanatisch einsetzen. Solche Menschen versagen im Umgang mit Komplexität leichter als andere, die vielfältige Meinungen zulassen und akzeptieren können.

Kritisch wird das Fehlen von Sensibilität für Komplexität für Menschen, die permanent komplexe Probleme lösen müssen, wie Politiker und Wirtschaftsführer. Ihr Versagen kann unendlichen Schaden anrichten. Leider ist die Geschichte - auch die jüngste - voll mit Negativbeispielen dazu. Man braucht nur an den Faschismus oder Nationalsozialismus zu denken.

So haben dann auch die Forschungsarbeiten zur Entstehung des Faschismus viele interessante Ergebnisse gebracht, die jedem, der Probleme der Praxis - die fast immer komplex sind - zu lösen hat, dienlich sein werden.

Komplexität

Zum wichtigsten Instrument für komplexe Situationen gehört die Erkenntnis oder auch Einsicht, dass man eine komplexe Situation oder ein komplexes Problem vor sich hat und nicht nur ein einfaches Problem. So ist die einfache, schnelle Lösung im Normalfall dann die Falsche.

Erfahrene Menschen schalten bei komplexen Problemen, so eine Art Warnlicht an, das sagt: ACHTUNG KOMPLEXES PROBLEM, NORMALE REGELN GELTEN NICHT MEHR.

Denn in der Tat läuft in der Praxis vieles anders als man es theoretisch erwarten würde oder man es sich ausgedacht hat. So führen gedachte Verbesserungen zu tatsächlichen Verschlechterungen. Oder man löst ein Problem und erzeugt viel neue

Probleme damit. Oder 'richtige' Einzelentscheidungen führen trotzdem zur Katastrophe.

Das Reaktorunglück von Tschernobyl ist ein trauriges Beispiel dazu. Hier hat man nachträglich dann feststellen müssen, dass die Komplexität des Reaktortyps die Menschen überfordert hat.

Wichtig wären daher Kriterien, die schon vor dem tatsächlichen Versagen andeuten, dass man ein komplexes Problem vor sich hat. So dass man das Warnlicht anschalten kann, bevor man die ersten Fehler macht. Und tatsächlich gibt es sichere Indizien dafür. Immer wenn man es mit einer großen Anzahl von Elementen zu tun hat, unter denen es auch Abhängigkeiten gibt, hat man es mit großer Wahrscheinlichkeit mit Komplexität zu tun.

Vor allem wenn diese Abhängigkeiten nicht genau bekannt sind, oder wenn sie nichtlinear sind (lineare Zusammenhänge kann man mit einer Geraden im Schaubild darstellen), hat man es sicher mit Komplexität zu tun. Auch schon eine relativ kleine Anzahl von Elementen (z.B. mehr als 7) führt zu Komplexität.

Schon die Probleme eines Menschen oder einer Partnerbeziehung können extrem komplex sein!

Komplexität wird immer auch eine subjektive Komponente haben. Was für einen Anfänger schon hochkomplex ist, ist für den Erfahrenen simple Routine.

Das Autofahren. Für den Fahrschüler sind sowohl die technische Koordination von Schaltung, Kupplung, Gas und Bremse sehr schwierig oder gar das Einschätzen einer etwas unübersichtlichen Verkehrsituation. Der routinierte Autofahrer hingegen handhabt alle diese Probleme so leicht und schnell, dass er schon gar nicht mehr darüber nachdenken muss.

Weil gedachte Verbesserungen oft tatsächliche Verschlechterungen bringen, erklärt dies auch die Beliebtheit von Provisorien. Sie lösen oft nur ein singuläres Problem und machen nicht alles neu, und führen so weniger zu neuen Problemen.

Auch die Anpassung an ein Problem anstelle der Lösung des Problems kann ein kluge Entscheidung sein, um einfacher zu überleben. Speziell wenn manche Probleme nur vorübergehend auftreten, ist es klug sich anzupassen oder abzuwarten und das Problem mehr oder weniger zu ignorieren.

Die Pubertät ist eine schwierige Zeit für Eltern und Kinder. Sie dauert etwa 1000 Tage. Mit jedem Tag, der vorbeigeht und man die Pubertät einfach erträgt, hat man 1 Promille des Problems gelöst.

Neben Routine sind Einfachheit und Robustheit der Werkzeuge das bewährteste Mittel im Umgang mit Komplexität. Wenn die verwendeten Werkzeuge einfach und robust sind und keine Nebeneffekte haben, dann ist die Chance groß, dass jeder Beteiligte sie durchschauen wird (Einfachheit) und sich auf den gewünschten Effekt verlassen kann (Robustheit).

Softwareprogramme gehören zu den komplexesten Schöpfungen des menschlichen Geistes. Aber auch die kompliziertesten Programme sind nur aus ganz einfachen Instruktionen zusammengesetzt.

Aber damit allein ist es nicht getan, weil es immer noch eine Zeitkomponente gibt, wie wir gleich sehen werden.

Zeitschere

Hat man einfache Probleme vor sich und genügend Zeit zum Lösen, dann ist die Reaktionszeit kein Problem. Aber mit wachsender Komplexität und Dynamik steigt die benötigte Reaktionszeit an und die verfügbare Reaktionszeit sinkt. Ich brauche dann mehr Zeit zum Nachdenken, habe aber nicht genügend Zeit zum Handeln.

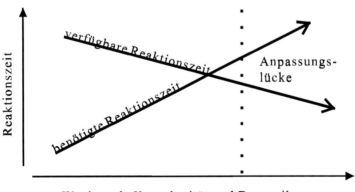

In diese Zeitschere gelangt man vor allem bei dynamischen Änderungen, die von selbst immer wieder neue Anpassungen erzwingen. Wenn man sich in der Anpassungslücke befindet, kann man dann nur noch reagieren und die größten Löcher stopfen.

Ebenfalls in die Zeitschere gelangt man auch bei Problemen mit langen Fernwirkungen. Nimmt man sich die Zeit, um alle Zusammenhänge zu untersuchen, dann ist es zu spät für die Reaktion!

Das Ozonloch oder andere Umweltschäden: Wenn wir solange warten bis alle Zusammenhänge genau bekannt sind, ist der Schaden nicht mehr reparierbar und es kommt zu bleibenden Störungen.

Wir müssen also schon auf - begründeten - Verdacht handeln. Wissenschaftlich nennt man dies die Reaktion auf Superzeichen. Superzeichen sind das gleichzeitige Erscheinen vieler Einzelmerkmale, die richtig interpretiert ein frühes Abbild der kommenden Situation ergeben.

Das Superzeichen für einen Verkehrsunfall auf meiner weiteren Fahrtstrecke sind ein Stau, Tönen von Signalhörnern, blinkendes Gelb- und Blaulicht. Schon lange vor der Durchsage im Verkehrsfunk sehe ich daran, dass ich mir einen Umleitungsweg suchen muss, soll ich nicht selbst ein Opfer dieses Verkehrsunfalls werden.

Das Erkennen von Superzeichen erfordert meist viel Erfahrung und Sensibilität. Denn häufig werden wichtige Details an Superzeichen übersehen oder auch verdrängt.

Menschen mit vielfältiger Systemerfahrung werden eher in der Lage sein, Superzeichen zu erkennen als Anfänger in dieser Kunst. Menschen, die viele Probleme zu lösen haben und damit Erfahrung aufbauen, werden aber im Laufe der Zeit immer geschickter darin.

Im Augenblick wächst eine Generation heran, die mit den Computern viele Strategiespiele (wie etwa SimCity oder Anno 1602) gemeistert hat. Ich bin gespannt, welchen Einfluss dies auf unser Wirtschaftsleben haben wird. In meiner Vision sehe ich eine wahres Heer von Jungexperten unsere Flut von komplexen Problemen - besser als in der Vergangenheit - lösen.

Es lohnt sich schon in jungen Jahren zu beginnen, sich mit komplexen Problemen zu beschäftigen und sei es nur auf spielerische Art und Weise.

Das Börsenspiel: Nimm an, du besitzt 100.000 DM und spiele damit ein halbes Jahr mit den realen Börsenwerten. Plötzlich werden Nachrichten einen ganz anderen Stellenwert für dich bekommen!

Komplexitäts-Tipps

Das Wichtigste ist, die Komplexität ernst zu nehmen. Denn wer die Komplexität unterschätzt, wird später einen hohen Preis dafür zahlen, das Lehrgeld, wie man dies nennt.

Weil Routine der Komplexität den Schrecken nimmt, lohnt es sich, bewährte Vorgangsweisen immer wieder zu verwenden. In Form von Prozessen. Dazu ist es allerdings notwendig, diese Vorgangsweisen zu dokumentieren. Sonst werden alle Fehler immer wieder gemacht.

Erfahrene Menschen notieren sich in einem neuen Umfeld ihre Erfahrungen und was sie dabei gelernt haben. Zum Beispiel was/wie etwas funktioniert hat. Später können sie dann darauf zurückgreifen - vorausgesetzt sie finden ihre Tipps wieder - und wesentlich schneller ein wiederholtes oder ähnliches Problem lösen.

Da wir gar nicht immer alle Auswirkungen einer Aktion im komplexen Umfeld überblicken können, lohnt es sich auch nicht einen Parameter allein zu 100% zu optimieren. Eine goldene Regel - schon seit der Antike als Paradoxon von Hesiod bekannt - besagt, dass die Optimierung zu 50% genügt und sogar besser ist. Denn mehr ist die Hälfte als das Ganze, sagt Hesiod. So verhindern wir auch zu 50% gleich die Ausbreitung von jenen Problemen, die wir eventuell mit der Lösung eingeführt hätten.

Besonders im Aktienhandel hat sich die 50% Regel bewährt. Kaufe oder Verkaufe nur zu 50%. War der Deal gut, hast du die immerhin die Hälfte des Gewinns gemacht, war er schlecht, dann hast du nur den halben Schaden.

Wir müssen im komplexen Umfeld Vielzieligkeit anstreben und das Problem gleichzeitig von mehreren Ecken aus angehen. Und alle wesentlichen Parameter und Motive parallel, aber nicht zu radikal verändern.

Um Verbesserungen in einer Firma zu erreichen, sind jeweils 1% in vielen verschiedenen Bereichen effektiver, als eine einzige große, aber eng begrenzte Veränderung.

Zu der Vielzieligkeit gehört auch, dass wir uns bald - proaktiv, d.h. vorbeugend - um Probleme kümmern, die wir erst haben werden. Denn wir wissen ja, je früher wir uns um Lösungen bemühen, um so billiger werden diese sein.

Bei der Suche nach Lösungen sollen wir jene bevorzugen, die auch bei verschiedensten Einflüssen eine hohe Erfolgswahrscheinlichkeit haben. Man nennt dieses

Vorgehen: Divergenz - Effizienz. Ich nenne es eher: Auch im Zweifel das Richtige tun. Wenn es möglich ist, eine Lösung zu wählen, die für viele Umstände passt, dann ist diese effektiv!

Ob sie allerdings die beste Lösung ist, lässt sich im komplexen Umfeld nie sagen, weil es zu den Eigenschaften der Komplexität gehört, dass man noch immer eine bessere Lösung wird finden können.

So wie Superzeichen für Unerfahrene schwer lesbar sind, so sind es auch Zeitgestalten. Das sind Gesetzmäßigkeiten für Werte, die sich langsam aber kontinuierlich im Laufe der Zeit ändern. Hier hilft die Veranschaulichung mit Schaubildern, in denen man alle Werte aufzeichnet. Diese Schaubilder zeigen dann besser die 'Gestalt' und lassen sich dann auch leichter analysieren.

Wer sich länger mit demselben System beschäftigt, wird dessen optimale Geschwindigkeiten herausfinden. Es sind dies Geschwindigkeiten, bei denen man mit geringem Aufwand etwas erreichen kann. Smarter - not harder heißt hier die Devise. Mehr nachdenken, statt schneller Kraftakte, das hilft Kraft sparen.

Psychologen haben getestet, welche Persönlichkeitsprofile die besten Voraussetzungen für die Lösung komplexer Probleme haben.

Interessanterweise gehören zu den wichtigsten Eigenschaften nicht Intelligenz und Kreativität. Die allerwichtigste Eigenschaft ist SELBSTBEWUSSTSEIN, die Fähigkeit sich nicht unterkriegen zu lassen, am Ball zu bleiben, der Wille das Problem zu lösen. Dazu gehört auch die Erfahrung, ähnliche Probleme schon gemeistert zu haben. 'Ich werde es schaffen, weil ich schon ganz anderes gelöst habe', ist ein typischer Ausspruch von erfolgreichen Menschen.

Als praktische Reaktion auf Komplexität gibt es auch die folgenden Anleitungen - mit entsprechenden Sprichwörtern:

Einfachheit - Keep it simple and stupid
Kleinheit - Small is beautiful
Lokalität - Lass die Kirche im Dorf
Kurzfristigkeit - Wer weiß schon, was morgen sein wird
Egoismus - Wenn jeder an sich selbst denkt,
sind alle wohlbedacht
Nachdenken - Smarter, not harder
Langsamkeit - Ankommen statt umkommen
Vielzieligkeit – Sowohl als auch

Es fällt mich schwer, diese nur als Resignation im komplexen Umfeld zu deuten. Sind sie nicht vielleicht auch bewährte Mittel zum Erreichen eines Ziels?!

Zu den Eigenschaften erfolgreicher Problemlöser gehört weiter vielfältigste Erfahrung, vor allem Systemerfahrung. 'Dies hat sich auch schon dort bewährt', wäre ein typischer Ausspruch dazu. Insofern werden ältere Problemlöser mehr Erfahrung aufgebaut haben, aber auch schon ganz junge Menschen - sofern sie selbstbewusst genug sind und schnell lernen können - sind erfolgreiche Problemlöser. Ebenfalls sehr wichtig in diesem Zusammenhang ist das Abstraktionsvermögen von Menschen. Gute 'Abstrahierer' sind vor allem schneller im Lösen.

Diese Ergebnisse haben weitreichende Auswirkungen auf die Erziehung und Ausbildung. Wir müssen unsere Jugend vor allem zu Selbstbewusstsein erziehen und ihr vielfältige Chancen geben Systemerfahrung aufzubauen (z.b. auch mit den vielen Strategiespielen), sollen wir alle einer besseren Zukunft entgegengehen.

S-Kurven

Zu den häufigsten Zeitgestalten gehört die Exponentialfunktion (y = exp x). Sie gilt überall, wo das Wachstum abhängig von der vorhandenen Menge ist.

Zinseszinsen: Jeder kennt das Beispiel von dem 1 Pfennig, den wir bei Christi Geburt auf die Bank eingelegt haben und dem Vermögen, das daraus - theoretisch - bis heute entstanden ist.

Deshalb ist es besonders interessant und wichtig, dass unsere Intuition sehr schlecht mit Exponentialfunktionen umzugehen weiß. Selbst wenn wir wissen, dass eine Exponentialfunktion vorliegt und wir die Ergebnisse schätzen müssen, haben wir Probleme - ohne Rechnung oder Graphik - die richtigen Ergebnisse zu finden.

Verwandt mit der Exponentialfunktion ist die Sättigung. Sie tritt auf, wenn es um den Kampf und das Aufbrauchen endlicher Ressourcen geht. Auch bei ihr versagt unsere Intuition gerne.

Eine Überlagerung von Wachstum und Sättigungskurve nennt man nach ihrer Form S-Kurve. Sie ist eine der häufigsten Kurven überhaupt, wenn es um die Darstellung von Ergebnis als Funktion des Aufwandes (oder der Zeit) geht. Sie besteht aus drei sehr verschiedenen Bereichen, die ohne etwas theoretische Kenntnisse nicht als zusammengehörig betrachtet werden.

In der Phase 1, dem mühsamen Beginn, wird permanent großer Aufwand getrieben, aber es zeigt sich kein Ergebnis oder nur ein sehr unbefriedigendes Ergebnis. Im Extremfall kann sich sogar ein negatives Ergebnis einstellen.

Anfänger verzweifeln gerne in dieser Phase und geben zu früh auf. Sie wissen noch nicht, dass sie die Ernte erst später einfahren können oder sie können nicht bis zum 'Herbst' abwarten. Hier lohnt es sich, für einige Zeit trotzdem Durchhaltevermögen zu zeigen. (Aber man sagt, wenn etwas nach 1000 Tagen immer noch nichts bringt, dann wird es nie erfolgreich sein. Also zulange darf man auch nicht ausharren). Aber dann startet der exponentielle Bereich und 'endlich läuft es'.

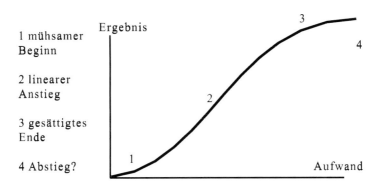

In der Phase 2 scheint der Zusammenhang linear zu sein. Die Illusion hier ist zu glauben, dass die Linearität unendlich weitergeht und jeder Aufwand ein entsprechendes Ergebnis erbringen wird. Tatsächlich aber entsteht die Linearität oft aus der Überlagerung von Wachstum und Sättigung, also schon im linearen Bereich ist die Sättigung mit eingebaut.

In der Phase 3 überwiegt dann die Sättigung und das Wachstum ist gering, die Kurve verflacht zusehends. Aufwand wird dann nur noch getrieben, um das Ergebnis zu halten. Selbst mit sehr großem Aufwand ist dann kein Zuwachs mehr zu erwarten. Wird kein zusätzlicher Aufwand mehr getrieben, wird im Normalfall ein Abstieg oder Verfall eintreten.

Viele Verläufe in der Wirtschaft verlaufen nach S-Kurven, allerdings manchmal mit Sprüngen, die durch Überlagerung von S-Kurven zustande kommen, z.B. durch plötzliche 'Geburten' oder 'Todesfälle' von Teilkurven.

Das Denken in S-Kurven gehört daher zum grundsätzlichen Repertoire erfolgreicher Problemlöser. Es bewahrt vor den Fehlern der Ungeduld am Anfang, sowie vor falschen Einschätzung 'es würde alles immer gleich weiterlaufen' und vor der Meinung, dass in der Sättigung weiterer Aufwand noch mehr bringen würde.

Für Betroffene ist es wichtig zu wissen, in welcher Phase der S-Kurve sie sich befinden und entsprechende Planungen für das weitere Vorgehen ins Auge zu fassen.

Hat man ein zuverlässiges Modell für den Prozess, den die S-Kurve beschreibt, dann genügen schon wenige Messwerte am Anfang, um ihren ganzen Verlauf vorauszusagen!

Paradoxe Aktionen

Zu den frustrierendsten Erfahrungen im komplexen Situationen gehören die Paradoxen Aktionen. So nenne ich jene Aktionen, bei denen gerade das Gegenteil des gewünschten Ergebnisses eintritt, obwohl man doch alles versucht hat, das Ziel zu erreichen.

Diese Reaktionen sind deshalb meist so überraschend, weil man eine mangelnde Kenntnis des Systems hat. Man kann erst im Nachhinein nachvollziehen, warum es schiefgelaufen ist, zum Vorausdenken fehlte einfach das Know-how oder die Phantasie.

> Besserwisser oder Bessermacher

Unser Leben ist voll mit paradoxen Aktionen. Wenn die Auswirkungen der Reaktion stärker als die Impulse der Aktion sind, dann treten paradoxe Ergebnisse auf. Erfahrene Systemkenner nutzen die Kraft der Paradoxen Aktion, indem sie durch das Anstreben des Gegenteils zum Erfolg kommen und auf das Kräftepotenzial in der Reaktion setzen.

Bestes Beispiel dafür ist die Impfung, wo durch das Einimpfen von - abgetöteten - Krankheitskeimen soviel Gegenkräfte aufgebaut werden, dass dann die Krankheit nicht oder nur sehr geschwächt zum Ausbruch kommen wird.

Die Anwendung der Paradoxen Aktion vermag oft zu trickreich oder zu riskant erscheinen und wird daher kein gutes Werkzeug in der Hand eines Anfängers sein.

Aber die Denkweise, ob ich nicht vielleicht durch mein Handeln das Gegenteil des gewünschten Ergebnisses erreiche, ist ein sehr vernünftiger Test und ist jedermann in kritischen Situationen - auf jeden Fall in komplexen Situationen - nur zu empfehlen.

Kommunikation

Gute Kommunikation ist die Lebensader jeder Organisation, jeder Firma, jeder Gemeinschaft. Deshalb sind die Kommunikationsfähigkeiten eines Menschen sehr bestimmend, wie erfolgreich er sein wird. Wie gut wir Botschaften, Nachrichten, Gefühle senden aber auch empfangen können, wird in hohem Maße unsere Leistung bestimmen.

Nur wer ganz für sich allein arbeiten kann, für den wird die Kommunikation nicht so wichtig sein. Aber gerade für Mitarbeiter in technischen Berufen, die gerade diese gewählt haben, weil sie u.U. in den Sprachen nicht so gut waren, kommt früher oder später die Erkenntnis, dass auch in diesen Berufen die Kommunikation extrem wichtig ist.

So werden auch IngenieurInnen Kundenkontakt haben, wobei sie z.B. etwas erläutern müssen. Oder sie schreiben Handbücher oder Bedienungsanleitungen, Marketingtexte oder Werbebroschüren, immer und überall kommt es auch auf kommunikative Fähigkeiten an. Oder Ingenieure werden Gutachter oder Experten und müssen dann einem großem - eventuell Laien - Publikum technische Sachverhalte erklären können.

Es ist daher wichtig, über Kommunikation Bescheid zu wissen und seine Fähigkeiten zu üben und zu verbessern. Zu den wichtigsten Grundlagen gehört dabei das Interesse an Menschen. Und die Einsicht, dass nicht nur das Reden, sondern auch das Zuhören wichtig ist.

Gute Kommunikation erfordert gute Kenntnis der Partner, man muss sich auch die Zeit dazu nehmen können. In einem persönlichen Gespräch muss man ungestört sein können. Jedermann erwartet in so einem Gespräch auch Diskretion, d.h. man muss sich verlassen können, dass nichts weitererzählt wird.

Um in einem intensiven Gespräch nicht gestört zu werden, lässt man einfach das Telefon läuten.

Offenheit und Ehrlichkeit sind sehr kommunikationsfördernd. Leider wird hierzulande darunter aber oft verstanden, dass man nicht höflich zu sein braucht. Man kann auch die Wahrheit höflich sagen und offen sein, ohne zu verletzen.

Leider wird es sich aber nicht vermeiden lassen, in Ausnahmefällen sich naiv zu stellen, lügen zu müssen oder zumindest die Wahrheit nicht zu sagen. Das Lügen muss man üben, soll man nicht eine jämmerliche Figur dabei abgeben. Schauspielunterricht oder das Spielen von Poker, Mäxle u.ä. werden dabei helfen.

Menschen mit deutlicher Aussprache wird man lieber zuhören, als jemanden, der nuschelt und die Worte im Bart verschluckt. Am liebsten wird man mit Menschen reden, die Humor haben. Mit jemanden gemeinsam zu lachen, verbindet ungemein.

Eine der Grundlehren Dale Carnegies ist, die Freude zu teilen, um damit Freunde zu gewinnen.

Bei schriftlicher Kommunikation werden kurze und prägnante Texte besser akzeptiert, als umständliches Geschwafel. Wer handschriftliche Notizen macht, sollte auch sich bemühen *ordentlich zu schreiben*. Gerade im Computerzeitalter, wenn alles sehr schnell gehen soll, ist eine gute Handschrift sehr nützlich.

Wer merkt, dass er in einem Gespräch ausgenutzt wird, wird schnell die Kommunikation abbrechen. Und wer in der Öffentlichkeit bloßgestellt wird, der wird ein Leben lang danach trachten, sich dafür zu revanchieren. Jemanden in die Situation zu bringen, das Gesicht zu verlieren, dies sollte man immer versuchen zu unterlassen.

Gute Kommunikatoren erhöhen mit ihrer Rede den Wert und den Nutzen des Umfeldes. Sie sind auch in der Lage, dies auszudrücken, was die Mehrheit denkt oder fühlt.

Während meines USA-Aufenthaltes konnte ich die Reden des amerikanischen Präsidenten Ronald Reagan studieren. Die Art wie er über das Fernsehen mit seinen Landsleuten kommuniziert hat, war mehr als überzeugend. Von ihm könnten sich viele deutsche Politiker anregen lassen.

Viel zur Förderung, sowie zur Behinderung der Kommunikation, trägt das äußere Umfeld bei. So kann leise Musik wunderbar die verbale Kommunikation unterstützen, zu laute aber sie dann nur auf die nonverbale reduzieren. Wenn Menschen sich sehen können, werden sie auch eher miteinander reden. Gibt es gemeinsame Treff- oder Wartepunkte, wie z.B. Lifts, Toiletten, Kaffeemaschinen, Cafeterias, Meetingpausen, dann entstehen dort leichter Gespräche, als wenn alle nur aneinander vorbeihetzen. Wer für die Kommunikationskultur in Unternehmen verantwortlich ist, sollte gemeinsam mit Architekten über solche Kommunikationszentren nachdenken!

Zu den wichtigsten Worten der Kommunikation gehören die Höflichkeitsfloskeln BITTE, DANKE und GUTEN TAG. Es lohnt sich diese Worte oft einzusetzen und sie auch in vielen Sprachen zu beherrschen. Es ist unglaublich, was man mit ihnen bewirken kann. Und es läuft vieles schief, wenn sie nicht ausgesprochen werden.

Schreiben - Praktische Hinweise

Ich hätte mir als Ingenieur-Student nie gedacht, dass ich im Laufe meines Lebens Tausende Seiten Texte schreiben werde. Hätte ich dies auch nur geahnt, hätte ich früher das Tippen gelernt, in der Schule besser bei den Komma-Regeln aufgepasst und mich eher dafür interessiert, wie man effektiv schreibt!

Beginnen - der Anlass zum Schreiben

Wie bei den meisten kreativen Leistungen hilft auch beim Schreiben ein Anlass. Viele werden zwar den latenten Wunsch haben sich auszudrücken und ihre Meinung einem größeren Publikum kundzutun, aber ohne konkreten Anlass werden sie kaum die Anfangshürden überwinden.

Aber es gibt viele Gelegenheiten zum Schreiben. Tagebücher, Traumnotizen, Reisenotizen, Kochrezepte, Briefe aller Art, Märchen, Parteiprogramme, Chroniken, Führer, Familien - Zeitungen, Gedichte zu Feiern und Jubiläen, Leserbriefe. Sie alle haben dankbare Leser und sei man es nur selbst.

Mit jedem kleinen Erfolg wird man an Sicherheit gewinnen, man wird seine Scheu ablegen und es dann auch wagen, etwas schwierigere Texte zu produzieren. Je früher man im Leben beginnt zu schreiben, um so eher wird man dabei auch erfahren, was wirklich wichtig ist. Man wird aus seinen Fehlern lernen und sich auch motivieren sich mehr mit dem Handwerk des Schreibens zu beschäftigen.

> Klappern gehört zum Handwerk,
> Handwerk gehört zum Klappern.

Schreiben bringt Muße, aber Schreiben braucht auch Muße. Wer also keine Zeit hat, der wird kaum Zugang zum Schreiben finden. Höchstens wenn jemand sehr diszipliniert ist, ungemein motiviert ist oder sich einen Ghostwriter leisten kann, dann kann auch der Vielbeschäftigte schreiben.

Hingegen ist Langeweile eine wunderbare Quelle, um mit dem Schreiben zu beginnen. Und hat man erst einmal angefangen, wird man nie wieder Langeweile verspüren.

Sammeln

Es wird kaum ein Thema geben, über das man ohne Vorbereitung einfach losschreiben kann. Meistens bedarf es einiger Vorarbeit, man muss sich etwa einlesen oder man muss Fakten sammeln oder man braucht Ideen. In dieser Sammelphase hilft ein kleines Notizbüchlein, das man immer bei sich trägt, ungemein. Die notierten Details überträgt man dann auf Karteikarten im DIN A6 Format. Die Karteikarten werden gelocht und in einem kleinen Ordner aufbewahrt.

Dieser Ordner ist bei mir nicht anderes als die Mechanik eines großen 2 Loch Ordners. In dieser Mechanik kann ich dann die Karteikarten beliebig einsehen, umblättern, umordnen, etwas Neues einordnen. (Wer aus den USA das Rolodox-System kennt, der weiß die Vorteile des Systems, vor allem den schnellen Zugriff, zu schätzen).

Andere benutzen einen Zettelkasten oder ganz einfach einen Karteikasten. Der Karteikasten hat den Vorteil, dass man natürlich viel mehr Info unterbringen kann, mein Ordnersystem erlaubt dafür, dass ich es leicht überall mitnehmen kann, um z.B. auch im Zug es zu lesen und mich inspirieren zu lassen.

Strukturieren

Hat man einige Informationen, dann wird man beginnen Struktur in diese zu bringen. Das beste Mittel für mich dazu sind Mindmaps. Aber man kann auch die Karteikarten auf einer Wand mit Nadeln oder Tesafilm clustern (Metaplantechnik). Oder man beginnt mit einem Textverarbeitungssystem ein Inhaltsverzeichnis.

Während dieser Strukturierung entsteht ein Fluss, der von einem Thema zum nächsten führt. Ich finde, die beste Art die Schlüssigkeit dieses Flusses zu testen, ist, einen Vortrag darüber zu halten. Der Vortrag zeigt schnell, ob die Logik stimmt. Und er hilft auch, die interessanten Themen von den uninteressanten zu scheiden. Am besten ist es, viele Vorträge zu halten. Dann kann man ziemlich sicher sein, sein Publikum auch wirklich zu erreichen.

Die Stichwörter und Graphiken des Vortrages wird man sich als Foliensatz zusammenstellen. Dieser Foliensatz ist dann auch die Grundlage des Textes, den man jetzt zu schreiben hat.

Text Produzieren

Den Text produziert man am besten in kleinen Häppchen, denn die kreativen Phasen sind bei den meisten Menschen nur kurz (wenige Minuten). In diesen Phasen schreibt man so schnell wie man kann. Ich tippe dann los wie ein Wilder, ohne mich um Rechtschreibung oder sogar um Groß- oder Kleinschreibung zu kümmern.

Der Text wird in Kleinbuchstaben fortlaufend eingetippt. Wichtig ist, dass es 'fließt', der Text kommt dann fast von selbst. Ist nach einigen Minuten die kreative Phase vorbei, dann wird Korrektur gelesen, die Rechtschreibung in Ordnung gebacht und an der Formatierung gefeilt.

So wachsen langsam auch umfangreiche Texte. Damit ich jederzeit an den Text kann, ist das Notebook immer eingeschaltet und vorbereitet den Text zu bearbeiten. Es kann gut sein, dass ich mitten in der Nacht oder während des Staubsaugens eine Idee habe und dann kann ich mir keinen langen Aufwand der Vorbereitung leisten. Ich muss sofort an den Rechner kommen und tippen können.

Ich beende keinen Text, ohne ihn zumindest einmal laut vorgelesen zu haben (sehr zu empfehlen) und lasse über jeden Text das PC-Rechtschreibprogramm laufen. Erst dann kann er weitergegeben werden, damit vielleicht noch jemand anderer ihn überprüft.

Wichtig ist, das Feedback einiger Lektoren einzuholen und einzuarbeiten. Ohne große, eigene Erfahrung wird man am Anfang sehr dankbar sein, wenn Texte gelesen werden und man die Rückmeldung bekommt, was daran gut oder auch schlecht war und was man verbessern könnte.

Überarbeiten und Wiederverwerten, die Technik verbessern

Nicht immer braucht man von Grund auf alles neu beginnen. So kann man mit gutem Erfolg schon Produziertes wieder neu aufbereiten. Auch in der Kunst des Schreibens macht das Wiederverwerten produktiv!

Dazu gehört auch die Übertragung in ein neues Medium. So konnte ich mit wenig Aufwand viele neue LeserInnen im Internet finden, die meine Texte von früher noch nicht kannten.

Fast immer gewinnen Texte an Qualität, wenn sie (mehrfach) überarbeitet werden. Besonders, wenn sie dabei auch gekürzt werden.

Man sollte auch die eigenen technischen Möglichkeiten ausbauen. So kann ein Scanner, der Texte einliest, sehr große Arbeitsersparnis bringen. Oder man kauft sich ein Bindesystem und einen Kopierer und vervielfältig und bindet sich seine Texte selbst.

In einer Universitätsstadt braucht man dies nicht. Durch den digitalen Druck gibt es heute wunderbare Möglichkeiten, in wenigen Minuten von einer Vorlage ein Buch drucken zu lassen.

Auf jeden Fall sollte man neben dem Textsystem auch ein Graphiksystem (z.B. CorelDraw) beherrschen und vielleicht auch eine Digitalkamera einsetzen, denn oft kann man mit einem Bild wirklich mehr ausdrücken als mit 1000 Worten.

Mit zunehmender Eigenständigkeit braucht man immer weniger fremde Hilfe. Dadurch gewinnt man vor allem an Zeit und Freiheit, weniger an Kosten. Man wird freier in der Gestaltung, schneller und auch kreativer in der Produktion seiner Texte und seiner Druckerzeugnisse.

Veröffentlichen

Richtig zufrieden sind sie AutorInnen nur dann, wenn ihre Werke auch veröffentlicht werden. Denn nur so können sie Anerkennung finden. Aber der Weg an das Publikum über Verlage ist steinig. Sehr einfach hingegen ist das Publizieren im Internet. Mancher wird es auch mit dem Eigenverlag versuchen, d.h. Stunden am Kopierer verbringen. Es heute nichts Anrüchiges mehr, sondern zeugt eher von Unternehmertum, Texte selbst herauszubringen und zu vertreiben.

Besonders autorenfreundlich versprechen die Book-on-demand (BOD) Angebote zu werden. Hier delegiert man einen großen Teil der Administration und des Vertriebes.

Unter Umständen kann man sich dadurch die Suche nach einem Verleger sparen. Ohne Verleger kann man viel schneller reagieren und sich den Wünschen seines Publikums anpassen.

Andererseits wird ein guter Verleger dem Schreiber auch sehr viel Arbeit abnehmen, die dieser sonst ganz allein zu tun hat. Aber da, wie gesagt, die kreativen Phasen sowieso nur kurz sind, ist mancher vielleicht sogar froh, wenn er einige der Produktionsarbeiten selbst machen kann.

Netzwerke

Wer mit Kommunikation seine Probleme lösen will, ist auf Netzwerke angewiesen. Darunter versteht man die Menge der Kontakte, auf die ein Mensch zurückgreifen kann. Es sind dies Menschen, die ihm persönlich bekannt sind oder auch Mitglieder eines Klubs oder auch einer anderen Gemeinschaft, die ihm ebenfalls wohlwollend mit Auskünften oder konkreter Hilfe zur Verfügung stehen werden.

Ein erwachsener Mensch (Frau oder Mann) - im erfolgreichen Berufsleben - wird etwa 100 Menschen als sein Netzwerk ansehen können. So viele Telefonnummern wird er jederzeit anrufen können und so viele Karten, Briefe oder Messages wird er zum Jahresende verschicken.

> Unterstütze, was dich trägt!

Erfolgreiche Menschen bauen ständig ihr Netzwerk aus und nutzen es auch. Denn erst durch die Nutzung erhält es seinen Sinn, sonst ist das Netzwerk nur eine fiktive Größe. Wer es regelmäßig nutzt, weiß dann auch wie und auf wen er sich besonders verlassen kann.

Man muss nach individuellen Wegen suchen, um auf unaufdringliche Weise sein Netz zu vergrößern oder dichter zu machen. Im wesentlichen wird man dazu den persönlichen Kontakt einsetzen, aber z.B. auch die Publikation einer Familienzeitung oder die passenden Klubmitgliedschaften können dabei helfen. Ich habe aber auch viel Hilfe von völlig fremden Menschen aus dem Internet bekommen. Allgemein gilt: Wer hilft, hat eine größere Chance auch selbst Hilfe zu bekommen.

Der große Nutzen eines Netzwerkes liegt darin, dass mit großer Wahrscheinlichkeit irgend jemand darin eine Lösung für ein Problem parat haben wird. Aber auch schon alleine die Möglichkeit, mit anderen Menschen über seine Probleme reden zu können, wird motivierend und hilfreich sein.

Statistiker haben berechnet, dass nur etwa 12 Menschen die persönliche Menschenkette zwischen 2 x-beliebigen Erdenbewohnern bilden.

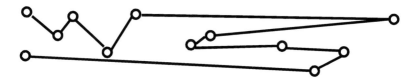

Mit Netzwerken sind Lösungen immer näher, als man denkt. Darin liegt auch der große Reiz der elektronischen Netzwerke, z.B. von Internet, dass sie die Welt so klein machen, dass man immer Zugriff zu einer Lösung oder einer gesuchten Information hat. Aber auch ohne Internet, einfach durch Rundbriefe, Inserate, durch die richtigen Mitgliedschaften wird man schnell feststellen: Know-WHO ist oft wichtiger als Know-HOW!

Jedoch müssen Netzwerke eine gewisse Größe haben, zwei Menschen allein sind noch kein Netzwerk. Als sehr nützlich hat sich für mich der Zugriff zu verschiedenen Netzwerken und Klubs erwiesen. Damit konnte ich öfters eine Brückenfunktion ausüben, was sehr befriedigend war.

Allerdings wird nur jener das Netzwerk nutzen können, der sein Problem auch formulieren kann und sich nicht scheut, um fremde Hilfe zu bitten. Wer oft genug selbst Gelegenheit hatte zu helfen, wird dies eher tun, weil er weiß, dass Geben und Nehmen zum menschlichen Austausch gehört.

Effektive Kommunikation

Zu den wichtigsten und auch effektivsten Kommunikationsformen gehört das persönliche Gespräch. Wenn man sich dabei gegenüber sitzt und in die Augen schauen kann. Erfahrene Menschen nehmen bei kritischen Verhandlungen oft lange Reisezeiten in Kauf, nur um ein persönliches Gespräch führen zu können.

Dient das Gespräch einer Verhandlung, dann ist es unerlässlich, es mit einem Protokoll abzuschließen. Dies muss nichts Formelles sein, es genügt in wenigen Sätzen aufzuschreiben, worüber man sich denn geeinigt hat. Ansonsten kann es zu bösen Überraschungen kommen. Man glaubt, man sei einer Meinung gewesen, aber hat doch nur aneinander vorbeigeredet. Natürlich behält jeder der Teilnehmer des Gesprächs eine identische Kopie des Protokolls.

Gute Gespräche laufen meist in einer freundlichen Atmosphäre ab. Trotzdem sind sie ehrlich und deutlich. Für viele meiner deutschen Landsleute scheint dies ein Widerspruch zu sein. Entweder ehrlich oder freundlich, höre ich oft. Ich bin überzeugt, dass man beide Aspekte unter einen Hut bringen kann, auch wenn es dazu etwas Disziplin, Geschick und Erfahrung bedarf. Je selbstsicherer Menschen sind, um so eher wird ihnen dies gelingen.

Im Gespräch gut zuzuhören heißt vor allem, sich darum zu bemühen, dass ich meinen Partner genau verstehe. Herauszukriegen, was er wirklich meint, was ihm wichtig ist oder warum er etwas tut. Vor allem wenn er Vorschläge macht, zu erkennen, warum sein Vorschlag auch gut sein könnte. Wir sind - erzogen durch eine Streitkultur - oft viel zu sehr mit unseren eigenen Gedanken beschäftigt, als dass wir unserem Gegenüber wirklich zuhören können.

Im mangelnden Zuhören liegt ein Riesenproblem. Viele kennen schon die Antwort, oder glauben sie zu kennen und werten sie gleich ab. Andere Kulturkreise sind hier besser dran. Sie fragen wirklich solange nach, bis sie den Gegenvorschlag total verstanden haben. Um dann eventuell dessen Vorteile mit den Vorteilen des eigenen

Vorschlags zu kombinieren. Darin liegt ein ungemein großer Nutzen, der bei den Besserwissern nie zum Tragen kommt.

Es gibt einen einfachen Trick, um besser zuhören zu lernen. Man wartet drei Sekunden lang ab, ob das Gegenüber auch wirklich ausgesprochen hat. Damit geht man sicher, dass man zumindest nicht unterbricht.

Hauptfehler aller Kommunikation ist, dass man glaubt, sie hätte auch geklappt. Deshalb ist es sehr vernünftig, sich immer wieder zu versichern, dass die Nachricht auch angekommen ist. Man kann sich dabei nicht allein auf das Nicken oder Ja-Sagen verlassen. Oft - z.B. bei asiatischen Kulturen - bedeutet dies nur, dass man zuhören will, aber noch lange nicht, dass man auch den Inhalt verstanden hat oder gar akzeptiert hat.

Der einfachste Test besteht darin, sich das Gesagte wiederholen zu lassen. Besser ist es, sich das Gesagte in den Worten des Partners zusammenfassen zu lassen.

Oft wird einfach zuviel Information vermittelt, die gar nicht aufgesogen werden kann. Der Empfänger schaltet nach einiger Zeit wegen Anstrengung ab. Deshalb ist es vernünftig, immer nur einen Problemkreis auf einmal zu behandeln. Dann eine kurze Pause einzulegen und erst dann wieder weiterzumachen.

Effektive Nachrichten

Nicht jedes Medium und jede Form eignet sich für jede Kommunikation. Nicht jeder Zeitpunkt oder jeder Ort. Wir erwarten einfach, dass die äußeren Aspekte einer Nachricht, wie z.B. Inhalt, Form und Art der Übermittlung zusammenpassen, soll sie den gewünschten Effekt haben. So wird eine Traueransprache an einem Grab anders sein als eine Ankündigung auf einer Party. Oder ein Plakat eine andere Wirkung haben als ein persönlicher, handgeschriebener Brief.

Der amerikanische Anthropologe Edward T. Hall hat viele dieser äußeren Aspekte untersucht und ist zu sehr wichtigen Ergebnissen gekommen. Er fand heraus, dass vor allem das Tempo einer Nachricht entscheidend ist, ob sie eine nachhaltige Wirkung auf uns ausüben wird. Alles was schnell vermittelt wird, ist schnell wieder vergessen. Wichtige und lang wirkende Effekte müssen langsam und konsequent vermittelt werden.

Im persönlichen Bereich ist das Vorbild so eine langsame Nachricht. Es wird mehr erreichen, als lange Erklärungen, wenn es akzeptiert ist.

Sind die Signale verwirrend, das heißt die Nachrichten sind entweder widersprüchlich oder unverständlich, dann ist die normale menschliche Reaktion das Nichtstun, das Abwarten.

Besonders im politischen Bereich können verwirrende Signale bis zur Lähmung oder auch zum totalen Desinteresse führen.

Sogenannte schnelle Nachrichten, wie ein Zuruf, das Plakat, der Werbespot, ein Gag werden nur eine kurzfristige Reaktion auslösen. Will man Menschen wirklich erziehen oder formen, dann sind die langsamen Kommunikationsformen wie ein Vorbild, ein persönlicher Eindruck notwendig. Dabei wird oft das wichtigste Wissen durch Tabus dargestellt.

Firmen fassen solche langsamen Nachrichten in ihrer Corporate Identity zusammen. Dazu gehören neben dem Logo auch die Art und Qualität der Gebäude- und Büroausstattung, die Art wie sich Mitarbeiter kleiden oder wie man sich in der Öffentlichkeit darstellen will.

Ein weiteres Ergebnis der Hall'schen Forschung ist die starke Abhängigkeit der äußeren Formen von den verschiedenen Kulturen. Je nach Geographie oder Kulturkreis wird man sehr große Unterschiede feststellen können. Nicht umsonst heißt es: andere Länder, andere Sitten.

Deshalb sind Mitarbeiter, die auf Abordnung in andere Länder kommen, gut beraten sich genau nach den Kommunikationsformen des jeweiligen Landes zu erkundigen und sich bei kritischen Besprechungen beraten zu lassen.

Aspekte einer Nachricht

Jede Nachricht hat neben ihrem Sachinhalt viele weitere und auch wichtige Dimensionen. Psychologen betonen vor allem die Aspekte der Selbstoffenbarung, des Appells, sowie der Beziehung. Aber daneben gibt es noch beliebige weitere Aspekte, die man unter dem Begriff 'Chemie einer Beziehung' zusammenfasst. Ob sich Menschen riechen können, gehört zum Beispiel dazu, aber auch der Eindruck, den Menschen zum Beispiel mit Farbwirkungen erzeugen ist u.U. ein wichtiger Aspekt.

Vor allem die Wirkungen des Geruchs werden in unserer Zivilisation unterschätzt. Aber Düfte spielen in der Natur eine große Rolle. Mit ihnen kommunizieren sogar Pflanzen!

An Hand eines Beispiels sollen die vier wichtigsten Dimensionen erläutert werden. Ein Mann und eine Frau fahren im Auto. Die Frau sitzt am Steuer und der Mann sagt zu ihr: *Du, da vorne ist grün.* Die Frau empfängt nun diese Nachricht mit ihren '4 Ohren'. Das Ohr des Sachinhalts hört: Die Ampel ist grün, das Ohr der Selbstoffenbarung hört: Ich habe es eilig, das Ohr des Appells: Gib doch Gas, und zuletzt das Beziehungsohr: Du brauchst meine Hilfe, weil du immer noch nicht Autofahren kannst.

Sachinhalt	Beziehung
Selbstoffenbarung	Appell

Je nach Einstellung wird ein Ohr besser hören als das andere, zum Beispiel wenn die Frau vor allem auf den Appellcharakter eingestellt ist, wird sie antworten: Ich fahre so schnell wie ich will und lasse mich nicht von dir antreiben.

So kann es zu Missverständnissen kommen, wenn man selbst einen ganz anderen Aspekt im Vordergrund hatte, als der Empfänger. Jeder wird diesen Effekt schon einmal selbst erlebt haben. Wenn man über die vielen Dimensionen Bescheid weiß, wird man deutlicher und besser kommunizieren können.

Zu den auch nicht ganz offensichtlichen Aspekten gehört auch die Versteckte Agenda oder auch heimliche, versteckte Tagesordnung genannt. Das ist die wahre Absicht hinter einer vorgeschobenen Absicht. Vor allem wenn nicht so genau klar ist, was wirklich gemeint ist, steckt oft eine versteckte Agenda dahinter. Mein Gegenüber will etwas ganz anderes, aber spricht es (noch) nicht aus.

Wenn man solche Tagesordnungen durchschaut, dann lohnt es sich diese für seine Zwecke auszunutzen. Wenn sie einem nicht gefällt, spricht man sie einfach aus. Damit wird sie offensichtlich und auch besser ablehnbar! Erfahrene Verhandler stellen die heimliche Agenda oft an den Schluss und fragen dann beiläufig genau das, was sie schon die ganze Zeit interessiert hatte.

Soll Zustimmung erwirkt werden, kommen an den Anfang viele unverfängliche Fragen, die man alle leicht mit JA beantworten kann. Dann kommt die entscheidende Frage und man wird auch hier ins JA gedrängt. Also Vorsicht, wenn eine Fragesequenz mit lauter JAs beginnt, irgendwann kommt dann der kritische Haken, mit dem man gefangen werden soll.

Kommunikationstests

Vielen Menschen ist es peinlich, schlechte Kommunikatoren auf deren Fehler hinzuweisen. Deshalb ist es nicht ungewöhnlich, dass Menschen gar nicht über ihre persönlichen Macken Bescheid wissen. Leider nutzen viel zuwenig Menschen die heute fast überall verfügbaren Mittel zur Selbstkontrolle: Kassettenrecorder und Videokamera. Sonst würden sie sich selbst mehr um Verbesserungen bemühen.

Ich habe mit meiner Checkliste einige häufige Fehler zusammengefasst. Wer z.B. regelmäßig ganz andere Antworten bekommt, als auf seine Frage passen würde, der spricht wahrscheinlich sehr undeutlich. Sein Gegenüber rät dann, was denn gemeint sein könnte und gibt dann die Antwort, die am ehesten passt, oft natürlich die unpassende.

Kommunikation - Checkliste

Mündliche Kommunikation

- Du bekommst eine passende Antwort -> deutlich
- Du wirst von Fremden verstanden -> wenig Dialekt
- Du wirst in der letzten Reihe verstanden -> laut
- Du wirst auch von Laien verstanden -> einfach
- Du stellst Fragen vor einem Publikum -> aktiv

Schriftliche Kommunikation

- Du kannst kurze Zusammenfassungen schreiben
- Deine Anweisungen werden befolgt
- Deine Dokumente enthalten keine Fehler
- Deine Schreiben sind persönlich und prägnant
- Deine Handschrift ist leserlich
- Du kannst schnell lesen und tippen.

Wer von Fremden schlecht verstanden wird, obwohl diese die Sprache kennen, spricht wahrscheinlich einen katastrophalen Dialekt, den man nur in einem Dorf so richtig versteht. Leider ist mit dem zunehmenden politischen Zusammenwachsen in Europa als Gegenbewegung das Vordringen von Dialekt zu beobachten.

Wer schlecht in entfernten Reihen verstanden wird, spricht zu leise. Vor allem Frauen kennen dieses Problem, weil sie normalerweise viel leiser als Männer reden. Hier kann sowohl Frauen, wie auch den Männern das Benützen des Mikrofons empfohlen werden. Leider scheuen viele den kurzen Aufwand zum Mikrofon zu gehen oder sie kennen sich zuwenig mit der Technik aus. Es lohnt sich, diese Zeit zu nehmen und sich in die Geheimnisse der Technik einweisen zu lassen. Denn wer nicht verstanden wird, für den ist die Mühe des Redens umsonst. Und die Kraft des Arguments zählt viel besser bei kräftiger Stimme.

Vor allem Fachleute reden gerne so kompliziert, dass Laien sie kaum verstehen. Auch wenn sie sich bemühen, so schaffen sie es nicht, einfacher und verständlicher zu werden. Hier muss geübt werden! Am besten durch schriftliches Formulieren, noch besser in einer Fremdsprache, wo man nicht über ein besonders reiches Vokabular verfügt. So haben einige gute Schriftsteller zum Schreiben mit Absicht eine Fremdsprache gewählt, um besser verstanden zu werden.

Wer nicht aktiv an einer Diskussion teilnimmt, dessen Beitrag dazu ist gleich Null. Oder höchstens dient seine Anwesenheit als Klatschmaschine. Da ist es schade um die Zeit. Auch wenn man zustimmt, soll man sich äußern, auf jeden Fall aber bei Ablehnung, ansonsten wird jeder annehmen, man hat zugestimmt!

Auch für die schriftliche Kommunikation gibt es hier einige Testfragen mit einigen Tipps dazu. Wer unsicher in der Rechtschreibung ist, sollte die entsprechenden Programmhilfen verwenden! Kürzer ist im Zweifel besser als länger, allerdings ist es auch viel schwieriger, klar und kurz zu schreiben. Weiter gilt: Wenig Worte - wenig Streit!

Die Wichtigkeit einer guten Handschrift habe ich schon öfters betont, sie erleichtert einfach die schnelle schriftliche Kommunikation. Mit einer Füllfeder oder einem Bleistift wird die Handschrift besser sein, als mit einem Kugelschreiber. Wer mit schwarzer Farbe schreibt, dessen Kommentare lassen sich besser kopieren.

Elektronische Kommunikation, E-Mail

Mit dem explosionsartigen Ausbreiten der elektronischen Netzwerke wird auch die E-Mail immer mehr Bestandteil der Kommunikation. Neben den Eigenschaften des niedrigen Preises im internationalen Nachrichtenaustausch sind vor allem die Zeit- und die Ortsunabhängigkeit wesentliche Vorteile, die kaum durch andere Medien erreicht werden.

So kann ich von jedem Ort der Welt (an dem es einen Telefonanschluß gibt) Nachrichten an jeden anderen Menschen schicken (der eine E-Mail Adresse hat) und diese Nachricht erreicht ihn, ganz egal wo sich dieser befindet. Auf diese Art und Weise können Menschen virtuelle Büros immer mit sich tragen, wenn sie nur die entsprechende technische Unterstützung dabei haben (z.B. Notebook und Telefon).

Diese Zeit- und Ortsunabhängigkeit muss bei den Nachrichtentexten berücksichtigt werden. So sind Termine und Orte immer vollständig und konkret anzugeben, diffuse Begriffe wie 'heute, morgen, hier' werden sinnlos.

Obwohl E-Mail in seiner Gesamtheit unvergleichlich und damit unschlagbar ist, so ist es kaum ein Kommunikationssystem, dass alle befriedigen wird. Es eignet sich eher für kurze Nachrichten, es ist dann langsam, wenn die Beteiligten nicht regelmäßig am Rechner sitzen und es kann praktisch von jedem gelesen und auch manipuliert werden.

> Schreib nur das in eine E-Mail, was du auch auf eine Postkarte schreiben würdest.
> Deine Nachricht wird nicht nur vom angegeben Empfänger gelesen.
> Nur kurze Nachrichten werden wirklich gelesen.
> Bestätige immer den Erhalt einer persönlichen Nachricht.
> Bevor du viel schreibst, teste ob deine Nachricht auch ankommt.
> Kopiere Menschen, deren Namen du erwähnst.
> Wer nicht einmal in der Woche sein Postfach leert, sollte keine E-Mail Adresse angeben.

Wunderbar ist E-Mail für die Kommunikation unter Freunden, z.B. um Termine zu synchronisieren und um im lockeren Kontakt zu bleiben. Völlig ungeeignet ist es, um Probleme auszuräumen oder um schwierige Sachverhalte zu schildern. Ich merke dies vor allem bei den vielen Fragen, die an mich herangetragen werden und bei denen ich oft nicht helfen kann.

E-Mail eignet sich auch gut zum Übermitteln kurzer, schlechter Nachrichten. Wie früher bei einem Telegramm überlegt man sich als Sender den Text genau und man kann als Leser ganz intim dann den Text - u.U. wiederholt - studieren und so die schlechte Nachricht besser verdauen.

Die Kosten für E-Mail sind im Sinken, aber immer noch ist soviel technisches Know-how notwendig, dass E-Mail noch nicht das Medium für jedermann ist. Aber wenn die Kindergeneration heranwächst, die heute mit dem Computer schon im Kinderzimmer konfrontiert wird, dann wird E-Mail (oder was dann auch immer als Weiterentwicklung zur Verfügung stehen wird) eine Riesenverbreitung bekommen.

Besser durchsetzen wird sich E-Mail erst, wenn jedermann/frau eine feste, eventuell sogar für die Lebenszeit stabile, Mail-Adresse hat, wenn es abhörsicher wird und wenn der Missbrauch unter Kontrolle kommt. Heute ändern sich die Adressen so schnell, dass von einem sicheren Erreichen der Kommunikationspartner keine Rede sein kann! Positiv ist, dass man dadurch vor dem Riesenmüll auf diesem Medium, genannt SPAM (=Hundefutter), geschützt bleibt!

Ich benutze selbst E-Mail seit vielen Jahren. Inzwischen zeigt sich, dass meine Kontakte - außer mit den Menschen, die ich regelmäßig persönlich treffe - sich immer mehr auf E-Mail einspielen. Das heißt, wer ohne elektronische Adresse ist, den werde ich eher aus dem Gesichtskreis verlieren als andere. Enttäuscht haben mich viele große Organisationen. Sie geben zwar E-Mail Adressen an, aber haben keine Ahnung, wie man damit umgeht. Da gibt es noch viel zu verbessern!

Als einfachen Anhaltspunkt für die Akzeptanz elektronischer Medien ist das Lebensalter des Microsoft-Chefs Bill Gates (*1955) zu sehen. Alle die jünger sind als er, werden diese Medien problemlos akzeptieren und beherrschen, alle älteren werden dies nur in Ausnahmefällen tun.

Es ist zu erwarten, dass mit technischem Fortschritt auf dem Gebiet der Telekommunikation deren Vision dann erreicht wird: Jeder kann mit jedem überall und jederzeit kommunizieren!

Telefon

Obwohl das Telefon schon seit Jahrzehnten weite Verbreitung hat, ist der Gebrauch vom Telefon immer noch verbesserungsfähig. Nicht zuletzt wegen der neueren technischen Entwicklung (ISDN, Handy), aber auch wegen des zunehmenden Kostendrucks, der Reisen immer weniger möglich macht, wird das Telefonieren immer wichtiger.

Ich sehe immer noch Kursankündigungen für richtiges Telefonieren. Viele Firmen erkennen, wie viel Geld durch schlechte Telefoniergewohnheiten verloren geht und schulen ihre MitarbeiterInnen entsprechend.

Zu den wichtigsten Grundregeln gehört, dass im beruflichen Umfeld das Telefon auch abgehoben wird. Wer telefonisch nicht erreichbar ist, wird wenig Geschäfte machen. Wer also das Telefon nicht selbst abheben will oder kann, muss wenigstens dafür Sorge tragen, dass jemand anderer abhebt.

Zumindest sollte ein Telefonanrufbeantworter zur Verfügung stehen. Interessanterweise werden diese jetzt auch in unseren Regionen immer besser akzeptiert. Die Zeiten, wo nur erschreckt aufgelegt wird, wenn sich ein Anrufbeantworter meldet, sind vorbei.

Auch schnurlose Telefone, die man überall im Geschäft mitnehmen kann, sowie die Weiterschaltung bei ISDN werden helfen, dass die Erreichbarkeit besser wird. Sie ist in der Praxis immer noch erschreckend niedrig, wie jeder weiß, der viel telefoniert.

Ein weiterer Grundfehler liegt in der Art sich zu melden. Hier kann man keine allgemeine Regel angeben. Je nach Umständen wird ein extrem kurzes Melden oder sehr umfassendes Melden am Telefon angebracht sein. Man sollte dabei bedenken, dass die ersten Bruchteile einer Sekunde in der Kommunikation problematisch sind, weil sich die Ohren erst einhören müssen. Auch wird durch technische Gründe gelegentlich der Anfang eines Gesprächs beschnitten.

Eine Telefonauskunft, die tausende Male am Tag Anrufe entgegennimmt, wird gleich zur Sache kommen und ohne Gruß gleich nach den Daten des gesuchten Gesprächteilnehmers fragen. Eine Beschwerdeabteilung, die lauter aufgeregte Anrufer vorfindet, wird sich mit einem freundlichen Gruß melden. Die Sprecherin wird sich dann auch mit vollem Vor- und Zunamen melden.

Es ist ein Gebot der Höflichkeit, sich deutlich, das heißt im Normalfall sich langsam und laut genug zu melden. Speziell Menschen mit kurzen oder dumpf klingenden Namen (die z. B. viele Us enthalten) werden kaum korrekt verstanden.

Ich persönlich bevorzuge den Vornamen mit zu nennen. Dies hilft auch mit, dass Männer mit hochklingenden Stimmen, auch korrekt dann mit 'Herr' angesprochen werden und Kinder nicht mit deren Eltern verwechselt werden.

Mit zunehmenden technischen Möglichkeiten werden moderne Telefonanlagen zwar immer leistungsfähiger, aber dadurch auch immer komplizierter zu bedienen. Trotzdem ist es peinlich, wenn einfachste Routineaufgaben - wie z.B. Weiterverbinden - nicht gekonnt werden. Es ist daher notwendig, diese Aufgaben zu trainieren, bevor der 'Ernstfall' eintritt.

Normalerweise wird man sich beim Telefonieren etwas notieren müssen. Deshalb ist es unerlässlich, dass entsprechendes Material in Telefonnähe vorhanden ist. Sehr nützlich sind da die große Schreibtischunterlage aus Papier und das kleine Notizbuch, das man ja sowieso immer bereit haben sollte.

Rufen unbekannte Anrufer an oder kriegt man nicht gleich mit wer am Telefon ist, dann soll man sofort am Anfang klären, mit wem man es zu tun hat. Wer darauf hofft, dass im Laufe des Gesprächs klar wird, wer da angerufen hat, kann leicht in sehr peinliche Situationen kommen. Es lohnt sich, den Vorteil des Beginns einer Sache auszunutzen, da darf man nämlich auch sogenannte dumme Fragen stellen. Wer sich den Namen nach dem Melden sofort notiert, wird zeigen, dass er am Anfang aufgepasst hat und ihm sein Gegenüber wichtig ist.

Obwohl man beim Telefonieren nichts sehen kann, wird doch gute Gestik im Tonfall des Gesprächs mit übertragen. Es ist daher ein großer Unterschied, ob jemand lässig im Sessel sitzend oder dynamisch im Stehen telefoniert. Oder ob jemand beim Telefonieren lächelt, oder grimmig dreinschaut.

Ich führe kritische Gespräche meist im Stehen. Da kann ich besser atmen und meine Körpersprache wird mein Gespräch unterstützen.

Telefonprofis erzwingen ein Lächeln, indem sie einen Spiegel vor sich aufstellen. So wird ein Gespräch dann wesentlich erfolgreicher sein.

Es gibt Anrufzeiten, da wird man fast nur auf 'Besetzt' stoßen oder andere, da wird man sicherlich niemanden antreffen. Es lohnt sich daher nachzufragen, wann es erfolgreich ist anzurufen - und sich das auch zu notieren, damit man es nicht vergisst - oder auch nachzufragen, wann man stört.

Wunder kann das Ankündigen wichtiger Gespräche bewirken. Nützlich ist dazu das Fax. Man wird dann meist einen interessierten und vorbereiteten Gesprächspartner vorfinden. Schlimm hingegen ist das mehrfache Weiterverbinden. Hier bietet man besser einen Rückruf an, der dann allerdings von einer auskunftsfähigen Person vorgenommen werden muss.

Dass auch Telefongespräche diskret verlaufen sollten, ist eigentlich selbstverständlich. Deshalb darf nur mit dem Einverständnis des Gesprächspartners ein Gespräch auf den Lautsprecher gelegt werden oder mitgeschnitten werden. Zur Diskretion gehört auch, sich auf den Anrufer zu konzentrieren und nicht ein Telefongespräch und ein persönliches Gespräch im Raum parallel zu führen. Und zum guten Ton sollte es auch gehören, während des Telefonierens nicht zu essen, zu trinken oder nebenbei die Arbeit am Computer zu erledigen. Leider wird da von vielbeschäftigten Menschen oft gesündigt.

Sich am Telefon kurz zu halten, wird dann leichter, wenn ein Gebührenzähler eingeschaltet ist. Leider stehlen einander viele Menschen mit langatmigen Telefonaten die Zeit. Es wäre klüger, diese Zeit für persönliche Gespräche aufzuheben. So sollte man auch Menschen in unmittelbarer Umgebung nicht anrufen, sondern lieber persönlich aufsuchen.

Viel Zeit kann man beim Telefonieren sparen, wenn man sein privates Telefonverzeichnis gut pflegt. In dieses Verzeichnis gehören nicht nur wichtige Menschenkontakte, sondern auch Nummern für Dienstleistungen (z.B. Hilfe, Beschwerden, Notfälle) und Internetadressen.

Mobiltelefone (Handys) sind nicht überall gerne gesehen. Man sollte die entsprechenden Benimmregeln oder auch expliziten Hinweisschilder beachten. So ist in vielen Krankenhausabteilungen, in Flugzeugen, in Theatern und in Caféhäusern die

Benutzung von Handys untersagt. Und gefährlich ist die Benutzung von Handys (ohne Freisprechanlage) in Autos während des Fahrens. Mit zunehmender Ausbreitung von Handys werden sich neue Probleme und entsprechende Vorschriften für die korrekte Benutzung einstellen. Es kann gut sein, dass Handybenutzer bald wie Raucher behandelt und isoliert werden.

Das Telefon als Stressfaktor

Nicht nur eine zu laut eingestellte Telefonklingel, sondern auch die permanente Verfügbarkeit ist für viele ein unangenehmer Stressfaktor geworden. Überlege, wie das Telefon bei dir und deinem Umfeld Stress auslöst und versuche diese Auslöser abzustellen oder wenigstens zu reduzieren.

Zunehmend wird auch die Kriminalität im Telefonbereich zum Problem. Ich empfehle deshalb allen Eltern, ihre Kinder über die Kosten des Telefonierens aufzuklären. Nummern, die mit 0190- oder mit 00- beginnen, werden teuer! Werbung übers Telefon ist verboten. Bei häufigen Belästigungen sollte man sich von der Polizei beraten lassen.

Fax

Faxgeräte sind aus der Industrie nicht mehr wegzudenken und finden auch immer mehr in unseren Privathaushalten Einzug.

Problemlos ist ihre Bedienung, wenn eine eigene Nummer für sie eingesetzt wird. Kombinationsgeräte Fax und Telefon führen noch immer zu Bedienungsfehlern.

Mit einiger Übung wird man die Vorteile eines Faxgerätes schnell herausfinden. Es ist im Normalfall kinderleicht zu bedienen. Man wird die Buchstabengröße etwas größer als im normalen Brief wählen (14 Punkte) und auch die variable Länge ausnutzen. So kann man vom Kurzfax, das wenige Zentimeter lang ist, bis zum Endlosfax, das bis zum Papierende läuft, das Format variabel wählen.

Es lohnt sich, die Grafikfähigkeiten voll auszunutzen, so z.B. auch die Übertragung von Bildern mit einzubeziehen. Unnötige Grautöne und Schattierungen kosten viel Geld, weil ihre Übertragung Zeit kostet.

Immer häufiger trifft man auf das Kombinationsgerät Fax, Drucker, Kopierer, das mit Normalpapier arbeitet. Aber auch das billige Einfachgerät hilft, die Telefonrechnung und Portokosten niedrig zu halten, sowie immer ansprechbar zu sein. Mit der weltweiten Verbreitung hat man mit dem Faxgerät auch einen schnelleren Ersatz für E-Mail.

Konferenzen - Verhandlungen - Meetings

Verhandlungen und Konferenzen sind deshalb besonders interessant, weil es meistens um etwas geht, gelegentlich sogar um sehr viel. Deshalb ist zu diesem Themenkreis auch viel geschrieben worden und in der Geschichtsschreibung finden sich viele Berichte, wie Verhandlungen - die gelegentlich sogar für die ganze Menschheit von Bedeutung waren - gelaufen sind.

Unendlich viele Tricks werden bei Verhandlungen zum Einsatz gebracht. Die Wahl der Aufstellung der Stühle am Tisch, die Temperatur des Raumes, die Anordnung der Pausen, alles kann von Bedeutung sein.

In USA wird gerne die 'Schlacht der Blasen' geschlagen. Dem Verhandlungsgegner wird viel Kaffee eingeschenkt, wer dann wegen Wasserlassens aus dem Raum muss, riskiert, dass in seiner Abwesenheit gegen ihn gestimmt wird.

Try using these in meetings.............

Thank you. We're all refreshed and challenged by your unique point of view.

I don't know what your problem is, but I'll bet it's hard to pronounce.

Any connection between your reality and mine is purely coincidental.

I have plenty of talent and vision. I just don't give a damn.

What am I? Flypaper for freaks!?

Someday, we'll look back on this, laugh nervously and change the subject.

I'm not being rude. You're just insignificant.

I'm already visualizing the duct tape over your mouth.

I will always cherish the initial misconceptions I had about you.

It's a thankless job, but I've got a lot of Karma to burn off.

Yes, I am an agent of Satan, but my duties are largely ceremonial.

No, my powers can only be used for good.

How about never? Is never good for you?

I'm really easy to get along with once you people learn to worship me.

> You sound reasonable... Time to up my medication.
>
> I'll try being nicer if you'll try being smarter.
>
> I'm out of my mind, but feel free to leave a message...
>
> I don't work here. I'm a consultant.
>
> Who me? I just wander from room to room.
>
> It might look like I'm doing nothing, but at the cellular level I'm really quite busy.
>
> At least I have a positive attitude about my destructive habits.
>
> You are validating my inherent mistrust of strangers.
>
> I see you've set aside this special time to humiliate yourself in public.

In Deutschland gehören die Tarifverhandlungen zu den Beispielen mit vielen Tricks. Da wird der Gegner durch unendlich lange chaotische Sitzungen zermürbt. Bis in die Morgenstunden wird dann verhandelt, damit auch alle glauben können, doch das Beste gegeben zu haben.

Zu den Grundsätzen erfolgreicher Verhandlungsführung gehört die persönliche Anwesenheit bei wichtigen Themen. Es genügt nicht, nur allein einen Anwalt seiner Sache zu schicken oder aus der Ferne die Geschicke zu lenken. Man muss vor Ort und nahe am Geschehen sein, wenn es wichtig ist. Es ist dabei nicht unbedingt notwendig, dass man selbst für sich spricht, dies kann u.U. ein Anwalt wirklich besser. Aber nie darf man sich darauf verlassen, dass jemand anderer die eigenen Interessen so vertritt, wie man selbst, der man dann auch alle Konsequenzen tragen muss.

Wer zu einer Sache schweigt, stimmt ihr implizit zu. Es gilt nicht nur im juristischen Sinne, dass sich der Schweigende auch schuldig machen kann. Deshalb muss man den Mund aufmachen, wenn man von einer Entscheidung betroffen ist und sie einem nicht gefällt. Auch wenn man glaubt, dadurch nichts zu erreichen, sollte man seine Meinung abgeben und eventuell auch im Protokoll explizit festhalten lassen.

Wenn Verhandlungen besonders komplex sind, man vielleicht gar nicht weiß, wie die Fronten verlaufen, kann jeder schnell zum Gegner werden, auch wo man es vorher gar nicht erwarten konnte. Besonders aggressive Feinde macht man sich, wenn jemand vor der großen Menge sein Gesicht verliert. Man muss schon sehr gute Karten haben, wenn man es soweit kommen lässt.

Geschickte Verhandler nutzen für Kritik die kleine Runde, noch besser das Zweiergespräch. Pausen eignen sich dafür gut. Komplexe Verhandlungen haben deshalb viele Pausen eingeplant, damit solche Gespräche auch stattfinden können.

Viele Menschen sehen Diskussionen im Fernsehen und halten diese für Vorbilder geschickter Verhandlungsführung. Vor diesem Fehler kann nur dringend gewarnt werden. Fernsehauftritte wenden sich primär oder nur an die Zuseher und werden meist von exzellenten Schauspielern - genannt Politiker - für diese gespielt.

Wer immer nur gewinnen will, wird sich so viele Feinde machen, dass er auf die Dauer zum Verlierer wird. Es gehört also zur geschickten Strategie, gelegentlich auch zu verlieren. Jene Gelegenheiten, in denen der Schaden gering ist, sollte man nützen, sich dümmer zu stellen als man ist, und zu verlieren. Dies gibt dem Gegner Genugtuung und kostet nichts. Besonders bei ideellen Fragen oder Meinungen kann man großzügig klein beigeben, wenn dafür die große Sache gewonnen werden kann.

Nachdem ein Vertrag ausgehandelt oder unterschrieben ist, schweigt man am besten darüber (und hält sich an ihn). Besonders wenn man zu Feier des Vertrags mit Alkohol anstößt, ist besonders Disziplin angesagt. Vor allem Berufsanfänger können sich in der Freude über den erreichten Vertrag gerne hinreißen - mit lockerer Zunge - Sachen auszuplaudern, die sie besser für sich behalten hätten.

Ich konnte in vielen Verhandlungen beobachten, dass pointierte Meinungen am Beginn komplexer Verhandlungen im Laufe der Verhandlung verloren haben. Es haben sich auf die anfängliche klar und deutlich formulierte Meinung so viele Gegenkräfte entwickelt, dass sie zum Verlust führte. Nur wenn der formelle oder informelle Leader solche Meinungen äußert, werden sie von der Gruppe akzeptiert. Ansonsten ist Vorsicht angebracht. Man beginnt eher damit, die Vorteile aber auch die Nachteile einer Position aufzuzeigen und erst im Verlauf dann die Meinung klarer auszusprechen.

Kluge Verhandlungsführer beantworten nur die Fragen, die gestellt werden. Denn schnell ist mit zusätzlichen - nicht zum eigentlichen Thema gehörenden - Gesprächsthemen ein Nebenkriegsschauplatz aufgemacht. Und wenn man diesen verlieren sollte, verliert man auch leichter die Hauptsache!

Falsche Behauptungen sollten nie wiederholt werden, auch nicht um sie zu widerlegen. Jede Behauptung prägt sich durch Wiederholung ein, auch die falsche. Und wenn Medien anwesend sind, können diese die Nachricht so manipulieren, dass nur die falsche Behauptung, aber nicht deren Widerlegung gebracht wird.

Man sollte sich in wichtigen Verhandlungen nie selbst unter Zeitdruck bringen. Rechtzeitiges Erscheinen, sowie ein offenes Ende helfen immer die eigene Position zu vertreten. So hält man auch seine Reisedaten geheim und bucht u.U. als Puffer auch Ersatzflüge und flexible Unterkunft. Wenn man ein Ultimatum setzt, sollte man dabei bedenken, dass man damit auch seine eigene Verhandlungsfreiheit einschränkt.

In kritische Verhandlungen wird man nicht alleine und unvorbereitet gehen. Man wird in Zweiergesprächen vorher sondieren, wer die eigene Meinung unterstützt und sich so eine Lobby bilden. Damit man mit seinen 'Freunden' über Körpersprache während der Verhandlung kommunizieren kann, sollte man sich gegenüber sitzen. So kann man sich zum Beispiel mit Kopfschütteln oder Augenzwinkern verständigen, wie die Verhandlung weiterlaufen soll.

Bei formellen Verhandlungen ist es üblich, sich an ganz bestimmte Regeln zu halten. Etwa, dass man sich dafür bedankt, wenn man das Wort erteilt bekommen hat oder wie man die Runde anredet. Wer zum ersten Mal an einer solchen Runde teilnimmt, sollte die notwendigen Zeremonien üben, damit sie nicht von den eigentlichen Inhalten ablenken. Es ist klug auch einige Übungsrunden im Schatten eines Erfahrenen durchzuführen und nicht gleich zu erwarten, dass man beim ersten Auftritt in so einer Runde Wichtiges durchsetzen wird.

Typologie eines Meetings

Mit diesem Formblatt habe ich in vielen Meetings mitgeschrieben und versucht, die wesentlichen Elemente einer Verhandlung so aufzuschreiben, damit ich sie mir später wieder in Erinnerung rufen konnte. Besonders wenn eine Serie von Verhandlungen stattfand und es notwendig war, aus den früheren Meetings zu lernen.

Es ist ja in einem langen Meeting nicht immer nur Hochspannung und äußerste Konzentration angesagt, es gibt auch immer ruhigere, sogar langweilige Phasen, die kann man mit diesem Blatt gut nutzen.

Neben der Sitzordnung, die viel über die Chemie eines Meetings aussagt, wenn die Teilnehmer sich frei setzen können, kann man damit auch die Gesichter der Teilnehmer charakterisieren, indem man die Haarform zeichnet, eine Brille einträgt oder die Bartform. Man wird so ein gezeichnetes Gesicht später leichter wiedererkennen, ein nützlicher Vorteil.

Hinweise über die Anreise werden helfen, nächstes Mal noch besser anzukommen.

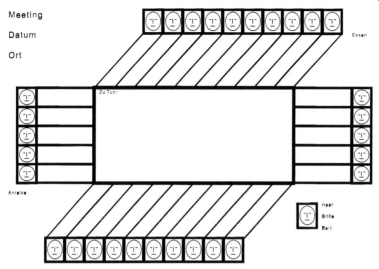

Im Mittelteil werden die wichtigsten Ergebnisse oder die Aktivitäten, die man erledigen muss, eingetragen. Man kann dieses Blatt für andere Gelegenheiten abwandeln und sich so eine nützliche Basis schaffen, diese zu analysieren und aus den Verläufen zu lernen.

Lobbying

Die Lobby ist die Vorhalle des Parlaments. In Deutschland ist diese mit einem Strich markiert, hinter dem die Lobbyisten auf die Politiker zu warten haben. Unter Lobbying versteht man i.A. den Umgang mit Ämtern, Behörden, Organisationen, Politikern und anderen Meinungsträgern. Aufgabe des Lobbyisten ist die Durchsetzung von Sonderinteressen, z.B. von Verbänden oder Gewerkschaften, in diesem Umfeld. Lobby - Arbeit, die Beeinflussung im vorparlamentarischen Raum, lohnt sich vor allem bei Interventionismus, wenn der Staat viel reglementiert, wie z.B. in Deutschland. Es ist deshalb wahrscheinlich, dass einige LeserInnen in ihrer Berufslaufbahn Lobby-Aufgaben übernehmen werden müssen.

Von den illegalen Methoden - z.B. der Bestechung - ist hier nicht die Rede. Korruption findet man weltweit, denn überall wo unkontrolliert und ungestraft institutionelle Macht auch für den persönlichen Nutzen eingesetzt werden kann, wird es sie geben. Hier geht es nur um legale Methoden, trotzdem wird immer die Gefahr einer Grauzone beim Agieren gegeben sein und es ist entsprechende Vorsicht und Erfahrung angebracht.

Ein Selbst - Test für legitimes Handeln

Darf es jeder erfahren?
Kann es zur Regel werden?
Könnte es - umgekehrt - auch mit mir geschehen dürfen?

Alle vorgeschlagenen Methoden gelten nur in Westeuropa, z.b. für die EU in Brüssel und selbst da wird von Land zu Land die Erfolgsrate verschieden sein. Große Unterschiede in den Lobbymethoden sind gegenüber den USA zu sehen, und noch größere Unterschiede zu den ostasiatischen Ländern.

Wer in unbekannten Kulturen Lobbyaufgaben zu erfüllen hat, wird lokale und aktuelle Beratung und Unterstützung benötigen. Ohne diese kann man leicht in Messer laufen und man wird die Grenze zwischen 'Erlaubt' und 'Unerlaubt' nicht kennen und deshalb auch nicht zu nutzen wissen.

Die leichteste und auch effektivste Einflussnahme geschieht durch die Unterstützung der Beamten in Sachfragen. Oft sind z.B. in den Generaldirektoraten der Europäischen Kommission sehr schwierige Sachfragen zu entscheiden und ohne die Hilfe der Experten aus der Industrie wäre diese Arbeit nicht zu machen. Wenn jetzt durch langfristige Kontakte Industrieexperten mitarbeiten können, wird es ihnen leicht sein, den Einfluss ihrer Firmen geltend machen zu können.

Solche Kontakte müssen langfristig angelegt sein. Man muss sich früh überlegen, wer als Kontaktperson und wer als Ansprechpartner in Frage kommt. Vor allem müssen diese Kontakte geschlossen und vertieft sein, bevor eine aktuelle Krise auftritt.

Als Ansprechpartner ist immer diejenige Person zu wählen, die auf unterster Ebene mit der Arbeit betraut ist oder ein konkretes Problem zu lösen hat. Man würde annehmen, dass Kontakte zu oberen Rängen effektiver seien, aber deren Verantwortung wechselt zu rasch. Und jenen sind durch politische Verantwortung oder zuviel Rampenlicht die Hände zum Handeln mehr gebunden als niederen Rängen.

Kontakte dieser Art sind regelmäßig zu pflegen, etwa alle drei Monate ist es angebracht nachzufragen, bei dringenden Problemen muss man dicht am Ball bleiben. Man darf auch kleine Geschenke machen, sollte sich aber unbedingt an die Regeln zur Vermeidung von Korruption halten. Bei guter Kenntnis der privaten Umstände wird man leicht etwas finden, was den Empfänger erfreut, ihn aber nicht ins Zwielicht bringt.

Es ist eine beliebte Methode bei Firmeninteressen oder anderen Partikularinteressen sich hinter einem 'Verbandsbanner' zu verstecken. Damit werden diese Interessen 'objektiver' gemacht, weil ja ein Verband, ein Institut oder eine Stiftung die Argumente vorbringt. In der Praxis steht allerdings meist immer eine große Firma, eine Partei oder andere dominierende Gruppe hinter diesen. Selbst wenn die Zusammenhänge bekannt sind, wirken diese Konstellationen.

Ebenfalls beliebt sind in diesem Zusammenhang drei typische Vorgangsweisen:

- Das Gemeinwohl wird betont, Nutznießer sind aber Sondergruppen.
- Die Ärmsten werden als Beispiel angeführt, Nutznießer sind aber die Wohlhabenden.
- Das notwendige Geld wird verharmlost, meist aber handelt es sich um Riesenbeträge.

Präsentationen

Je nach Zuhörerkreis wird man verschiedene Formen der Präsentation wählen müssen. Wenn man z.B. vor Arbeitskollegen auch Probleme aufzeigen darf oder offene Fragen für die Zukunft stellt, so wird diese Art vor einem Managerkreis nicht angebracht sein.

Zuhörer	Darstellung	Stil
Manager Öffentlichkeit Industrie	Einfach Wenig Komplett Selbsterklärend Bilder	Erzählen Lösungen Erzeuge ein gutes Gefühl
Universität Arbeitskollegen	Viel Arbeitsergebnisse Kompliziert Auch Text	Erklären Probleme Fragen Offen lassen Profilieren

Manager wollen Lösungen sehen. Sie stimmen Lösungen zu, wenn diese ein gutes Gefühl bei ihnen zeugen.

Manager wie Öffentlichkeit bevorzugen Bilder, Grafiken, die Zusammenhänge vereinfachend darstellen und Erzählungen, die leicht verstanden werden. Die Übersichtsbilder dieses Buches sind etwa der Stil dieser Präsentationen. Hingegen ist der Text dieses Buches erklärend, ein Stil der besser zu Arbeitskollegen oder auch an die Universität passt.

Soll eine Präsentation vor verschiedenen Zuhörerkreisen gehalten werden und man benötigt die Zustimmung von allen, dann ist es notwendig, mit möglichst wenig Text und Daten auszukommen. Es heißt nicht umsonst: Wenig Worte - Wenig

Streit. Es wird dann leichter sein, dass jeder Zuhörerkreis diesem Minimum zustimmt.

Die wichtigsten Botschaften müssen am Anfang und/oder am Schluss der Präsentation sein. Dort werden sie am ehesten behalten.

Es ist in jedem Fall ein Gebot der Höflichkeit, Präsentationen so aufzubereiten, dass alle, auch die in der letzten Reihe den angebotenen Text lesen können und die Rede verstehen können. Man sollte sich nicht scheuen, mit einem Mikrofon zu arbeiten.

Bei DIN-A4 Folien kann man folgenden Test für die Lesbarkeit machen: Man legt die Folien auf den Boden, wenn man sie dann noch im Stehen lesen kann, sind die Buchstaben groß genug. Folien müssen selbsterklärend sein, damit sie auch in einem anderen Zusammenhang weiterverwendet werden können.

Eine häufig praktizierte Unart bei Folienpräsentationen ist das teilweise Abdecken. Selten wird damit wirklich ein Überraschungseffekt erreicht, meist erzeugt es nur das Gefühl von schulmeisterlicher Bevormundung.

Hier noch weitere Hinweise für die Folienpräsentation, die helfen, die Präsentation effektiv anzuordnen und aufzubewahren. Ich schildere die Anordnung deshalb ganz genau, weil sie in Deutschland noch immer nahezu unbekannt ist.

Aufbewahrt werden die Folien in einem ganz normalen Ordner, z.B. einem Leitz 2 - Loch Ordner. Die Folien sind nicht in Hüllen (zuviel Gewicht, Lichtverlust bei Auflichtprojektion) sondern werden nur gelocht. Die Löcher werden mit einer Schere geschlitzt, d.h. vom Loch zum nahen Rand mit einem Schnitt aufgeschnitten, dies ist der entscheidende Trick. Dadurch ist es möglich die Folie mit einem Griff aus dem Ordner zu nehmen und auch wieder zurückzustecken, OHNE DIE MECHANIK zu betätigen. Aber festgepresst im Ordner fällt trotz Schlitzes keine Folie heraus.

Getrennt werden die Folien durch die Papier-Kopien der Folien. Auch diese sind gelocht, aber so, dass die Papierkopie (wenn der Ordner aufgeschlagen ist) links (oder oben bei Querformat) von der Folie liegt. Salopp ausgedrückt, wird das Papier auf der verkehrten Seite gelocht.

Papierkopien und Folien werden nun in folgender Reihenfolge in den Ordner gelegt.

Papier 1	Folie 1	Rücks. Pap.2	Papier 2	Folie 2

Der Vortragende hat nun immer den geöffneten Ordner vor sich und sieht links die Papierkopie, rechts die Folie, die auf den Overheadprojektor gelegt wird. Man hat nun beim Vortrag immer die - nicht blendende - Papierkopie vor sich und kann sich auf dem weißen Blatt (= Rückseite der Papierkopie der nächsten Folie) sogar Notizen zum Vortrag der Folie machen, d.s. persönliche Notizen, die nicht mitkopiert werden (weil sie auf der Rückseite sind), wenn die Papierkopien als Vorlage für Unterlagen (hand-outs) dienen.

Dies alles liest sich viel komplizierter, als es wirklich ist. Wer es ausprobiert hat, war begeistert. Versucht es nur einmal!

Noch weitere Tipps aus der Praxis:

- Von häufig verwendeten Folien macht man mehrere Exemplare, weil bei häufigem Gebrauch die fettigen Fingerabdrücke die Folien unbrauchbar machen können.
- Wessen Hände stark zittern, legt zuerst den Faustballen auf den Projektor, dann erst wird die Folie hingelegt.
- Laserpointer sind (mit Ausnahme in sehr großen Räumen, wenn man weit weg vom Projektor steht) nicht empfehlenswert, sie zittern sehr stark, besser ist es mit einem Stift oder Zeiger am Projektor hinzuzeigen. Oder den Schatten des Fingers in der Luft zum Zeigen zu verwenden.
- Nach dem Vortrag Folien sofort aufräumen! Versprochenes sofort notieren, auch falsche Folien sofort (mit Stift) korrigieren!

Sehr effektvoll sind inzwischen übrigens Beamer geworden, mit denen man direkt vom Computer auf die Leinwand projizieren kann. Allerdings sind sie auch riskanter und komplizierter in der Handhabung, sollten daher nur im vertrauten Umfeld eingesetzt werden.

Es gibt viele Kurse, um das Präsentieren besser zu lernen. Es lohnt sich, diese Chancen zu nutzen und sich auf diesem Sektor lebenslang weiterzubilden.

Präsentations-Praxis

Der Gedanke vor einem großen Publikum eine Rede zu halten ist für viele Menschen sehr schrecklich. Gelegentlich gehen der Rede wochenlang schlaflose Nächte voraus und beim Auftritt selbst haben Menschen soviel Lampenfieber, dass sie kaum zum Reden kommen.

Letztendlich wird nur permanente Übung dieses Problem überwinden. Es ist daher klug, jede Chance zu kleineren Auftritten, auch im Familien- oder Freundeskreis, zu nutzen, um Präsentations-Erfahrung zu bekommen.

Ein sehr effektives Hilfsmittel ist die Videokamera, um sein Wirken in der Öffentlichkeit zu überprüfen. Man wird damit leicht seine persönlichen Untugenden erkennen und auch überwinden lernen. Trotz großer Verbreitung von Videokameras werden allerdings diese viel zu selten für die Selbstkontrolle genutzt.

Reden vor einem Riesenpublikum (z.B. im Fernsehen) wird man gut proben, eventuell sogar auswendig lernen. Auf jeden Fall sollte man den Anfangs- und den Schluss-Satz einer formellen Rede auswendig lernen oder in schriftlicher Form dabei haben, auch wenn man die Rede selbst frei, mit Hilfe von Stichworten hält. Dies beruhigt und gibt Sicherheit.

> Geh vor einem großen Auftritt auf die Toilette, schau in einen Spiegel und habe ein Glas Wasser in der Nähe!

Sehr hilfreich die Präsentationsangst zu überwinden, ist die Paradoxe Intention. Man stellt sich dabei vor, was alles Schlimmes bei der Präsentation passieren wird. Oft geht dabei die Angst weg und man ist frei von Blockierungen.

Man stellt sich kurz vor dem Vortrag ganz plastisch vor, dass man auf der Treppe zum Podium stürzen wird, dass einem alle Unterlagen hinunterfallen, dass die Hosenträger reißen werden, etc. Dadurch nimmt man sich die Angst - die blockiert - und man wird frei den Vortrag halten können.

Erfahrene Vortragende machen sich rechtzeitig mit dem Vortragsraum bekannt, sind früh da, um die Technik überprüfen zu können und haben auch Material dabei, um sich beim Vortrag selbst helfen zu können. Man sollte sich zum Testen auch einmal in die letzte Reihe stellen und dabei so die Lesbarkeit seiner Folien oder Dias überprüfen.

Um die Zuhörerschaft zum Mitmachen zu aktivieren, haben sich kurze Zwischendiskussionen in Dreiergruppen bewährt. Diese Dreiergruppen sind auch in Hörsälen ohne Aufzustehen möglich. Das Ergebnis kann dann von einem Sprecher der Drei vorgetragen werden. Da er ein 'Gruppenergebnis' vorträgt, wird er sich leichter öffnen können und die Meinung vortragen, als wenn er seine persönliche Meinung vor einem Auditorium vorstellen müsste.

Ebenfalls aktiviert das Abstimmen im Auditorium. Auch hier kann jeder - fast anonym - mitmachen und zur Belebung des Vortrags beitragen.

Man halte sich bei langen Veranstaltungen an die Regel: Man kann über alles reden, nur nicht über eine Stunde! Längstens nach einer Stunde ist eine Pause notwendig, will man die Zuhörbereitschaft des Auditoriums nicht total verlieren.

Gute Vortragende (dazu gehören auch Pfarrer) wissen, dass man sich kaum länger als 10 Minuten konzentrieren kann. Man sollte also seinen Vortrag in 10 Minuten - Bissen teilen, soll er gut aufgenommen werden. Und es macht deshalb auch keinen Sinn, eine Predigt länger als 10 Minuten anzusetzen. (Die alte 20 Minuten-Regel ist durch moderne Mediengewohnheiten schon lange überholt!)

Kommunikationspraxis

Jedes Umfeld, jede Familie oder auch Organisation hat eine bestimmte Kommunikationskultur. Gelegentlich ist diese formuliert, oft aber besteht sie aus ungeschriebenen, aber praktizierten Regeln.

Es gilt in Frankreich nicht als unhöflich, wenn man beim Reden unterbrochen wird. Es ist deshalb beim Reden notwendig, seine 'Aussage' ganz am Anfang eines Satzes unterzubringen, soll man eine Chance haben, dass sie auch noch vor der Unterbrechung gehört wird.

In einem Umfeld dem verschiedene Nationen angehören und viele in einer Fremdsprache reden müssen, wie z.B. bei Multis oder bei UN-Organisationen, hat es sich bewährt, einen besonders einfachen Redestil zu pflegen, der dann auch von allen verstanden werden kann. Dazu gehört auch, dass man etwas langsamer redet als in einer Monokultur und vor einem Publikum auch laut genug. Damit wird eine Fremdsprache besser verstanden.

Die angegeben Dreisätze fassen Höflichkeiten zusammen, wie man sie im Geschäftsbereich pflegen sollte. Wer sie beherzigt, wird weniger Verdruss und zufriedenere Gesprächspartner haben.

Die großen 3-Sätze der höflichen Kommunikation:

- 3 Sekunden warten, um jemanden ausreden zu lassen.
- Nie jemanden länger als 3 Minuten am Telefon warten lassen.
- Kein Rückruf später als 3 Stunden.
- Keinen Brief länger als 3 Tage liegen lassen.
- Keine Reklamation länger als 3 Wochen unbearbeitet lassen.
- Keinen wichtigen Kontakt länger als 3 Monate ruhen lassen.

Kommunikationstipps

Meist werden intelligente Menschen sich auch gut auszudrücken wissen. Leider kann man sich darauf aber nicht verlassen. So gibt es ausgesprochen dumme Menschen, die sich bestens ausdrücken können, vielleicht sogar gut reden können.

Wer auf deren Ratschläge hört, wird bald groß enttäuscht sein. Umgekehrt gibt es ausgesprochen kluge Köpfe, die aber kaum den Mund zum Reden aufbringen. Man muss also bei der Kommunikation zwischen der 'Verpackung' und dem 'Inhalt' einer Rede oder eines Prospektes unterscheiden.

Die Erfahrung lehrt, dass um so mehr auf die Verpackung wert gelegt wird, je weniger der Inhalt selbst wert ist. Je schöner die Verpackung ist, um so mehr sollte man den Inhalt kritisch überprüfen. Manche Organisationen haben die Gefahr 'guter Verpackungen' erkannt und schreiben vor, dass Vorschläge schriftlich eingebracht werden müssen, damit man sich z.B. nicht vom Charme eines Vortragenden blenden lässt.

Aber nicht in jedem Fall zählt nur der Inhalt oder das Argument. Es muss auch mit kräftiger Stimme vorgetragen werden. Besonders Frauen - mit von Natur aus leiseren Stimmen - sollten die angebotenen technischen Möglichkeiten (Mikrofone) nutzen oder zumindest beim Reden aufstehen, auch dann werden sie besser verstanden.

Wer fremde Argumente übernehmen muss, sollte diese auch verstehen, sonst wird man sie ihm nicht abnehmen. Wenn es zum Beispiel um wissenschaftliche Zusammenhänge geht, sollte der Vortragende sie wenigstens im Groben verstanden haben. Man wird nicht jedes Detail von ihm verlangen, aber nur das mechanische Nachplappern wird ihm sicher nicht abgenommen.

Damit Inhalte gelesen werden, müssen sie kurz sein. Die wenigsten Menschen haben Zeit, lange Artikel zu lesen. Eine gute Regel sagt: Nicht mehr als eine Seite. Dies sollte zumindest für Zusammenfassungen beachtet werden. Diese kurzen Zusammenfassungen werden noch akzeptiert und gelesen.

Gelegentlich kommt man in Umfelder, wo sich alle widersprechen. Hier muss man vorsichtig sein und sich primär auf die eigene Beobachtung verlassen. Auch diese mag täuschen, wird aber noch immer eine bessere Entscheidungshilfe sein als irgendwelche Lügen, die einem aufgetischt werden. Mit zunehmendem Einfluss der Medien, die alle verkürzen (und damit in gewissem Maße lügen), wird die persönliche Beobachtung als Grundlage von Entscheidungen immer wichtiger. Wir werden lernen müssen, mit viel Unsicherheit bei Informationsquellen leben zu müssen.

Kommunikationsprobleme

Es ist unmöglich, alle möglichen Kommunikationsprobleme zu streifen. Es gibt zu viele Parameter in der Kommunikation, die nicht aufeinander abgestimmt sein können. Jeder wird schon seine persönlichen Erfahrungen damit gemacht haben und entsprechende Frusterlebnisse gehabt haben. Aber einige Probleme kann man ganz gut charakterisieren. Und wenn man die Ursachen für die Probleme kennt, wird es leichter, sie zu vermeiden oder zu kompensieren.

Zu den schwierigsten Problemen gehört die Kommunikation zwischen Menschen mit verschiedenen Hirndominanzen. Es gibt Menschen oder auch Kulturen, die besonders 'links', d.h. verbal, rational und analytisch orientiert sind. Dazu gehören etwa die Berufsstände der Techniker und Ingenieure. Aber auch unsere westliche Kultur ist überwiegend linksorientiert. Asiatische Kulturen andererseits oder auch Künstler sind überwiegend rechtsorientiert. Bei ihnen herrscht das ganzheitliche (holistische), synthetische, nichtverbale Denken vor.

Innerhalb einer Denkkategorie wird die Kommunikation eher unproblematisch verlaufen, aber zwischen verschiedenen Typen kann es zu ganz erheblichen Problemen kommen. Dies drückt sich nicht nur in den Unterschieden 'Visuell' gegenüber 'Text' aus. Am besten kann man dies am Beispiel von Aussagen erklären, die man wohlwollend seinem Gegenüber machen will.

Während man in einer 'Linkskultur' dabei eher bei der Wahrheit bleibt, wird man in einer 'Rechtskultur' am liebsten das sagen, was das Gegenüber hören will, auch wenn dies mit der Wahrheit überhaupt nichts mehr gemein hat. In den Augen der 'Linken' lügen daher die 'Rechten', sie erzählen das Blaue vom Himmel. Und umgekehrt empfinden die 'Rechten' die 'Linken' als extrem unhöflich und langweilig, weil sie immer von Dingen reden, die keinen interessieren.

Eine einfache Lösung für dieses Problem stellen **Komplimente** *dar. Darum sind sie in der Diplomatie auch so beliebt. Obwohl jeder weiß, dass sie nicht 'grundehrlich' sind, hören sie die meisten Menschen doch ganz gerne. (Wer eins bekommt antwortet am besten darauf mit DANKE und enthält sich jedes weiteren Kommentars!) Besonders wenn dich dein Ehepartner um deine Meinung zum Aussehen fragt, bist du gut beraten mit einem Kompliment zu antworten und deine Meinung nicht ehrlich zu sagen. Und manchmal ist es einfach klug überhaupt nichts zu sagen, weil jede Antwort falsch wäre.*

Ein weiteres Problem auf dem weiten Feld möglicher Probleme ist das Aufeinanderprallen von verschiedenen Geschwindigkeitstypen. So gibt es extrem schnelle, aber auch extrem langsame Typen. Beide mögen perfekte Arbeiter sein, eventuell ist der langsame sogar der effektivere, weil er fehlerlos und nur nach viel Nachdenken zielstrebig und direkt weiterkommt.

Gerne sind die 'Jungen' schnell, und die 'Alten' langsam. Beide werden wenig von einander halten, jeder wird das eigene Tempo für das Optimale halten. Es wird schwierig sein, die Geschwindigkeiten aneinander anzunähern, es muss aber versucht werden, soll es zu befriedigender Kommunikation kommen. Vor allem 'Jungen' in einem 'alten Umfeld' ist es angeraten, das Tempo temporär künstlich zu verlangsamen und lernen etwas geduldiger zu sein. Denn bei mehr als 1 Stufe Unterschied wird die Kommunikation unangenehm und dadurch erheblich gestört.

sehr schnell	sehr schnell
schnell	schnell
mittel	mittel
langsam	langsam
sehr langsam	sehr langsam

Auch die Lautstärke oder Wortwahl können Probleme verursachen, wenn sie zu sehr von den Erwartungen abweichen. Auch hier gilt, dass kleine Unterschiede überbrückt werden können, aber bei extremen Differenzen die Kommunikation doch empfindlich gestört wird.

Für viele andere Probleme wird man zusätzliche Hilfe brauchen. Wie man zwischen verschiedenen Sprachen Dolmetscher einsetzt, so wird man auch bei Menschen mit mangelnder Sprechfähigkeit eine Art Dolmetscher einsetzen. Zum Beispiel, wenn Menschen extrem nuscheln oder stottern. Oder man wird Moderatoren für Gruppenarbeiten einsetzen, wenn man beobachtet, dass man in der Gruppe einander nicht zuhört, nicht ausreden lässt, weil man ständig unterbricht.

Viel an wichtigen Kommunikationschancen geht verloren, wenn Menschen arrogant sind, nicht an andere denken, sie bewusst oder unbewusst übersehen.

Ein einfacher Arbeiter hat einen Verbesserungsvorschlag gemacht, der seiner Firma jährlich Millionen spart. Auf die Frage, warum er nicht schon früher diesen Vorschlag gemacht hat, antwortet er: Es hat mich nie jemand um meine Meinung gefragt!

Aber auch Faulheit ('er wird es schon von selbst erfahren') und Vergesslichkeit ('wozu soll ich es aufschreiben, das vergesse ich nicht') können eine große Quelle von Problemen sein. Wir sehen, das Feld ist weit und die Chancen, dass die Kommunikation nicht zustande kommt, sind groß!

Kooperation und Teamarbeit

Der Numerus Clausus als Einschränkung des Zugangs an deutschen Hochschulen hat unsere Gesellschaft nachhaltig verändert. Eine Generation mit vielen, berechnenden Egoisten und Einzelkämpfern ist herangewachsen, die zwar alle Experten für Konkurrenz geworden sind, die aber nicht allzu kooperationsfähig sind.

Da aber Kooperation in der Berufspraxis absolut notwendig ist, fällt ihr Mangel bei Berufsanfängern besonders unangenehm auf. Speziell in einer Welt der Globalisierung, in der viele Organisationen gleichzeitig Konkurrenten und Partner sein müssen.

```
Nur wer kooperationsfähig ist,
bleibt konkurrenzfähig!
```

Die folgenden Themen sind für junge LeserInnen nicht leicht zu akzeptieren. Ältere LeserInnen werden sie eher verstehen.

Aber es wäre schön, wenn auch noch nicht so Erfahrene daraus Nutzen ziehen könnten. Viele Probleme wären mir erspart worden, hätte ich in jungen Jahren geduldige und fähige Lehrer dafür gehabt.

Kooperation

*Wer nicht kooperiert, hat sich die falschen Filme angesehen. So hat dies einmal ein Student ausgedrückt. Unser Kooperationsverhalten ist eben **extrem von erfolgreichen Vorbildern** abhängig. Dabei ist weniger die 'offizielle' Ethik maßgebend, was man tun sollte, sondern das, was wirklich zum Erfolg führt, wird nachgeahmt.*

Der Grundgedanke der Kooperation ist mehr zurückzubekommen, als ich investiere. So wird der Gesamtvorteil einer kooperativen Gruppe größer als die Summe der Einzelvorteile. Wer richtig kooperiert, überlebt - langfristig - besser.

Man spricht dabei vom Reziproken Altruismus. Ich denke an die anderen (bin Altruist), weil ich weiß, dass diese auch an mich denken werden (reziprok sind). Aber dies funktioniert nur, wenn sich alle an die Spielregeln halten. Denn werden die Spielregeln nicht eingehalten, dann investiere ich, aber bekomme nichts zurück!

Man hat viele Versuche und Simulationen durchgeführt, was optimale Kooperationsstrategien sind, und das Ergebnis ist einfach und eigentlich allgemein bekannt. Es lautet: Wie du mir, so ich dir. Dabei nehme ich am Anfang an, mein Gegenüber meint es positiv mit mir, und zahle dann jeweils mit gleicher Münze zurück.

```
            Wie du mir, so ich dir!
               Tit for Tat!
```

Diese Strategie gilt allerdings nicht immer, sondern es müssen einige Bedingungen für diese Art von Kooperation gegeben sein:

* Die Partner sind etwa gleich stark,
* Sie treffen sich häufig genug und
* Sie sind fähig sich zu erinnern und zu lernen.

Bei extrem verschiedenen Partnern wird es eher zu anderen Strategien kommen. Es wird dazu empfohlen, sich mit dem Klassiker der Kriegskunst, Sun-Tsu, auseinander zusetzen. Dort wird man - allerdings in einem sehr martialischem Umfeld - viel Weisheit zu diesem Thema vorfinden.

Heute ist der Straßenverkehr ein gutes Lehrbeispiel für praktizierte oder mangelnde Kooperation. Man stelle sich die Frage, wer am schnellsten weiterkommt, welches Verhalten zum Beispiel Kolonnen entwickeln. Wo und weshalb der Gesetzgeber eingreifen muss. Warum amerikanische Autofahrer eher defensiv fahren.

Gute Musterbeispiele für Kooperation bieten auch die Straßenradrennen, wie z.B. die Tour de France. Hier kann man in kurzer Zeit und mit fast perfekter Dokumentation viele Varianten und deren Vorteile oder Nachteile studieren.

Ich will gleich hier ein häufiges Missverständnis ausräumen. Kooperation wird oft auf ‚Nachgeben, Kompromisse machen' reduziert. Damit tut man aber dem Wesen der Kooperation unrecht. Kooperation ist eher ‚gegenseitiges Fördern, gemeinsam etwas sonst Unmögliches erreichen'. Genaueres darüber folgt in den nächsten Kapiteln.

Kooperationsstrategien

Hier sind drei verschiedene Strategien der Kooperation schematisch dargestellt. In der linken Spalte ist die Strategie: Wie du mir, so ich dir. Dabei ist meine erste Aktion gegenüber meinem Partner positiv (ausgedrückt durch das JA), mein Partner wird daraufhin auch positiv reagieren. Sollte mein Partner einmal negativ zu mir sein, reagiere ich entsprechend (auch mit NEIN). Aber nur genau so oft und so stark wie er und nicht mehr. Ich bin also nicht nachtragend, aber ich lasse mir auch nichts gefallen.

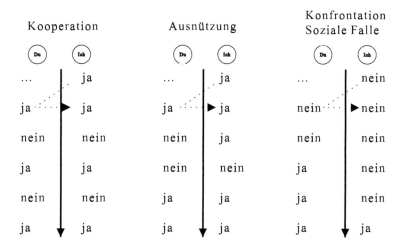

Solches Verhalten nennt man kooperativ. Im persönlichen Bereich kann es zu Freundschaften führen. Im Geschäftsbereich wird es eine gute Basis für solide Zusammenarbeit sein. Aber dieses Verhalten ist nicht nur auf freundliche Beziehungen beschränkt. Es wurde festgestellt, dass sogar Kriegsparteien kooperatives Verhalten - zu ihrem eigenen Vorteil - zeigen können.

Ein markantes Beispiel für Kooperation zwischen ehemaligen Todfeinden finden wir in Teilen des Friedensprozesses des Nahen Ostens. Aber auch die bisher relativ friedliche Entwicklung aus der Apartheid in Südafrika ist ein gutes Beispiel dafür.

Abweichend von diesem Idealverhalten gibt es jetzt Variationen, die zur Ausnützung führen (man lässt sich zuviel gefallen) oder die in Soziale Fallen führen. Wie jede Falle kurzfristigen Nutzen verspricht, ohne dass man die dahinter liegende Gefahr sieht, so bringt auch die Soziale Falle u.U. kurzfristige Erfolge. Aber es wird sich soviel Gegenwehr aufbauen, dass der langfristige Misserfolg sicher ist.

Besonders intelligente Menschen fallen gerne in Soziale Fallen. Sie gewinnen trickreich eine Runde und denken, mit vielen Tricks und Intelligenz auch die nächsten Runden zu gewinnen. Aber viele Hunde werden des Hasens Tod. Wenn diese Menschen keine Möglichkeit haben auszuweichen, werden sie dann die Rechnungen für alle früheren Schandtaten zu zahlen haben. Letzten Endes ist ihr Schicksal, dass sie als intelligent, aber bösartig abgestempelt werden und niemand mehr etwas mit ihnen zu tun haben will.

Eine andere Variante ist die Konfrontation. Sie wird durch eine negative Grundeinstellung gefördert. Vielleicht hat ein früheres Ereignis diese Grundeinstellung ausgelöst. Menschen, die alles schlecht finden und viele Feinde zu haben glauben, sollten überdenken, ob sie vielleicht doch nicht einmal den positiven ersten Schritt machen sollten.

Die Pfadfinder haben mit dem Motto: *Jeden Tag eine gute Tat!* einen guten Ansatz gefunden, positive Grundhaltungen zu finden. Oder wer an jedem Tag einmal zu einem Mitmenschen (besonders zu einem Fremden) nett ist, wird nie einsam sein!

Kooperationsprobleme

Nicht nur die Soziale Falle ist ein Problem der Kooperation. Sie wird aber häufig zu finden sein, wie schon gesagt bei den besonders Cleveren, aber noch Unerfahrenen. Es bedarf großer Erfahrung, auf Vorteile im Augenblick zu verzichten, um später dafür mehr zu bekommen. Die Fragen 'Wer weiß, was später sein wird?', 'Wer wird sich an mich erinnern?' können dazu verleiten, doch den kurzfristigen Erfolg auf Kosten anderer mitzunehmen und den möglichen eigenen langfristigen Schaden zu verdrängen.

Schwierig wird Kooperation zwischen extrem ungleichen Partnern. Wie bei der Kooperation für Ham and Eggs zwischen Schwein und Huhn kann dabei leicht einer zugrunde gehen. Besondere Sorgfalt auf beiden Seiten wird angebracht sein müssen, sollen beide Seiten gewinnen können. Es ist daher klug, solchen Kooperationsmöglichkeiten ganz auszuweichen und eher jene Möglichkeiten zu ergreifen, bei denen eine gewisse Balance in den Kräften gegeben ist. Leider ist die Versuchung sehr groß sich mit einem extrem starken Partner einzulassen, man kann ja auch viel dabei gewinnen.

Eine weitere, schwierige Frage ist die Zuteilung des Erfolgs einer Kooperation. Man denke z.B. an die Leistungen eines Teams. Wenn jetzt nur der Chef dieses Teams den Erfolg beansprucht, wird die Kooperation nicht lange anhalten. Es ist daher absolut notwendig, nach solchen Lösungen zu suchen, wo jeder, der zum Erfolg beiträgt, dafür auch etwas erhält. Damit werden auch Schmarotzer bestraft, die von Erfolgen profitieren wollen, aber dazu nichts beitragen.

Ein großes Problem ist auch die Unkenntnis möglicher Kooperationspartner. Nur wer genügend Außenkontakte hat, wird seine passenden Partner finden. Im Geschäftsbereich ist diese Schwierigkeit vor allem im internationalen Bereich extrem gegeben.

Zur Kooperation gehört auch eine sportliche Einstellung. Wer verbissen immer nur gewinnen will oder nachtragend ist, wird es schwer haben. Wer das Ganze etwas lockerer nimmt und weiß, dass man auch gelegentlich verlieren können muss, wird besser kooperieren können und sich weniger Feinde machen.

Kooperationspraxis

In der Praxis wird die Kooperation auf drei Hauptsäulen stehen:

- Vertrauen,
- Reziprozität,
- Kommunikation.

Ohne Vertrauen werde ich nichts investieren, ohne Reziprozität wird nichts zu mir zurückkommen, und ohne Kommunikation werde ich gar nicht fähig sein, die - explizit oder implizit - geschlossenen Kooperationsverträge zu formulieren oder Kooperationspartner zu finden.

Zu den goldenen Regeln der Kooperation gehört nicht nur das 'Wie du mir, so ich dir' (mit positiver Grundeinstellung) sondern auch das 'Win-Win'. Darunter versteht man, dass bei einem Deal alle gewinnen können müssen oder es wird nicht abgeschlossen.

In der Praxis ist es auch wichtig, dass die beteiligten Menschen wichtig genommen werden. Nur wer wichtig ist, wird versuchen einen guten Beitrag zu leisten. Dazu gehört auch, dass bei Entscheidungen alle Betroffenen anwesend sind und gehört werden. Wer eine Entscheidung nicht mitgetroffen hat, wird sie auch nicht mittragen.

Wer einen Vorteil hat, sollte zum Gelingen seinen Anteil beitragen. Dazu gehört auch, dass es unklug ist, jemanden ganz umsonst etwas zu überlassen. Dies wird nicht nur wenig Wert für den Beschenkten haben, sondern es wird ihn auch zu nichts verpflichten.

Wer Wertvolles schenkt, sollte bedenken, dass dies auch belasten kann, wenn der Beschenkte sich nicht revanchieren kann.

Da die Beiträge Einzelner verschieden sein müssen, ist gleiches Recht für alle wichtig, Gleichmacherei ist aber dazu nicht förderlich. Es ist eine Unsitte unserer Gesellschaft, den Begriff Gleichheit so zu interpretieren, dass er zur Ungerechtigkeit führt.

Gewinn - Gewinn

Das Win-Win Konzept, zu deutsch Gewinn-Gewinn, ist ein zentrales Konzept in der Kooperation. Es besagt, dass Abkommen (Deals) nur dann geschlossen werden, wenn beide (alle) dabei gewinnen. Ist Gewinn-Gewinn nicht möglich, kommt es nicht zum Geschäft.

In der Praxis wird man nicht immer die Freiheit haben, nur solche Abkommen zu schließen, aber sie sind in jedem Fall ein erstrebenswertes Ziel.

Man muss jetzt dies nicht nur für jeden einzelnen Deal allein sehen, sondern kann auch - über die Zeit - kumulierte Gewinne betrachten. Dazu muss man sich Beziehungskonten vorstellen, die im wesentlichen beide im Positiven sein sollten und in etwa einen ausgeglichenen Stand haben sollten. Einzahlungen ins Beziehungskonto finden nur statt, wenn beide - der Bezahler und der Empfänger - sie akzeptieren.

Es gibt in einer Zweierbeziehung zwei Beziehungskonten. Mein Konto für dich und dein Konto für mich. Ich tue dir nun etwas Gutes - zahle damit in dein Konto ein. Aber dies zählt nur, wenn du auch der Meinung bist, dass ich dir etwas Gutes getan habe. Gelegentlich kann ich nun von deinem Konto Abhebungen machen - d.h. dich um etwas bitten. Solange genug auf dem Konto ist, wirst du mir diese Bitten nicht abschlagen.

Es ist klug, den Kontostand solcher Beziehungskonten gelegentlich zu testen, indem nicht nur Einzahlungen vorgenommen werden, sondern auch immer wieder Abhebungen. Sonst wird man enttäuscht sein, wenn man sieht, dass die eigenen Einzahlungen vom Partner gar nicht als solche akzeptiert wurden und das Konto leer ist!

Die Gewinn-Gewinn Strategie ist natürlich nicht nur die einzig mögliche. Im Sport gibt es fast immer nur die Möglichkeit entweder zu gewinnen oder zu verlieren. Bringt man allerdings auch hier das Zeitelement hinein, kann man u.U. - wenn es nicht ungesetzlich oder unfair ist - auch hier nach Gewinn-Gewinn Konzepten suchen. 'Ich lasse dich heute gewinnen, wenn du mich morgen gewinnen lässt' wäre so eine Möglichkeit.

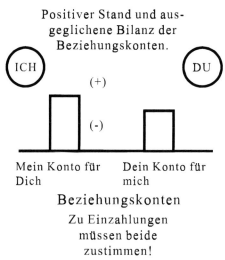

Positiver Stand und aus-
geglichene Bilanz der
Beziehungskonten.

Beziehungskonten
Zu Einzahlungen
müssen beide
zustimmen!

Aber auch Verlust-Verlust ist ein häufig praktiziertes Konzept. 'Ich werde soviel wie möglich verlieren, wenn du dabei nur auch mit verlierst' scheint in Scheidungssituationen ein gängiges Beispiel dafür zu sein. Gewinner sind dabei allerdings nur die Rechtsanwälte. Und auch für alle anderen Kombinationen lassen sich aus dem täglichen Leben Beispiele finden.

Ein interessantes Beispiel ist das TÜRAUFHALTEN. In Österreich wird der höfliche Vorausgehende die Tür nach innen zu sich öffnen, zurücktreten und den oder die Bevorzugten durch die Tür gehen lassen. Er verspricht sich von seinem Nachteil des Zurücktretens Wohlwollen, das er später einlösen kann. Der Deutsche hingegen geht erst durch die Tür und hält sie den Nachkommenden auf, die diese Dienstleistung weitergeben müssen, wenn mehrere Personen durch dieselbe Tür gehen. Kommen nun Österreicher und Deutsche bei einer Türe zusammen, dann funktioniert das Einzahlen auf die Beziehungskonten nicht mehr. Beide können damit ihre wechselseitigen Vorurteile ausbauen: Der Deutsche ist in den Augen des Österreichers egoistisch und rücksichtslos, weil er unhöflich agiert, der Österreicher in den Augen des Deutschen dumm, weil er uneffizient handelt.

Das Suchen nach Gewinn-Gewinn ist nicht immer leicht, es erfordert auch Übung. Es wäre schön, wenn schon unsere Kinder darin unterwiesen würden und sie eine lebenslange Praxis dafür aufbauen würden.

Freiheit und Macht

Wenn man über Kooperation spricht, muss man auch auf Macht und Machtspiele eingehen. Legale Macht kann jeder über mich ausüben, der etwas besitzt oder mir geben kann, was ich brauche oder gerne hätte. Das Streben nach diesem Besitz in der Hand des anderen wird mich veranlassen, etwas zu tun, was ich sonst nicht tun würde.

Diese grundsätzliche Überlegung ist wichtig, weil sie darauf hinweist, wie man der Machtausübung auch begegnen kann. Wenn ich alles ganz allein tun kann, wird die Machtausübung auf mich gering bleiben. Ich habe dadurch Freiheit und kann selbst bestimmen, allerdings werde ich dann aber auch die Vorteile der Kooperation nicht ausschöpfen können.

Ebenfalls gering wird die Machtausübung sein, wenn ich Alternativen zur Beschaffung des Benötigten habe. Denn ich kann mir dann eine geeignete Lösung aussuchen und bin nicht auf eine einzige Quelle angewiesen. Habe ich aber nur eine einzige Quelle zur Verfügung, dann kann diese meine Abhängigkeit ausnutzen und Macht auf mich ausüben. Diese kann von subtilem Druck bis zur krimineller Erpressung reichen.

Geschickte Machtausüber greifen zu folgendem Trick, um Macht auszuüben. Sie nehmen mir zuerst etwas weg, um es nachher mir - für ihre Machtzwecke - wieder zurückzugeben. Man braucht dabei gar nicht sofort an das kriminelle Umfeld mit Entführungen oder Erpressungen zu denken. Man braucht nur die Sexualmoral einiger Kirchen zu untersuchen. In dem Sexualität in gewissem Maße verboten wird - mir weggenommen wird - , kann ihre sanktionierte Kanalisierung - d.h. ihre Rückgabe - perfekt für Machtausübung verwendet werden.

> Macht: Wissen, Geld und Sex

Aber auch das Vorenthalten von Information, indem mir der Zugriff dazu verwehrt wird, ist eine geschickte Quelle der Machtausübung.

Besonders beliebt ist die Vorgangsweise, ein Problem zu schaffen - das ich gar nicht habe - und dann mir die Lösung, meist für viel Geld, anzubieten. Oft ist diese Vorgehensweise gar nicht leicht zu durchschauen, weil verschiedene Personen oder Institutionen - die jedoch eng zusammen arbeiten - dabei ihre Hand im Spiel haben.

Ich mache einen Persönlichkeitstest und das Ergebnis stellt fest, dass ich schwere Persönlichkeitsdefizite habe (die ich in Wirklichkeit gar nicht habe). Zum 'Glück' gibt es gleich nebenan die Möglichkeit in sündhaft teuren Kursen meine Persönlichkeit zu verbessern. Auf diese Weise haben schon viele Menschen sehr viel Geld verloren.

Freiheit und Macht - Praxis

Wir sehen also, dass wir besonders unterscheiden müssen, welche Probleme wir wirklich haben und welche Probleme uns entweder eingeredet werden oder geschaffen werden. Wir müssen auch lernen zu wählen, welche Angebote wir nutzen wollen und welche nicht. Nicht jede 'Jacke', die uns angeboten wird, müssen wir uns auch anziehen. Nur so werden wir unsere Handlungsfreiheit (Freedom of Action) erhalten.

Zu den Testfragen in diesen Entscheidungssituationen gehören:

- Hätte ich das Problem auch alleine?
- Wer hat den Nutzen von der Lösung des Problems?
- Aber wir sollten nicht nur immer total misstrauisch sein und uns auch fragen: Vielleicht ist der Hinweis auf das Problem nützlich?

In jedem Fall ist höchste Vorsicht angebracht, wenn mir jemand ein Problem schafft und die Lösung davon ganz allein an ihn gekoppelt ist. Hier beginnt eine subtile Form der Erpressung. Wenn man in eine solche Situation hineinschlittert, hat diese die Tendenz immer schwieriger zu werden. Deshalb sollte man sich sofort am Anfang der Erpressung stellen, wenn immer dies möglich ist.

Es ist nicht immer leicht, sich seine Handlungsfreiheit zu bewahren. Oft ist großer Aufwand dazu notwendig, mehr als einzelne Menschen aufbringen können. Aber wenn man geschickt auf die Anfänge einer Abhängigkeit achtet, wird es leichter sein. Zu den Grundregeln gehört eben, keine totalen Abhängigkeiten einzugehen, sondern seine Abhängigkeiten etwas zu streuen, so wie Finanzmanager auch die Gelder streuen und nicht alles 'in ein Nest legen'.

Zwei Grundprinzipien zur Reduzierung von Macht haben sich in der Politik bewährt: Limited Government und Check and Balance! Und man darf gelegentlich den Kampf und den damit verbundenen Aufwand nicht scheuen, sich gegen die Versuche der Machtübernahme zu schützen.

Die Stufen zur Freiheit

Eigenes Zimmer

```
┌─────────────────────────────────┐
│         Eigenes Auto            │
│         Eigenes Haus            │
│         Eigene Meinung          │
└─────────────────────────────────┘
```

Oft werden auch bessere Verträge helfen, sich gegen Machtspiele zu wehren. Sowohl im geschäftlichen, wie im privaten Umfeld helfen genauere Verträge, sich vor unangenehmen Folgen von Machtanmaßungen zu schützen. Es ist allerdings in einer unsicheren Welt unmöglich, sich gegen alles mit Verträgen zu schützen. Letzten Endes muss man irgendwann auch vertrauen.

Wer sich scheut seine Freiheit zu verteidigen, wird sie verlieren. Leider geben viele Menschen ihre Freiheit auch freiwillig ab, weil sie auf Dankbarkeit vertrauen. Aber nur wenn diese Reziprozität festgeschrieben und einklagbar ist, kann man sich auf sie verlassen können.

Macht kann auch für die Machtausübenden selbst zum Problem werden. Besonders für Menschen (Männer und Frauen!) zwischen 45 und 55 wird sie oft zur krankhaften Sucht und zum selbstgewählten Gefängnis. Diese Menschen sollten sich die Ursache ihres Machtstrebens bewusst machen. Oft ist es lediglich der Wunsch nach Ruhm und damit nach Unsterblichkeit, der dieser Altersstufe zu schaffen macht. Wer dies durchschaut, wird für die Suche nach Ruhm vielleicht angenehmere und kreativere Wege finden.

Eskalationen

Eskalationen sind - in der betrieblichen Praxis - Entscheidungen von Konflikten durch das höhere Management. Dazu gehören aber auch Schiedssprüche durch ein selbst gewähltes Schiedsgericht oder auch das Abtreten von Entscheidungen an eine übergeordnete Stelle.

In der Politik wird der Begriff 'Eskalation' auch auf Steigerungen in der Intensität von Konflikten angewandt, in diesem Sinn will ich hier nicht auf ihn eingehen.

Im privaten Bereich gibt es leider kaum Eskalationsanlaufstellen, die Gerichte natürlich ausgenommen. Viele langjährige Ehestreitigkeiten z.B. könnten wegfallen, wenn es sie gäbe. Und auch der Untergang vieler Firmen könnte verhindert werden, wenn die Besitzer, entweder Partner oder Familienmitglieder, eskalieren könnten und sich nicht bis zum gemeinsamen Untergang streiten!

Ich wünsche mir, dass sich mit der Mediation - die sich bei Scheidungsfragen bewährt hat - hier neue Ansätze ergeben. Allerdings wird die Mediation, bei der die neutralen Dritten keine Entscheidungsmacht haben, immer auf den positiven Willen der Beteiligten angewiesen sein.

Bei Eskalationen gibt man die eigenen Verhandlungsmöglichkeiten aus der Hand und man muss mit einem fremden Schiedsspruch leben. Deshalb sucht man Eskalationen nicht leichtfertig, sondern nur, wenn man den Konflikt nicht gemeinsam lösen kann.

Dies wird zum Beispiel der Fall sein, wenn zwei Gruppen widersprüchliche Ziele haben, die sie von ein und derselben Person bekommen haben.

In einer Firma bekommt eine Entwicklungsabteilung den Auftrag, möglichst viele Funktionen in ein Produkt einzubauen, die Nachbarabteilung aber bekommt als Ziel dafür zu sorgen, dass das Produkt möglichst billig wird. Hier sind Konflikte gewollt und vorprogrammiert, die in einer Eskalation vom obersten Entwicklungschef gelöst werden müssen.

In einem kooperativen Umfeld sollte man es sich wirklich dreimal überlegen, ob man eskalieren will oder ob es nicht wesentlich klüger ist, den Konflikt mit einer der in den vergangenen Kapiteln beschriebenen Methoden (Win-Win) selbst zu lösen. Denn sobald man das Problem aus der Hand gibt, gibt man auch Freiheit aus der Hand und lässt fremde Macht zu. Muss man aber eskalieren, dann sollte man es nicht allzu oft tun!

> Streit macht arm
> (gilt nicht für Juristen)

Folgende Vorgangsweise hat sich bei Eskalation bewährt. Sie zielt darauf ab, möglichst viele Emotionen aus dem Konflikt zu nehmen und damit etwas nüchterner zu überprüfen, was man denn wirklich zu verlieren oder zu gewinnen hat.

Der erste Schritt ist, die verschiedenen Positionen schriftlich zu formulieren. Dies bringt Klarheit. In der Hitze von Diskussionen verbeißt man sich leicht und zum Schluss weiß man gar nicht mehr, warum man gestritten hat. Manchmal sind die Unterschiede wirklich nur Kleinigkeiten. Da hilft das schriftliche Formulieren.

Hat man beide Positionen vor sich, kann man leichter prüfen, ob man vielleicht selbst doch nicht recht hat. Aus der Distanz zur eigenen Position und für sich allein sollte man testen, ob der Kontrahent nicht vielleicht doch recht hat.

Man überprüfe - jetzt mit den Augen des Vorgesetzten - ob und wie man gewinnen wird. Und vor allem um wie viel es denn wirklich geht. Lohnt sich der Einsatz denn? In dieser Phase ist es vielleicht noch immer Zeit für einen Kompromiss!

Bevor man zum Schiedsgericht geht, sollte man Faktenübereinkunft erzielen. Das heißt, beide Parteien stimmen in der Sicht der vorgelegten Fakten und verschiedenen Meinungen überein. Dies ist wichtig und wird in einem kooperativen Umfeld auch möglich sein. Sie erleichtert es der Entscheidungsstelle wesentlich, eine für beide akzeptable Lösung zu finden.

Da trotz aller Versuche, die Emotionen klein zu halten, es fast immer um viel geht, ist es klug, nur immer eine Sache entscheiden zu lassen. Es kommt andernfalls gerne zu Situationen, wo das Schiedsgericht überfordert wird und niemand mehr über die Eskalation allzu glücklich ist.

Eskalationen beenden Streit, denn dieser vernichtet normalerweise viele wichtige Ressourcen. Aus diesem Grund sollten Eskalationen so schnell wie möglich entschieden werden. In einigen Firmen darf eine Eskalation maximal 2 Arbeitstage schwelen, dann muss sie entschieden sein.

*Hat man keine Chance schnell zu eskalieren, dann kann man immer noch **losen**! Es ist oft viel besser, eine Entscheidung schnell mit einem Los herbeizuführen, als weiter unnötig zu streiten!*

Ein kluges Schiedsgericht wird i.A. so entscheiden, dass niemand bei einer Eskalation klar siegt. Denn dieser Sieg lädt zu weiteren - vielleicht auch unnötigen - Auseinandersetzungen und sogar Kämpfen ein. Denn nur jene Kämpfer werden den Frieden suchen, die einsehen müssen, dass sie für einen Sieg keine Chance haben.

Solange der Krieg mehr Nutzen zu bringen scheint als der Friede, wird der Krieg gewählt werden, auch wenn er dann doch alle ins Verderben reißen wird.

Aus diesem Grund kritisiere ich auch das bestehende Rechtschutzversicherungswesen in Deutschland. Es fördert eine unqualifizierte Streitkultur, die viel Leid über das Land bringt. Hier mündet oft der berechtigte Schutz gegen die Willkür anderer in eine permanente Streiterei einzelner Streithähne, die das System pervertieren.

Hilfe - richtig Helfen

Wechselseitiges Helfen wird bei allen Kooperationen wichtig sein, aber man sollte auch bedenken, dass es beim Helfen zu schwerwiegenden, ja gefährlichen Problemsituationen kommen kann. Vor allem, wenn die folgenden Erkenntnisse nicht beachtet werden:

Helfen ist ein massiver Eingriff in die Selbstbestimmung eines Menschen. Hilfe ist deshalb nicht immer erwünscht.

In Japan wird man einem Menschen, der ohnmächtig wird, nicht ohne weiteres beistehen. Anstatt zu dem niedersinkenden Menschen zu sehen, wird man eher wegsehen oder weggehen, damit dieser Schwächeanfall nicht zum Gesichtsverlust führt.

Im Reisekapitel weise ich noch darauf hin, wie unser Drang zu helfen als Touristenfalle benutzt wird. Es ist kein Zeichen von Nächstenliebe, sondern von Dummheit, in jedem Fall helfen zu wollen und die nötige Vorsicht für sich selbst nicht walten zu lassen.

Mein Vater hat einige Selbstmörder aus der Donau gerettet. Er hat dabei ausschließlich, auch nach längerer Zeit nach dem Selbstmordversuch, nur harsche Schelte von den Kandidaten bekommen.

Wer Hilfe anbietet, sollte fragen, ob die Hilfe erwünscht ist ('Soll ich helfen?'). Natürlich wird man in extremen Notfällen sofort zu handeln haben (zum Beispiel wenn jemand erstickt), aber in den vielen anderen Fällen fragt man einfach. So gibt man dem Notleidenden die Chance die Hilfe entweder bewusst zu akzeptieren oder auch abzulehnen.

Die nächste Frage ist, ‚wie kann man helfen'? Sehr oft unterscheiden sich die verschiedenen Erwartungen. Der Helfende weiß oft gar nicht, wie er helfen kann, weil er das Problem noch gar nicht verstanden hat. Wer agiert, ohne zu verstehen, schafft immer Probleme. Das Geringste ist, dass er als arrogant oder Besserwisser eingestuft wird und deshalb abgelehnt wird.

Ein Mensch kommt zu einer Gruppe, die ein Problem löst. Sofort gibt er seine Meinung mit einer Lösung zum Besten. Die Gruppe wird diese Meinung immer ablehnen, selbst wenn sie richtig ist, oder zumindest einen guten Gedanken enthält. Erst wenn er sich das Problem von der Gruppe erklären lässt, wird diese seinen Rat übernehmen.

Nicht immer muss Hilfe als Hilfe 'verpackt' sein. Hilfe wird viel besser akzeptiert, wenn sie in anderer Verpackung kommt. Im Firmenumfeld zum Beispiel als 'Training'. Der Unterschied ist, dass Hilfe auf Wohlwollen beruht, aber Training etwas ist, auf das man als Neuer einen Anspruch hat.

Genauso kann man Ratschläge in verschiedener Form geben. Entweder als Belehrungen (die wird man nicht gerne annehmen) oder auch als Erinnerungen. Ich mache gerne im persönlichen Gespräch aus Ratschlägen Episoden, das heißt kleine Geschichten, die anderen passiert sind und erzähle, was diese dabei aus dem Schaden gelernt haben.

Viele Menschen lehnen Ratschläge und Tipps ab. Ein Freund meinte, Tipps seien nur zum Weitergeben, das heißt, sie sind etwas, was bei einem Ohr rein und beim anderen Ohr raus geht.

Sehr oft wird von Hilfe zur Selbsthilfe gesprochen. Das heißt, Hilfe soll wie ein Katalysator sein. Kurzfristig etwas bewirken oder verändern soll diese Hilfe, aber es soll keine dauernde Abhängigkeit dabei entstehen. Denn die Abhängigkeit verleitet zur Machtausübung, die von den Geholfenen im Normalfall nicht erwünscht ist.

Wer hilft, erwartet meist eine Gegenleistung, zumindest Dankbarkeit. Diese Erwartungen werden oft nicht erfüllt. Es ist daher klug, sich gar keine Gegenleistungen bei Hilfe zu versprechen. Wenn sie aber doch sein sollen, dann sind diese vertraglich abzusichern. In einer Welt voll Egoisten mit kurzem Gedächtnis ist so ein Vertrag mehr wert, als das Vertrauen auf Hilfe in der Zukunft.

Viele Menschen helfen, indem sie professionelle Helfer bezahlen. Man sollte dann genau darauf achten, wie viel Geld dabei wirklich ankommt und ob die vorgegeben Interessen, die man unterstützen will, auch wirklich umgesetzt werden. Wird man bei diesen Deals betrogen, ist nur konsequenter moralischer und vor allem finanzieller Boykott der richtige Ausweg. Denn über das Geld ist viel zu erreichen.

Ich unterstütze seit der Shell Brent Spar Affäre Greenpeace nicht mehr. Greenpeace hat in meinen Augen mit gelogenen Argumenten publikumswirksam Macht ausgeübt. Dies bezahle ich kein zweites mal mehr.

Es ist hier wichtig wirklich, nicht zu verzeihen. Die Organisationen müssen wissen, dass schon ein Fehler oder eine Lüge ihr Ende bedeutet, nur so werden sie sorgsam genug mit fremdem Geld umgehen.

Es ist eine Illusion anzunehmen, dass alle Menschen gerne helfen wollen. Es gibt viele Menschen, die nicht helfen, selbst dann, wenn sie diese Hilfe gar nichts kostet. Manchmal ist die Ablehnung ideologisch begründet ('die werden nie was von mir bekommen'), oft aber ist nur Dummheit oder Faulheit der Grund der Ablehnung der Hilfe.

Bei Dummheit kann man versuchen aufzuklären, bei Faulheit muss man motivieren, unter Umständen mit Androhung von Konsequenzen (unterlassene Hilfeleistung).

Die beste Motivation ist in meinen Augen aber immer noch dem Helfenden den Nutzen, den er dabei gewinnt, klar zu machen.

Im beruflichen Umfeld ist die beste Art Hilfe zu fördern, jene Menschen öffentlich zu loben, die gute, prompte und seriöse Hilfe geleistet haben. So wird ein Klima erzeugt, in dem gegenseitige Unterstützung möglich wird, ohne Gesichtsverlust, ohne dauernde Abhängigkeiten und zum Nutzen aller Beteiligten, letzten Endes zum Nutzen der ganzen Firma. Und dieses Lob darf ruhig auch mit Geld verbunden sein.

Ich bin nämlich nach wie vor überzeugt, dass auf die Dauer ein Belobungssystem mehr bringt, als ein Bestrafungssystem. Ich schreibe deshalb in der Servicewüste Deutschland gerne Lobesschreiben, wenn ich von dienstbaren Geistern gut behandelt wurde.

Es ist interessant, wie Firmen und andere Institutionen auf Lob reagieren. Ausnahmslos bedanken sie sich, was bei Beschwerden nicht immer der Fall ist. Und fast immer wird dabei erklärt, dass Lobesschreiben ganz selten vorkommen.

Wer also wirklich Eindruck schinden will, der muss nur kräftig loben, an ihn wird man sich lange erinnern!

Leider gibt es immer wieder Kriminelle, die verzweifelten Menschen, die Hilfe suchen und die diese auch bitter nötig hätten, dann noch das allerletzte Geld wegnehmen. Die 0190-Nummern für Arbeits- oder Wohnungssuchende, wo nur geneppt wird, aber man keine wirkliche und brauchbare Hilfe bekommt, gehören für mich auch diese Kategorie!

Berufswahl

Zu den wirklich wichtigen Entscheidungen im Leben gehört die Wahl des Berufes. Obwohl heute niemand mehr damit rechnen kann, den einmal erlernten Beruf ein ganzes Leben lang auszuüben, wird doch eine getroffene Entscheidung lange Zeit gravierende Folgen haben.

Ich lasse vorerst die Frage nach der Verfügbarkeit von Berufen außer Betracht. Wer sich nur nach Angebot und Nachfrage richtet, wird es mit der Berufswahl sehr schwer haben. Denn wie bei anderen Marktzyklen kann man sich bei den Prognosen deutlich irren, weil man ja nicht weiß, wie die Konkurrenten agieren werden.

Genau so problematisch ist die alleinige Orientierung nach dem Geld, dem Verdienst. Wer nur wegen des möglichen Reichtums Arzt werden will, der tut mir leid.

Erstens kennt auch die Gesellschaft so etwas wie Neid und sie wird darauf achten, dass kein Berufsstand zu sehr die anderen ausbeuten kann. Und zweitens wird jemand, der hart arbeiten muss, auch Begeisterung brauchen, soll er diese Arbeit auch unbeschadet überstehen.

Die wichtigsten Ratschläge, die ich jungen Menschen bei der Berufswahl mitgebe, sind:

- Macht, woran ihr Spaß und Freude habt und was ihr gut könnt.
- Versucht in viele Berufe zu schnuppern, um zu erfahren, worauf es dabei ankommt.
- Erforscht und probiert eure Talente.
- Lernt euren Beruf gründlich.
- Investiert nicht in kriminelle Aktivitäten und nicht in sterbende Berufe.
- Schafft euch neue Berufe.

Wer sich eine Image Datei aufgebaut hat und sich regelmäßig mit der Zukunft beschäftigt, wird diese Entscheidungen besser treffen können, als jemand der nur aus dem Bauch heraus oder nur von der augenblicklichen Situation getrieben handelt.

Macht, woran ihr Spaß und Freude habt und was ihr gut könnt.

Diese beiden Punkte gehören meist zusammen. Woran ihr dauerhaft Spaß habt, das werdet ihr auch gut können. Denn diese Themen interessieren euch auch, ihr bildet euch darin weiter. Ihr sammelt Wissen (Know-how) und habt viele Kontakte (Know-Who) und dies alles ist natürlich eine gute Basis für den Erfolg.

Es ist selten, dass jemand etwas gut kann und trotzdem keine Freude daran hat. Ist dies der Fall, dann sollte er sich für das entscheiden, was wirklich Freude macht. Sie wird die Hauptquelle des Lebens bleiben. Wer nie Freude hat, wird unglücklich und krank!

Natürlich werden nicht alle Aspekte eines Berufes Freude machen. Jeder Beruf hat langweilige, aber notwendige Phasen, die man einfach abwickeln muss. Aber im Kerne sollte man doch gerne machen, was man machen muss! Denn nur so wird man sich wirklich einbringen und gute, wenn nicht sogar Spitzenleistungen erbringen.

Mein persönliche Regel war: zumindest eine Freude pro Tag. Hat sie der Berufsalltag nicht gebracht, dann habe ich sie mir selbst arrangiert, z.B. ein gute Tasse Kaffee, in Ruhe genossen!

Wer in vielen verschiedenen Bereichen gut ist und Freude hat, kann sich dann fragen, wo die Verdienste und Zukunftschancen am besten sind. So wichtig diese Aspekte auch sind, so sind sie doch sekundär.

Noten geben ganz gut Auskunft über persönliche Stärken. Allerdings sollte man sie auch interpretieren wie sie zustande gekommen sind. War es nur der Lehrer oder war es auch mein Interesse? Aber auch andere Tests werden helfen, etwas über sich und seine Vorlieben zu erfahren. Und vergesst nie auch die Meinung eures Umfeldes einzuholen, eure Selbsteinschätzungen werden gelegentlich falsch liegen!

Versucht in viele Berufe zu schnuppern, um zu erfahren, worauf es dabei ankommt.

Dieser Hinweis hat mir wirklich geholfen. Ich habe schon mit 14 Jahren meine erste Ferientätigkeit und später viele Nebentätigkeiten zur Finanzierung meines Studiums und meiner jungen Familie ausgeübt. Dabei habe ich nicht nur viel gelernt, worauf es beim Erfolg ankommt, sondern vor allem auch, was ich nicht will!

Man muss einfach ausprobieren, was einem gefällt. Und dazu sind diese kurzen Tätigkeiten perfekt. Ich rate, dabei auch wirklich ungewöhnliche Tätigkeiten einmal auszuprobieren.

So habe ich z.b. gelernt, dass die Landvermessung (Geodäsie) mir wahnsinnig Spaß macht und hätte ich nicht schon 6 Semester in das Studium der Nachrichtentechnik investiert, wäre ich seinerzeit umgestiegen.

Es wird nicht immer die Möglichkeit des Schnupperns geben, aber mit etwas Phantasie, persönlichem Einsatz und guten Verbindungen wird man es schaffen. Das Zauberwort dazu lautet: Ich verlange kein Geld dafür. Dieses Zauberwort öffnet mehr Türen, als ihr glaubt. Und warum sollte man nicht einige Wochen seiner Freizeit opfern, wenn man dafür so Kostbares erfährt, welcher Beruf glücklich oder auch unglücklich macht.

Viele Menschen studieren z.B. ein Fach und haben keinen blassen Dunst, wie dann später der dazugehörige Beruf aussieht. Vor einem 6 Jahre langen Studium sich darüber nicht zu informieren, halte ich für verantwortungslos. Nicht nur sich selbst, sondern auch der Gesellschaft gegenüber!

Optimal stelle ich mir immer vor, man geht z.B. zu einem Konzert eines Gitarristen, bei mir war es Segovia und entscheidet dann beim Ausgang: So will ich Gitarre spielen lernen! So wollte es bei der Berufswahl sein: Man bewundert einen Meister, einen Lehrer und weiß. Das will ich auch können!

Erforscht und probiert eure Talente.

Talent habt ihr, wenn ihr etwas viel besser als der Durchschnitt könnt. Kennt ihr auch eure Talente? Ich zweifle daran. Denn nur was ihr ausprobiert, das könnt ihr entscheiden.

Ein gute Quelle zum Erforschen eurer Talente sind die Erfolge eurer Vorfahren. Kennt ihr deren Lebensgeschichte? Warum sind eure Eltern erfolgreich gewesen und woran sind sie gescheitert? Mit großer Wahrscheinlichkeit seid ihr ihnen in mancher Beziehung ähnlich. Wenn ihr schon - in euren Augen - alles Negative von ihnen geerbt habt, vielleicht ist auch ein Talent dabei?

Talente können die Grundlage für Spitzenleistungen und damit auch für Spitzenerfolge werden. Darum ist ihre Kenntnis so wichtig. Manche Lebenskarriere wurde nur durch ein Talent bestimmt, denkt an die vielen Spitzensportler, die sich eine goldene Nase mit ihrem Talent verdient haben!

Um ein Talent zu entwickeln, braucht es allerdings auch das richtige Umfeld und die Möglichkeit vieles auszuprobieren. Dies werden Berufsanfänger in einer Groß-firma eher können, als in einer etwas unflexibleren, kleineren Firma. Deshalb mein allgemeiner Rat, wenn sich die Chancen bieten, fangt in einem Großunternehmen an und probiert dort viele verschiedene Bereiche aus. Manche Firmen machen dies im Rahmen eines Traineeprogramms ganz gezielt, denn auch die Firmen sind daran interessiert, die richtigen Menschen in die passenden Positionen zu bekommen.

Lernt euren Beruf gründlich.

Wer dies tut, der lernt mehr, als er vordergründig denkt. Er lernt ein Gebiet zu überblicken, er lernt zu arbeiten, sich zu organisieren und zu lernen. Wer Meisterschaft in einem Gebiet erlangt hat, hat bessere Chancen sich auch ein neues Fachgebiet zu erarbeiten.

Und auch wenn man den Beruf wechseln muss, wird man doch vieles im neuen Fach übernehmen können. Und manchmal kann man eine fruchtbare Verbindung zwischen zwei Gebieten schaffen, aber man muss dazu gründliche Fachkenntnisse haben.

Und die sozialen Fähigkeiten, die man einmal erworben hat, sind sowieso universell anwendbar.

Investiert nicht in kriminelle Aktivitäten und nicht in sterbende Berufe.

So verlockend kriminelles Handeln auch sein mag, als Lebensgrundlage ist es ungeeignet. Zumindest in unserem Rechtsstaat. Ich führe diesen Punkt vor allem deshalb explizit an, weil viele junge Leute glauben, sie würden es mit krimineller Intelligenz zu etwas bringen.

Etwas subtiler ist die Frage der sterbenden Berufe. Sicher werden in Nischen fast alle Berufe weiterleben, aber ich hätte immer ein ungutes Gefühl zuviel an Ausbildung in etwas zu investieren, was keine Zukunft hat. Aber woran erkenne ich dies zuverlässig? Ein einfacher Test ist die Frage der dauerhaften Subventionen. Was ständig subventioniert wird, wird in unserem Wirtschaftssystem keine große Zukunft haben. Also besser gleich nach Alternativen suchen, als zu warten, bis dann der Geldhahn abgedreht wird.

Schafft euch neue Berufe.

Es entstehen täglich neue Berufe. Warum sollt ihr nicht der Erste, die Erste sein, die etwas ganz Neues macht. Natürlich ist es einfacher in ein etabliertes Fachgebiet einzusteigen, aber wenn eure Idee der Menschheit Nutzen bringt, Probleme löst oder Bedürfnisse befriedigt, dann wird es auch Abnehmer dafür geben.

Teams

Ein wesentlicher Vorteil, dass Menschen im Team arbeiten, liegt im Spaß, den die Arbeit im Team bringen kann. Idealerweise motivieren sich die Menschen gegenseitig, unterstützen sich bei Problemen und erbringen gemeinsam weit bessere Leistungen, als es eine Anzahl von Einzelpersonen könnte.

Aber nicht jede Gruppe von Menschen erfüllt die idealen Voraussetzungen eines Teams: gemeinsame Werte, gemeinsame Grundsätze und in etwa die gleichen Zielvorstellungen und Visionen. Um effektiv zu sein, müssen dann auch noch vielfältige Fähigkeiten beherrscht werden, damit die Mitglieder sich gut ergänzen. Jeder wird irgend etwas besonders gut können und damit in einer bestimmten Rolle glücklich werden können.

> Einigkeit macht stark,
> Vielfalt macht erfolgreich!

Damit die Einzelleistungen optimal aufeinander abgestimmt werden, ist Kommunikation notwendig. Gute Teamleistungen sind ohne gute, das heißt regelmäßige, offene und ehrliche Kommunikation nicht denkbar. Deshalb ist die Kommunikationsfähigkeit eine zentrale Grundvoraussetzung für Teamfähigkeit.

Menschen fühlen sich nur dann in Teams wohl, wenn ihnen die individuelle Freiheit nicht genommen wird. Sicherlich wird jedes Team einen gewissen Gruppendruck ausüben, aber jeder möchte sich individuell entfalten können und gelegentlich auch eine Rückzugsmöglichkeit haben.

Das Team soll zum freien Handeln motivieren, Mut geben auch etwas zu riskieren und nicht durch wechselseitige Kontrolle einengen. Damit es zum freien Handeln kommt, ist sehr viel Vertrauen zwischen den Mitgliedern notwendig. Normalerweise heißt dies auch, dass die Teams schon lange zusammenarbeiten und sich die Mitglieder gut kennen und schätzen, weil sie schon viel gemeinsam erlebt und auch überwunden haben.

Wenn man die Arbeitsstätte eines gut funktionierenden Teams betritt, spürt man auch als Außenstehender oft gleich die gute Atmosphäre. Es wird gelacht, Menschen sitzen unverkrampft beieinander, man feiert gemeinsam und alle sind begeistert. Dieser gemeinsame Spaß und die gemeinsame Begeisterung sind die Quellen der Überlegenheit von Teams. So wird das Ganze mehr als die Summe seiner Teile.

Aber es muss an dieser Stelle auch gesagt werden, dass geniale Einzelmenschen leicht die Arbeit ganzer Teams übertrumpfen können. Gelegentlich wird dann die Einbindung dieser Menschen, im Jargon 'Primadonnen' genannt, zum Problem. Es ist klug für Primadonnen eigene Wege zu finden, sie eventuell von Teams unterstützen zu lassen, aber ihre Kreativität und Genialität nicht durch Teams mit ihrem hohem Kommunikationsaufwand zu bremsen.

Ein ganz wesentlicher Vorteil von Teams ist die Chance, gemachte Fehler - durch gegenseitige Unterstützung - leichter auszubügeln. Teams können daher viel mehr Risiken eingehen und werden damit kreativere Lösungen finden. Weil im Notfall alle zusammenhelfen, ist auch das Eingreifen von außen viel weniger notwendig.

So wird auch die Chefrolle in einem Team ein andere sein als in einer streng hierarchischen Struktur. Der Chef ist eher im Hintergrund, er wird gelegentlich seine Chefrolle auch an andere Teammitglieder übertragen, wenn es die Situation erfordert.

Es kann sein, dass für manche Chefs es außerordentlich schwierig wird, starken Teams vorzustehen. Weil die Verantwortung doch noch immer an ihm hängen bleibt, aber Teams sehr schwer lenkbar werden können.

Folgende weitere Faktoren haben sich als nützlich für Teams erwiesen. Erstens die Nähe, damit wirklich schnell und zwanglos kommuniziert werden kann. Allerdings ist Nähe heute nicht mehr auf örtliche Nähe beschränkt, die elektronischen Netzwerke erlauben heute die gute Zusammenarbeit von Menschen, die sich noch nie von Angesicht zu Angesicht gesehen haben.

Weitere wesentliche Faktoren sind Bescheidenheit und Selbstlosigkeit. Beide sind wesentliche Elemente der Teamfähigkeit. Sie fördern die problemlose Einordnung, faire Diskussionen, das leichte Eingestehen gemachter Fehler und damit deren Korrektur. Und sie helfen auch, den geschafften Erfolg gerechter zu verteilen. Menschen mit einem zu großen Ego werden Probleme in Teams bekommen.

Vereinbarungen

Wenn Teams zusammenarbeiten und Vereinbarungen zwischen Teams gemacht werden müssen, kann es zu großen Frustrationserlebnissen kommen, wenn nicht die zwei Phasen einer Vereinbarung eingehalten werden. Bei zwei Einzelpersonen sind Vereinbarungen relativ einfach. Man setzt sich zusammen, verhandelt etwas, schreibt dies eventuell zur besseren Klarheit fest und per Unterschrift oder Handschlag gilt dann die Vereinbarung.

Vereinbarungen zwischen mehreren Personen oder mehreren Chefs von Teams müssen im Normalfall - mindestens - zwei Phasen durchgehen. In der ersten Phase wird die Vereinbarung formuliert und es werden alle Beteiligten angefragt, ob sie die Vereinbarung auch tragen werden. Dann werden die Zusagen zurückkommen und erst wenn alle zugestimmt haben, gilt die Vereinbarung und man tritt in die zweite Phase ein.

Vereinbarungen von mehreren Personen
laufen in 2 Phasen ab:

1. Anfragen, bis alle Zusagen da sind
2. Erst jetzt gilt die Vereinbarung

Kommen nicht alle notwendigen Zusagen, dann gilt die neue Vereinbarung nicht, es gilt also der vorherige Zustand. Wenn man sich jetzt schon - voreilig - auf die neue Vereinbarung eingestellt hat, muss - oft mit immensem Aufwand - die Ausgangslage wiederhergestellt werden.

Die Nichtbeachtung der zwei Phasen einer komplexen Vereinbarung - z.B. zwischen Teams - wird in der Praxis zu großer Frustration bei den Beteiligten führen und kann großen Schaden verursachen. Schützen kann man sich da nur durch einen relativ schnellen Vereinbarungsprozess und durch Abwarten bis die Vereinbarung gilt, bevor man zuviel in eine neue - noch nicht vereinbarte - Situation investiert.

> Nichts ist entschieden,
> solange nicht alles entschieden ist.

Menschen ohne Verhandlungserfahrung werden gerne von diesen komplexen Prozessen überfordert und fühlen sich dann hintergangen. Aber hätten sie besser über das Zweiphasen - Konzept Bescheid gewusst, könnten sie sich selbst und auch den Menschen, die sie vertreten, großen Schaden ersparen. Merke also, Vereinbarungen gelten erst, wenn alle zugesagt haben, vorher sind sie nur Vorschläge.

Neu im Team

Es ist nicht leicht, den Weg in ein bestehendes Team zu finden. Es wird zwischen Team und neuem Mitglied ein spannender Anpassungs- und Abstimmungsprozess stattfinden, der gelegentlich nicht ohne Schwierigkeiten ablaufen wird. Es gibt da sicher auch keine festen, immer und überall gültigen Regeln, aber einige Elemente haben sich einfach bewährt.

Grundsätzlich ist ein eher vorsichtiges Verhalten angebracht. Man wird einiges testen und erfragen müssen, bevor man die wahren Spielregeln eines Teams erkennt. Und entsprechend vorsichtig werden auch die Etablierten sich vergewissern, ob man mit dem NEUEN, der NEUEN auch einen guten Griff gemacht hat.

Man sollte sich auf keinen Fall auf Urteile anderer oder Vorurteile verlassen, wenn man in ein neues Team kommt. Wer hier zuviel auf andere Meinungen baut, wird es sehr schwer haben. Möglichst vorurteilsfrei selbst beobachten ist die Devise. Und nur genug fragen, am Anfang darf man die blödesten Fragen stellen, als NEW KID ON THE BLOCK.

Zu den grundsätzlichen Regeln gehört auch, Ehrerbietung dem Team gegenüber zu zeigen. Dazu gehört auch - nach einiger Zeit - in einem neuen Team einen Einstand zu geben. Man sollte dabei nicht übertreiben, sondern alles im üblichen Rahmen - den man vielleicht erst erfragen muss - ablaufen lassen. Aber ohne Einstand keine Aufnahme in die Gruppe!

Wer kritisiert oder verändern will, muss zuerst die bestehende Situation verstehen. Ansonsten wird seine Meinung wenig gelten. Man wird ihn als unerfahren oder unqualifiziert ablehnen. Um zu zeigen, dass man die bestehende Situation versteht, ist auch gelegentlich Lob abgebracht und dass man auf die Alten, Etablierten hört.

Letzten Endes wird nur der akzeptiert, der den Wert des Teams steigert, indem er schnell dazulernt, eventuell auch am Anfang unbeliebte Arbeiten erledigt und den man auch wirklich brauchen kann. Den Wert einer Gruppe erhöht auch, wer gut aussieht, zur Stimmung beiträgt und - vorsichtig - Neues einbringt.

Gruppen werden jene Neuen ablehnen, die sie als Gefahr ansehen oder die nicht zu ihnen passen, die alles Frühere viel besser finden oder sich nicht um die Spielregeln kümmern. Wer sich frech auf den besten Parkplatz setzt, ohne darüber nachzudenken, dass dieser in jahrelangen Kämpfen erworben wurde, wer andere Altpriviligien nachahmt, der wird es schwer haben.

Viele Probleme ergeben sich durch Äußerlichkeiten. Das falsche Parfum, der zu kurze Rock, das popige Buschhemd, Kaugummi kauen, Schuppen oder Körperschweiß, der Knoblauchduft können mehr zum Unfrieden beitragen, als man denkt. Man ist gut beraten, sich an die bestehenden 'Uniformen' zu halten, sich zwar gut (und mit Deo-Seife!) zu waschen, aber auf Parfums, grelle Lippenstifte oder Rasierwasser ganz zu verzichten, bis man die speziellen Regeln einer Gruppe kennt.

Berufsanfänger, vor allem Singles, sind bei diesen Äußerlichkeiten ausgesprochen ungeschickt. Wie wir bei der Kleidung gesehen haben, ist das Anpassungsproblem erst dann gelöst, wenn darüber nicht mehr geredet wird. Ich empfehle daher, hier den Stier bei den Hörner zu packen und ganz offen jemanden, z.B. einen Kollegen, aber auch seinen Chef oder Mentor zu fragen, ob es Probleme irgendwelcher Art gibt. Sprich ruhig in einem Zweiergespräch offen darüber, ob du Mund-, Schweißgeruch hast oder Kneipenmief ausströmst. Erst dann wird man dir ehrlich Feedback geben! Alle diese Gerüche sind ja wirklich leicht abzustellen, wenn man nur bemerkt, dass sie Probleme machen. Und ist man dabei selbst aktiv, erspart man sich u.U. große Mobbing - Probleme!

Gelegentlich wird es eine große Diskrepanz zwischen den geschriebenen und den tatsächlichen Spielregeln geben. Es zählen nur die tatsächlichen, auch wenn sie geheim und nicht von allen ausgesprochen sind. Hier ist die eigene Beobachtung gefordert. Wer wird belohnt, wer wird bestraft, wer wird befördert, wer wird entlassen? Das sind die Fakten die zählen und nicht unbedingt das, was in der Firmenverfassung steht.

Nach 100 Tagen ist man nicht mehr neu im Team. In diesen 100 Tagen wird man dann auch einige Male klar seine Position zu festigen oder zu verteidigen haben. Dann hat man seinen Platz gefunden oder man wird ihn nicht finden und sollte sich weiter verändern. Dies ist eine kurze Zeit, die es zu nutzen gilt. In diesem Zeitraum sollte man auch sehr vorsichtig mit intimeren Kontakten in der Gruppe sein, sonst wird man schnell als der Weiberheld oder die Männerfalle abgestempelt.

Grundsätzlich gilt auch hier, dass Übung den Meister macht. Wer sich öfter in neue Gruppen einfinden muss, wird mehr Routine und Know-how dazu aufbringen als jemand, der nach 10 Jahren zum ersten Mal wieder wo neu anfangen wird!

Erfolg und Beruf

In diesem Abschnitt werden einige grundsätzliche Aspekte des Erfolgs im Berufsleben gestreift. Ich habe auch hier versucht, weniger auf Modetrends einzugehen, sondern vor allem jene Aspekte zu bringen, die schon länger gelten.

Zu jedem Teilthema gibt es immer wieder neue Literatur und es ist empfehlenswert, auch die jeweiligen Modeautoren zu lesen. Geben sie doch einen guten Einblick in den herrschenden Zeitgeist.

Auch Autobiographien, wie z.B. Iacocca, sind eine gute Quelle, aus erster Hand über die Rezepte der Erfolgreichen zu erfahren. Es ist allerdings immer wichtig zu wissen, welchen kulturellen Background die Autoren haben. Nicht alles was in USA gut funktioniert, wird auch hier anwendbar sein. Und nicht alles was Japaner tun, kommt bei den Deutschen gut an. Und Deutschland ist verschieden von Österreich und auch die Schweiz hat ihre eigenen Erfolgs-Gesetze!

Wer sich über die US-Managementkultur amüsieren will, ist mit den Dilbert-Cartoons von Scott Adams gut bedient.

Eine ausgezeichnete Quelle sind erfolgreiche Menschen in unserer unmittelbaren Umgebung. Leider werden sie oft zuwenig gefragt oder zu Diskussionen eingeladen. Ich fordere vor allem meine jungen Leser auf, doch das vorhandene und nahe Potenzial besser zu nutzen. Fragt doch den Onkel, der Bankdirektor ist, was für ihn wichtig ist und warum er so weit gekommen ist. Erstens schmeichelt ihn die Frage und zweitens sind seine Tipps auf die konkrete Umgebung sicherlich besser anwendbar, als die Inhalte des Buches eines Harvard-Professors.

Es gibt auch Klubs junger erfolgreicher Führungskräfte - etwa Round Table - in denen der Erfahrungsaustausch gut vonstatten geht. Hier gibt es wegen der verschiedenen vertretenen Berufsgruppen wenig direkte Konkurrenz, und es wird offener über die Erfolgsfaktoren geredet, als vielleicht innerhalb einer Firma, wo der Konkurrenzneid einem Erfahrungsaustausch hinderlich ist.

Eine gute, viel zuwenig genutzte Informationsquelle sind für Studenten die Alumni, die Studienabgänger der vergangenen Jahrgänge. Vielleicht kann Eure Studienvertretung sie einladen, sie können dann hautnah von ihren Anfangserfahrungen berichten!

Wer in einer großen Firma arbeitet, wird leichter an brauchbare Informationen kommen, als Mitarbeiter in einem Kleinbetrieb.

Für Menschen mit wenig Berufskontakten ist neben Lesen von Fachliteratur vor allem auch die Integration in einem geeigneten Klub oder Verein ein Weg, um mehr zu erfahren. Es lohnt sich hier bei den entsprechenden Berufsverbänden, Kammern etc. nachzufragen oder sich bei Lions, Rotary oder anderen Klubs zu bewerben, was allerdings meist nicht ganz leicht und oft auch recht teuer ist.

Nicht vergessen sollte man die Universitäten. Sie bieten immer mehr auch aktuelle, praktische und meistens erschwingliche Kurse an. Und natürlich ist das Internet eine unerschöpfliche Informationsquelle!

Erfolg

Erfolg ist süß, macht süchtig und zieht oft weiteren Erfolg nach sich. Wen wundert es da, dass die meisten Menschen erfolgreich sein möchten. Aber genauer hingeschaut, zeigt Erfolg nur eine Seite, meist den Zuwachs von Geld oder Prestige. Nicht immer ist Erfolg ein Hinweis auf persönliches Glück, oft macht Erfolg erst unglücklich, man weiß es nur vorher nicht.

Wenn Erfolg nur auf die berufliche Seite zielt, so ist dies zuwenig. Erfolgreich ist nur, wer auch das tägliche Leben meistert. Karriere gemacht und dreimal geschieden ist vielleicht zuwenig. Chef geworden, aber die Kinder als Drogentote verloren zu haben, das ist ein zu hoher Preis gewesen.

Es ist eine wesentliche Eigenschaft des Erfolges, dass er ungern aufs Spiel gesetzt wird. Deshalb werden Erfolgsmuster immer wieder und unverändert angewendet. Leider ändert sich oft das Umfeld schnell, aber die Erfolgsmuster werden nicht angepasst.

So wird der Erfolg der Vergangenheit häufig zur Hauptursache des Misserfolges in der Gegenwart und Zukunft. Wer auf die Dauer erfolgreich sein will, muss sich also verändern können. Dies gilt sowohl für Einzelpersonen wie auch für Unternehmen.

> Die Hauptursache des Misserfolgs ist der Erfolg in der Vergangenheit

Zu den persönlichen Erfolgsfaktoren gehören eine ganze Liste von Eigenschaften, die die wenigsten Menschen alle haben können. So ist es besonders wichtig, seine Hauptstärken zu kennen, um damit sich optimal einbringen zu können. Besonders wer über nichtimitierbares Wissen oder Können verfolgt, sollte diese Fähigkeiten pflegen und stets weiterentwickeln. Aber auch über seine Schwächen Bescheid zu wissen, um sie entweder zu kompensieren oder an ihrer Verbesserung zu arbeiten.

Ich habe viele Erfolgreiche auf ihrer Karriere beobachten können. Nicht alle Eigenschaften dieser Menschen wird jeder leicht akzeptieren können oder sich als Vorbild setzen. So will nicht jeder uneingeschränkt das tun, was der Chef will, oder die Situation erfordert. Für viele ist der Preis dazu einfach zu hoch! Aber gerade dies sind zwei Faktoren, die ich häufig bei den Erfolgstypen beobachten konnte.

So wird vielen Erfolgstypen Rücksichtslosigkeit oder sogar Brutalität nachgesagt. Bei genauem Hinsehen stehen zwar oft dann betriebliche Prioritäten im Vordergrund, aber nicht jeder wird diese auch durchsetzen wollen. Wer will schon gerne seine Freunde entlassen, auch wenn dies vielleicht von der Situation her erforderlich ist?

Jeder, der auf der Erfolgsleiter weiter will, sollte dies im Kopf haben und er sollte wissen, dass viel Arbeit auf ihn zukommen wird. Viele Überstunden sind der Normalfall für Führungskräfte. Dabei noch physisch und psychisch gesund zu bleiben und sogar noch Zeit zu finden sich weiterzubilden und menschlich zu wachsen ist kein leichtes Unterfangen.

> Erfolgreich bleibt, wer anderen zum Erfolg verhilft!

Der Lohn ist allerdings - wenn man es richtig macht - auch beträchtlich. Sich finanziell abzusichern, seinen Kindern eine gute Ausbildung zu geben, die Welt zu sehen und für einige Probleme dieser Welt Lösungen zu finden, die den eigenen Namen tragen, das sind doch auch Werte, für die es sich lohnt sich einzusetzen.

Einige persönliche Erfolgsfaktoren

Unique Selling Point, was ist nur speziell für mich
(Nichtimitierbares Wissen und Können)
Ausbildung, Motivation, Belastbarkeit, Schnelligkeit, Qualität
Gesundheit, Sympathie, Jugend, Mobilität, Menschenkenntnis
Tun was der Chef will, viele Überstunden
Betriebliche Prioritäten vor persönlicher Meinung

Tipps für die Beförderung

Beförderungen sind ein Zeichen des Erfolges. Der sicherste Weg befördert zu werden, ist allerbeste Arbeit zu liefern und dafür zu sorgen, dass dies alle auch bemerken. Tue Gutes und lasse darüber erzählen, ist wesentlich besser, als selbst für sich Werbung zu machen. Im Gegenteil, oft wird der eigene Anspruch auf Beförderung gerade dazu führen, dass man nicht befördert wird, weil man mit seinem eigenen Reden zu viele Gegenkräfte geweckt hat.

Manchmal muss man aber schon etwas nachhelfen, damit andere über die eigene, gute Leistung reden. Aber wer z.B. geschickt Dankesschreiben initiiert, sammelt und bei Gelegenheit präsentiert, andere öffentlich lobt und dann wieder 'zurückgelobt wird', wer sich selbstbewusst zu seiner Leistung mit angebrachtem Stolz bekennt, wird dabei eher Erfolg haben als Mitarbeiter, die unauffällig in der Stille als graue Maus und ohne Meinung vor sich hinarbeiten.

Ein wesentlicher Aspekt für diejenigen, die über die Beförderung zu entscheiden haben ist, dass der Kandidat / die Kandidatin - vor allem, wenn sie noch jung sind - noch das Potenzial haben, auch noch die nächste Stufe auf der Karriereleiter zu steigen. Damit reduziert man die Gefahr, dass jemand zu früh in die Endstufe seiner Fähigkeiten befördert wurde.

Auch wer mehrfach in verschiedenen Bereichen Erfolg gezeigt hat, wird bessere Chancen auf Beförderung haben, als Menschen, die nur eine Sache gut können. Wichtig ist ein hoher Bekanntheitsgrad und die Einschätzung, dass man mit dem neuen Kollegen auch gut zusammenarbeiten können wird.

Wer befördert werden will, muss zeigen, dass er/sie den neuen Job auch kann. Dazu gehört auch, neue Aufgaben mit Optimismus zu übernehmen. 'Ja ich übernehme das', ist besser als ' Ich werde es versuchen'.

Befördert kann nur werden, wen man im gegenwärtigen Job entbehren kann. Man muss also ersetzbar sein, Grundvoraussetzung dazu ist, dass man einen Nachfolger für seine bisherige Aufgabe anbieten kann.

Nicht vergessen sollte man, dass das Image der eigenen Familie auch eine Rolle spielt. Passt die Partnerin, der Partner auch in die Gruppe, in die man befördert wird? Stimmt das Benehmen, kann man sich mit dem Neuen auch sehen lassen? Das und viele andere weitere Aspekte - verschieden nach Firmenkultur - können ausschlaggebend sein. Gelegentlich wird aber nur nach einfachen, äußeren Kriterien entschieden. 'Unter den etwa gleich guten Kandidaten nehmen wir einfach immer den Jüngsten', ist eine Aussage, die ich oft gehört habe.

In schwierigen Zeiten ohne Wachstum sind weniger Beförderungen möglich. Man sollte sich davon nicht allzu sehr enttäuschen lassen. Wenn in etwa das berufliche Umfeld stimmt und man fair bezahlt wird, kann man auch ohne Beförderung zufrieden sein. Denn man darf nicht vergessen, dass jede Beförderung auch die Gefahr in sich birgt, von noch weiter oben dann noch tiefer zu fallen.

Das Ende einer Karriere

So wie jede Geburt den Tod des Lebewesens in sich birgt, so hat auch jeder Aufstieg ein Ende. Nicht immer wird der Aufstieg auf einem Plateau enden, auf dem es sich gemütlich weilen lässt, häufiger wird nach dem Aufstieg der Fall kommen, der dann um so schmerzlicher ist, je höher man war!

Erfahrene Menschen sagen: 'Schau beim Aufstieg gelegentlich zurück und vergiss die Zurückgebliebenen nicht, du wirst sie beim Abstieg wieder treffen'. Viele Menschen können sich dies beim Hinweg nicht gut vorstellen, aber die meisten Karrieren haben ein Ende.

Das wahrscheinlichste Karriereende wird vom PETER-Prinzip beschrieben. 'Jeder wird solange befördert, bis er unfähig geworden ist, die neue Aufgabe zu erfüllen.' Aber nicht nur die neuen Aufgaben können Menschen überfordern, auch die mit dem Alter schwindende Leistungskraft wird der Karriere ein Ende setzen.

*Der Vollständigkeit halber füge ich hier gleich das **PAULA - Prinzip** an. Es heißt 'Frauen scheuen die Managementverantwortung'. Obwohl ich nicht daran glauben möchte, wird mir die Gültigkeit im persönlichen Gespräch immer wieder bestätigt. Schade, so limitieren viele Frauen von vornherein ihre Karriere.*

Global kann man sagen, dass ungefähr mit dem 35. Lebensjahr die körperliche Leistungsfähigkeit abnimmt. Mit Erfahrung und Routine wird man seine Gesamtleistungsfähigkeit über die 40 hinaus steigern können, aber dann ab 45 wird man vielleicht selbst merken, dass es nicht mehr so wie früher ist.

Zuerst lässt mit 40 die Sehkraft stark nach. Man wird eine Brille brauchen. In Firmen mit 'Jugendlichkeitswahn' werden viele zögern, zur Brille zu greifen, weil sie alt macht. Der Preis ist, dass sie nicht mehr alles lesen werden, die Brillenfalle schnappt zu. Deshalb rate ich auf jeden Fall die schwindenden Sinne, soweit man kann, mit technischen Hilfsmitteln zu kompensieren. Dazu gehört, wenn man es braucht, auch das Hörgerät! Eitelkeit ist kein guter Berater, das Alter zu besiegen!

Einige haben Karriere unter dem Schutz eines Paten gemacht. Mit dessen Abgang, z.B. durch Pensionierung, ist dann auch die eigene Karriere schnell zu Ende.

Ebenso wird jemand, der sich auf seinem Aufstieg nur Feinde gemacht hat, irgendwann merken, dass er zu viele Feinde hat und dadurch stürzen. Es ist also klug, die Anzahl der Feinde in einem Unternehmen so klein wie möglich zu halten. Denn irgendwann trifft man sie wieder und jeder von ihnen wird gerne einem die Bananenschale zum Ausrutschen auf den Weg legen.

Eine Hauptgefahr der Karrieren bis zur Spitze liegt in der Macht, die man errungen hat. Macht führt oft zu fehlendem Realitätsbezug, man bekommt nicht mehr die Wahrheit gesagt, besonders wenn diese unangenehm ist. Schnell sind die Mächtigen von falschen Beratern umgeben, die alles Unangenehme abschotten. Natürlich sind Fehlentscheidungen dann nicht auszuschließen und der Untergang ist vorprogrammiert.

Am ehesten kann man die Vorteile des Aufstiegs behalten, wenn man zum richtigen Zeitpunkt aussteigt oder wechselt. Dies ist eine hohe Kunst, die auch sonst kluge Menschen nicht immer beherrschen. Lediglich Sportler haben dies inzwischen durchschaut, sie hören gerne an der Spitze ihrer Leistung auf. Während Sportler messen müssen, dass ihre Leistung absinkt, glauben aber viele Manager und Politiker an eine unendliche Steigerung ihrer Fähigkeiten.

Für Fachleute kann eine Überspezialisierung zum Problem werden. Wenn dann etwas Neues kommt, sind die Spezialisten plötzlich unnötig. Wenn sie unfähig geworden sind, sich auf neue Gebiete zu stürzen, wird ihr Wert sehr gering werden und es droht Entlassung.

Ebenso kann Rationalisierung und technischer Fortschritt schnell Experten alt aussehen lassen. Ich denke da nur an die Umwälzungen in der Druckindustrie, die der Computer gebracht hat. Aber auch den Einfluss von E-Mail, das ganze Führungsebenen des Middle - Managements überflüssig gemacht hat.

Mit der Globalisierung überleben

Flexibilität (Sprachen, Geld, wenig Bindungen, gute Kontakte)
Zugriff zu Informationen (z.B. Internet), Vernetzung
Schnell und innovativ die neuen Chancen ergreifen
Unique Skill (der nicht leicht transportierbar oder ersetzbar ist)
Offenheit (wer schützt verliert, wer öffnet gewinnt)

Viele Karrieren scheitern durch die Globalisierung und durch das Unvermögen, mit ihr zu leben. Eine andere Falle öffnet sich, wenn Führungskräfte den Unterschied zwischen legal und legitim verwechseln. Nicht alles, was die Gesetze gestatten, d.h. legal ist, wird die vernetzte Gesellschaft heute auch akzeptieren, d.h. für legitim halten. Und keine Firma wird dauerhaft gegen die Gesellschaft, die sie z.B. als Konsument braucht, überleben können.

Manchmal will man eine Karriere, in die man hineingezwungen wurde und die man nur mit extremer Anstrengung weiterverfolgen kann, auch selbst beenden, aber es gibt keinen passenden Ausweg. Den findet man schnell, indem man bewusst und gut überlegt einen unkritischen Kapitalfehler baut. Plötzlich stehen einem dann alle Wege nach unten oder zur Seite offen. Das nennt man, die Reißleine ziehen. Es ist besser, einmal vorübergehend abzustürzen, als dauerhaft Schaden an Leib und Seele zu nehmen.

Ich erinnere mich noch heute, nach vielen Jahren, gerne an so einen geplanten Ausstieg von mir. Mit vielen, leeren Versprechungen wurde ich permanent zu einem Job in der 'Hölle' motiviert, den ich mit einer grauenhaften Präsentation vor dem Topmanagement innerhalb einer Stunde los wurde. Die Erleichterung nachher war einfach großartig, der dauerhafte Schaden für mich minimal.

Von ganz anderer Seite droht der Karriere Gefahr, wenn die Familie keinen Nutzen mehr in der Karriere sieht, diese nur noch als Gefahr betrachtet und keine Unterstützung mehr leistet.

Zum Beispiel, wenn Mobilität gefordert ist, aber die Familie nach 10 Umzügen plötzlich beim 11. mal nicht mehr mitziehen will. Wer also die Unterstützung der Familie haben will, muss sich darum kümmern, dass diese auch immer wieder den Nutzen der Karriere erkennt. Dies ist oft gar nicht leicht zu bewerkstelligen.

Berufswechsel

Im Laufe eines Berufslebens wird es sich nicht vermeiden lassen, mehrere Male die Aufgabe zu wechseln. Bei großen Firmen wird man sich innerbetrieblich verändern können, aber sonst heißt Berufs- oder Jobwechsel meist auch Firmenwechsel. Mit Know-Who, Know-how und der entsprechenden Portion Mut zum Risiko wird man dies gut meistern.

Die wichtigste Regel dazu lautet, zuerst neuer und gültiger Vertrag und erst dann kündigen! Leicht sitzt man sonst zwischen zwei Stühlen und hat einen Riesenschaden. Die Betonung liegt auf GÜLTIG, das heißt von beiden Seiten unterschrieben! Man sollte sich nicht auf mündliche Zusagen verlassen oder auf das Gerede von Vermittlern.

Da es in unserer sich - durch die Globalisierung - rasch verändernden Welt unwahrscheinlich ist, dass es sichere Arbeitsplätze gibt, ist die Suche nach potentiellen neuen Arbeitsplätzen eine Aufgabe, die jeden Berufstätigen, der nicht unangenehm überrascht werden will, ein ganzes Berufsleben lang begleiten wird.

Selbst Beamte, siehe Post oder Bahn, können sich nicht mehr auf ihre Sicherheit verlassen. Firmen, wie IBM, die Vollbeschäftigung in ihre Grundsätze geschrieben hatten, mussten unter dem Druck der wirtschaftlichen Ereignisse diese Firmenpolitik aufgeben.

Im Laufe der Berufsaktivitäten wird man immer auf Gelegenheiten stoßen, die auch für einen passen würden. Hier lohnt es sich, genügend Informationen zu notieren und aufzuheben, um im Bedarfsfalle darauf zurückgreifen zu können.

Bei extrem guten Chancen kann man seine Verfügbarkeit signalisieren, und man ist gut beraten, diese Kontakte zu pflegen. Am besten über seine Privatadresse.

Das heißt man braucht unbedingt auch Visitenkarten für seine Privatadresse. Firmenadressen sind im Krisenfalle nutzlos! Man wird nach dem Ausscheiden aus einer Firma sehr schnell vergessen und hat man keine Privatadressen oder Homepages gegeben oder gesammelt, kann kaum noch ein Kontakt hergestellt werden.

Wenn man sich bewerben will, braucht man nicht nur Kontakte, sondern auch Zeit dazu. Das heißt konkret, dass man immer 1-2 Tage Urlaub zurückbehalten soll, um sich auch bewerben und vorstellen zu können. Und man braucht einige Büromittel auch Zuhause, wie ein Faxgerät, einen Computer, ein Telefon. Es ist mehr als peinlich, wenn man beim Absenden von Informationen an den neuen Arbeitgeber am Firmen-Faxgerät überrascht wird.

Man braucht auch einiges praktisches Know-how dafür, welche Rechte und Pflichten man beim Berufswechsel hat. Hier kann man sich einmal in unkritischen Zeiten beim Betriebsrat oder bei anderen, unabhängigen Beratern erkundigen oder eines der unzähligen Managermagazine studieren.

Nützlich für Kontakte sind Zugänge zum Internet. Speziell für internationale Kontakte gibt es kaum ein besseres Mittel sich in Erinnerung zu halten und das mit wenig Aufwand. Aber Vorsicht, die Datenspur im Internet ist sehr deutlich. Also kritische Verhandlungen besser von zuhause/unterwegs und übers Privat-Telefon/Handy führen!

Menschen mit guten internationalen Kontakten können zwischen verschiedenen Kontinenten jeweilige Aufwärtszyklen zum Jobhopping benutzen. Häufig sind USA und Europa in verschiedenen Phasen der Konjunktur. So kann man bei einem Abflachen der Konjunktur in Europa die neu startende Konjunktur in USA nutzen und

Jobs wechseln. Dies sieht schwierig aus, aber ist in der Praxis - mit einiger Erfahrung - zu meistern.

Manchmal führt ein Berufswechsel auch in die Arbeitslosigkeit. Wer in seinem Leben klug in seinen Besitz und in seine Ausbildung investiert hat, wird auch in dieser Situation überleben können. Allerdings ist bei allen Wechseln das Lebensalter zu bedenken.

Ab 55 Jahren ist es unwahrscheinlich, noch einmal einen neuen und guten Job - selbst für Akademiker - zu finden. Mehrere Standbeine, Wachsamkeit und gute Gesundheit sind eine gute Basis, um Krisen zu überleben.

Sehr hilfreich ist auch die Fähigkeit, sich unter dem möglichen Lebensstandard einzurichten. Wer gelernt hat, nicht an der Grenze seiner Möglichkeiten zu leben, sondern sich etwas bescheidener eingerichtet hat, der hat beste Chancen, auch schwierige Zeiten zu überstehen.

Wer in seiner Firma mit Berufswechsel droht, um etwas durchzusetzen, muss damit rechnen, dass man nicht nachgeben wird, sondern den Drohenden ziehen lässt. Also niemals mit leeren Angeboten drohen! Sonst sitzt man leicht zwischen den Stühlen.

Bewerbungen

Bewerbungen gehören zu den kritischen Tätigkeiten eines Berufstätigen. Nicht nur die erste Bewerbung, die zur Einstellung geführt hat, sondern auch spätere, wenn es um Berufswechsel geht, sind kritisch. Berufsanfänger sollten daher unbedingt auf Bewerbungstrainings zurückgreifen um wenigstens nicht die einfachsten und meist auch schlimmsten Fehler zu machen. Einfache Ratschläge, etwa 'Geben Sie sich ganz natürlich', sind in der Praxis ohne Training und Erfahrung nicht zu befolgen.

Es gibt sehr viel Literatur zu diesem Thema, sie steht oft auch gratis zur Verfügung. Es lohnt sich, diese zu lesen und soweit es geht, auch anzuwenden. Aber kein Lesen wird die Übung ersetzen, deshalb sollte jeder auch einige Probebewerbungen machen, Bewerbungen für Positionen, die man wahrscheinlich nicht annehmen wird, nur um in der Realität zu üben. Bevor man sich bewirbt, kann man telefonisch schon überprüfen, ob die Bewerbung überhaupt eine Chance haben wird. Damit reduziert man die Zahl der Ablehnungen, was gut für das Selbstvertrauen ist.

> **Bewerbungsschreiben, Anschreiben (Cover Letter):**
> 1-2 Seiten, sehr spezifisch und konkret
> darf etwas auffallend sein

mit Bild (eingescannt) im Briefkopf
Sperrvermerke (d.h. wer dieses Bewerbung nicht sehen soll),
augenblicklicher Status
ohne Rechtschreibfehler, guter Druck, gutes Papier, verständlich

Lebenslauf, Resumée, Curriculum Vitae (CV)
Angabe der gewünschten Positionen,
korrekt (aber positiv dargestellt), lückenlos (oder Erklärungen für Lücken), kurz, Neuestes zuerst, Unwichtiges/Unangenehmes/Unnötiges weglassen, Quantifizieren der Leistungen, günstige und passende Form wählen, maschinenlesbar, im Internet verfügbar (spart Portokosten), alle Adressen für Erreichbarkeit, mit Farbbild (vom Fotografen, unbedingt lächeln!), Referenzen, Zeugnisse, keine Gehaltsangaben!(besser verhandeln), u.U. zusätzlich mit Zusammenfassung auf einer Seite/Anhänge

Gerne wird von Bewerbern übersehen, dass sie nicht nur ihre eigenen Probleme mit der Bewerbung zu lösen haben, sondern dass sie vor allem auch die Probleme der Firma lösen sollen. Deshalb ist eine gute Kenntnis der Firma, bei der man sich bewirbt, von unschätzbarem Vorteil.

Man sollte alle legalen Quellen dazu nutzen, von persönlichen Gesprächen bei Messen bis zu allem Material, das man über diese Firma in der Presse finden kann. Man kann gar nicht genug wissen, um sich richtig - für beide Seiten - zu entscheiden. Um viel zu erfahren, muss man sich früh darum kümmern. Und es schadet auch nicht, sich sehr früh zu bewerben.

Wichtige Information ist immer das mögliche Gehalt. Dazu sollte man auch die vorhandenen statistischen Daten der Landesämter auswerten. Ich empfehle (nach amerikanischem Vorbild) keine schriftlichen Gehaltsvorstellungen abzugeben, sondern dies in der Verhandlung zu klären.

Gerne übersehen wird die radikale Veränderung, die eine neue Arbeit mit sich bringt. Deshalb sollten viele Aspekte - und nicht nur das Gehalt - in Betracht gezogen werden.

Zu den wichtigsten Fragen gehören:

- Wer ist mein Chef und komme ich mit ihm zurecht?
- Kann ich mich an dem konkreten Arbeitsplatz wohl fühlen? Ein passionierter Nichtraucher wird in einer Raucherfirma nie glücklich werden. Und wer täglich zwei Stunden pendeln wird, wird auf Dauer sicherlich auch unglücklich werden.
- Kann ich mit dem Gehalt meine Verpflichtungen erfüllen?
- Steigt mit dieser Arbeit mein Wert?

All dies muss vorab geklärt sein, aber stimmen 80%, dann sollte man schnell zusagen und sich an die restlichen 20% anpassen. Zulange Überlegung bringt nichts mehr, außer dass sie einem schlechte Karten für den Start bringt.

In Deutschland muss man extrem pünktlich zu Bewerbungsterminen erscheinen und man darf um Gottes Willen keine negativen Äußerungen machen. Also muss man sich gut überlegen, was man über die alte Firma sagen wird und eine - positiv formulierte - Erklärung bei der Hand haben, warum man sich verändern will.

Bei der Kleidung sollte man darauf achten, dass sie gepflegt ist und zur Firma passt. Wer gut ausgeschlafen ist, wird schlagfertiger reagieren können. Und man sollte doch gut rüberbringen können, warum man gerade zu dieser Firma gehen will!

Es gibt tausend Wege zu einer Firma zu finden, von persönlichen Kontakten, über das Inserat, über ein Praktikum, einen Tag der offenen Tür, einen Messebesuch. Am angenehmsten sind die Soft-Entries, wo man so ganz nebenbei, z.B. über die Diplomarbeit, sich gegenseitig beschnuppern kann und sich dann handelseinig wird.

Wer den Kollegenkreis zur Bewerbungsvorbereitung nutzt, sollte wissen, dass die Kollegen auch alle Konkurrenten sind. Man kann sich daher ganz gut gemeinsam vorbereiten, zum Beispiel auch mit einer Videokamera üben, gemeinsam Erfahrungen austauschen, aber man sollte nie gemeinsam zur Firma fahren. Hier würde man sich nur gegenseitig hemmen!

Ich habe für meine eigenen Bewerbungsgespräche gerne zwei aufeinander folgende Tage gewählt, um über Nacht nachzudenken und dann am nächsten Tag dann noch die offenen Fragen klären zu können. Und ich habe darauf geachtet, dass die Bewerbung auch für den Interviewer bei der Firma angenehm ist. Beides hat sich gut bewährt.

Einstellung

Die Einstellung neuer Mitarbeiter ist eine wichtige Firmenentscheidung. Sind doch die Menschen das wichtigste Kapital einer Firma und falsche Entscheidungen sind später nur noch sehr schwierig zu korrigieren. Denn einmal eingestellt, kann man sich - vor allem in deutschen Großfirmen - kaum noch von MitarbeiterInnen trennen.

Deshalb ist es auch fair, dass man möglichst viel über den Bewerber wissen will. Nicht alle Fragen braucht man korrekt zu beantworten, z.B. ob man schwanger ist oder welche Partei man wählt. Hier hat der Gesetzgeber entsprechende Schutzmaßnahmen vorgeschoben.

Zu den Grundtests, die der Einzustellende zu absolvieren hat gehören: Passt er/sie in unsere Firma? Und in Großunternehmen: Kann er/sie auch noch in 20 Jahren die Firmenprobleme lösen? Es ist entscheidend, dass Firma und Kandidat zusammenpassen. Obwohl man immer gute Leute einstellen soll, so ist doch das Zusammenpassen wichtiger.

So wird eine drittklassige Firma unglücklich werden, wenn sie versucht nur erstklassige Leute einzustellen. Die neuen Mitarbeiter werden sich nämlich bald frustriert wieder von der Firma abwenden und außer Spesen wird nichts zurückbleiben.

Eigentlich selbstverständlich ist, dass die kritischen Fähigkeiten für einen bestimmten Beruf gegeben sind. So muss ein Pilot gute Augen haben, ein Gerüstarbeiter schwindelfrei sein und ein Programmierer einen Computer zuhause haben.

Trotzdem kommt es auch hier immer wieder zu unangenehmen Überraschungen, vor denen man sich aber durch eine Probezeit schützen kann. Allerdings muss in dieser Probezeit der Proband auch entsprechend gefordert werden, was auch nicht immer der Fall ist.

Immer beliebter, vor allem für interne Management-Auswahl, sind Assessment-Center, in denen KandidatInnen realistische Übungen vor geschulten Beobachtern zu absolvieren haben. Wie in einem Zoo werden dann kritische Verhalten beobachtet, oft auch in Stresssituationen.

Wer darin nicht geübt ist, wird aller Wahrscheinlichkeit in Assessment-Centern versagen. Deshalb auch hier mein Ratschlag, sich darauf in entsprechenden Trainings, die fast an jeder Wirtschaftsfachschule angeboten werden, vorzubereiten.

Einstellungen sind sehr aufwendig. Man braucht gute Interviewer in der Firma, die auch verfügbar sind und genügend Zeit haben, die richtige Auswahl aus den oft Hunderten Bewerbern zu treffen. Deshalb werden immer häufiger externe Personalbüros - zumindest für die Vorauswahl - beauftragt, auch niedere Positionen zu besetzen. Diese Vermittlungsdienste sind allerdings nicht ganz billig.

Deshalb sind auch von Firmenseite her gesehen Soft-Entries, sanfte Einstiege, sehr wünschenswert. Wer während einer Diplomarbeit in einer Firma sich die Mühe macht, den Kandidaten genau zu prüfen, wird selten eine totale Fehlentscheidung treffen.

Selbständig Machen

Auch in diesem Kapitel kann ich nur einige grundsätzliche Aspekte anführen. Das Thema ist viel zu komplex, um zufriedenstellend abgehandelt zu werden. Hier ist auf jeden Fall spezifische Beratung vor Ort angesagt. Es gibt genügend kompetente Berater, deren Adressen man in den Handelskammern und Arbeitsämtern erfragen kann. Zum Glück fördert die Politik die Selbständigkeit, weil sie als ein wichtiger Weg zur Schaffung neuer Arbeitsplätze angesehen wird.

Viele Menschen wählen inzwischen die Selbständigkeit, weil sie sich oft als einzige Alternative zur Arbeitslosigkeit anbietet. So wird diese Form des Arbeitens auch für Universitätsabgänger als Möglichkeit gesehen. Ich habe in meinen Vorlesungen meist einige Jungunternehmer, die schon während der Endphase des Studiums ihre Selbständigkeit beginnen.

Wenn man jung ist, zahlt man einen geringeren Einsatz dafür. Die eigene Arbeitskraft ist sozusagen noch gratis und man findet leichter jemanden, der die Anfangsphase mitfinanziert, wie z.b. Eltern oder Ehepartner oder noch gratis mitarbeitet, wie Kollegen.

Gegen die Jugend spricht aber die mangelnde Erfahrung. Es ist immer klug, die Anfangsfehler bei jemand anderem zu machen und erst nach einiger Lehrzeit oder Probezeit sich selbständig zu machen. Aber leider ergibt sich nicht immer diese Chance und dann muss man alleine und auf sich gestellt die Initiative ergreifen. Gerade wer ein neues, noch nicht etabliertes Gebiet beginnen will, kann kaum bei einem anderen abschauen. Hier hilft dann nur die Devise: Mache deine Fehler schneller als deine Konkurrenz und überhole sie dadurch.

Das Erfreulichste an der Selbständigkeit ist die leistungsgerechte Bezahlung, wenn die Sache läuft. Leider scheitert aber ein hoher Prozentsatz von Jungunternehmern schon nach kurzer Zeit. Wer allerdings sich z.B. eine wenig kapitalintensive Dienstleistung aussucht, kann eine lange Durststrecke durchstehen.

Zu den Hauptnachteilen gehört aber der unerhörte Einsatz, den niemand als Arbeitnehmer bringen würde. Drei Jahre lang eine 60 Stundenwoche, ohne Urlaub, das ist nichts Ungewöhnliches in einer Anfangsphase der Selbständigkeit. Dazu muss man schon sehr belastbar sein und auch gute Unterstützung aus seinem nahen Umfeld haben.

---

selbständig = selbst + ständig

Wenn man nicht ganz klein und alleine anfangen kann, wird alles viel schwieriger. Verstehen sich die Geschäfts-Partner in schwierigen Situationen? Wer entscheidet, wenn mehrere Partner gleichgewichtig sind? Es gibt ja keinen Chef, bei dem man entscheiden lassen könnte. Verstehen sich die Ehe-Partner der Geschäfts-Partner auch dann noch, wenn die Arbeitslast unendlich wird oder wenn einer Fehler macht, die gemeinsam ausgebadet werden müssen?

Oft ist der Wunsch nach Freiheit die treibende Kraft in die Selbständigkeit. Aber man wird schnell feststellen müssen, dass diese nicht immer erreicht wird. Oft tauscht man nur die Abhängigkeit von einem Chef in die Abhängigkeit von einem Hauptkunden oder der Bank ein, die einem das Geld geliehen hat.

Selbständigkeit - Tipps

Beginnt man etwas Neues, etwas was noch nicht am Markt etabliert ist, so ist es sehr hilfreich, wenn man in wenigen Worten, am besten in einem Satz, die Funktion des Geschäftes (genannt Mission) erklären kann. Man wird nämlich mit sehr vielen Menschen darüber reden müssen, vom Bankdirektor, dem man wegen eines Kredites aufsuchen muss bis zu den vielen potentiellen Kunden, die man zu gewinnen hat. Ist die Mission schwierig und nur umständlich zu formulieren, dann wird man große Probleme haben, das Geschäft zum Laufen zu bringen.

Gerne wird der administrative Aufwand - selbst bei kleinsten Beratungs-unternehmen - unterschätzt. Nicht nur dass die Buchführung stimmt und sauber ist, auch sonst sollte man, wenn es um das Geld geht sich überlegen, wie man vor allem sein Geld wieder schnell zurückbekommt.

Anfänger übersehen oft, dass es z.B. im normalen Geschäftsverkehr bis zu 4 Wochen dauern kann, bis eine Rechnung bezahlt ist. Schnell ist da die Kasse leer! Besonders Ingenieure haben oft wenig Sinn sich um die Administration zu kümmern. Ein Kaufmann im Team ist da wesentlich besser geeignet, den Laden finanziell in Ordnung zu halten.

Viel Kraft wird in der Praxis in die Gewinnung von Kunden gesteckt, die Akquisition. Es gibt wenige Geschäftsfelder, wo es zu viele Kunden gibt und man sich um die Akquisition nicht zu kümmern braucht. Meist ist ein ungeheurer Aufwand notwendig, um genügend Kunden zu gewinnen. Besonders wenn es sich um etwas Neues handelt, werden die meisten Menschen sehr reserviert agieren und nur sehr zögernd zugreifen wollen.

Ein großes Problem ist auch die Finanzierung, besonders am Anfang. Habe ich genügend Geld, um die Durststrecke zu überwinden? Wer gibt mir Geld, wenn ich wider Erwarten noch mehr brauche. Kennt mich meine Bank gut genug, um als

Hausbank zu funktionieren? Ist die Bank gleich um die Ecke, im selben Ort, schätzt mich der Bankdirektor? Banken haben durch ihre Finanzkraft große Macht. Behalte ich meine unternehmerische Freiheit oder muss ich bald nur noch den Willen der Bank erfüllen?

Günstig ist es, eine Nische zu betreuen, in der man etwas Spezielles, ganz Besonderes anzubieten hat. Man ist dann vor der Konkurrenz der Großen etwas sicherer und kann sich dadurch solange halten, bis man den Kundenstamm etwas gefestigt hat. Dies ist nur ein Vorteil, wenn man geringe Konkurrenz hat. Der Hauptvorteil ist, dass man das Preisniveau etwas freier festlegen kann und sich nicht auf einen mörderischen Preiskampf einzulassen hat. Preiskämpfe wird man als Anfänger meist nicht gewinnen, dazu fehlen einem einfach die finanziellen Muskeln.

Oft ist das Geschäft ganz allein auf den Unternehmer ausgerichtet und jede Krankheit dieser Zentralperson kann schwerwiegende Konsequenzen haben. Was passiert jetzt bei einer Krankheit, die vielleicht über mehrere Wochen läuft? Ist der Untergang der Firma damit vorprogrammiert, oder kann jemand einspringen? Betreiben Ehepaare gemeinsam eine Firma, ist das Problem etwas geringer.

Vielleicht hilft es, einen Verwandten, zu dem man auch genügend Vertrauen hat, laufend über das Geschäft informiert zu halten, damit man eine Notvertretung hat. Man will gerne das Risiko einer neuen Firma klein halten, und dazu gehört auch, die Geschäftsgröße klein zu halten.

Aber oft ist eine Minimalgröße durch externe Faktoren vorgegeben. Wer z.B. einen Versandhandel betreibt, muss zumindest die Inserate in den Fachzeitschriften bezahlen können und dazu ist ein gewisser Umsatz notwendig. Dieser Umsatz muss früher oder später erreicht sein, sonst kann die Firma nicht existieren.

Bei erfolgreichen Jungunternehmen kann auch das Wachstum zum Problem werden. Ist genügend Managementpotenzial vorhanden, um auch eine kleine Gruppe zu führen? Kann man wachsen, sind z.B. die Räume groß genug, ist im Ort genügend Platz? Findet sich Geld, um das Wachstum zu finanzieren?

Jeder Jungunternehmer, jede Jungunternehmerin wird eine Unmenge von Problemen vorfinden, die es zu überwinden gibt. Vielleicht findet sich ein älterer, erfahrener Manager, der hilfreich und am besten natürlich kostenlos, mit viel Rat zur Seite stehen kann, nicht für tägliche Routinearbeit, aber doch für häufiges Befragen.

Im Zeitalter der Frühpensionäre sollte dies schon möglich sein. Unter Umständen ist jemand dankbar, als Senior Experte der Jugend helfen zu können und so eine interessante Aufgabe zu haben und im Kontakt mit der Jugend selbst jung zu bleiben.

In jedem Fall wird neben allem Know-how und Mut immer auch Glück eine Rolle spielen, damit ein Jungunternehmen gelingt. Ebenso wird viel Goodwill und Unterstützung aller notwendig sein, die mit dem Unternehmer im Kontakt sind oder sein müssen, viele Firmen scheitern sonst oder müssen ihre Geschäftsvorstellungen doch radikal verändern und sich an die realen Gegebenheiten anpassen.

In einer komplexen Umwelt ist die Gründung von Unternehmen so ähnlich wie das Setzen von Samenkörnern in einem unbekannten Umfeld. Manche werden auf fruchtbaren Boden fallen und von selbst wachsen und ihre Eigentümer vielleicht sogar zu Millionären werden lassen. Einige wird man speziell düngen oder umsetzen müssen, aber viele sind Opfer des Umfeldes und werden nicht wachsen.

Dies ist tröstlich zu wissen, dass nicht alle erfolgreich sein können, es wäre schön, wenn unsere Gesellschaft die Verlierer nicht bestraft, sondern zumindest honoriert, dass diese jungen Leute Mut gezeigt haben und viel - auch aus ihrem Misserfolg - gelernt haben.

Kunden

In einer stark arbeitsteiligen Gesellschaft ist es für viele schwierig geworden, mit dem Konzept eines 'Kunden' noch etwas anzufangen. Und trotzdem gilt immer noch 'Der Kunde ist König', aus dem einfachen Grund, weil es Konkurrenz gibt. Zu den traurigen Erfahrungen gehört leider: Kümmern wir uns nicht um den Kunden, so wird es die Konkurrenz tun und wir verlieren den Kunden.

Dabei ist der Kunde nicht etwas Abstraktes, sondern er ist immer ein Mensch oder eine Gruppe von Menschen. Auch wenn der Kunde sich als Organisation, Firma, Amt etc. darstellt, so sind es letztes Endes immer Menschen, die diese Einheiten vertreten.

Jeder ist vom Wohlwollen seiner Kunden abhängig. Denn die Kunden sind die Menschen, die meine Leistungen abnehmen und mich dafür bezahlen. Kunden können fast immer auswählen. Sie müssen also an mich gebunden werden, gehalten werden, immer wieder verführt werden, zu mir zu kommen.

Dies gilt auch im Privatbereich, auch in einer Ehe zum Beispiel. Viele Partner sehen dies nicht so, glauben durch die Hochzeit ihren Partner auf Lebenszeit gebunden zu haben. Aber auch in unserer freien und toleranten Gesellschaft gibt es Konkurrenz und erfülle ich nicht die Wünsche meines Partners/meiner Partnerin, so wird es auch hier jemand anderer tun.

Obwohl jeder Kunden hat, so kennt er sie nicht immer persönlich. Leider muss ich dazu sagen, denn die gute Kenntnis der Menschen, die meine Kunden sind, wird meinen Geschäftserfolg wesentlich beeinflussen, oder die Unkenntnis wird mein Untergang sein. Meine Kunden bestimmen meine Zukunft.

Es ist wichtig, sich immer wieder klarzumachen, dass die Kundenbeziehung existiert und diese eine menschliche Beziehung ist. Um sich aller seiner Beziehungen klarer zu werden, kann man auch einen ungewöhnlichen Weg gehen und sich fragen, welche menschliche Beziehungen Kundencharakter haben. Wer ist mein Kunde? Was wollen die Kunden von mir, wie kann ich ihre Wünsche befriedigen? Wenn wir die Zeitplanung so machen, wie es dieses Praxilogie - Buch vorschlägt, dann enthält die Liste der Kontakte auch meine Hauptkunden.

Kunden suchen bei mir die Lösung ihrer Probleme. Sie sind nicht primär an meinem Produkt interessiert, sondern dass mein Produkt ihre Probleme löst. Meine Hauptaufgabe wird es also sein, bei der Lösung von Problemen mitzuhelfen. Wer weiß, dass ich dazu fähig bin, wird immer wieder zu mir kommen, besonders wenn ich diese Hilfe schnell, persönlich, diskret und effektiv anbiete.

Zu den wichtigsten Elementen einer Kundenbeziehung gehört, dass diese - zumindest den Eindruck haben - verstanden werden. Und Kunden wollen fair behandelt werden, was meist heißt, dass sie unterschiedlich d.h. individuell behandelt werden wollen.

Wie in jeder anderen menschlichen Beziehung wollen sich Kunden auf mein Wort verlassen können. Das heißt, ich verspreche nichts, was ich nicht halten kann. Und wenn ich etwas verspreche, dann werde ich auch alles tun, um es zu halten.

Kunden schätzen Diskretion. Das heißt, ich erzähle keine Details weiter, wenn ich dies nicht vorher abgesprochen habe.

Um die Kundenbeziehung dauerhaft zu machen, muss der Kunde auch die Chance haben, mir Feedback zu geben. Wie soll ich auf die veränderten Bedürfnisse meiner Kunden eingehen, wenn diese nicht mit mir reden oder auch ihre Unzufriedenheit rückmelden können?

Ein guter Test meine Firma aus der Warte des Kunden zu sehen, ist gelegentlich auch, den Weg des Kunden zu gehen und dies nicht nur im direkten Sinn, sondern auch im übertragenen Sinn. Wie wäre es zum Beispiel, auch einmal von extern anzurufen und sich wie ein Kunde behandeln zu lassen oder die eigenen Broschüren aus der Warte des Kunden zu lesen? Oder eine Beschreibung aus der Sicht des Kunden über mich zu verfassen?

Redundanz - Verfügbarkeit

Zu den häufigsten Beschwerden in einer Kundenbeziehung gehört, dass jemand nicht für den anderen da ist. Du bist ja nie erreichbar, heißt es dann. Man selbst hat aber einen ganz anderen Eindruck. Ich bin doch immer da, ich fahre nie weg, etc.

Die eigene tatsächliche Verfügbarkeit wird also oft falsch eingeschätzt. Es lohnt sich daher, über dieses Problem nachzudenken. Aus der Verfügbarkeit von Computersystemen wissen wir, dass eine Verfügbarkeit von 99%, so hoch diese Zahl auch scheint, nicht ausreicht, um Kundenzufriedenheit zu erreichen. Diese Verfügbarkeit bedeutet doch, dass ein Computer, der 365 Tage arbeiten soll, an über drei Tagen ausfällt. Für jede Bank kann dies den Ruin bedeuten.

Hohe Verfügbarkeit kann in einer realen Welt nur durch Redundanz erreicht werden. Und die Abhängigkeit von zwei nicht idealen Elementen, die man beide gleichzeitig braucht, führt in der Praxis ganz schnell zu extrem geringer Verfügbarkeit. An Hand eines Beispiels aus der Schaltungstechnik kann man dies leicht ausrechnen.

Hat ein Element die Verfügbarkeit von 80%, wird mit einem zweiten, d.h. redundantem aber sonst gleich gutem Element schon eine Verfügbarkeit von 96% erreicht. Habe ich es aber mit einer Kette von 2 dieser Elementen zu tun, dann sinkt die Verfügbarkeit auf 64%.

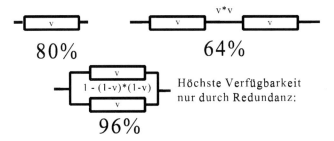

Für die Praxis hat sich ein Konzept gut bewährt, das man Tandemkonzept nennt. Denn kaum jemand wird sich für jede Arbeit zwei Mitarbeiter leisten wollen, nur damit die Verfügbarkeit genügend ansteigt. Aber wenn es gelingt, zwei Mitarbeiter so auszubilden oder zu informieren, dass im Ersatzfall der eine leicht die Arbeit des anderen übernehmen kann, so hat man schon viel erreicht. Dieses Konzept setzt allerdings hohe Kooperationsbereitschaft und Kommunikationsfähigkeit der Tandempartner voraus und ein Managementsystem, das es gut unterstützt.

Das Tandem, ursprünglich ein technisches Konzept für höchste Computer-Verfügbarkeit, funktioniert nur dann, wenn die Partner sich regelmäßig und umfassend über Arbeitsfortschritte und neue Erkenntnisse informieren, d.h. sich synchronisieren.
Der Aufwand dafür ist gering, aber der Gesamtnutzen ist groß. Der Clou daran ist, dass man nur die Information über die Arbeit, aber nicht die Arbeit selbst dupliziert!

Wenn es gelingt, das Tandemkonzept zu einem Gruppenkonzept zu erweitern, dass jeder im Bedarfsfalle jede andere Arbeit machen kann, dann ist die Flexibilität optimal. Wenn jetzt etwa auch noch die Gruppe sehr vielfältig ist, zum Beispiel auch noch sehr verschiedene Pausen und Anwesenheitszeiten hat, jeder jedes Telefon abhebt, dann ist nahezu auch 100% Verfügbarkeit gegeben.

Als günstig für das Tandemkonzept haben sich Dreier-Büros erwiesen. Hier haben zwei Redner einen dritten Zuhörer und Vertretung oder gegenseitiges Lernen werden so erleichtert. Auch ein gut informierter Chef kann im Notfall leicht als Ersatz einspringen.

Bei Einzelpersonen genügt oft die Anschaffung eines Anrufbeantworters oder Mobiltelefons, um die Erreichbarkeit genügend hoch werden zu lassen. Auf jeden Fall sollte man Kritik an der eigenen Erreichbarkeit und Verfügbarkeit sehr ernst nehmen und Abhilfe veranlassen. Zum Glück helfen die neuen Kommunikationsmedien, dieses Problem besser in den Griff zu bekommen.

Beschwerden

Beschwerden sind eine wesentliche Informationsquelle in einer Beziehung und natürlich auch in einer Kundenbeziehung. In einer wettbewerbsorientierten Welt ist die Handhabung von Beschwerden eine entscheidender Faktor im Konkurrenzkampf. Wer mit Beschwerden richtig umzugehen versteht, hat einen wesentlichen Wettbewerbsvorteil.

Wer sich beschwert, hat nicht erhalten, was er erwartet hat. Aber es beschwert sich nur jemand, der weiterhin mit mir Geschäfte machen will, allerdings nur dann, wenn das Problem zufriedenstellend behoben wurde.

Wer unzufrieden ist und den Geschäftsverkehr mit mir deshalb abbrechen will, der wird einfach gehen und ich werde ihn - zumindest für einige Zeit - als Kunden gesehen haben.

Beschwerden stellen deshalb oft nur die Spitze eines Eisberges dar, denn viele Unzufriedene werden sich nicht die Mühe machen, eine Beschwerde zu formulieren und mir zukommen zu lassen. Sie stimmen mit den Füßen ab und gehen zur Konkurrenz.

Willst du dich beschweren, dann fange mit dem Positiven an.
Deine Chance, dass du dann gehört wirst, steigt damit enorm.

Eine Erfahrungszahl - die natürlich nicht immer stimmen kann - ist: Nur 5% werden sich beschweren, d.h. pro formulierter Beschwerde hatten 20 Kunden dasselbe Problem, aber sich nicht gewehrt.

Für die Handhabung von Beschwerden ist es vorteilhaft anzunehmen, dass die meisten Menschen anständig und vernünftig reagieren und sich nicht über ungerechtfertigte Beschwerden Vorteil verschaffen wollen.

Natürlich gibt es immer einige Oberschlaue, die eine großzügige Garantie ungerechtfertigt ausnützen werden. Aber auch hier gilt der 5% Erfahrungswert: Nur jeder 20. wird das System ausnutzen.

Jeder der unzufrieden ist, hat das Bedürfnis seine Unzufriedenheit auch mitzuteilen, im Durchschnitt wird er seinen Frust mit der Firma etwa 10 mal weitererzählen. Das heißt die negative Propaganda einer formulierten Beschwerde ist mit dem Faktor 200 zu gewichten. Deshalb ist jede Beschwerde ernst zu nehmen, sie muss beachtet werden und ziemlich sicher ist es vernünftig darauf zu reagieren.

Wegen der großen Propagandawirkung lohnt es sich jetzt auch, den Problemkunden nachzugeben. Außer sie werden unverschämt oder bewegen sich am Rande des Betrugs, dann ist der Abbruch des Geschäftskontaktes sicherlich die bessere Alternative.

Aber Vorsicht, nicht zu sensibel dabei sein! Vielleicht ist der Problemkunde von heute, der gut zufriedengestellt wird, der treueste und beste Kunde von morgen. Denn diese Problemmenschen haben wenige Freunde und einer von den Freunden zu sein, kann unbezahlbar werden.

In jedem Fall ist zuviel Gleichmacherei - auch in diesem Fall - geschäftlich von Nachteil. Individuelles und flexibles Handeln lohnt sich mehr. Gleichmacherei führt nämlich nicht zu mehr Gerechtigkeit, die man eigentlich anstreben will, sondern dazu, dass nicht jeder Kunde das bekommt, was er individuell eigentlich will.

Die beste Garantie lautet: entweder du bist zufrieden oder du bekommst dein Geld zurück. Zu komplizierte und einschränkende Formulierungen stoßen ab. Nicht jeder wird sie in dieser Form auch geben können, aber diese Art der Garantie ist eine gute Basis Kunden zu gewinnen und zu halten.

Bei Beschwerden ist es gut die Frage zu stellen: Was kann ich tun, um dich jetzt dennoch zufrieden zu stellen? Oft ist dies weniger, als man extremer weise annehmen würde, deshalb sollte man keine übertriebene Angst vor dieser Fragestellung haben. Nicht immer wird man wirklich etwas zur Kompensation tun müssen, manchmal sind Menschen einfach schon froh, wenn man ihnen zuhört.

In jedem Fall ist es klug, sich bei einer Beschwerde zu entschuldigen, egal ob man persönlich für den Missstand verantwortlich ist oder nicht, sich die Beschwerde anzuhören und zu notieren, sich einen Vorschlag für die Lösung des Problems geben zu lassen und rechtzeitig (nicht später als drei Wochen) das Problem mit einer Antwort abzuschließen, möglichst natürlich zur Zufriedenheit des Kunden.

Warten

Warten kommt im Geschäftsleben - und nicht nur dort - sehr oft vor. Da Warten im Normalfall als vertane Zeit angesehen wird, ist es mehr als sinnvoll, über das Warten nachzudenken.

Es gibt inzwischen Spezialfirmen, die Beratung für alle Aspekte des Wartens anbieten. Ist man einmal auf diesen Themenkreis aufmerksam gemacht worden, dann wird man vieles entdecken, wie man das Warten positiv verändern kann.

Niemand wartet gerne, selbst Leute die viel Zeit haben, fühlen sich in der Wartezeit fremdbestimmt und meiden das Warten. Und oft kann man das Warten auch vermeiden, durch Pünktlichkeit und Planung, besonders durch das Einplanen von Zeitpuffern.

> Modernes Reisen ist Warten und Hetzen.

Wenn der Arzt nicht zu eng seine Termine planen lässt, sondern zwischen den Patienten Zeitpuffer vorsieht, wird ein Patient weniger zu warten haben. Wenn jemand Angst hat, wird sich so seine Angst nicht aufschaukeln können.

Die Planung sollte auf realistischen, d.h. gemessenen Zeitdaten basieren, und nicht auf Vorstellungen, wie es eigentlich ablaufen müsste. Zu oft klaffen Vorstellung und Realität auseinander, wie wir schon beim Zeitmanagement gesehen haben.

Wenn man doch warten muss, dann sollte man zumindest das Gefühl haben, dass sich das Warten lohnt. Das heißt man muss genau wissen, was man bekommen wird. Auf Kleinigkeiten sollte man nicht warten müssen!

Gute Beispiele wie man das Warten unterhaltsam und effektiv organisieren kann, bieten die amerikanischen Vergnügungsparks, wie Disney World. Gelegentlich wird man in diesen Parks bis zu 90% der Zeit auf irgendwelche Attraktionen warten müssen. Aber wenn man genau weiß, worauf man wartet, z.B. in dem man die Attraktion beim Warten sehen kann, werden auch diese Wartezeiten toleriert.

Fairer wird Warten empfunden, wenn man weiß, wie lange man zu warten hat und man in einen Warteprozess integriert wird. Dazu gehört, dass die Ankunft registriert wird.

Fair ist auch nur eine Warteschlange, das heißt, wer zuerst kommt, wird auch wirklich zuerst bedient. Bei mehreren Warteschlangen wird immer der Eindruck entstehen, dass eine andere Schlange früher dran kommt, was - wie alles andere unnötige Warten auch - mit auch Hass erzeugen kann. Muss es aus bestimmten Gründen mehrere Warteschlangen geben, dann sollten diese räumlich getrennt sein und sich nicht sehen und damit vergleichen können.

> Am unterhaltsamsten beim Warten sind andere Menschen.
> Großes gelingt mit Geduld.

Wenn sich trotz guter Organisation und Planung Warten nicht vermeiden lässt, muss man Nutzen für die Wartezeit anbieten. Der Nutzen kann auch Unterhaltung sein, indem z.B. Menschen in Gruppen warten und sich während dieser Zeit austauschen können. Klug ist auch Wartende zu beruhigen oder abzulenken, z.B. mit Musik, Videos oder auch mit Getränken zu versorgen.

Fast nirgendwo muss soviel gewartet werden und ist soviel Geduld erforderlich wie in Krankenhäusern und Sanatorien. Das Aufstellen von Internet-Bildschirmen hat dazu geführt, dass Menschen ihre lange Wartezeiten mit Internet-Surfen sehr unterhaltsam - z.B. zur Weiterbildung - nutzen können und durch diese Ablenkung schneller Heilung erfahren.

Obwohl wir alle nicht gerne warten, so schätzen wir es doch wenn auf uns gewartet wird oder wenn wir sogar erwartet werden. Ich vermute, dass eine Vorliebe für den Individualverkehr auch daher kommt. Denn das Auto wartet auf uns, der Zug nicht!

Abschließend stelle ich fest, dass das Warten eine unserer Zeitkrankheiten ist und noch ein großes Potenzial vorhanden ist, es zu reduzieren, fairer zu gestalten oder als Chance zu Unterhaltung, Kommunikation und Weiterbildung es produktiv zu nutzen. Denn wir dürfen nicht vergessen, dass unser Reichtum von unserer Produktivität abhängt. Und dass uns unsinniges Warten alle ärmer macht.

Qualität

Es wird in der Industrie immer dann besonders Wert auf Qualität gelegt, wenn eine Hochkonjunkturphase zu Ende geht und der Überlebenskampf härter zu werden beginnt. So ist leider auch für viele die Qualitätsbetonung zu einem Indiz geworden, dass - wenn darüber zuviel geredet wird - es mit der Firma bergab geht.

Leider trägt auch die Frustration, die viele Mitarbeiter in ihren Firmen mit der Qualitäts- Normen- Familie ISO 9000 hatten, sehr dazu bei, den Qualitätsgedanken zu verwässern. So assoziieren viele Mitarbeiter heute Qualität mit QUÄLEN!

Trotzdem ist es für mich unerlässlich, einige Grundgedanken von Qualität gut zu verstehen und auch anzuwenden. Die wichtigste Definition von Qualität ist: Erfüllung aller Anforderungen. Man beachte, dass hier nur Erfüllung und nicht Übererfüllung steht. Dies steht in einem gewissen Gegensatz zur deutschen Denkweise, die mit guter Qualität gerne Übererfüllung in Verbindung bringt.

Weiter verstehen wir unter Qualität auch, dass das Produkt keine Fehler hat und robust ist. Eine saloppe Definition meint: Wir produzieren Qualität, wenn die Kunden wiederkommen (um wieder zu kaufen) und nicht die Produkte (zum Reparieren der Fehler).

Lange Erfahrung lehrt, dass ein enger Zusammenhang zwischen Produkten, Prozessen und Management herrscht. Nur gutes Management wird gute Prozesse installieren und verbessern, die dann gute Produkte erzeugen. Qualität, unter schlechtem Management, mit kurzfristigen Aktionen erzeugen zu wollen, ist also schlecht möglich. Qualität ist etwas, was im Geiste einer Firma oder auch eines Menschen sitzen muss und langfristig wirkt. Im Sinne unserer Nachrichtenqualifizierung ist Qualität eine sehr langsame Nachricht.

Die Wichtigkeit von Qualität lässt sich kaum mit Plakaten oder Sprüchen untermauern. Sie sollte besser durch hochqualitatives Werkzeug, optimale Arbeitsumgebung oder auch durch makellose Sauberkeit ausgedrückt werden.

Wenn man genügend Zeit hat über Qualität nachzudenken, dann kostet Qualität nichts, sie ist gratis. Denn es wird billiger sein, - genügend Erfahrung vorausgesetzt - gleich die richtigen Produkte richtig herzustellen, als dann später das Geld in Reparaturen oder Korrekturen ausgeben zu müssen.

Leider ist es aber in einer realen Welt nicht immer möglich, ohne Fehler zu arbeiten, aber - genügend Disziplin vorausgesetzt - braucht man jeden Fehler nur einmal zu machen.

Das hat mich dazu geführt, einen Fehler immer zu tolerieren und erst den zweiten Fehler als den vermeidbaren zu bestrafen. Einmal ist keinmal, aber zweimal ist zu oft! Es hat sich gezeigt, dass es sehr günstig ist, Fehler zu gestatten, wenn man nur sofort die Konsequenzen daraus zieht. Menschen werden auch weniger ängstlich und riskieren auch Neues, wenn sie einen Fehler machen dürfen.

Als Motivationsfaktor ist Qualität für viele Menschen sehr wichtig. Denn der Spaß an der Arbeit ist eng mit dem Stolz verbunden, den man mit dem Ergebnis verbinden kann. Man wird also wesentlich motivierter Qualitätsprodukte erzeugen wollen, als sich mit Tätigkeiten abgeben, die zu Produkten führen, mit denen man besser nicht in Verbindung gebracht werden will.

Ein wichtiger Aspekt bei Qualität sind Kontrollen. Diese müssen ein fester Bestandteil des Prozesses sein. Sind Extra-Kontrollen notwendig, dann müssen diese angekündigt werden. Sind die Kontrollen abgeschlossen, sollen alle Betroffenen für gute Leistungen oder gutes Verhalten eine - kleine - Belohnung oder Anerkennung bekommen. Denn auf die Dauer bringt ein Belohnungssystem immer mehr Erfolg als ein Bestrafungssystem.

Ich möchte allen LeserInnen gönnen, einmal in ihrem Leben in einer Umgebung zu arbeiten, die versteht konsequent Qualität zu erzeugen. Die gewonnene Erfahrung dabei lässt sich nur schwer schulen, sie wird aber helfen, auch in anderen Bereichen dann Qualitätsarbeit zu verrichten.

Wer zum Beispiel einmal selbst mitgemacht hat, wie ein gut funktionierender Qualitätszirkel arbeitet, dem wird dieses stete Hinterfragen, wie man etwas besser, einfacher, billiger, angenehmer machen kann, in Fleisch und Blut übergehen.

Fehler

Ebenso wie die Auswertung von Beschwerden eine große Fülle von Informationen bringt, so ist auch ein großes Potenzial in der richtigen Behandlung von Fehlern gegeben. Wir haben schon gesehen, dass es wichtig für die Effektivität und Qualität der Arbeit ist, wenn Fehler gemacht werden dürfen. Aber ähnlich wie die Unfallforschung unschätzbare Einsichten in Verbesserung von Produkten bringt, so bringt auch die Fehleranalyse die entscheidenden Verbesserungen für Prozesse und damit auch für Produkte.

Gute Quellen für Verbesserungen sind die Fehler, die andere machen, sie haben dich nichts gekostet. Und auch die Beinahefehler, Fehler, die man gerade noch entdeckt hat, bevor sie Schaden angerichtet haben, sowie Spiel- und Lernsituationen sind billige Quellen der Erkenntnis.

Für alle gefundenen Fehler ist es effektiv, wenn man seiner Umgebung mitteilt, wie man sie vermeiden kann, das heißt Menschen davor warnt. Vor allem für selbst gemachte Fehler ist dies nicht immer einfach, weil man dadurch auch eingesteht, dass man die Fehler begangen hat.

Wer Probleme hat, seine eigenen Fehler zuzugeben, aber dennoch nicht auf den Nutzen verzichten will, die gemachte Erfahrung weiterzugeben, kann diese ja abstrakt und unpersönlich weitergeben. Man habe gehört, dass dies und jenes jemanden passiert sei, und die Lehre daraus sei, etc.

Eine Umgebung, in der es verpönt ist über Fehler zu reden, wird dazu gezwungen sein, immer wieder dieselben Fehler zu machen und immer wieder dasselbe Lehrgeld zu bezahlen.

```
Einmal ist keinmal, zweimal ist zu oft!
```

Eine Firma, in der immer wieder dieselben Fehler vorkommen, wird weniger effektiv sein können, als jene Firmen, die zwar auch Fehler machen, aber die gemachten Erkenntnisse dann - durch geeignete Kommunikation - schnell firmenweit bekannt machen. Das heißt solche Firmen sind dann lernende Organisation, sie passen sich schnell an und können so besser überleben.

Von den vielen Fehlervermeidungs- und Fehlerentdeckungsmethoden will ich nur eine vorstellen, eine, die aber universell anwendbar ist und für technische wie nichttechnische Problemsituationen gleichermaßen geeignet ist. Die Methode heißt Inspektion, wenn sie in strenger Form durchgeführt wird, oder Walkthru, wenn es sich um eine etwas lockerere Variante davon handelt. In jedem Fall geht es darum, dass sich eine Gruppe von Menschen das Ergebnis oder Zwischenergebnis einer Arbeit ansieht und konstruktiv versucht, alle Fehler oder auch Schwachstellen zu finden, bevor diese zur Wirkung kommen.

Die Methode der Inspektionen wirkt schon in der kleinsten Gruppe, im Extremfall kann man sich auch selbst oder einem unwissenden Wesen ein Problem bzw. eine Lösung erklären und wird beim Formulieren auch eine Lösung bzw. Fehler finden. Allerdings darf man nicht darauf versessen sein, alle Fehler zu verschleiern, dies wird nur zur Frustration aller Beteiligten führen.

Im industriellen Umfeld wird man einige Vorsichtsmaßnahmen einführen, um Ego-Probleme zu reduzieren oder auszuschließen. Zum Beispiel wird die Teilnahme von Chefs dann ausgeschlossen.

Aber ein sehr positiver Nebeneffekt der Inspektionen ist das Lernen durch die Arbeit der anderen. In einem Team, in dem Inspektionen häufig und problemlos möglich sind, wird jeder über alle anderen Arbeiten gut Bescheid wissen und man wird wechselseitig immer das Beste von jemandem anderen übernehmen können.

Man muss aber auch bedenken, dass für Inspektionen sehr viel Zeit notwendig ist, deren Einsatz auch durch das Ergebnis gerechtfertigt sein muss.

Die Art, wie eine Gruppe, Firma, aber auch Familie mit Fehlern umgeht, wird wesentlich die Qualität und Effektivität beeinflussen. Zuviel Restriktion wird die Kreativität reduzieren, zuviel Tolerieren wird zu viele unnötige Reparaturen verursachen. Auch hier liegt das richtige Maß irgendwo in der Mitte.

Chefs und Kollegen

Dieses Thema ist in allen seinen Variationen unermesslich und wird nie aussterben. Viele Bücher wurden darüber geschrieben und in stundenlangen Diskussionen innerhalb und außerhalb der Firmen wird es immer wieder erörtert.

Überall wo Menschen zusammenkommen, geht es menschlich, leider auch manchmal unmenschlich zu. Deshalb ist für den Erfolg die Kenntnis der Menschen so wichtig. Einiges aber ist in Firmen leichter als zum Beispiel in Beziehungen in der Familie. Die Firma kann man wechseln, wenn es zu größeren Problemen kommt. In großen Firmen kann man die Abteilung wechseln, ohne gleich kündigen zu müssen.

Obwohl immer wieder Freund- und Liebschaften in Firmen entstehen, so ist die Firma doch nicht die Familie. Eine gewisse Trennung beider Lebenssphären führt dazu, dass nicht die Probleme eines Kreises in den anderen hineingetragen werden müssen. Der Mitarbeiter kann etwas Distanz schaffen und sich wechselweise von dem anderen Bereich erholen. So ist es immer klug, Geschäftssorgen im Büro zu lassen und Privatprobleme nicht in der Firma breitzutreten.

Die Familie ist aber auch nicht die Firma. So klug es ist, bewährte Methoden des Berufs auch Zuhause anzuwenden, so unsinnig wäre es aber, seine Familie wie seine Firma zu behandeln. Denn die Motive des Handelns sind doch in beiden Bereichen sehr verschieden. In der Firma arbeitet man für Geld, Zuhause für das gemeinsame Glück und Wohl.

Viele persönliche Eigenschaften, die Zuhause eine weniger große Rolle spielen, werden entscheidend den beruflichen Erfolg bestimmen. Dazu gehören die Kommunikations- und Kooperationsfähigkeiten, der Mut etwas durchsetzen zu wollen, Schlauheit und Ausdauer, Geschäftssinn und auch die Fähigkeit mit unangenehmen Menschen zurechtzukommen.

Im Privatbereich kann man den unangenehmen Menschen eher ausweichen. Im Beruf werden sie zur Herausforderung, der man sich stellen muss.

Zu den unangenehmen Begleiterscheinungen des Erfolges gehören die Schwierigkeiten, die sich mit ihm einstellen. Die Konkurrenz fördert Neid, Missgunst, Kampf, man muss ständig wachsam bleiben, um nicht übervorteilt zu werden.

Wer also Erfolg haben will, muss mit Schwierigkeiten rechnen. Nicht immer aber deuten große Schwierigkeiten auch auf großen Erfolg hin. Manchmal ist man einfach ungeschickt und schafft sich durch sein eigenes Verhalten mehr Probleme, als man brauchen kann.

Ein großes Problem für neue Chefs ist die notwendige Umstellung. Die Einsamkeit der Führungskräfte bemerken diese sofort. Aber es gibt viele weitere, subtilere Umstellungsprobleme. So braucht man an der Spitze oft andere Talente, als auf dem Weg zur Spitze. Plötzlich sind z.B. Fremdsprachen enorm wichtig oder die Fähigkeit, sich viele Namen zu merken. Manchmal sind es nur Kleinigkeiten, die aber leicht zu Stolpersteinen werden, wenn sie nicht behoben werden. Ich empfehle dazu, sich für einige Zeit einen Coach zu leisten und schnell Abhilfe zu schaffen.

Zu den großen Problemen im Umgang mit Chef und Kollegen gehört das Mobbing. Aus irgendwelchen Gründen (nicht immer ist man für das Mobbing selbst verantwortlich) wird man auf brutale Weise von einem Team ausgestoßen.

Ein neuer Kollege wird von seinem Chef mit den Worten angekündigt: 'Herr X wird diesen Saustall hier endlich ausmisten.' Herr X wird augenblicklich vom Team abgestoßen und hat keinerlei Chance etwas zu bewirken. Letzten Endes muss er gehen, ohne etwas erreicht zu haben.

Ich habe selbst einige Mobbingfälle hautnah erlebt. In solchen Situationen kann die Firma zur Hölle werden. Besonders Intrigen sind beim Mobbing - aber nicht nur dort - häufig. Sie funktionieren alle nach dem Schema, dass ein Intrigant, der meist versucht unerkannt zu bleiben, mit Informationen (von Wahrheiten, Halbwahrheiten bis Lügen) das Aggressionspotenzial einer Gruppe (den Vollstreckern) gegen das Opfer auslöst, um damit entweder selbst Vorteile zu haben oder einfach auch nur um zu zerstören. In Firmen oder auch politischen Organisationen, die chaotische

Strukturen haben oder die versuchen, mit hierarchischen Kommunikationspfaden zu manipulieren, wird es leicht sein, damit Erfolg zu haben.

Auch wenn man sehr oft selbst für das Auslösen des Mobbings verantwortlich ist, so kann man dann doch nicht mit den Konsequenzen leben. Meiner Erfahrung nach ist Flucht die einzig brauchbare Lösung eines Mobbingproblems, wo diese Lösung unpraktisch ist, sollte man sich beraten lassen, wie man da wieder rauskommt.

Besonders gefährdet als Mobbingkandidaten sind u.a. Menschen mit ausgeprägten Meinungen (vor allem auch, wenn sie oft recht haben), religiöse Randgruppen oder Fanatiker, häufig Kranke, Faule und Miesmutige, sowie Menschen, die keine Dienstleistungen an die Gemeinschaft erbringen wollen (Schmarotzer, Arrogante). Etwas schützen kann man sich, indem man seine Privatsphäre nicht in der Firma publik macht.

Ich glaube, dass so altmodische Eigenschaften wie höfliche Umgangsformen, Fachwissen und genügend soziale Kompetenz, gepflegtes und nicht zu auffälliges Äußeres, Zurückhaltung mit privaten Meinungen und Problemen, Fairness und Kooperationsfähigkeit eine gute Basis sind, um im Beruf Erfolg zu haben.

Spitzenerfolge erfordern dann allerdings auch noch zusätzliche Eigenschaften, leider gehören auch solche dazu, die nicht alle haben wollen, wie eine gewisse Skrupellosigkeit, die gelegentlich bis zur Brutalität reicht, maßloser Einsatz und Vernachlässigen des privaten Umfeldes.

Der Fürst

Der Begriff Fürst steht hier für hochrangige Führungskräfte, egal ob in Politik oder Wirtschaft. Ich habe den Ausdruck in Anlehnung an den Klassiker von Machiavelli gewählt. Ich hatte während meines Berufslebens Gelegenheit sowohl mit Topmanagern der Industrie, als auch mit Politikern Kontakt zu haben und stelle fest, dass es eigentlich wenig Unterschiede zwischen den Fürsten der Industrie und denen der Politik gibt, vielleicht mit der Ausnahme, dass die Politiker viel weniger Geld bekommen.

Eine exzellente Schilderung der Arbeit in den Vorstandsetagen bei Ford gibt Lee Iacocca in seinem Buch. Kenner der Politik in Baden-Württemberg werden Monrepos gerne lesen.

Fürsten sitzen weit weg von ihren Untertanen in einem Elfenbeinturm und denken im wesentlichen darüber nach, wie sie ihre Macht erhalten oder erweitern können.

Sie haben einen Hofstaat um sich, der dazu dient, die Wünsche des Fürsten zu erfüllen. In der Praxis ist der Hofstaat ein Sekretariat, ein oder mehrere Assistenten, ein Managementteam. Alle sind sie ziemlich von der Gnade des Fürsten abhängig. Einige der Vasallen sind loyal, einige werden aber versuchen, früher oder später die prominente Rolle des Fürsten einzunehmen.

Der Fürst will von trivialen Problemen, die das Volk hat, nicht in seinen wichtigen Gedanken gestört werden. Darum gehe nie zu deinem Fürst, außer er ruft dich.

Gehst du trotzdem, dann droht dir große Gefahr, dass du ein dringendes, aber unbeliebtes Problem, das dem Fürsten auf den Nägeln brennt, zu lösen bekommst. Etwas, was du gar nicht wolltest. Es ist daher klug, den Kontakt nur auf absolut Notwendiges zu beschränken.

Wenn dich der Fürst ruft und dir Fragen stellt, dann beantworte auch nur jene Fragen. Nütze nicht die Gelegenheit dazu, ihm auch anderes zu erzählen. Damit lenkst du ihn nur von seinen wichtigen Gedanken ab. Wenn du ihm von Problemen erzählst, besteht auch hier die Gefahr, dass du diese dann auch selbst lösen musst.

Brauchst du vom Fürsten eine Entscheidung, dann ist sehr wahrscheinlich, dass er dich fragen wird, wie du selbst entscheiden würdest. Denn er wird wahrscheinlich nicht verstehen, was das Problem ist und wie die richtige Entscheidung sein sollte. Darum habe für diesen Fall immer gleich die passende Antwort parat, die dir dann auch ins Konzept passen muss.

Es ist unverzeihbar, wenn du nicht weißt, wer die Feinde deines Fürsten sind. Denn dann besteht die Chance, dass du mit diesen kooperieren wirst, etwas was er dir nie verzeihen wird. Darum kenne seine Feinde, denn sie müssen auch deine Feinde sein.

Vermeide, dass dir der Fürst Geheimnisse anvertraut. Denn gerne will er dann später seine Mitwisser loswerden. Weißt du zuviel, so lebst du gefährlich.

Verursachst du den Vasallen des Fürsten Probleme, so werden diese den kurzen Weg zum Fürsten ausnutzen und dich bei ihm anschwärzen. Es ist daher klug, auch den Kontakt mit den Vasallen, d.h. der Sekretärin, dem Assistenten, auf das Notwendigste zu beschränken. Wenn du mit ihnen redest, dann erzähle immer nur Dinge, die der Fürst gerne hört.

Auf diese Weise wird der Fürst ungestört bleiben. Allerdings wird er auch von niemanden mehr die Wahrheit erfahren. Seine Entscheidungen werden nicht mehr durchsetzbar werden und er wird scheitern. So hast du eine faire Chance, seine Nachfolge anzutreten. Ist der Fürst bösartig, musst du die Regeln modifizieren. Ich verweise dazu auf meine Kunst der Klugheit, in der viel Erfahrung zu diesem Thema gesammelt ist.

Hierarchische Organisationen

Ein Hauptvorteil hierarchischer Organisationen ist ihre effektive Eskalationsmöglichkeit. Das heißt, dass Entscheidungen schnell gefällt werden können und Konflikte schnell bereinigt werden können. Zumindest ist dies im Prinzip so. Und wenn das Subsidiaritätsprinzip sinnvoll eingesetzt wird, d.h. dass alle Entscheidungen immer am untersten Niveau alleinverantwortlich möglich sind, dann ist der Kommunikationsaufwand sehr gering.

Ein Paradebeispiel einer effektiven, hierarchischen Organisation ist die Katholische Kirche, mit dem Papst als Oberhaupt. Sie konnte sich über viele Jahrhunderte behaupten. Das sollten die modernen Kritiker der Hierarchie nicht vergessen. Sie ist aber auch ein gutes Beispiel dafür, dass sie ihre Gläubigen - und damit sich selbst - in große Schwierigkeiten bringt, wenn sie das Subsidiaritätsprinzip nicht genügend beachtet, wie z.B. bei der Sexualmoral.

Einige Nachteile der hierarchischen Organisationen sind z.B. die Gefahr falscher (von oben angeordneter) Entscheidungen, die Unfähigkeit, komplexe Situationen zu beherrschen und mangelnde Akzeptanz bei mündigen Mitarbeitern.

Trotz aller Nachteile wird es immer und in allen Organisationen hierarchische Elemente geben und es ist deshalb nützlich, einige der Spielregeln zu kennen.

Wer oben in der Hierarchie sitzt, gewinnt auf die Dauer immer. Für Anfänger ist dies schwer einzusehen, weil sie mehr an die Kraft von Argumenten glauben, als an die Kraft des Mächtigeren.

Ganz selten wird es Ausnahmen von dieser Regel geben, im Normalfall gewinnt der Chef. Darum ist es klug, seinen Chef nicht besiegen zu wollen. Man darf mehr Glück haben als der Chef, aber nie mehr Verstand zeigen. Wer den Chef besiegt, zieht sich seinen langen Groll zu.

Deshalb darf man auch seinen Chef nicht eskalieren, das heißt versuchen nachzuweisen, dass er Unrecht hat. Loyalität ist angesagt, nämlich das zu tun, was der Chef will. Kannst du nicht loyal sein, dann gehe rechtzeitig und suche dir einen anderen Chef oder eine andere Arbeit.

Wenn jetzt ein Chef unloyale Mitarbeiter hat, dann sind diese eine große Gefahr für ihn. Denn er kann sich bei ihnen nicht darauf verlassen, dass sie - vor allem in Krisensituationen - die Spielregeln der Hierarchie befolgen. Man kann versuchen unloyale Mitarbeiter zu loyalen zu machen, indem man dafür sorgt, dass sie einsehen, dass sie besser mit Loyalität fahren. Aber die sichere Methode ist, sich rechtzeitig von ihnen zu trennen, am besten natürlich sofort.

Änderungen in hierarchischen Systemen müssen von oben kommen und vorgelebt werden, sollen sie durchgreifen. Dies ist nicht immer ganz leicht, wenn sich die Führungsspitze andere Rechte zuspricht, als sie den niederen Chargen zubilligt.

Wirkliche Gefahr droht der Hierarchie durch die neuen Medien, z.B. auch durch das Internet. Ihr unkontrollierter Informationsfluss untergräbt die Machtmechanismen und erlaubt wirklich demokratische Entscheidungen. Plötzlich funktioniert das Filtern, Modifizieren oder Abblocken von Informationen nicht mehr. Individuen können nicht mehr leicht örtlich isoliert werden. Die Anonymität und die Vernetzung fördern leichte und schnelle Gruppen- und Konsensbildung. Aber es würde mich wundern, wenn dieser Hierarchieabbau sich überall radikal vollziehen wird. Ich denke deshalb, es wird noch lange, wenn nicht immer, hierarchische Organisationen geben.

Wer jetzt die Mechanismen durchschaut hat, kann sie natürlich benutzen. Dazu gehört das Konzept des Paten, das ist jemand, der oben sitzt und bereit ist, mich zu fördern. Vorzugsweise sollte der Pate nicht in der eigenen Berichtslinie sein, weil es sonst leicht zu Konflikten kommen kann. Am besten ist der Pate in einem Nachbarbereich.

Der Pate sollte auch noch jung genug sein, damit seine Karriere auch noch einige Zeit andauert. Man darf aber auch nicht vergessen, dass man mit dem Paten untergehen kann. Das heißt, wenn er weg vom Fenster ist und es allgemein bekannt war, dass er mein alleiniger Sponsor war, dann ist auch meine Karriere sehr gefährdet.

Es ist wichtig, in allen Organisationen die heimlichen Spielregeln herauszubekommen. Zu erfassen wie die Sachen wirklich laufen. Meist sind diese Regeln nirgendwo aufgeschrieben oder formuliert.

Aber wer intelligent ist, fragt sich:

- Wer wird befördert?
  (Der, der befördert wird hat die Eigenschaften, die wirklich gefragt sind.)
- Wer wird belohnt?
- Wer wird bestraft?
- Wer hat Einfluss?

Viele Berufsanfänger machen den Fehler, dass sie sich viel zu sehr darauf verlassen, was man ihnen offiziell erzählt oder zum Lesen gibt. Viel besser wäre es, sich auf die eigene Beobachtung zu verlassen und den Schlüssen zu vertrauen, die daraus zu ziehen sind! Denn diese decken die wahren Spielregeln auf!

Wie manage ich meinen Chef?

Jeder, der Chef geworden ist, kennt die Veränderungen, die damit kommen. Plötzlich darf man an der besten Seite gehen oder sitzen, das Gespräch bricht ab, wenn man zu einer Gruppe kommt, man bekommt nicht mehr den üblichen Tratsch erzählt und anderes mehr.

Zu den schwierigsten Veränderungen dabei gehört die Einsamkeit, der man ausgesetzt wird. Aber auch wenn man isoliert ist, trotzdem wird man sehr gründlich beobachtet, fast wie im Aquarium!

Plötzlich hat man keine Gesprächspartner mehr, mit denen man sich problemlos und auch gefahrlos austauschen kann. Mit den Untergebenen geht es nicht mehr, weil es zu vertraulich wäre, mit dem eigenen Chef kann man nicht mehr alles bereden, weil man vielleicht später zuviel vorgehalten bekommt, die Familie schont man damit - aus Eigennutz - , weil sonst auch die Firmenprobleme in das Haus getragen werden.

In solchen Situationen ist es unbezahlbar, wenn man erfahrene und verständige Mitarbeiter hat, die in der Lage sind, den Chef zu stützen. Ich nenne dies etwas ironisch: den Chef zu managen. Gelegentlich sind dies schon etwas ältere KollegInnen, die vielleicht früher selbst einige Zeit die Chefrolle inne hatten. Aber auch junge KollegInnen mit hoher sozialer Intelligenz können diese Funktion gut ausführen.

Zu den wichtigsten Funktionen gehört es, den Chef zu loben. Wer tut es sonst schon? Menschen, die einsam sind, sind für alles Lob unendlich dankbar. Sehr oft werden die Bedürfnisse von Managern schlecht erfüllt, da ist es gut, wenn einige Mitarbeiter die Lage lindern können.

So wie gute Manager versuchen werden, den Wert ihrer Mitarbeiter zu steigern, so sollten auch die Mitarbeiter versuchen, den Wert ihres Managers zu erhöhen. Man kann ihm Tipps über Weiterbildung zukommen lassen, ihn ermuntern an Kursen teilzunehmen, ihm eine gute Vertretung bieten, damit er auch wegkommt. Und man kann gut über ihn in der Öffentlichkeit reden.

Man sollte alles daran setzen, dass der Chef nicht sein Gesicht verliert. Man wird viel Dank bekommen, wenn man für seine Probleme als Sündenbock einspringt.

Honoriert er allerdings diese Rolle nicht, so gibt es auch keinen Grund sie anzubieten.

Muss man ihn kritisieren, darf man dies nur unter vier Augen machen. Wenn man gewohnt ist, ihm regelmäßig Feedback zu geben, dann wird neben dem positiven Feedback auch einiges Negatives problemlos akzeptiert.

Wer seinen Chef gut kennt, kann leicht seine Schwächen kompensieren. Wenn er z.B. wichtige Informationen nicht gerne weitererzählt, dann fragt man ihn einfach regelmäßig danach. Man nennt dies 'debriefen' und dies geht einfach, wenn man mit ihm nochmals kurz die Agenda einer Veranstaltung durchgeht. Dadurch werden auch ihm die wichtigen Ergebnisse nochmals klar gemacht.

Das 'Debriefen', d.h. Nachbereiten von Meetings, (im Gegensatz zu 'briefen', d.h. kurz instruieren, vorbereiten) ist nicht nur im Umgang mit wortkargen Chefs nützlich. Ich verwende es auch, um meinem Sohn - wenn er von der Schule nach Hause kommt - zu helfen, die kleinen Kümmernisse des Schulalltags zu überwinden.

Wenn man weiß, dass er in einer Sache häufig falsche Entscheidungen trifft, dann informiert man ihn bevor wieder so eine Entscheidung fällig ist, wie er sich geschickter verhalten kann. Wenn er leicht etwas vergisst, dann erinnert man ihn beiläufig daran.

Wenn man ihn für etwas begeistern will, dann lässt man es so aussehen, als hätte er selbst die gute Idee gehabt.

Soll er von etwas überzeugt werden, dann müssen die Vorteile so dargestellt werden, dass er vor allem seinen eigenen Nutzen dabei sieht.

Hat er nie Zeit für dich, dann sorge dafür, dass du auf seinen Terminkalender kommst und schaltest die Störungen selbst aus, z.B. indem du das Sekretariat entsprechend informierst.

Etwas allerdings darf man beim Chefmanagement nie machen und das ist rückdelegieren. Das heißt sich so anzustellen, dass die Arbeit, die man vom Chef bekommen hat, wieder auf ihn zurückfällt.

Dies wird kein vernünftiger Chef sich gefallen lassen und dieses Verhalten - sogar im Versuch, genannt: Nice Try - bestrafen. Die einzige Chance ungestraft davon zukommen, ist die Arbeit sofort abzubiegen, wenn man einen guten Grund dafür hat, etwa nicht anwesend ist oder dazu nicht ausgebildet ist.

Aber hat man die Arbeit angenommen, muss man sie auch selbst zu Ende führen, im Notfall wird man auf die Erfahrung von KollegInnen zurückgreifen müssen oder sich um Hilfe bemühen müssen.

Es ist verständlich, wenn Chefs sich gegen Rückdelegation wehren, schnell müssten sie sonst unter der Last der Arbeit, die auf sie einstürzt, zusammenbrechen.

Ehrliche Beurteilungen

Jede Firma hat neben dem offiziellen Beurteilungssystem auch viele inoffizielle Systeme, die abhängig sind von den vielen Individuen, die Beurteilungen aussprechen. Ich habe einige Kriterien zusammengestellt, die ich bei vielen Führungskräften vorgefunden habe, die aber in dieser Form nicht in offiziellen Richtlinien stehen.

Manager beurteilen meist so, dass sie selbst den größten Nutzen dabei haben. Offiziell werden zwar faire und objektive Kriterien angelegt, aber jeder, der weiß, wie diese Rituale ablaufen, weiß auch, dass fast alles manipulierbar ist. Also wird der am besten beurteilt, der am besten hilft, die eigenen Ziele zu erreichen und mit dem man am längsten zusammenarbeiten will.

Gelegentlich wird auch so beurteilt, dass man danach die wenigsten Probleme hat. Wer sich also nichts gefallen lässt, wird immer besser abschneiden, als jemand, dem die Beurteilung egal ist.

Viele ehrliche Beurteilungen werden aus dem Bauch heraus gefällt und dann so aufbereitet, dass sie in das offizielle Schema passen. Ich habe die wichtigsten Fragen zu den ehrlichen Beurteilungen zusammengestellt, unter anderem mit der Absicht, dass ein Mitarbeiter sich selbst aus der Sicht der Führungskraft einzuschätzen lernt.

Mit wem würde ich mich selbständig machen? Wen nehme ich mit, wenn ich selbst den Job wechseln werde?

Hier spielen natürlich nicht nur die Sympathie eine Rolle, sondern vor allem die Leistungsfähigkeit und auch die Zukunftsperspektiven. Gerade die Frage nach der Selbständigkeit ist ein extrem guter Test. Denn es ist ein großer Unterschied, ob ich für jemanden persönlich das Gehalt aufzubringen habe oder aber eine - doch mehr oder weniger anonyme - Firmenkasse das Gehalt bezahlt.

Wen würde ich wieder einstellen?

Hat der Mitarbeiter gehalten, was er versprochen hat, auch in einem sich verändernden Umfeld. Wer wird abgeworben? Gelegentlich werden meine Mitarbeiter von außen - z.b. den Kunden - wesentlich anders eingeschätzt, als von der Führungskraft. Und das Abwerben bringt das dann an den Tag. Natürlich kann man als Mitarbeiter dieser Frage auch etwas nachhelfen, indem man seine Bereitschaft zum Wechsel auch signalisiert. Allerdings darf man sich nicht zwischen alle Stühle setzen, wie wir früher schon beim Berufswechsel diskutiert haben.

Wer wird um seine Meinung gefragt?

Nur gute Leute werden um ihre Meinung gefragt, wer nichts weiß oder nichts kann, den fragt man nicht, den vermisst man auch nicht groß, wenn er weg, zum Beispiel im Urlaub, ist.

Wen muss ich nicht kontrollieren?

Es gibt Mitarbeiter, die arbeiten so zuverlässig, dass sich jede Kontrolle erübrigt. Und es gibt andere, bei denen ich mich auf nichts verlassen kann. Zuverlässigkeit kann wichtiger als Geschwindigkeit werden, wer auf Kosten der Gründlichkeit schnell arbeitet, dessen Arbeit kann schnell teuer werden.

Wen ernenne ich zum Vertreter, wer nimmt mir wirklich Arbeit ab?

Gerade die Wahl eines Vertreters sagt viel über mein Vertrauen zu einem bestimmten Menschen aus. Ich habe dabei die Erfahrung gemacht, dass es klug ist, möglichst vielen Menschen meiner Abteilung die Chance zu geben, die Vertretung zu machen, um sich in dieser Funktion bewähren zu können.

Für wen habe ich Probleme einen Nachfolger zu finden?

Wer schwierig zu ersetzen ist, den sollte ich auch gut behandeln, denn sein Weggang kann mir große Probleme schaffen. Allerdings darf ich nie alle Arbeit so gestalten, dass ich von einer Einzelperson total abhängig werde. Denn so kann man schnell erpressbar werden, etwas was man immer vermeiden will.

Wie bei allen Beurteilungen, die emotional gefärbt sind, gibt es auch viele Vorurteile. Diese gelten nicht gleichermaßen in allen Firmen, so wird das Rauchen nur in jenen Firmen zum Manko, in denen auch der Chef nicht raucht. Aber der Trend in unseren westlichen Firmen geht eindeutig zum Nichtrauchen. Und Raucher werden für alle Unannehmlichkeiten bestraft, die sie - ob jetzt gerechtfertigt oder auch nicht - ihren Firmen verursachen.

In anderen Firmen werden dicke Menschen von vornherein schlechter beurteilt oder bei Karrierechancen leichter übersehen. Die Annahme dabei ist, dass Dicke weniger leistungsfähig sind, öfter krank werden oder auch früher sterben. Inzwischen sind auch auffallend dünne Menschen von Vorurteilen gefährdet, weil man AIDS bei ihnen vermuten kann.

Extrem große oder extrem kleine Menschen werden als tüchtiger gehalten als Durchschnittsbürger. Man muss sich nur Fotos von Politikergruppen ansehen, um dieses Vorurteil bestätigt zu finden. Nette Menschen sind immer tüchtiger als muffelige, ganz egal wie die Leistungen wirklich sind.

Wer sich extrem auffallend kleidet bekommt Minuspunkte. Auch wer sich extrem schminkt. Die Begründung dafür ist, dass diese Menschen von der Arbeit ablenken und so stören.

Alle Menschen mit großen Privatproblemen oder ausgiebigen Privataktivitäten werden schlechter beurteilt. Wer soviel Zeit, Kraft und Gedanken in seine Privatleben steckt, der kann doch in der Firma nicht die volle Leistung erbringen, ist hier die Begründung.

Sehr Geizige oder sehr Freigiebige haben auch schlechte Karten. Man verdächtigt sie, dass sie die Firma um Geld oder Werte betrügen könnten.

Ungepflegte tragen zum schlechten Betriebsklima bei, weil niemand gerne mit ihnen zusammenarbeiten will und weil ihr Aussehen den Wert oder das Ansehen der Firma reduziert.

Die Liste der Vorurteile ist damit sicherlich nicht erschöpft. Besonders wenn objektive Messkriterien fehlen, wie etwa eindeutige Verkaufsergebnisse, kann jede Abweichung von der Norm zu Fehleinschätzungen führen.

Für Berufsanfänger sind diese Hinweise sicherlich nützlich. Sie sollten gelegentlich testen, wie sie auf ihr Umfeld wirken und wie man sie ehrlich einschätzt.

Selbsteinschätzungen liegen oft falsch. So musste ich feststellen, dass sich gute Leute meist schlechter einschätzen, als andere dies tun würden. Und schlechte Leute überschätzen sich maßlos und fallen dann aus allen Wolken, wenn die Beurteilung anders als erwartet ist.

Mit fortschreitender Berufserfahrung wird man etwas immuner gegen Details in der Beurteilung. Da diese im Normalfall nur dazu dient, das Geld für Gehaltserhöhungen gerechter zu verteilen, werden diejenigen, die sowieso schon ihr Gehaltsplateau erreicht haben, dann auch eher zugunsten der Jungen einer schlechteren Beurteilung zustimmen, wenn sie dafür im Gegenzug Zusagen zu Dingen oder Vergünstigungen erhalten, die ihnen wirklich am Herzen liegen, wie ein ruhiges Büro, Reisen, interessante Projekte oder intensive Weiterbildung.

Faire Bezahlung und Entlohnung

Die faire Bezahlung der Leistungen der Mitarbeiter ist eine komplexe Angelegenheit. Gerade junge Chefs sollten sich deshalb dieses Kapitel aufmerksam durchlesen.

Aus der pragmatischen Sicht des Mitarbeiters besteht die Entlohnung für seine Leistung aus zwei verschiedenen Kategorien, vom Management genehmigte ('legale') und vom Management nicht genehmigte (u.U. wirklich ungesetzliche, 'illegale') Einkommen:

1. Das überwiesene Nettogehalt
2. Die in Geld messbaren anderen Beträge, meist mit dem Begriff Sozialleistungen umschrieben z.B. Kantine, Dienstauto, Dienstwohnung
3. Die nicht direkt in Geld messbaren legalen Annehmlichkeiten, z.B. Büroschmuck, Weiterbildung, Image, Prestige, Bestätigung

- Illegale Einkünfte, z.B. durch Schwarzarbeit, Bestechungsgelder durch Korruption
- Illegale Annehmlichkeiten, die vielleicht später zu Geld gemacht werden können, z.B. durch Diebstahl, Spionage

Der Chef hingegen sieht im wesentlichen nur alle legalen Kosten, die der Mitarbeiter verursacht. Bruttogehalt, Soziallohn, Sozialleistungen, Raumkosten, Telefonkosten, etc. Manche Chefs kommen gar nicht auf die Idee, dass ihre Mitarbeiter sie betrügen könnten.

Chefs sollten sich immer bewusst machen:
Es gibt kaum eine Firma - von einer gewissen Größe ab - in der nicht gestohlen, betrogen, spioniert oder sexuelle Erpressung ausgeübt wird!

Die Bezahlung wird als angemessen und fair empfunden, wenn sie dem Vergleich mit den Konkurrenten standhält und die eigenen Bedürfnisse befriedigt. Manche wollen zusätzlich etwas sparen können und andere sehen im Laufe ihrer Karriere nur mehr die Gehaltszuwächse und können sich mit dem stagnierenden Gehaltsniveau nicht abfinden.

Konflikte zwischen Dienst und Privat

Mitarbeiter betrügen nicht immer aus böser Absicht oder aus krimineller Energie. Häufigste Gründe sind vor allem die Gelegenheit dazu, schlechte Vorbilder, die ungestraft davonkommen (oft sind es die Chefs selbst), sowie die Kompensation für entweder schlechte Bezahlung und/oder für schlechte Behandlung.

Wo fängt der Diebstahl denn an? Ist es schon die erste private Kopie oder das erste private Telefongespräch? Die Antwort ist meiner bescheidenen Meinung nach ein klares JA! Ich höre schon den Aufschrei in meiner Leserschaft: Das ist doch Blödsinn, dann wären wir ja alle Diebe!

In der Tat wäre es nicht klug, diese Kleinigkeiten zu bestrafen, aber wo ist die Grenze? Ist es noch legal, wenn jemand 1000 Exemplare der Schülerzeitung in der Firma kopiert? Oder das stundenlange Porno-Surfen auf Firmenkosten? Oder die monatelange, telefonische Koordination des privaten Hausbaus von der Firma aus?

Vor allem, ist es fair? Mitarbeiter sollten immer bedenken, dass es für fast alle ihre Fehltritte Zeugen gibt! Wer darf es, wer darf es nicht?

Ich muss vor allem immer lachen, wenn Menschen denken, dass man beim Internet-Surfen anonym bleibt. Es gibt kaum ein Medium, das besser aufzeichnet, was wer macht, als das Internet. Also Porno-Surfer, surft zuhause, im Geschäft wird es schnell ruchbar!

Vieles entsteht aus der Grauzone PRIVAT-DIENSTLICH. Wenn es so einfach ist, ein private Kopie im Büro zu machen (und so umständlich, diese im Copyshop machen zu lassen) und ich auch zuhause soviel fürs Geschäft mache, warum sollte ich nicht dann private Kopien im Geschäft machen? Dies ist wahrscheinlich die Standardargumentation, mit der sich alle schwarzen oder grauen Schafe entschuldigen.

Oder wenn ich die Lieferanten für meinen privaten Hausbau nur zu den Dienstzeiten anrufen kann, dann muss ich doch alle Telefonate in der Firma führen! Hier ist es doch schon fast höhere Gewalt.

Die Antwort aus Firmensicht zu diesen vorgenannten Beispielen ist relativ simpel. Jeder bekommt einfach ein gewisses Kontingent von diesen Goodies. So wie manche Firmen einen festen Betrag für Schmuck des Büros zur Verfügung stellen, stellen sie auch ein Telefonkontingent (es kann für verschiedene Mitarbeiterkategorien verschieden sein) zur Verfügung. Z.B. jedermann, jedefrau kann für 10 Euro pro Monat privat telefonieren. Da sowieso heute fast alle Telefonate von Computern aufgezeichnet werden, ist dann auch die Abrechnung einfach. Jeder bekommt monatlich seine Telefonrechnung und bezahlt den Teil zuviel an ein Firmenkonto.

Bei Kopien ist es besser, Privatpreise (z.b. auf Selbstkostenbasis) zu vereinbaren und sie einfach gleich bar bezahlen zu lassen. Jede Kopie kostet z.b. 0.05 Euro, das Geld kommt gleich in eine (durchsichtige) Büchse und wird dort regelmäßig entleert.

Offen bleibt dann noch die Zeit, die man zum Telefonieren oder Kopieren braucht. Aber werden Mitarbeiter konsequent mit Zielen geführt, dann ist die Zeit nicht mehr relevant. Denn die fürs Private ausgegebene Zeit muss halt später eingearbeitet werden.

Ich würde allen Chefs raten, auf dieses wenige, oft nur symbolische Geld nicht zu verzichten. Wahrscheinlich rechnet es sich nicht, aber es ist sicherlich erzieherisch! Diese Kontingente stellen Verträge dar, die verhindern, dass kleinkriminelle Handlungen vorkommen. Denn was vom Management genehmigt wird, ist per Definition legal. Es wird also legalisiert, einige Privattelefonate zu führen, das sollte man nicht vergessen.

Man sollte immer versuchen, alles Firmen - Notwendige im legalen Rahmen zu halten, denn einmal abgewichen, kommen auch Firmenmitarbeiter schnell auf die schiefe Bahn.

Wer als Führungskraft diese Kontingente nicht vorgibt, lässt sie von den Mitarbeitern definieren. Und diese werden schneller, als einem lieb ist sie noch oben - ins Uferlose - treiben. Und Unrecht wird schnell zum Gewohnheitsrecht.

Kompensation für schlechte Bezahlung

Wer seine Mitarbeiter schlecht entlohnt, riskiert, dass diese sich das Gehalt selbst ergänzen. Meist kostet die Firma dies dann mehr als die korrekte Entlohnung. Die Formen für diese Ergänzung sind vielfältig. Es wird entweder sehr wenig gearbeitet, damit man noch fit für den Nebenjob oder den Feierabend bleibt. Oder man bringt Arbeit in die Firma mit und erledigt diese dann dort. Oder es kommt zu kleineren Diebstählen von Büromaterial bis zu Bürogeräten, von der Schere bis zum Notebook.

Subtilere Formen sind dann illoyales Verhalten. Man festigt seine Beziehungen zu potenten Kunden, um diese dann später für die eigene Selbständigkeit abzuwerben.

Oder man investiert überproportional viel in Weiterbildung, mit der einzigen Absicht, diese für das zukünftige, eigene Geschäft zu nutzen.

Kompensation für schlechte Behandlung

Neben den vorhergehenden Punkten kommt hier vor allem noch die Sabotage dazu. Mitarbeiter fangen an, ihre Firma bewusst zu schädigen. Die Spannweite der Sabotage ist groß. Vom bewussten Ausplaudern von Firmengeheimnissen bis zum Legen von Großbränden ist alles schon vorgekommen. Und es sind auch Chefs schon umgebracht worden, weil sie egoistisch und ohne Sensibilität mit ihren Mitarbeitern umgegangen sind.

Häufigste Reaktion aber ist, die Chefs abzusägen. Dazu haben fast alle Mitarbeiter Gelegenheit und nutzen sie auch, wenn sie nur genügend frustriert werden.

Langeweile

Ein häufiger Anlass Unfug zu machen, ist ganz einfach Langeweile. Wenn Chefs es verabsäumen, Herausforderungen für ihre Mitarbeiter zu finden, dann suchen diese sie sich selbst. Gerade die großen Probleme in Firmen, wie Mobbing oder auch Spionage, haben nicht selten auch eine Wurzel in der Langeweile.

Man darf es also als Führungskraft nie zulassen, dass Langeweile entsteht. Gibt es einmal wirklich nichts zu tun, dann kann man immer noch weiterbilden! Man darf nicht vergessen, dass Mitarbeiter nicht nur in die Firma oder ins Amt kommen, um Geld für den Lebensunterhalt zu verdienen, sondern auch um sich weiterzuentwickeln und um sich bestätigt zu fühlen.

Diffuse Aufträge

Manchmal wird man von seinem Chef unerfüllbare Aufträge bekommen, unter dem Motto, "wasch mir den Rücken, aber mach mich nicht nass!". Sie abzulehnen hat man nicht immer eine Chance, aber man sollte sie entsprechend dokumentieren. Damit bleibt klar, wer der Auftraggeber dazu ist, der dann auch - hoffentlich - die Verantwortung dazu behält. Dafür gibt es kaum eine faire Entlohnung.

In diese Kategorie fallen auch Sonderaufträge, hinter der - wenn sie gut ausgehen - die Firma gerne steht, aber damit nichts zu tun haben will, wenn die Sache schief läuft. Hier kann man sich nur durch ein kräftiges Honorar im Voraus absichern und dann vielleicht auch noch später die unsichere Erfolgsprämie einstecken.

Missbrauch vom Macht

Meistens wird er sich durch Korruption, aber auch durch Erpressung ausdrücken. Der Korruption kommt man nur durch Kontrolle - mit entsprechend hohen Strafen - bei. Jeder, der institutionelle Macht hat, ist durch Korruption gefährdet. Mit Geld hat dies meist nichts mehr zu tun. Viele der Korrupten würden eigentlich genug verdienen. Aber die Ausweitung der persönlichen Macht lockt.

Auch Erpressung ist oft nur eine Machtfrage. Zum Glück gibt es in Deutschland Betriebsräte, die dafür sorgen, dass es nicht häufig unerkannt zum Machtmissbrauch kommt. Jeder der Macht hat, muss kontrollierbar sein und kontrolliert werden. Wenn man dies bei der Organisation außer acht lässt, wird sich nicht wundern müssen, wenn Missbrauch stattfindet und man dann zur Verantwortung gezogen wird.

Zusammenfassung

Es ist mir unmöglich alle Probleme der Bezahlung und Entlohnung zu schildern. Aber ich glaube die wichtigsten habe ich zumindest gestreift. Es gibt natürlich immer besondere Problemfelder, wie gravierende private Probleme (z.B. Drogenabhängigkeit), aber auch schon innere Kündigung kann teuer werden.

Wer sich besondere Freiheiten herausnimmt, darf nicht vergessen: einmal in Ungnade gefallen, muss man alle offenen Rechnungen auf einmal bezahlen! Und das führt schnell zum persönlichen Bankrott. Darum Mitarbeiter und Mitarbeiterinnen, sauber bleiben. Wer keine 'goldenen Löffel stiehlt' hat bessere Chancen, zu überleben.

Und Chefs, entlohnt eure Leute gut und differenziert, d.h. leistungsgerecht, denn alle Mitarbeiter kennen untereinander die Gehälter und auch die zugrunde liegenden Leistungen, behandelt sie gut, d.h. als individuelle Menschen, redet mit ihnen und gebt ihnen herausfordernde Arbeiten, etabliert Standardkontrollen, dann sind fast alle hier geschilderten Probleme wirklich irrelevant.

Mitarbeiter - Förderung

Sind Mitarbeiter zur Arbeit willig und fähig, dann sollte das Management sich nicht allzu viel einmengen. Hauptaugenmerk des Managements für diese Juwelen sollte deren Weiterentwicklung sein. Willige Mitarbeiter, denen allerdings die nötigen Kenntnisse fehlen, müssen ausgebildet werden. Hier ist das Management gefragt, deren Schwachstellen zu erkennen und sie mit Aus- oder Weiterbildung zu beseitigen.

Aber auch die Eigenverantwortung der Mitarbeiter ist bei der Aus- und Weiterbildung notwendig. Gerade wenn es in einem Fachgebiet eine Schwachstelle gibt, die nicht während der Arbeitszeit geschlossen werden kann, muss Eigeninitiative aufgewendet werden, um weiterzukommen.

Mitarbeiter(in) ist zur Arbeit	fähig	nicht fähig
willig	arbeiten lassen	ausbilden
nicht willig	motivieren	entlassen

Ein Akademiker hat es während des Studiums versäumt, sich mit dem PC anzufreunden. Viele Jahre weicht er PC Anwendungen aus und behindert sich dadurch in seiner Berufskarriere. Ein Abendkurs in der Volkshochschule hilft ihm wieder den Anschluss zu finden.

Wer fähig wäre, aber nicht motiviert ist, der muss wieder Sinn in der Arbeit sehen. Nicht immer wird eine Führungskraft in der Lage sein oder daran interessiert sein, diesen Sinn zu vermitteln. Auch hier kann man sich oft selbst helfen und auch selbst motivieren. Die langweiligste Arbeit kann - richtig verpackt - spannend werden, wenn man sie als Spielsituation aufbauen kann. Aber auch die Beschäftigung mit den Hintergründen einer Arbeit kann diese extrem interessant machen.

Manche Situationen sind für die Beteiligten sehr frustrierend. Wenn zum Beispiel nach einer Umstellung nichts mehr funktioniert. In solchen Fällen ist es hilfreich, eine Lernsituation daraus zu machen. Denn auch Erwachsene lernen gern, wenn sie genügend Freiraum und Zeit dabei haben. Auch hier kann man selbst dazu beitragen, eine schwierige Berufsphase mit der richtigen Einstellung zu überwinden.

Wer zur Arbeit nicht willig und auch nicht fähig ist, muss eine andere Arbeit suchen und finden. Oft ist es für alle Beteiligten am besten, wenn Führungskräfte klare Worte finden und die notwendige Entlassung aussprechen. Dadurch erhält der Betroffene die Chance, wieder glücklicher zu werden, die Firma hat Schaden abgewendet und die Kollegen atmen auf, weil sie die Belastung durch den unfähigen Mitarbeiter losgeworden sind.

Es mag in unserer Sozialgesellschaft hart sein, solche klaren Worte zu lesen, aber wer nicht darauf achtet, dass Firmen lebens- und konkurrenzfähig bleiben, macht sich mehr schuldig als der, der Unfähige und Unmotivierte wieder dem Arbeitsmarkt zur Verfügung stellt. Auch wenn die Folge eine längere Arbeitslosigkeit sein kann, so erhält der betroffene Mitarbeiter doch auch die Chance, sein Leben neu zu orientieren und auf einem anderen Gebiet mehr Erfolg zu haben.

Es macht nämlich keinen Spaß, unmotiviert und erfolglos jeden Tag in einer Firma aufzutauchen, in der man keinen Platz mehr hat, weil man nicht mehr am Erfolg teilhaben kann.

Ich habe viele Menschen getroffen, die deswegen keinen Respekt mehr vor sich selbst hatten, lange schon innerlich gekündigt hatten, aber deren Management zu feige war, sie auch offiziell zu kündigen. Statt dessen wurden diese Menschen weggelobt, mit der Folge, dass ein Nachbar - Kollege sie dann zu versorgen hatte.

Und ich habe Menschen kennen gelernt, die nach einer Kündigung und nach dem Schock, der darauf gefolgt ist, richtig aufgeblüht sind und endlich - auf einem neuen Gebiet - wieder den Geschmack des Erfolges kosten konnten.

Für Chefs ist Mitarbeiterförderung eine schwierige Aufgabe. Oft müssen sie dabei ihre kurzfristigen Interessen überwinden und beachtlichen Mut zeigen. Besonders wer hochqualifizierte Mitarbeiter gewinnen und für einige Zeit halten will, wird diese Menschen so weiterqualifizieren müssen, dass "sie wieder weggehen können" und auch anderswo gute Bedingungen vorfinden werden. Dazu gehört schon sehr viel Einsicht. Aber wer dies nicht tut, wird schwer die Top-Leute an sich binden können.

Viele Chefs haben vor allem Probleme kleinere Kritiken, die aber durchaus notwendig sind, anzubringen. Hier halte man sich an zwei bekannte Regeln:

- Im Zweiergespräch den Kritikpunkt in zwei Lobpunkte einpacken (Sandwichmethode).
- Anonyme Kritik: Erzählen, dass es woanders dieses Problem gab und wie es dort gelöst wurde! Ich mache dies gern in Episodenform.

Besonders im persönlichen Bereich, wenn es zum Beispiel um Mundgeruch oder Schweißdüfte geht, scheuen sich manche Chefs ihre Mitarbeiter darauf aufmerksam zu machen. Aber da hilft kein Weg daran vorbei. Wenn dies nicht angesprochen und abgestellt wird, sind größere Probleme, wie Mobbing, fast garantiert.

Unbeliebt - oder unfähig

In allen diesen Vorschlägen steckt die Grundidee, dass das Suchen der richtigen Mitte notwendig ist. Ein Zuwenig, wie ein Zuviel, können gleichermaßen Schaden verursachen. Je nach Umgebung und Nebenbedingungen wird man einen Platz auf der Bandbreite des Managements zu suchen haben, der passend und angemessen ist. Ich verwende hier gerne auch die Analogie des Janusgesichts, das gleichzeitig in zwei Richtungen blickt und selbst in der Mitte ist.

Wer die Extreme wählt, ist naiv, er wird schnell als unfähig oder auch als unbeliebt gelten. Nehmen wir zum Beispiel: Kontrolliere stets alles sorgfältig bis ins Detail. Wer dies tut, wird seine Mitarbeiter total frustrieren und sie in großer Abhängigkeit halten. Wer hingegen nie etwas kontrolliert macht sich schuldig, weil er als Führungskraft doch die Verantwortung trägt. Im Extremfall kann ihn diese Haltung ins Gefängnis bringen. Wo ist nun der richtige Mittelweg? Je nach Erfahrung der Mitarbeiter, je nach Risiko, je nach verfügbarer Zeit wird die Mitte eben bei weniger Kontrolle oder bei mehr Kontrolle sein.

Wer seine Mitarbeiter gut kennt und über ein breites Repertoire an Managementerfahrung verfügt, wird besser die richtige Mischung finden. Immer ist Augenmaß angesagt. Es ist zum Beispiel sehr gefährlich zu überreagieren. Wer versucht, für jeden Fehler immer alle verantwortlich zu machen, schafft sich große Probleme. Gleichmacherei wird zur Ungerechtigkeit führen.

Wer wegen eines Diebstahls alle Mitarbeiter bis zur Unerträglichkeit kontrolliert, wird mehr Schaden anrichten, als es der Diebstahl getan hätte. Aber wer kostbare Ressourcen ungesichert herumliegen lässt, weil er annimmt, in unserer Firma stiehlt doch niemand, der handelt grob fahrlässig. Denn überall, wo mehrere Menschen zusammen sind, wird es auch negative menschliche Eigenschaften geben und es wird auch die Gefahr eines Diebstahls gegeben sein!

Wer kontrollieren muss, tut gut daran, die Art der Kontrolle so anzukündigen, dass man durch die Kontrolle nicht Unbescholtene verdächtigt. Wer sich korrekt verhält, sollte nach jeder Kontrolle gering belohnt werden, dies wird dazu führen, dass das positive Verhalten gefestigt wird.

Gilt es kriminelles Verhalten aufzustöbern, dann werden nicht ausgebildete Führungskräfte im Normalfall überfordert sein. Dazu schaltet man besser die entsprechenden Experten, z.B. die Polizei, ein.

Ideale Partner

Ideale Partner haben so viele wünschenswerte Eigenschaften, dass es ziemlich sicher ist, dass es die idealen Partner nicht gibt. Die unten angegebene Liste stellt eine Checkliste dar, sie nützt mir vor allem, wenn ich mich selbst verbessern will. Aber sie ist auch hilfreich, wenn ich mir überlegen will, warum ich einige Partnerschaften mag und andere als unangenehm empfinde.

Man beachte, dass hier nicht zwischen Geschäfts- und Privatpartnern unterschieden wird. Tatsächlich glaube ich, dass viele Eigenschaften für beide gemeinsam gelten. Bis auf die privaten und intimen Aspekte, die im Geschäftsleben nicht immer so ausgeprägt vorkommen werden, sind doch beide Beziehungen menschliche Beziehungen, was die große Gemeinsamkeit erklärt.

Von meinen Partnern erwarte ich, dass sie fair sind, aber auch mir gegenüber positiv gestimmt sind, vielleicht sogar mich mögen und dass ich keinerlei Kommunikationsprobleme mit ihnen habe. Sie sollen mich unterstützen, aber nicht verändern wollen und sie sollen Zeit für mich haben.

Zeit für eine Partnerschaft aufzuwenden ist wichtig. Wer keine Zeit für mich hat, für den bin ich nicht wichtig. Darum haben wir auch im Zeitmanagement darauf geachtet, für unsere wichtigen Beziehungen Zeit einzuplanen. Tatsächlich kann man die Erfreulichkeit einer Beziehung leicht daran messen, wie viel Zeit man - freiwillig - miteinander verbringt. Es ist auch wichtig, dass man anwesend ist oder zumindest leicht erreichbar ist.

Wichtig ist die Freude oder der Spaß, den man gemeinsam mit Partnern hat. Deshalb arbeiten ja auch viele Menschen lieber in Teams, als alleine. Menschen mit großem Unterhaltungswert - die trotzdem zuverlässig sind - sind darum als Partner gesucht. Mit ihnen wird es nie langweilig.

Wesentlich bei Partnern ist, dass jeder sich entfalten kann, ohne dass der andere dabei alles mitmachen muss, dass bei aller Gemeinsamkeit doch jeder einzelne seine Freiheit bewahrt. Dies erfordert sehr viel wechselseitiges Wohlwollen, Vertrauen und Toleranz.

In Geschäftsbeziehungen heißt dies, dass man gute Verträge ausarbeitet, die genau festlegen, wie jeder seine Freiheit nutzen kann, in Privatbeziehungen aber sollte man sich genügend Muße gönnen und nicht alle seine Verpflichtungen zu ernst nehmen.

Meist will man mit Partnern gemeinsam etwas erreichen, was man alleine nicht kann. So ist es auch wichtig, dass beide am gemeinsamen Fortschritt interessiert sind und auch daran arbeiten. Dazu ist nötig, dass der Fortschritt auch sichtbar ist, dass etwa bei Besprechungen eine gute Vorbereitung, aber auch Nachverfolgung stattfindet.

Partnerbeziehungen sind immer auch Machtbeziehungen. Jeder der etwas hat, was ich brauche, kann Macht über mich ausüben. So ist es wünschenswert, wenn die dabei entstehenden Machtspiele, bei aller Versuchung es zu tun, nicht in den Vordergrund gerückt werden. Leider scheint gerade dies besonders schwierig zu sein, sind doch die Machtspiele ein Hauptgrund, dass Beziehungen zerbrechen.

Neben allen fachlichen und objektiven Kriterien einer Geschäftspartnerschaft sind immer auch menschliche, manchmal sogar erotische Elemente vorhanden. Es wäre alltagsfremd, dies abzuleugnen zu wollen. Deshalb ist es auch in Geschäftsbeziehungen wichtig, als Mensch angenehm zu sein, das heißt zum Beispiel gut zu riechen, nicht zu laut zu sein, unterhaltsam zu sein, aber auch nicht aufdringlich zu sein und zu wissen, wann man stört und sich dann zurückziehen soll.

Nicht immer wird man es mit angenehmen Partnern zu tun haben. Manche Menschen in dieser Welt sind ausgesprochene Kotzbrocken und man muss trotzdem mit ihnen auskommen. Wir haben schon gesehen, dass es zu unseren Erfolgskriterien gehört, gerade mit unangenehmen Menschen gut auszukommen.

Gelegentlich sind es nur ganz wenige Elemente, die diese Kontakte so unangenehm werden lassen. Vielleicht kann man durch Proaktivität diese kompensieren? Oder aus dem Kontakt eine interessante Lernsituation werden lassen? So wird eine schwierige Situation doch noch zur Bereicherung im Leben. Aber im Zweifel ist dem Kontakt mit angenehmen Partnern immer der Vorzug zu geben. Alles läuft so viel leichter und schneller, wenn sich Menschen, die zusammenarbeiten müssen, auch mögen.

Aber im privaten Bereich muss die Partnerbeziehung doch einfach sein, soll sie Bestand haben. Hier sind zu viele 'Herausforderungen' leicht der Anfang vom Ende. Was nicht einfach geht, geht wahrscheinlich überhaupt nicht, dies ist eine bittere Erkenntnis von vielen Menschen, die sich enorm angestrengt haben, aber deren Beziehungen dennoch gescheitert sind. Mehr darüber dann in den nächsten Kapiteln.

Eigenschaften idealer Partner

Fair, menschenfreundlich, klare Sprache, verständlich, wenig Jargon, anpassungsfähig, nicht arrogant, überlegte Informationsweitergabe, Erspüren von Problemen, Geduld und Zeit haben, gute Zuhörer, sympathische Gestik, Freude am Kommunizieren, leichter Austausch, Fortschritt ist sichtbar, gute Vorbereitung und Nachverfolgung, Aufmerksamkeit, Nachdenklichkeit, Kompromissfähigkeit, kein Gesichtsverlust, keine Angst oder Furcht, viel Vertrauen, keine zu schnellen Schlussfolgerungen, nicht für andere sprechen, diskrete Hilfe zur Selbsthilfe, wollen mich nicht verändern, riechen gut, angenehme Lautstärke, sind unterhaltsam.

Ideale Partner existieren nicht.

Liebe im Büro und in der Firma

Wo Frauen und Männer zusammenkommen, gibt es auch alle Varianten der Liebe. Gerade in den Büros blüht sie, nicht nur im Frühling. Vom platonischen Anhimmeln, über das erotische Knistern bis zur brutalen sexuellen Erpressung wird man - je nach Firma, Organisation oder Kulturbereich - alle Spielarten von Liebe und Sex erleben können.

Ich habe als Mitarbeiter und Besucher in vielen verschiedenen Firmen wirklich unglaubliche Situationen erlebt. Ein Mitarbeiter führte - im Büroschrank - eine Pornokartei mit Fotos von vielen seiner Kolleginnen, die er alle zu diesen Aufnahmen verführt hatte. Andere hatten Sex bei offenen Türen und Fenstern und natürlich begeisterte Zuschauer vom Haus gegenüber. Topmanager haben langjährige Beziehungen mit ihren fülligen Putzfrauen gepflegt. Ein Unternehmer hatte sich einen richtigen, kleinen Harem aufgebaut, seine Frau im Gegenzug eine stramme Loverriege. Seitdem weiß ich, was alles passieren kann und dass meine Fantasie nicht ausreicht, alle Facetten der Liebe in der Firma zu streifen.

Vor allem als Heiratsmarkt ist das Büro wirklich unschlagbar. Man lernt sich gut kennen, selbst in Extremsituationen, kann sich gut 'abtasten', sieht sich täglich. Bessere Bedingungen für ein langsames Zusammenwachsen kann man sich kaum denken.

Die erotische Komponente in menschlichen Beziehungen ist ein wesentliches Element für die Freude an der Arbeit. Deshalb werden gemischte Gruppen (Männer und Frauen, Junge und Alte) oft besonders erfolgreiche Teams.

Besonders bei homogenen, gleichgeschlechtlichen Gruppen ist ein Mitglied des anderen Geschlechts eine willkommene Abwechslung im Alltag. Ich erinnere mich, wie die Stimmung in einer Gruppe von Frauen um die 40 mit dem Erscheinen eines Werkstudenten einen richtigen Höhepunkt bekommen hat. Und wie eine Abteilung grantiger, alter Männer mit einer neuen Praktikantin zu einer Gruppe hilfsbereiter und freundlicher Menschen wurde.

Alle Firmen haben für diesen Bereich Verhaltensnormen entwickelt. Manche sind explizit aufgeschrieben, manche ergeben sich einfach aus der gelebten, täglichen Firmenkultur oder aus dem Vorbild der Chefs.

In manchen Firmen wird man versuchen, Partnerschaften innerhalb der Firma zu unterbinden und kommen sie doch vor, wird man die Partner in der Firma so trennen, dass sie nur wenige Berufskontakte haben werden, andere hingegen fördern sogar Partnerschaften und geben z.B. manche Aufgaben nur an Ehepaare, damit diese sie gemeinsam erledigen.

Besonders kleine Familienunternehmen leben oft ausschließlich vom totalen, gemeinsamen Einsatz eines Ehepaares. Hier gewinnen beide oder sie gehen auch gemeinsam unter.

Ich habe selbst viele verschiedene Varianten erlebt und empfehle - ich sage es ganz offen - die *Trennung von Firma und Privat*. Das heißt konkret, wenn es schon Liebschaften gibt, dann haben diese nur Platz außerhalb der Firmenzeiten und außerhalb des Firmenbereiches. Meine Erfahrung sagt mir, dass damit noch am ehesten private Probleme nicht gleich auch zu massiven Firmenproblemen werden.

Ganz auszuschließen ist dies nie, denn wer z.B. an großem Liebeskummer leidet, wird nicht gerade Spitzenleistungen im Büro erbringen können. Aber es kommt auch vor, dass Menschen mit großen, privaten Problemen sich dann ganz auf die Arbeit stürzen und dann doch wieder Höchstleistungen hervorbringen.

Natürlich lässt sich ein Mensch nicht in eine Berufshälfte und eine Privathälfte teilen, er wird in beiden Bereichen immer der ganze und gleiche Mensch sein. Aber mit den folgenden drei Verhaltensregeln wird man einfach leichter durchs Berufsleben kommen und auch weniger private Probleme bekommen (daneben gibt es auch noch moralische und gesetzliche Einschränkungen, wie z.B. kein Sex mit Minderjährigen, aber darauf brauche ich bei meiner erwachsenen und reifen Leserschaft nicht einzugehen).

- Keine Liebschaften in der eigenen Abteilung. Die Konflikte sind sonst einfach vorprogrammiert. Solange die Liebe blüht und gedeiht, mag ja alles klappen, aber was passiert bei den ersten Problemen?
- Keine Liebschaften mit eigenen Vorgesetzten oder direkten Untergebenen. Dies sollten sich besonders Chefs und Chefinnen zu Herzen nehmen. Hier wird vor allem die Macht zum Problem. Was passiert noch freiwillig, was ist Erpressung? Wann kommt dann die Rache dafür?
- Keine Liebschaften mit Verheirateten, egal wie diese den Status ihrer Ehe schildern. Geschieden ist nur, wer tatsächlich geschieden ist. Nicht der, der irgendwann vorhat, sich vielleicht zu scheiden.

Firmen können den Mitarbeitern und Mitarbeiterinnen etwas helfen damit zurechtzukommen, indem sie die Familien und Angehörigen gelegentlich in Firmenveranstaltungen mit einbinden. Wenn man sich gegenseitig kennt, wird die Versuchung geringer werden, in bestehende Ehen einzudringen. Und Menschen zuhause, die auch das Verhalten ihrer Partner am Arbeitsplatz kennen, werden weniger falsche Vermutungen über mögliche Beziehungen aufbringen. Leider funktioniert das nicht immer, gerade manche Firmenveranstaltungen nähren vielleicht sogar erst falsche Gerüchte. Aber ich glaube, im allgemeinen hilft es.

Gelegenheit macht Liebe

Was soll man nun tun, wenn man sich jetzt doch - sozusagen verbotenerweise - unsterblich in eine nahe Kollegin oder einen Kollegen verliebt hat. Die Antwort darauf wird schwer fallen, denn sie wird in den meisten Fällen Trennung von der Abteilung und neuer Job heißen. Zumindest für einen. Aber vielleicht kann man die Trennung auch nur vorübergehend gestalten, z.B. durch eine Rotation oder Auslandsabordnung.

Manche Büroliebe hört ganz von selbst auf, indem man sie heiratet. Habe ich doch einige Chefs erlebt, die ihre Sekretärin geheiratet haben und die dann als Paare überhaupt nicht so glücklich wurden, wie es der - doch relativ simple - Büroalltag erwarten ließ.

Immer wieder werden an Kolleginnen und Kollegen eindeutige Angebote gemacht, die diese gar nicht wollen. Wer sie früh und konsequent ablehnt, wird weniger Probleme bekommen, als der oder die, die zulange mit dem Feuer spielen. Wer klare, ablehnende Signale gibt, hat eher Ruhe. Wer trotzdem weiterhin belästigt wird, sollte früh den Betriebrat einschalten. Wenn dies alles nichts hilft, muss man wechseln. Es wird immer Situationen geben, denen man am besten durch Flucht entgeht.

Wer ein Verhältnis mit einem Arbeitspartner hat, das nicht allgemein bekannt ist, schweigt am besten darüber. Genießen und schweigen, das war schon immer eine gute Devise für Liebschaften. Auch zur besten Freundin, zum besten Freund, wenn diese ebenfalls Kontakte zur Firma haben. Auch Geständnisse zum Ehepartner sind in diesem Fall nicht hilfreich, sie zerstören immer mehr, als sie vielleicht bringen.

Jede Beziehung im Büro wird - früher oder später - für die eigene Karriere eingesetzt. Kluge Liebende widerstehen dieser Versuchung. Es gibt in den Firmen immer zu viele kritische Beobachter, die alles analysieren und breittreten werden. Werden die Interessen vermischt, führt dies schnell zum Abbruch der Affäre. Man kann also mit der Hilfe von Sex und Liebe vielleicht den einen oder anderen Karrieresprung machen, aber auf die Dauer werden nur Leistung, Einsatz und überzeugende Arbeit den Erfolg bringen.

Mobbing kommt gelegentlich mit der Liebe. Sowohl bei erfüllter (da revoltieren die Neider), wie bei unerfüllter Liebe (da entlädt sich der Frust der Abgewiesenen). Ist die Situation einmal so verfahren, wird nur der Wechsel helfen und die daraus gewonnene Klugheit, sich beim nächsten mal einen weniger brutalen Arbeitsplatz zu suchen.

Wahrscheinlich immer ein existierendes Randthema bleiben wird das Ausnützen der Liebe für kriminelle Zwecke, z.B. für Spionage. Auch wenn der kalte Krieg vorbei ist, Betriebsspionage wird immer locken. Denn der Zugriff zu den richtigen Informationen ist ein großer Vorteil, der dazu verführt, ihn auch zu suchen. Und was ist einfacher, als ein einsames Herz anzufachen und es für diese Zwecke einzusetzen?

Auch wenn dies nur selten vorkommen mag, es ist für mich ein weiteres Argument, Dienst und Privat zu trennen. In einer Welt, in der sich alle Grenzen vermischen, in der z.B. zu Hause mit Telearbeit das Geld verdient wird, wird dies schwieriger sein, als in den früheren Büros, wo man mit dem Ausstempeln auch die Gedanken an die Firma abgegeben hat.

Aber gerade, wenn sich alles mischt, wird man den Vorteil von Grenzen suchen. Darum modifiziere ich das Motto, das beim Militär gilt - Dienst ist Dienst, Schnaps ist Schnaps - zu:

Firma ist Dienst, Liebe ist Privat.

Wem diese Trennung gelingt, der kann sich immer in der einen Welt von der anderen erholen. Dies ist ein großer Vorteil für die Zufriedenheit und die Gesundheit. Glücklich diejenigen, die eine private Umgebung haben, die sie wohlwollend und nachsichtig stützt und fördert. In einer Familie, in einem Freundeskreis oder in einer Partnerschaft. Sie alle werden die Trubel im Dienst besser überstehen.

Ganz Privat

Das private Glück ist für viele Menschen das Wichtigste im Leben. Und es ist auch die Quelle der größten Schwierigkeiten. Falsche Erwartungen und schlechte Vorbereitung sind eine häufige Ursache privater Probleme.

Natürlich gibt es auch immer Schicksalsschläge, Unglücksfälle, auch Katastrophen, auf die man sich schlecht vorbereiten kann, aber vieles könnte die Gesellschaft besser abwenden. Und dazu will ich hier beitragen.

Ich habe hier versucht, Grundsätzliches zum Privatleben zusammenzuschreiben, was ich einer heranwachsenden Generation gerne mitgeben möchte, ohne mich aber in ethische Fragen einmengen zu wollen.

Im Zweifel wird jeder seinem Gewissen zu folgen haben und meine Vorschläge, wie alles in diesem Praxilogie-Buch, nur als Tipps verstehen, die man sich anhört, aber dann genauso ablehnen wie akzeptieren kann. Ich verfolge auch keine eigenen kommerziellen, religiösen oder missionarischen Interessen, das will ich hier nochmals betonen.

Neben meiner persönlichen Erfahrung fließen in diese Abschnitte viele Gespräche mit Mitarbeitern und Geschäftspartnern ein, die sich ihr Herz bei mir ausgeschüttet haben.

Ganz besonders haben es mir die Probleme junger Menschen dabei angetan. Ich will versuchen mit einigen Unterkapiteln hier ganz speziell auf sie einzugehen, z.B. auf den Liebeskummer!

Die Inhalte sind außerhalb unseres Kulturkreises nur schwer anwendbar. Die Welt ist dafür zu vielfältig.

Liebeskummer

Es liegt in der Natur meiner Themen, dass mich Nachrichten zum Thema Liebe, vor allem aber auch zu Liebeskummer erreichen. Selbstverständlich kann ich mit meinen Ausführungen dazu den Betroffenen kaum helfen. Liebeskummer heilen im wesentlichen die Zeit und vor allem 'neue Liebe'. Man wird im wesentlichen sich selbst dabei helfen müssen. Aber vielleicht findet doch der Eine, die Eine, etwas Trost in meinen Worten, dann hätte sich mein Aufwand schon gelohnt. Ich muss allerdings gleich betonen, dass ich weder Arzt noch Psychotherapeut bin und auch keine dem entsprechende Verantwortung übernehmen kann.

> Für manchen Liebeskummer hilft nur die professionelle Hilfe eines Psychotherapeuten. Geh zu deinem Hausarzt und lass dich beraten, wer dir helfen kann!

Die Evolution hat es so eingerichtet, dass Liebe uns 'blind und dumm' macht. Damit hat sie die Fortpflanzungschance erhöht, denn würden wir zuviel über Kinder nachdenken, würden wir vielleicht keine bekommen. Der Vorteil dieses besonderen Zustandes des verliebt Seins ist, dass wir ein hohes Glücksgefühl dabei haben.

Das Glücksgefühl wird wie eine 'chemische Reaktion' ausgelöst. Für Romantiker mag dies ein schrecklicher Vergleich sein. Aber diese chemische Reaktion macht uns süchtig, wir wollen immer mehr davon und sie immer wieder haben.

Klappt nun etwas in der Liebesbeziehung nicht, dann können wir sie kaum - mit Vernunft allein - beenden. Wie Rauschgiftsüchtige fallen wir immer wieder in dieselben Fallen, die uns zwar unglücklich machen, aber aus denen wir auch nicht mehr - zumindest leicht - herauskommen. Ich stelle mir das so vor, dass Liebe den Körper 'vergiftet' und wir uns deshalb bei Liebeskummer so unglücklich, so schrecklich und so schlimm fühlen. Erst wenn es uns gelingt, den Körper wieder zu 'entgiften', wird unsere Seele wieder froh werden können.

> Rückfälle für Liebeskummer können solange kommen,
> wie die Liebe gedauert hat.
> Aber sie werden im Laufe der Zeit schwächer.

Das Beruhigende am Liebeskummer ist, dass er sicher vorbeigehen wird. Ganz egal wie groß die augenblicklichen Schmerzen auch sein mögen, wir können ihn sicher überwinden. Irgendwann werden wir über uns selbst lachen. Und es wird eine Zeit geben, wo wir die große Liebe, die uns fast sterben hat lassen, auf der Straße gar nicht mehr wiedererkennen werden, weil sie für uns bedeutungslos geworden ist.

Der **erste Liebeskummer** verursacht mit die größten Schmerzen, die man einem Menschen antun kann. Wie eine Folter kann er die Betroffenen an den Rand des Lebens und der Vernunft treiben. Und trotzdem geht er vorbei, auch wenn es im Augenblick undenkbar erscheint, dass das Leben wieder schön sein wird!

Besonders die erste große Liebe wird mit großer Wahrscheinlichkeit prägenden Einfluss auf uns haben. Ihre Macht wird lange, für mache lebenslang, auf uns einwirken. Aber auch sie wird überwindbar sein, vielleicht aber nie wirklich vergessen werden. Wichtig für unser weiteres Leben ist die Überwindung des ersten Liebeskummers. Er darf unser Leben nicht zerstören, wie schmerzlich er auch ist.

Eine große Hilfe ist ein Gespräch mit Menschen,
die schon öfter Liebeskummer gehabt haben!

Jeder, der mit Liebeskummer diese Worte liest, wird sie als Hohn über seine schreckliche Situation betrachten. Aber liebe LeserInnen glaubt mir, ich weiß, wovon ich rede! Ich habe nach einer Scheidung ein halbes Jahr vor lauter Kummer kaum etwas Festes essen können und viel anderes Schreckliches erlebt, es ist alles vorbeigegangen. Sicherlich habe ich einige Schrammen dabei abgekriegt, aber ich lebe heute froh und kann ohne Stress über diese vergangenen Schwierigkeiten reden.

Ein ganz großes Problem junger Lieben ist die **Besitzergreifung**. Aus lauter Liebe ('man hat sich zum Fressen gern') lässt man nicht voneinander los. Dies geht dann einem bald auf die Nerven und es folgt häufiger Streit, meist mit Trennung.
Solchen Lieben kann man nur dadurch wieder eine Chance geben, wenn der 'andere fast egal' wird. Da heißt, wenn man soviel Distanz bekommt, dass der Partner sich nicht eingesperrt vorkommt. Besonders Männer wollen besitzen, aber die meisten Frauen wollen zwar 'erobert' aber nicht 'besessen' werden!

Für manche wird es einen großen Unterschied machen, ob man jemanden verlässt oder von jemanden verlassen wird. Aber in beiden Fällen wird entsprechende Trauerarbeit zu leisten sein. Nur wenn man jemanden verlässt, hat man selbst mehr Zeit, sich darauf vorzubereiten. Wird man verlassen, ist einfach der Überraschungseffekt größer und man wird deshalb mehr Zeit brauchen, sich auf die neue Situation einzustellen.

Wer sich trennen will, greift gerne in die **GUTE FREUNDE** Trickkiste. 'Lasst uns gute Freunde bleiben', wird dann gesagt, damit der Trennungsschmerz kleiner

> funktioniert selten. Vorbei ist vorbei, was euch bleibt, sind gute Erinnerungen und die Chance mit einem Neuanfang einen besseren Partner zu finden!

Ich wiederhole: Jeder kann seinen Liebeskummer überwinden. Die meisten werden es selbst schaffen und einige werden fachliche, ärztliche Hilfe dazu brauchen. Für diejenigen, die es allein schaffen wollen, gebe ich nun einige Tipps, die mir selbst und auch anderen in der Praxis sehr geholfen haben.

1. Erkenne, wenn eine Beziehung so gestört ist, dass es schlecht für dich ist, wenn du sie weiterführst

Manchmal wird man es gar nicht glauben wollen, dass man eine Liebe beenden muss. Aber es gibt doch ganz sichere Zeichen dafür. Eines der wichtigsten ist, dass sie dich krank macht oder kriminelle Energien in dir weckt. Und zwar im ganz wörtlichen Sinne. Eine Beziehung, die dich krank macht, ist nichts für dich.

Nicht immer ist der Zustand so eindeutig, aber schon wenn eine Liebe dauerhaft extrem schwierig wird, sollte es für einen Abbruch genügen. Was nicht einfach geht, geht wahrscheinlich gar nicht. Dies ist immer noch ein wichtiger Denkanstoß für Menschen, die ihr Leben meistern wollen und nicht alle Kraft - fast immer umsonst, zumindest im Nachhinein - in etwas stecken wollen, das keinen Bestand haben wird.

Eine Liebe sollte doch überwiegend Freude bringen, die Gemeinsamkeit sollte gesucht werden und nicht gemieden werden und man sollte doch ganz praktisch etwas voneinander haben!

Natürlich heißt das nicht bei jeder kleinen Krise das Handtuch zu werfen, manches wird man einfach gelassen aushalten müssen, aber sich bis zum gemeinsamen Untergang zu bekriegen, das kann doch nicht sinnvoll sein. Dabei würde ich weniger die Treue als Richtschnur ansehen, sondern die Loyalität. Wer nicht mehr loyal zu mir ist, denn will ich auch nicht als Partner!

Also irgendwann stellst du fest: ich will diese Beziehung aufhören, wenn ich nur wüsste wie!

2. Eigenständig werden, trennen

Trennen kann man sich nur, wenn man genügend selbständig ist. Also muss man versuchen, mit allen gegebenen Möglichkeiten, sich selbständig, eigenständig zu machen. Dazu wird man lernen müssen, ohne die Services des früher einmal geliebten Menschen auszukommen.

Dies bedeutet für jede Partnerschaft etwas anderes. Der eine wird kochen lernen, die andere sich um eigenes Einkommen kümmern müssen. Der Aufwand dafür wird unbequem sein, aber als Trost möchte ich erwähnen, dass er in jedem Fall eine gute Zukunftsinvestition sein wird, denn jeder wird von seiner eigenen Selbständigkeit, auch wenn er sie später wieder aufgeben wird können, profitieren.

Der nächste Schritt ist die Trennung der 'praktischen Zwänge'. Also ein eigenes Konto einrichten, eventuell eine eigene Wohnung suchen. Durch diese Entkopplung wird man die Reibungsflächen ziemlich reduzieren können. Einen Urlaub selbst planen und durchführen gehört auch dazu.

Aber viele haben noch gar nicht die praktischen Zwänge und kommen doch nicht voneinander los. Hier kommt man mit etwas Disziplin weiter. Man schreibt sich einmal alle Gemeinsamkeiten, vor allem die bisherigen gemeinsamen Aktivitäten auf. Dazu werden z.B. der tägliche Telefonanruf, der wöchentliche gemeinsame Ausgang, der regelmäßige Liebesabend, das gemeinsame Wochenende gehören. Dieses Aufschreiben bewirkt, dass ich einerseits erkenne, was mir die Beziehung einmal bedeutet hat und sie ist andererseits die Basis für die notwendigen Veränderungen, die ich vorzunehmen habe.

3. Die Gemeinsamkeiten reduzieren

Dies kann nun graduell oder schlagartig geschehen. Beides hat Vorteile und Nachteile. Eine schlagartige Reduktion kann nun sein, dass ich z.B. in eine ferne Stadt ziehe oder sogar auswandere. Hier habe ich über Nacht die meisten Gemeinsamkeiten wirklich reduziert. Allerdings wird dies nicht jeder machen können.

Leichter scheint für viele die graduelle Vorgehensweise. Einfach einige der Gemeinsamkeiten graduell reduzieren und damit neue Situationen schaffen. Sie hat allerdings den Nachteil, dass man leicht rückfällig wird und dann sich doch wieder voll in die alten Probleme stürzt.

In beiden Fällen wird man stark sein müssen, diese Veränderungen durchzustehen. Gut hilft sich schriftlich, z.B. über ein Tagebuch, selbst bei jedem Schritt zu motivieren. Zum Beispiel, in dem man in den Kalender jeden Tag notiert: Heute werde ich SIE/IHN nicht anrufen. Dies hilft tatsächlich!

Und es hilft, alles wegzuräumen, das an die frühere Liebe erinnert. Alle Fotos, alle Geschenke, die Kurzwahlnummer am Telefon löschen. Die Experten räumen dazu auch die Wohnung um, bekommen einen neuen Haarschnitt oder wechseln das Internetaccount. Ich persönlich würde die alten Sachen nicht wegschmeißen, es genügt sie für einige Zeit sicher wegzuschließen.

> ## Schreibe böse und gemeine Briefe an die Ex-Partner und ihre neuen Gefährten, **aber schicke sie nie ab**!!!

Und man wird natürlich Ersatz für die verlorengegangenen Freuden suchen müssen. Aber es gibt vieles, was man auch alleine tun kann. Von Weiterbildung bis zum Saunabesuch, einige Anregungen findet man sicher in meinen Kleinen Freuden.

Liebeskummer hat viele Kunstwerke initiiert. Liebeslieder, Romane, Theaterstücke, viele drücken den unendlichen Schmerz aus und haben unsere Kultur bereichert. Vielleicht fängst auch du an zu schreiben?

Viele Probleme löst ein altes Hausmittel, eine große, lange Reise. Die vielen Eindrücke, der Umgang mit vielen anderen Menschen, sie helfen relativ leicht Abstand zu gewinnen. Natürlich wird man sich am Beginn der Reise immer wieder die Gegenwart des früher geliebten Menschen wünschen, aber nach einiger Zeit verschwindet doch dessen Einfluss ganz merklich.

Wer sich die Reise nicht leisten kann oder will, dem empfehle ich viel Bewegung, vielleicht sogar Sport im Freien, egal wie das Wetter ist. Langes Laufen, aber auch Spazieren gehen und Radfahren hatten bei mir immer eine sehr seelenreinigende Wirkung.

Die Reise hat den weiteren großen Vorteil, dass man auf ihr Leute treffen wird, die man später nie wieder sehen wird. Sie laden dazu ein, die Story der vergangenen, unglücklichen Liebe so oft und unter den eigenen Vorzeichen zu erzählen, dass man viel vom vergangenen Frust verdauen wird.

Denn über deinen Frust zu reden, wird dir sicher helfen, wer mag, kann mir auch darüber schreiben (otto@buchegger.com). Allerdings kann ich kaum einen echten, persönlichen Rat geben, dazu fehlen mir meist die notwendigen Hintergrundinformationen. Aber du kannst dir beim Schreiben selbst klarer werden, was dich bedrückt. Und oft wirst du dabei auch gleich die Lösung deiner Probleme entdecken. Darum hebe dir deine Nachrichten gut auf und lies sie immer wieder durch, sie sagen dir oft, was du zur Überwindung deines Leidens tun sollst!

4. Neue Liebe heilt alte Liebe

Wer jung ist, wird leicht wieder eine neue Liebe finden. Auch wenn es im Tief des Liebeskummers undenkbar scheint: Es gibt viele neue und attraktivere Möglichkeiten. Die Welt ist voll mit netten Menschen, man muss nur Augen dafür bekommen. Lies meine Freu(n)de Finden, du wirst sicherlich Anregungen dazu bekommen!

Die neue Liebe wird zwar durch die alte belastet, aber sie muss deshalb nicht immer gleich eine Wegwerfbeziehung werden. Du hast sicherlich aus der alten Partnerschaft gelernt, manches besser zu machen. Und je öfter du die 'Krankheit Liebeskummer' heilst, um so besser wirst du damit umgehen können. Und irgendwann kannst du dir gar nicht vorstellen, dass du einmal unter Liebeskummer gelitten hast. Du wirst wieder sehr glücklich sein und nur noch die Vorteile der 'chemischen Reaktion' mitbekommen.

Es wäre dumm, dich gegen die Liebe abzublocken, wer Liebeskummer nicht riskiert, wird ein armseliges Leben führen müssen. Und wenn du so alt und gereift wie ich bist, kannst du deinen Enkelkindern eine ähnliche Story, wie du sie gerade gelesen hast, erzählen!

Partner

Ob Lebenspartner oder Ehepartner, diese Frage lasse ich hier offen. Die Gesellschaft sieht gerne die Welt geordnet und gibt der Ehe den Vorzug, für die Einzelbeziehung ist es fast egal, ob man verheiratet ist oder nicht. Lediglich, wenn man Kinder hat, wird es leichter sein, in einer Ehe zu leben.

Gemessen an der Wichtigkeit einer Partnerschaft ist die Vorbereitung darauf mehr als mangelhaft. Woran sollen sich junge Menschen bei der Wahl ihres Partners orientieren? An der Ehe ihrer Eltern? An dem was sie in den Medien darüber erfahren? Ich würde mir wünschen, dass es so was wie Unterricht für Partnerschaft gäbe. Wo man üben könnte, wie man Partner findet, wo man erfährt, was man alles falsch machen kann und handfeste Hinweise bekommt, wie man eine Partnerschaft glücklich erhält.

Lebenspartner
sind Sexualpartner auf Zeit,
Eltern (zum Aufziehen der Kinder) für immer,
zum Teil Wirtschaftsgemeinschaft,
Loyalitätsgemeinschaft für die Dauer der Partnerschaft.

Ich habe einmal Eheunterricht genommen und fand das nützlich, zumindest im nachhinein. Aber es wäre gut, auch schon für die Vorstufen der Ehe mehr Wissen zu bekommen. Die Gesellschaft hält sich hier sehr zurück; einiges wird zwar auf die Kirchen delegiert.

Aber das meiste müssen sich die jungen Menschen selbst erarbeiten, alle Fehler selbst machen und viel Leid ertragen, das man auch etwas reduzieren hätte können. Aber vielleicht ist das immer so gewesen und wird immer so sein. Vielleicht wollen alle Menschen alle Fehler erst einmal selbst machen. Trotzdem mache ich wenigstens einen Versuch, über die Partnerschaft nachzudenken.

Wenn nur das Fühlen die Entscheidung bestimmt und nicht auch wesentlich das Denken, dann sind viel Probleme schon vorprogrammiert. Die Liebe macht blind, sie verleitet zu Fehlern. Und Verliebte sind so empfindlich, dass sie alle Hinweise auf Schwierigkeiten abblocken.

> Musst du dich zwischen einer Liebesheirat und einer Vernunftheirat entscheiden, dann wähle eine **vernünftige Liebesheirat**!

Gleichheit und Gemeinsamkeiten sind eine gute Basis für Partnerschaften. Vor allem bei Zentralfragen ist gleiche Meinung sehr zu empfehlen. Wollen wir Kinder haben und wie viele? Wie gehen wir mit dem Geld um? Dies merkt man am besten beim gemeinsamen Einkaufen! Haben wir eine sexuelle Harmonie? Haben wir gemeinsame Interessen? Die Gemeinsamkeiten werden die Basis des Zusammenlebens sein, die befriedigende Sexualität wird ein starkes Band sein, das auch helfen wird, Schwierigkeiten zu überwinden.

Ein Hauptkriterium für die Wahl ist m.E. auch die Gesundheit. Sowohl die physische wie auch die psychische Leistungsfähigkeit werden die Schwierigkeiten des gemeinsamen Lebens viel besser meistern lassen. Ein guter, praktischer Test für die Gesundheit ist z.B. der Erfolg im Beruf. Aber auch die Fähigkeit gut alleine leben zu können wird für Gesundheit sprechen.

Wenn du wissen willst, wie du selbst oder dein Partner sein wird, dann sieh dir doch die Eltern an. Die Wahrscheinlichkeit, dass du oder deine Partnerin den Eltern ähnlich sein wird, ist sehr groß. Findet ihr wechselseitig eure Eltern nett, dann ist viel gewonnen.

Es ist wichtig, dass ihr euch gut kennt. Dies wird um so leichter sein, je näher ihr zusammenwohnt. Aus der Distanz kann jeder Mensch attraktiv sein, aber wie sieht die Realität aus? Und um sich kennen zulernen, muss man auch Zeit investieren können. Hat euer Partner Zeit für euch? Versucht für einige Zeit möglichst viel gemeinsam zu machen, um euch kennen zulernen, nicht nur der Urlaub ist dazu geeignet. Könnt ihr zusammen einkaufen gehen? Könnt ihr gemeinsam autofahren? Könnt ihr gemeinsam Stress aushalten? Kennt ihr euren Partner in seinem Berufsumfeld?

So wie dein Partner heute ist, so wird er oder sie auch im wesentlichen bleiben. Wenn du darauf hoffen musst, dass deine Partnerin sich ändern - gemeint ist damit fast immer 'verbessern' - wird, dann hast du eine Illusion, die dich ziemlich sicher enttäuschen wird. Wer heute raucht, wird es auch in Zukunft tun. Viele Abhängigkeiten sind eben stärker als der Wunsch sie zu verändern. Wer lügt, wird es immer tun, wer faul ist, bleibt es.

Praktische Ehetests

u.a. gemeinsam:

Blutspenden
Einkaufen
Autofahren in fremder Umgebung
2 Tage ohne Schlaf
Verwandtenbesuch
Urlaub, z.B. eine Radtour

Auch für Partnerschaften soll gelten, was für andere Kooperationen gilt. Beide sollen mehr davon haben, wenn sie zusammen sind, als wenn sie alleine wären. Was ist der Wert der Partnerschaft für jeden Einzelnen? Aber die Ergänzungen müssen eine gewisse Balance aufweisen. Ist der Mehrwert gegenseitig? Bei großem Ungleichgewicht wird sich im Laufe der Zeit jemand ausgeliefert oder ausgenutzt vorkommen.

Unbedingt sollte man bei einer Eheschließung durch einen Ehevertrag die Scheidungsfragen regeln. Die Chance geschieden zu werden ist einfach zu groß, als davor die Augen zu verschließen. Und wann ist der beste Zeitpunkt diese Fragen zu regeln, als wenn man sich noch mag? Der Gedanke an den Ehevertrag wird erträglicher werden, wenn man weiß, dass das deutsche Eherecht nicht unbedingt so gemacht ist, dass es den einzelnen Bürgern dient, sondern primär den Staat entlastet. Und wer einmal eine Scheidung hautnah mitgemacht hat, der weiß, dass es nur einen Gewinner dabei gibt, nämlich den Rechtsanwalt.

Mein Motto für Eheverträge ist: Nur in der Ehe füreinander, nach der Scheidung totale Trennung und keinerlei wechselseitige Unterstützung (Kinder natürlich ausgenommen, diese Familienbande kann man nicht trennen!).

So sollen auch die Besitzverhältnisse klar definiert bleiben. Natürlich wird man große Anschaffungen wie Wohnungseigentum gemeinsam erwerben und dies auch festschreiben. Aber ich habe gefunden, dass es nützlich ist, wenn auch kleine Gegenstände, z.B. Möbel, aber auch Bücher ihren eindeutigen Besitzer haben. Bewährt haben sich dafür Aufkleber oder auch Farbpunkte. Nicht nur, dass im Trennungsfall eine Aufteilung erleichtert wird, was eindeutig jemanden gehört, wird besser gepflegt sein und es gibt weniger Diskussionen, wer es zu ersetzen hat, wer es zu reparieren hat, wer es aufräumen muss und wer es weggeben darf.

All dies setzt natürlich Eindeutigkeit bei den finanziellen Verhältnissen voraus. Auch hier halte ich eine Trennung für nützlich. Warum sollte nicht jeder Partner sein eigenes Konto haben und ein notwendiger finanzieller Ausgleich, wenn ein Partner die Kindererziehung zum Beruf gewählt hat, nicht auf monatlicher Basis basieren?

Junge Menschen empfinden meine praktischen Hinweise gerne als unangebracht. Wozu heirate ich denn, wenn soviel getrennt bleiben soll? Also nehmt meine Tipps als Impfung gegen die Scheidung! Sie helfen eine Scheidung zu verhindern und sollte sie trotzdem eintreten, wird sie etwas weniger weh tun!

Wer zuviel in die Partnerschaft hineinlegt, wird sie so belasten, dass sie zerbrechen muss. Ich finde, es ist richtiger die Partnerschaft als das zu nehmen, was sie ist. Eine Gemeinschaft, in der es sich sinnvoller und besser lebt, als wenn man alleine leben würde. Diese Gemeinschaft wird um so stärker sein, je stärker die beiden Teile sind. So sollten beide ihre Handlungsfähigkeit mit eigenen Entscheidungen aufrechterhalten können. Hörigkeit und Passivität festigen nur kurzfristig eine Partnerschaft. Und alles was die Gesellschaft, die Eltern oder Religionen ihr sonst noch überstülpen wollen, ist mit Vorsicht zu prüfen. Wer die Partnerschaft nicht allzu ernst nimmt, wird sie eher erhalten, als der, der sie in ein Korsett einschnürt, aus dem man nur durch Zerstören wieder herauskommt.

> Vor der Ehe schau genau hin.
> In der Ehe schau oft weg.

Einige werden zum Schluss kommen, dass ihr gewähltes Leben eine klassische Ehe nicht zulässt. Diese Menschen sollten sich bewusst auf ein Single-Leben einrichten. Wer keine Kinder haben will, wer keine Zeit für Partnerschaft hat, wem zuviel Nähe auf die Nerven geht, wer keine Kompromisse machen kann, wer immer das letzte Wort braucht, der sollte die Finger von der engen Partnerschaft lassen.

> **Häufiges Ende von Partnerschaften:**
>
> Durch Verletzung der Würde
> oder Verlust von viel Geld.

Es gibt viele Singles, die ein befriedigendes Leben führen und nicht immer nur sind es alte Menschen, die sonst keine andere Alternative haben, sondern Menschen, die herausgefunden haben, dass diese Lebensform am einfachsten und besten für sie ist.

Partner - Suche

Es ist heute schwieriger als früher, seinen Partner zu finden. Die Gesellschaft gibt wenig Hilfe, aber man hat heute viel mehr Freiheit seinen Partner, seine Partnerin auszuwählen. Allerdings überfordert viele diese Freiheit und sie haben große Probleme eine befriedigende Wahl zu treffen.

Beruhigend ist es zu wissen, dass dein Partner schon lebt, dass deine Partnerin vielleicht schon ganz in deiner Nähe ist. Er oder sie muss nicht erst geboren werden, sie müssen nur gefunden werden oder vielleicht nur ausgewählt werden.

Um auswählen zu können, bedarf es vieler bekannter Menschen. Es ist viel einfacher, seinen Bekanntenkreis zu vergrößern, als den richtigen Partner fürs Leben zu finden. Um passende Partner zu finden, bedarf es im Bekanntenkreis eines großen Anteils an Mitgliedern des gewünschten Geschlechtes.

Wer als Mann auch einen großen weiblichen Bekanntenkreis hat, wird es leicht haben, daraus Sexualpartnerinnen auszuwählen und dabei seine Lebenspartnerin zu finden. Umgekehrt gilt dies natürlich auch. Wer als Frau nur Freundinnen hat, wird dabei schlecht den Mann fürs Leben finden.

Viele junge, noch unsichere Menschen oder auch bequeme, ältere Menschen finden ihre Partner einfach beim Studium oder im Berufsumfeld. Die erste beste Gelegenheit wird ergriffen und dabei wird geblieben.

Wer Partnersuche als Managementproblem betrachtet, wird mehrere und bessere Möglichkeiten sehen und ausnützen, einen passenden Partner zu finden.

Zwei Wege, am besten parallel und gemischt angewendet, führen meist zum Ziel. Der spontane und der geplante Weg. Der spontane Weg wird jede gebotene Gelegenheit prüfen, ob sie für eine Partnerschaft verwendbar ist. Der geplante Weg wird systematisch untersuchen, welche Möglichkeiten es gibt und diese testen.

In beiden Fällen bedarf es zur Partnersuche einiges an Aufwand. Wer diesen Aufwand nicht zu erbringen bereit ist, sollte auch nicht enttäuscht sein, wenn es nicht klappt. Aber wer zum Beispiel nicht die dafür notwendige Zeit aufbringen kann, der ist wahrscheinlich auch nicht geeignet, eine Partnerschaft aufrecht zu erhalten.

Viele Menschen suchen ihren Partner über Annoncen, egal in welchen Medien. Besonders in Deutschland ist diese Methode sehr erfolgreich und dadurch beliebt. Wer keine andere Möglichkeit hat, für den ist diese sicher empfehlenswert. Aber Partnersuche live macht einfach mehr Spaß, finde ich.

Partner kannst du nur dort finden, wo diese sind. Dies klingt so trivial, dass ich immer wieder verwundert bin, dass es die meisten Menschen, die auf Partnersuche sind, trotzdem nicht wissen. Wer immer nur Zuhause hockt, wird nur die Nachbarn treffen. Ist dabei niemand, der als Partner infrage kommt, dann ist die Partnersuche garantiert erfolglos. Wer also Partner sucht, muss aus dem Haus gehen! Wer nicht gerne alleine aus dem Hause geht, wird zur Partnersuche eine Begleitung brauchen. Eine Freundin, ein Freund mag dabei hilfreich sein, aber vielleicht im wesentlichen Augenblick störend sein oder zur Konkurrenz werden.

Wer Partner sucht, muss für diese auch diskret die Verfügbarkeit signalisieren. Wer sich aus lauter Schutzbedürfnis mit allen Eheinsignien, wie Ehering und Doppelnamen schmückt, wird nur schwerlich erfolgreich sein.

Wer lächelt, motiviert zu Kontakt. Wer viel grüßt, zeigt Interesse an anderen Menschen. Wer fragt, wer um Hilfe bittet, lässt Kontakt zu. Um bemerkt zu werden, musst du gelegentlich auffallen.

Spontaner Kontakt lässt sich nur schwer in Dauerkontakt umsetzen. Besser sind Kontakte, die Nähe, Dauer und Wiederholung bieten. Weiterbildung und Sport sind ausgezeichnete Möglichkeiten, sich regelmäßig und intensiv zu sehen.

Weiterbildung hat noch dazu den Vorteil, dass man mit großer Wahrscheinlichkeit auf Menschen mit gleichen Interessen treffen wird und sich daher sofort eher sympathisch finden wird.

Aber auch die regelmäßige Fahrt zum Studien- und Arbeitsplatz, ein Theater- oder Konzertabonnement, das regelmäßige Mittagessen bieten viele Möglichkeiten. Auch hier empfehle ich primär den entsprechenden Bekanntenkreis zu erweitern und erst sekundär die Partnersuche im Auge zu haben.

Wer aber dann aus einem Bekannten einen Partner machen möchte, der muss die Hauptregel aller erfolgreichen HerzensbrecherInnen befolgen: Am Ball bleiben! Konsequent und beharrlich, kreativ und mit Spaß, das wirkt immer noch am effektivsten.

Weniger geeignet für die Partnersuche sind Urlaube. Hier trifft man nicht auf die echten Menschen, sondern nur auf Menschen in Urlaubslaune. Auch bei Menschen, die weit weg wohnen, wird es schwierig werden, sich gut kennen zulernen. Hier wird man dann mehr die Illusion lieben, als den realen Menschen.

Wer noch mehr zu diesem Thema lesen will, dem empfehle ich meine Betrachtungen in 'Freu(n)de Finden'.

Ehe - Irrtümer

Die Ehe wird mit soviel Vorurteilen beladen, dass es gelegentlich ganz nützlich ist, diese etwas auf die Schippe zu nehmen. Nicht jeder wird mir dabei zustimmen, vielleicht begehe ich für einige sogar damit ein Sakrileg. Diesen Menschen empfehle ich die folgenden Kapitel einfach zu überschlagen.

'Du musst immer mit mir zusammen sein'. Damit legt man sich nur gegenseitig in Fesseln. Besser wäre es, das Zusammensein so schön zu gestalten, dass man gerne zusammen ist, aber beide Partner sollten genügend Freiheit und Muße von der Partnerschaft haben, damit diese freiwillig aufrechterhalten wird.

'Du darfst keine Geheimnisse vor mir haben'. Natürlich hat jeder Mensch ein Recht auf seine Geheimnisse. Partner müssen loyal zueinander sein, aber jeder braucht seine eigenen Probleme und Erfolge und natürlich auch seine Geheimnisse.

'Du musst mich leidenschaftlich lieben'. In jeder Beziehung gibt es Höhen und Tiefen. Die Liebe wird nicht immer leidenschaftlich sein können. Trotzdem bleibt die Partnerschaft in Ordnung. Es genügt für viele, sich regelmäßig zu lieben, um eine gute Partnerschaft aufrechtzuerhalten.

'Du darfst keinen eigenen Freundeskreis haben'. Wie sollen sich Menschen weiterentwickeln, wenn sie keinen eigenen Freundeskreis haben, wer wird sie in Krisen- und Notsituation mit stützen können. Der Freundeskreis aber sollte konstruktiv sein, wer sich mit lauter zerstörerischen Menschen umgibt, darf sich nicht wundern, wenn diese auch die Partnerschaft kaputt machen.

'Du allein bist für mein Glück verantwortlich'. Falsch, nur ich allein bin für mein Glück verantwortlich. Es ist schön und auch notwendig, wenn die Partnerschaft zu meinem Glück beiträgst, aber die Verantwortung dafür kann kein Erwachsener aus der Hand geben.

'Du musst für mich sorgen'. Vielleicht vorübergehend z.B. im Krankheitsfall, aber letzten Endes wird nur eine Partnerschaft zweier etwa gleich starker Menschen Bestand haben.

'Du musst mich ohne Worte verstehen'. Dies kann kein Mensch. Wer sich darauf verlässt, fordert Kommunikationsprobleme nur heraus. Sicher werden Menschen, die lange zusammenleben, sich mit wenigen Worten verstehen, aber auch diese werden gelegentlich klärende und deutliche Worte brauchen, wollen sie wissen, was der Partner denkt oder auch fühlt. Man muss also gelegentlich seine Gefühle auch aussprechen, will man sicher gehen, dass man verstanden wird.

'Gegensätze passen gut zusammen'. Gegensätze ziehen sich zwar oft an, aber im täglichen Umgang ist viel Gemeinsamkeit angesagt. Natürlich werden verschiedene Naturelle sich gut ergänzen, aber bei grundsätzlichen Fragen ist Gemeinsamkeit sehr viel verbindender und dauerhafter. Wenn alles erst ausdiskutiert oder erstritten werden muss, wird die Partnerschaft zur Belastung und nicht zur Bereicherung.

'Wir brauchen kein Geld, um glücklich zu sein'. Wer keine finanzielle Basis für die Ehe hat, wird zu viele Sorgen haben, um glücklich werden zu können. Etwas Geld oder Sicherheit wird man aufbringen müssen, will man sich zusammentun. Allerdings wird man in einer harmonischen Beziehung gemeinsam sehr viel mehr erreichen, als alleine. Partner, die sich gut stützen, brauchen weniger Geld, aber etwas brauchen sie immer.

'Nach der Hochzeit muss ich nicht mehr um dich werben'. Warum eigentlich nicht? Konkurrenz gibt es das ganze Leben und überall. Sie hört auch nach der Eheschließung nicht auf. Wer nicht immer wieder um seinen Partner wirbt, wird ihn früher oder später an jemanden verlieren, der es tut. Natürlich stellt die gemeinsame Vergangenheit einen Riesenbonus dar, aber ganz auf diesen kann man sich nicht verlassen!

'Sexuelle Harmonie ist nicht so wichtig'. Für einige Paare mag dies stimmen. Aber im allgemeinen ist sexuelle Harmonie das wichtigste Band einer Beziehung. Und der einfache und befriedigende Zugriff zu Sex kann über viele Schwierigkeiten hinweghelfen. Liebe ist loyale Freundschaft mit gutem Sex, sagt eine Definition. Gelegentlich wird die Freundschaft der wesentliche Pfeiler sein, und gelegentlich die sexuelle Befriedigung. Fehlen beide Pfeiler, dann bricht die Partnerschaft zusammen.

Die Rolle der Sexualität in einer Beziehung wird gerne unterschätzt. Befriedigte Partner werden viel eher loyal oder treu zueinander sein, weil sie auch die unendlich große Konkurrenz leicht ignorieren. Die Sexualität darf nicht zur Handelsware in einer Beziehung werden, schon gar nicht darf mit ihr erpresst werden. Mein Rat, vor allem an meine Leserinnen: Lieber regelmäßig verführen, als später in der Scheidung prozessieren!

Hier sind nur einige Irrtümer aufgeführt, es gibt sicherlich noch viel mehr davon. Dies ist nicht verwunderlich, wenn man bedenkt, wie schwierig es ist, sich in einer sich so schnell verändernden Welt zurechtzufinden. Vieles was heute gilt, wird morgen nicht mehr gelten, und vieles was gestern wichtig war, ist heute problematisch.

Scheidung

Selbstverständlich ist eine Trennung in einer Partnerschaft nicht unausweichlich. Viele Beziehungen halten auch sehr lange. Aber je länger wir leben, je reicher wir werden, je egoistischer wir werden, je weniger Kinder wir haben, je früher wir heiraten, je liberaler wir werden, um so wahrscheinlicher wird es sein, dass wir eine oder mehrere Scheidungen in unserem Leben haben werden.

Noch weniger als unsere Kinder auf die Ehe vorbereitet werden, werden sie auf die Scheidung vorbereitet. Sie leiden nur so sehr unter dem Mangel an Wissen ihrer Eltern, dass viele von ihnen einen lebenslangen Horror vor der Ehe haben. So will ich auch hier versuchen, wenigstens einige grundsätzliche Aspekte weiterzugeben.

Scheidungen scheinen oft aus heiterem Himmel zu kommen und sind dann für eine Hälfte der Partnerschaft völlig überraschend. Aber fast immer geht der offiziellen Scheidung die inoffizielle Kündigung des emotionalen Vertrages voran. Wie bei den 'inneren Kündigungen' in Firmen sagt sich jemand: *Bei der nächsten, passenden Gelegenheit bin ich weg.* Auch hier gibt es - neben permanentem Streit - noch andere, relativ zuverlässige Frühindikatoren, z.B. wenn Paare keinen gemeinsamen Urlaub mehr planen.

Viele entscheiden sich heute für: Besser gut geschieden als schlecht verheiratet. Wer feststellt, dass die bestehende Partnerschaft nicht mehr gut für ihn ist, wird heute leichter die Trennung vollziehen. Vor allem, wenn er oder sie es sich auch leisten kann.

Kluge Menschen trennen sich, bevor sie eine neue Partnerschaft eingehen. Ich sehe dies als die wichtigste Verhaltensregel in einer Trennungsphase an. So fallen bei allem Selbstzweifel wenigstens die Vergleiche mit dem neuen Partner weg. Leider wird diese Regel auch am wenigsten beachtet, weil oft erst eine neue beginnende Partnerschaft die Brüchigkeit der bestehenden klar macht. Aber wer es schafft: Zuerst Scheidung, dann erst neuer Partner!

Ehescheidungen verlieren wenigstens einen Teil ihrer finanziellen Schrecken, wenn ein Ehevertrag mit Gütertrennung vorliegt. Deutschland ist eines der wenigen Länder auf dieser Welt, in der die Gütertrennung nicht der Normalfall ist. Sehr zum Nutzen der Juristenlobby, die natürlich nichts daran ändern wird. Dies sollte alle meine betroffenen Leser, die auch Wähler sind, nachdenklich stimmen.

Immer häufiger werden Scheidungs- und Trennungsfragen mit Mediation gelöst. Mediation ist ein Weg zur Lösung von schwierigen Konflikten, bei dem die Beteiligten mit Hilfe von neutralen Dritten, die keine Entscheidungsmacht haben, eigenverantwortlich gemeinsame Lösungen für die Zukunft erarbeiten.

Es ist zu hoffen, dass auch in Deutschland bald Ehen dort getrennt werden können, wo sie auch geschlossen wurden, nämlich am Standesamt. Je weniger das Gericht bei der Trennung eine Rolle spielen muss, um so weniger Porzellan wird zerschlagen.

Kinder sind keine Gegenstände. Bei ihrer Zeugung sind die Eltern den Vertrag mit ihnen eingegangen, sie in dieser Welt groß und glücklich werden zu lassen. Auch während oder nach der Scheidung bleiben beide Partner ihre Eltern. Und beide sollten versuchen, sie nicht zu Geiseln in einem unendlichen Krieg werden zu lassen. Scheidungen sind auch für Kinder Chancen, wenn es gelingt, sie die positiven Aspekte der neuen Situation sehen zu lassen.

Scheidungen als gesellschaftliches Ereignis sind nicht akzeptiert. Aber warum sollte man nicht eine gemeinsame Scheidungsankündigung machen, wenn man sich trennt. Es würde helfen, dass man gemeinsame Freunde weiterbehält und diese sich nicht für einen der Partner entscheiden müssen. Und es würde helfen, dass bei allen Problemen man wenigstens die Chance erhält, dass Geschiedene weiterhin Freunde bleiben können, besonders wenn Kinder da sind.

Neben all den Schwierigkeiten, die jedes Scheitern bringt, natürlich auch das Scheitern einer Beziehung, will ich doch auch die positiven Aspekte einer Scheidung ansprechen.

Scheidungen erlauben Veränderungen in unserer Gesellschaft, sie lassen Menschen neue Wege gehen, die sie in der alten Partnerschaft nie geschafft hätten. Scheidungen machen den Weg frei für neue Partnerschaften, die vielleicht der Alterssituation oder einem neuen Umfeld besser angepasst sind.

Scheidungen beenden schreckliche oder unendlich langweilige Ehejahre. Scheidungen lehren unsere Kinder, sich besser auf Partnerschaften vorzubereiten. Sie vergrößern unseren Verwandtenkreis, so haben heute manche Kinder nicht nur zwei, sondern gleich drei oder 4 Großelternpaare.

Wenn es uns gelingen würde, Scheidungen als Lernsituationen und Chancen zur Veränderung aufzufassen, wenn wir uns rechtzeitig - d.h. immer vor dem Schließen einer Ehe - auf sie einstellten, dann hätten wir viel in unserem Leben gewonnen.

Sexualität

Ich habe viel lernen müssen, um die Bedeutung der Sexualität für das Leben richtig einzuschätzen. Erst die Beschäftigung mit der Evolution hat mir etwas die Augen geöffnet.

Zwei Hauptgesichtspunkte haben sich dabei herausgeschält. Erstens, es lebt auf die Dauer nur, was sich fortpflanzt. Deshalb ist Fortpflanzung einer der wichtigsten Lebensfaktoren aller Lebewesen. Zweitens, der Aufwand für sexuelle Fortpflanzung (im Vergleich zur Teilung) ist gewaltig. Trotzdem hat die Natur diese Form gewählt, weil der Lohn für diesen Preis, die Anpassung an ein sich ständig änderndes Umfeld, ebenfalls enorm ist.

Ein Individuum hat nun die ganze Geschichte der Evolution in sich und ist auch in ein soziales Umfeld eingebunden und wird von all diesen Faktoren gesteuert. Gerade bei der Sexualität wird klar, dass deshalb die Interessen des Einzelmenschen nicht immer mit den Interessen der Gesellschaft harmonieren werden.

> Die Interessen der Gesellschaft sind nicht immer deine Interessen.
> Versuche im Rahmen der Gesetze deine Interessen auszuloten.

Ich weiß aus eigener Erfahrung, dass Sexualität gerade für junge Menschen, wenn sie damit allein gelassen werden, zum großen Problem werden kann. Denn trotz aller Aufklärung, Sexsendungen im Fernsehen, offenherziger Berichterstattung in den Journalen und unendlich vieler Seiten im Internet ist das Wissen über Sexualität dem Geheimwissen zuzuordnen. Zu groß ist die Versuchung der Mächtigen, es für ihre Zwecke auszunützen.

Denn alle Bestimmenden dieser Welt, von den Kirchen bis zu den Medien, vom Schriftsteller bis zu den Werbetreibenden wissen zumindest intuitiv über die Macht der Sexualität Bescheid und haben Mechanismen entwickelt, sie für ihren Erfolg einzusetzen. Oft geschieht dies ganz subtil oder aber auch - wie bei der Prostitution - ganz offen.

Aber auch einfache Eltern lassen manchmal ihre Kinder in Unwissenheit, nicht nur, weil ihnen die Aufklärung peinlich wäre, sondern weil sie dadurch ihre eigenen Interessen durchsetzen wollen, z.B. um Enkelkinder zu bekommen. Und so verwundert es nicht, dass fast alle Revolutionen, die länger nachgewirkt haben, auch sexuelle Revolutionen (entweder Liberalisierung oder Repression) bewirkt haben.

Die Sexual-Ausbildung erfolgt bei uns immer noch eher zufällig und nicht offen. Das Wissen, das über Pornofilme z.B. auch im Fernsehen vermittelt wird, ist für die

Sexualpraxis kaum anwendbar. Der wesentliche Unterschied liegt darin, dass die Bilder vor allem animieren sollen, aber die sexuelle Befriedigung nicht nur über das Auge läuft, sondern über alle Sinne des Körpers. Am Beispiel der Eltern lässt sich Sexualwissen auch nicht erwerben, weil man diesen beim Sex nicht zuschauen kann und weil sie kaum darüber reden.

Viele wollen mit deiner Sexualität Geld machen oder Macht ausüben.
Für ein befriedigendes Sexualleben aber musst du selbst sorgen.

Der Preis, den unsere Gesellschaft für das Unvermögen in sexueller Ausbildung zahlt, ist hoch. Unendlich viel Tränen, Geld und Lebensfreude verliert unsere Gesellschaft dadurch. Aber offenbar scheint es für viele verantwortliche Menschen besser zu sein, Anfänger und Stümper aufeinander loszulassen, als das Risiko einer Information einzugehen.

Jugendliche sind zwar an Sexfragen extrem interessiert, aber sie lehnen eine persönliche Unterweisung oder Erziehung darin meist ab, weil sie ihnen peinlich ist. Aber das Internet ist gutes Medium die Kluft dafür zu überbrücken und es sollte von ihnen auch genutzt werden können. Ich finde es daher geradezu lächerlich, wenn manche Schulen Sex-Seiten auf ihren Servern ausblenden wollen. Im Gegenteil, die Schulen sollten sogar gute Seiten auf ihre Server laden und die Schüler darauf aufmerksam machen!

Auch Erwachsene zeigen oft großen Mangel an Sexualwissen. Sie bringen zuwenig Erfahrung mit, es gibt zu viele (falsche) Vorurteile und sie verlieren im täglichen Trubel irgendwann auch das Interesse, sich in Sexualfragen weiterzubilden.

Ein gute Grundlage für Sexualwissen sind Bücher. Sie bekommt man in jeder Buchhandlung oder auch bei www.amazon.de. Einfach reinklicken und mit den entsprechenden Begriffen (z.B. Joy Sex) suchen. Es gibt immer wieder Neues am Markt.

Manchmal sind die Jugendlichen auch gut über die Biologie aufgeklärt, aber es herrscht völliges Unwissen über die Vorstufen des Sexualkontaktes, wie Liebe, Erotik, Flirten, Komplimente machen, Kontakte herstellen. Im Internet aber gibt es unter www.liebeliebeliebe.de gute Beiträge dazu

---

Liebe ist loyale Freundschaft mit gutem Sex

Auf Sonderthemen, so wichtig sie für die Betroffenen auch sein mögen, gehe ich nicht ein. Das Internet ist voll davon und es wird jeder, der danach sucht, auch fündig werden.

Männer sind anders als Frauen

Zu den grundlegenden Einsichten gehören die biologischen Unterschiede von Frauen und Männern. Männer sind vor allem darauf programmiert, viele Nachkommen zu produzieren. Frauen achten eher auf die Qualität der Nachkommen.

Die Evolution hat diese Aufgabe so gelöst, dass Männer ständig Samen produzieren können (und dieses auch tun, wenn sie nicht allzu gestresst sind) und diesen damit auch ständig abgeben wollen.

Vor allem jugendliche Männer kommen damit am Anfang schlecht zurecht. Sie entdecken ihren Trieb zuerst mit den feuchten Träumen, erotischen Träumen mit Samenerguss während des Schlafens.

Später ist dieser Trieb die Grundmotivation zu heiraten und eine Familie zu gründen. Männer suchen in der Ehe primär eine Sexualpartnerin, Frauen eher ein Umfeld, das ihnen erlaubt möglichst problemfrei Kinder großzuziehen.

> Männer wollen immer nur das eine,
> zum Glück haben es die Frauen.

Zu meinen Ratschlägen gehört, sich früh Sexualpartner zu suchen. Und zwar unabhängig davon, ob diese auch die späteren Ehepartner sind oder sein können. Der Sinn dieser frühen Sexualpartnerschaften ist nicht Kinder zu bekommen, sondern erstens zufriedener zu werden, aber auch, um sexuell erfahrener zu werden.

Damit dies klappt muss Know-how über die Verhütung vorhanden sein. Hier rate ich vor allem den Arzt zu befragen. Für junge Männer wird das Kondom zur ersten Wahl gehören, Frauen werden wohl die Pille nehmen müssen. Männer ab 40 (mit schon genügend Kindern) sollten unbedingt die Sterilisation in Betracht ziehen. Alle anderen Verhütungsmethoden (Eisprung etc.) sind unsicher.

Das Kondom bewahrt nicht nur vor ungewollter Schwangerschaft, sondern schützt auch gut vor Krankheiten. Also habe im Zweifel immer eins bei dir. Der Kauf ist ja heute wirklich problemlos geworden. (In meiner Jugend galt es noch als Mutprobe Kondome zu kaufen)

Für junge Männer ist oft eine etwas reifere Frau eine gute Wahl, ihr Problem der jugendlichen Sexualität in den Griff zu bekommen. Denn wer seine Sexualität nur in der Fantasie und in der Selbstbefriedigung auslebt, wird sie nicht unbedingt als Quell großer Freude erleben, sondern eher als Problem ansehen. Es war in früheren

Zeiten durchaus üblich, dass eine entfernte ältere Verwandte oder eine Bekannte (z.b. eine Witwe) die sexuelle Erziehung junger Männer übernommen hat.

Ebenso ist für eine junge Frau ein erfahrener Sexualpartner von Vorteil. In jedem Fall soll die sexuelle Partnerschaft vor der Hochzeit ausprobiert werden. Dies widerspricht zwar der Norm vieler Religionen, aber kann viel persönliches Leid ersparen. Hier ist der Konflikt zwischen Interessen der Gesellschaft und persönlichen Interessen vorprogrammiert. Im Zweifel gebe ich den persönlichen Interessen - im Rahmen der gesetzlichen Möglichkeiten - den Vorzug!

Ehe-Partnerauswahl

Mit diesen Menschen geht man lange Verpflichtungen ein. Ihre Auswahl wird entscheidend euer Leben prägen. Wenn ich meinen Kindern einen aufrichtigen Rat für die Wahl gebe, dann lautet dieser:

Sucht euch für das gemeinsame Leben einen Menschen

- Der gesund ist. Nicht nur physisch, sondern auch psychisch. Jemand, der auch belastbar ist. Ein gutes Kriterium für Gesundheit ist die Fähigkeit zu arbeiten und sich auch damit seinen Lebensunterhalt zu verdienen.

> Kennt ihr den **indischen Handtest**?
>
> Legt eure Hände nebeneinander,
> wenn sie ähnlich aussehen,
> dann versteht ihr euch auch sexuell gut!

- Der euch ähnlich ist. Die Ähnlichkeit sollte wenigsten in einigen Bereichen gegeben sein. Damit wird das Leben viel angenehmer. Kritische Bereiche, in denen die Ähnlichkeit oder zumindest dieselbe Meinung unbedingt gegeben sein sollen, sind:

  1. Sexualität
  2. Geld
  3. Kindererziehung, Anzahl der Kinder
  4. Weltanschauung

- Mit dem das Leben leichter und angenehmer ist, als ohne ihn. Ein gutes Kriterium ist die Zeit die ihr mit einem Menschen zusammen seid. Wenn alles mit ihm, mit ihr, besser und einfacher geht, ist das ein gutes Zeichen.

- Der ehrlich und meistens verlässlich ist. Unehrlichkeit oder sogar ein Hang zur Kriminalität belastet immer. Unverlässlichkeit ist sehr lästig.
- Der brauchbare Manieren hat und etwas auf Sauberkeit achtet. Rüpel und Schmutzfinken gehen dir auf die Dauer immer auf den Geist.
- Dessen Eltern und die meisten Freunde du schätzt.
- Der unterhaltsam ist, gerne lacht und aktiv ist. Dann hast du weniger Langeweile in deinem Leben.
- Der auch alleine gut zurecht kommt.
- Den du gerne riechst und mit dem du gerne, zum Beispiel auch Essen oder Reisen, genießt.
- Mein persönliches Zusatzkriterium: der nicht raucht und kein Alkoholiker ist. Alkoholiker ist jeder, der mindestens einmal am Tag Alkohol trinken muss. Die Menge ist dabei weniger wichtig. Mit zunehmendem Alter wird die Menge sicher zunehmen.

Kann man auch sexuelle Beziehungen haben, ohne zu heiraten?

Ja, sicher, aber man sollte doch immer etwas Vorsicht walten lassen. Sexuelle Beziehungen sind nahe Beziehungen und deshalb immer kritisch, begibt man sich in sie, kann man auch großen Schaden erleiden. Ich teile die potentiellen Gefahren in die großen K's ein:

Krankheiten:

Nicht nur AIDS kann man sich holen, auch die anderen klassischen Geschlechtskrankheiten, selbst einfacher Pilzbefall, können unangenehm werden. Da schützen doch Kondome ganz brauchbar.

Bevor man die Kondome ablegt, geht man miteinander Blutspenden. Dann könnt ihr schon AIDS sicher ausschließen. Und das Rote Kreuz hat auch etwas davon.

Ungewollte Kinder:

Wie gesagt, die Verhütung ist ein komplexes Kapitel, hier muss man sich informieren.

Kummer:

Liebe kann auch Kummer machen, höllische Schmerzen verursachen, sogar die Liebenden in den Tod treiben. Aber Kummer gehört zu den Risiken, die man im zwischenmenschlichen Bereich immer, mit oder ohne Sexualität, eingeht.

Kriminalität:

Nicht nur im Umfeld der Prostitution ist dies ein Thema. Auch unter Normalsterblichen wird mit Sexualität erpresst, kriminelle Macht ausgeübt (z.B. zum Diebstahl oder Meineid verleitet), Spionage betrieben, u.ä.m.

Wenn Sexualität nicht im eigenen Raum bleibt, sondern mit anderen Interessen vermischt wird, muss man sie abbrechen. Hier kann man sonst leicht in eine Falle tappen, aus der man schlecht wieder rauskommt. Dies mag schwer fallen, aber wenn man den Anfängen wehrt, geht es leichter, als wenn man schon total verfallen und verstrickt ist.

Wie ist das mit der Treue?

Treue ist sowohl Vorbedingung, aber vor allem auch Ergebnis befriedigender Sexualität. Wobei ich den Ergebnis-Aspekt wichtiger halte. Untreu wird, der in der Partnerschaft nicht genügend befriedigt ist. Das klassische Vorurteil ist, dass vor allem Männer untreu sind, was ja auch der biologischen Programmierung entspricht.

Hier sind die Frauen gefordert, ihre soziale Intelligenz einzusetzen, wenn ihnen Treue wichtig ist. Ein Mann, der regelmäßig verführt (ich nenne dies gerne provokativ 'entsamt') wird, und gut behandelt wird, wird kaum Motivation zum Seitensprung haben. Einfacher Zugriff zu gutem Sex ist immer noch ein bewährtes Mittel, einen Mann zu halten.

Und eine Frau, die ihren Wünschen gemäß befriedigt wird, oft genug umarmt wird, vor allem genügend Zeit, Wärme und Hautkontakt bekommt und gut behandelt wird, genügend viel finanzielle und praktische Unterstützung beim Großziehen der Kinder bekommt, wird auch eher bei der Stange bleiben.

Vorübergehende Untreue würde ich nicht groß betonen. Hier drastisch zu reagieren schadet mehr, als es bringt. Viele Scheidungen wären unnötig, wenn man da mehr Geduld hätte und sich mehr aufs Verführen verlegt, als aufs Prozessieren.

Sexualität im Alter

Ein aktives Sexualleben ist eine wichtige Quelle, um das Alter zu genießen aber auch, um ein langes Leben zu führen. Männer können dafür optimal beitragen, wenn sie sich so um die 45 herum - vorausgesetzt sie haben bis dahin genügend Kinder gezeugt - sterilisieren lassen.

Eine weitere Vorbedingung ist, sich wenig um Normen der Gesellschaft zu kümmern. Denn diese will sexlose alte Wesen. Sexualität im Alter wird als peinlich registriert. Aber wer taktvoll genug ist und über seine Liebschaften schweigt, wird beide Aspekte leicht vereinigen können.

Wer die Unterstützung von Medizin (Viagra) oder leichten Drogen (ein Glas Wein) braucht, sollte dies mit seinem Arzt absprechen. Er wird ihn/sie dabei sicher unterstützen.

Kinder (Erziehung)

Wer Kinder in die Welt setzt, geht damit eine langjährige Verpflichtung ein. Nach unserer augenblicklichen Gesetzgebung eine Verpflichtung für 27 Jahre. Wer diese Verpflichtung nicht eingehen will oder kann, sollte sich frühzeitig darüber informieren lassen, wie man keine Kinder bekommt, etwas, was den Rahmen dieses Buches sprengt.

> Eltern lieben ihre Kinder zuviel
> Kinder lieben ihre Eltern zuwenig

Je früher man die Kinder bekommt, um so gesünder werden sie sein und um so jüngere, d. h. auch belastbare Eltern werden sie haben. Allerdings sollte doch auch genügend Reife und natürlich auch Geld bei den Eltern vorhanden sein, um sie aufzuziehen.

Vor dem ersten Kind sollte man sich darauf einrichten, dass eine radikale, fast unvorstellbare Belastung auf das junge Paar zukommen wird. Am besten stelle man sich vor, dass man 3 Monate Hausarrest mit totalem Schlafentzug bekommen wird und richte sein Leben rechtzeitig proaktiv darauf ein (z.B. Vorräte anlegen, alles automatisieren, Kontakte informieren). In dieser Phase ist die Partnerbeziehung extrem bedroht und es empfiehlt sich alle verfügbare Hilfe von Verwandten und Nachbarn anzunehmen.

Als Vater von 3 Kindern musste ich feststellen, dass man sie eigentlich nicht erziehen, d.h. wesentlich verändern, kann. Zuviel steckt in ihren Veranlagungen, als dass man noch Wesentliches an ihnen ändern kann.

Man kann - wie ein Coach - sie höchstens in ihren Stärken bestärken und ihnen zeigen, wie sie mit ihren Schwächen zurechtkommen. Man kann ihnen zeigen, dass das Leben Freude machen kann und man kann sie auf die 'Facts of Life' aufmerksam machen. Man kann ihnen Angebote zur Weiterbildung machen. Und man kann das Zusammensein mit den Freunden - z.B. durch gemeinsame Urlaube - fördern.

Denn dieser Freundeskreis wird einen großen Einfluss auf sie haben. Alles zusammen wird eine Familienkultur ausmachen, die dann doch ganz wesentlich für das Heranwachsen der Kinder sein wird.

Ich stimme jenen Menschen zu, die behaupten, dass - neben den Veranlagungen - die ersten 5 Lebensjahre den Menschen prägen. Aus diesem Grund sollten Eltern wirklich Zeit haben, die ersten 5 Jahre ihres Kindes zu begleiten. Die Sicherheit, die die Kinder in dieser Zeit gewinnen, ist unbezahlbar für deren ganzes Leben.

Kinder lieben Rituale. Auch wer beruflich stark belastet ist, sollte deshalb für seine Kinder feste Zeiten einplanen. Ich habe dafür den Samstagvormittag gewählt. An diesen 3 Stunden war ich uneingeschränkt für meinen kleinen Sohn da und habe mit ihm z.B. x-mal die Spielwarenläden besucht. Und er hat mir dafür das größte Kompliment gemacht: Daddy, du hast immer Zeit für mich!

Wer Kinder hat, sollte unbedingt etwas über Entwicklungspsychologie wissen. Wer weiß, wie Kinder sich entwickeln, wird es wesentlich leichter mit ihnen haben. Und die Kinder werden es auch leichter mit den Eltern haben. Dies gilt vor allem für die frühe Kindheit, den Lebensabschnitt um 2 Jahre (terrible twos) und für die Pubertät.

Viele Eltern fürchten sich vor der Pubertät. Dabei genügt es, den Kindern genügend zum Essen zu geben, sie lange schlafen zu lassen - wachsen ist anstrengend -, sie vor tödlichen Gefahren zu schützen und sie genügend Herausforderungen auszusetzen, damit es ihnen ja nie langweilig wird. Mit jedem Tag vergeht dann ein Promille der Pubertät von selbst.

Es ist nicht vernünftig, die Ausbildung der Kinder ausschließlich auf die LehrerInnen zu delegieren. Vieles können Eltern besser vermitteln. Entweder weil sie als Vorbild mehr anwesend sind, weil sie sich besser als die LehrerInnen auf speziellen Gebieten auskennen. Weil sie mehr Verständnis für jene Schwächen aufbringen, die sie selbst in ihrer Jugend zu überwinden hatten.

Es ist leider fast aus der Mode gekommen, dass Eltern ihre Kinder in ihren Beruf einführen, etwas was ich sehr schade finde. Ist es doch wahrscheinlich, dass Kinder die Talente ihrer Eltern geerbt haben und sie diese wie ihre Eltern einsetzen könnten.

Kinder erziehen sich gut gegenseitig. Wer mehrere Kinder hat und deren Auseinandersetzungen kennt, wird mir zustimmen. Wer seinen Kindern vielfältige Außenkontakte erlaubt, wird auch deren Weltbild verbessern und realistischer sein lassen.

Wichtige Fähigkeiten müssen früh geschult werden, am besten durch dein eigenes Vorbild: das soziale Verhalten, der Sinn für Ordnung, die Freude an der Musik, die Aufforderung zur Selbständigkeit und Eigenverantwortung.

Kinder sind für viele Menschen das Beste und Wichtigste in ihrem Leben. Aber es gibt auch ein befriedigendes Leben ohne eigene Kinder. Mit einer gefährlich wachsenden Weltbevölkerung müssen wir vielleicht einige Skripten neu schreiben oder zumindest neu interpretieren. 'Wachset und mehret euch', zum Beispiel.

Unbekanntes Umfeld

Mit unserer hohen Mobilität ist es sehr wahrscheinlich, dass man neuen Umfeldern ausgesetzt wird, die man darauf zu prüfen hat, ob sie für einen - auch für einen längeren Zeitraum - geeignet sind.

Ich denke hier nicht nur an die Gefahr, in die Fänge von gefährlichen Sekten zu geraten, dafür gibt es genügend Warnungen für die, die darauf hören wollen. Nein auch Cliquen, Firmen, Vereine, Verbände, Clubs gehören zu Umfeldern, in denen man schnell entscheiden muss, ob man darin bleiben kann oder ob man die Anfangsphase zur Flucht nutzen muss.

Folgende Tests im Neuland sind nützlich:

- Will man dich radikal verändern? Meist beginnt die Veränderung damit, dass man dir klar macht, so wie du heute bist, so geht es nicht weiter.
- Nimmt man dir dein Geld weg? Entweder, dass du dich extrem teuer einkaufen musst oder man die extrem teure exklusive Ware, z.B. Kurse anbietet.
- Ist man so exklusiv, dass du ausschließlich dabei sein musst und keine anderen Kontakte oder Mitgliedschaften haben darfst?
- Darfst du nicht mehr austreten?
- Musst du eine spezielle Ernährung oder Droge einnehmen?
- Wird viel Wert auf Perfektionismus gelegt?
- Sind fanatische Elemente da?

Ist auch nur eine der vorhergehenden Fragen mit Ja zu beantworten, dann ist dies ein sicheres Warnzeichen, dass du vielleicht in eine Falle trittst und du diesen Schritt später bereuen wirst.

Es gibt weitere, etwas subtilere Testfragen, die zumindest mir persönlich wichtig sind:

- Ist man lebensbejahend?
- Wie steht man zu Kindern, Sexualität, zu Kranken, zu Alten, zum Tod?
- Werden Minderheiten, Randgruppen, Andersgläubige, Fremde toleriert?
- Wer wird von der Teilnahme ausgeschlossen?
- Ist Freude ein wichtiges Element?

Schwieriger zu beantworten sind die Fragen, zu deren Beantwortung man sehr lange Zeit zur Beobachtung braucht:

- Was sind die Tabuthemen?
- Wo wird das Gespräch abgebrochen oder nur ganz ausweichend geantwortet?
- Was sind die geschriebenen und ungeschriebenen Gesetze?
- Gibt es ein 'Buch', das alles Leben bestimmt? Dieses Buch solltest du unbedingt lesen und auch versuchen zu verstehen. Kannst du es akzeptieren? Nach seinem Gesetz wirst du wahrscheinlich beurteilt, vielleicht auch gerichtet!
- Gibt es vielfältige Kommunikation oder bestimmt nur ein Mensch alles Geschehen?
- Herrscht Meinungsvielfalt, gibt es auch Kommunikation von unten nach oben? In diktatorischen Systemen kommst du leichter in gefährliche Situationen als in demokratischen.

Ich hatte selbst die Chance, viele verschiedene Umfelder zu testen und komme zum Schluss, dass die Praxis mehr zählt als die Theorie. Sehr oft sind Vorurteile zu revidieren, wenn man einige Zusammenhänge besser verstanden hat.

Und man würde viele fruchtbare Kontakte ausschließen, wenn man immer nur mit Seinesgleichen zusammen ist. Der vielfältige Kontakt ist zu suchen, aber auch jene Fallen sind frühzeitig zu meiden, die dich kurzfristig faszinieren aber dann dein ganzes Leben ruinieren können!

Umzug

Das Schicksal hat mich oft umziehen lassen, so bin ich in 10 Jahren 10 mal umzo-
gen. Damit haben sich auch einige Erfahrungen angesammelt, die auch für meine
LeserInnen nützlich sein werden, denn auch sie werden einige Male in ihrem Leben
umziehen oder sogar auswandern müssen.

Wenn immer möglich, lass den Umzug von Profis machen. Ich habe in den USA
erlebt, wie mit guten Umzugsunternehmen der Umzug zum Kinderspiel wird. Da
wird alles sorgfältig eingepackt, am Zielort wieder ausgepackt und eingeräumt, alles aufgehängt und montiert. Als Auftraggeber muss man lediglich einen Plan von
alter und neuer Wohnung angeben, mit der Lage der Möbel und Bilder.

Ich habe gelernt, dass sich dieser Plan auch bei unseren deutschen, nicht so perfek-
ten Umzugsunternehmen lohnt. So erkennt man frühzeitig, welche Möbel man
braucht oder nicht mehr brauchen kann. Von welchen Bildern man sich trennen
soll, etc.

Immer wieder wird wirklich Unnötiges umgezogen, weil es vorher nicht entsorgt
wurde. Wer sich das entsprechende Kapitel über Ordnung in diesem Buch zu Herzen genommen hat und alles Unnötige vorher zu Sperrmüll, Altpapier oder Kleider-
sammlung gebracht hat, wird weniger Probleme haben.

Hilfreich bei Umzügen sind eine Inventarliste und die Kennzeichnung des Eigen-
tums, z.B. mit Aufklebern. Besonders in Reklamationsfällen, bei Diebstählen, aber
auch sonst für die Hausratsversicherung ist so was sehr nützlich.

Alle Renovierungsarbeiten in der neuen Wohnung müssen vor dem Umzug abgeschlossen sein. Es ist nicht klug, nach dem Einziehen noch renovieren zu müssen.
Lieber zahlt man einmal die doppelte Miete, aber hat dann in der neuen Wohnung
für einige Zeit Ruhe.

Mietverträge schließt man so ab, dass man die Renovierung beim Einzug macht und
man sich beim Auszug um nichts mehr kümmern muss. Ich weiß, dass gerade bei
mir im Schwabenland dies nicht immer geht. Aber vielleicht kann man sich damit
helfen, dass man gleich beim Einzug die Kosten der Auszugsrenovierung bezahlt
und sich somit den Rücken später freihält. Gerade geldgierige Vermieter (so was
soll es geben, sogar bei honorigen Leuten) werden dieses Angebot, das man sich im
Mietvertrag absichern lässt, gerne annehmen.

Wer alle Gebrauchsanleitungen von Elektrogeräten gut aufgehoben hat, vielleicht
auch noch die Originalverpackungen von empfindlichen Elektronikgeräten, wird

beim Abbauen und Wiederaufbauen weniger Probleme bekommen. Besonders empfehlen kann ich mit Beschriftungen oder Farbcodes alle Kabel und Anschlüsse besonders gut zu markieren. Ansonsten wird das Aufstellen von komplizierten Anlagen zur Doktorarbeit.

Wenn während eines Umzugs der Inhalt einer Wohnung aufgeteilt wird (zum Beispiel nach einer Scheidung oder nach einem Todesfall) müssen alle Gegenstände und Umzugskisten gut (zum Beispiel mit Farbaufklebern, die man wieder leicht entfernen kann) gekennzeichnet werden. Andersfalls kommt es zu chaotischen Situationen und zu Fehltransporten, die nur mit großen Kosten wieder rückgängig gemacht werden können.

Wer umzieht, ist besonders empfindlich gegen alle Störungen von außen. Häufig werden Umzugsbetroffene krank, verletzen sich, unterliegen Depressionen. Dagegen kann man selbst etwas tun und sich auch helfen lassen. Gegen die immer wieder vorkommenden Rückenschmerzen hilft ein Leibgurt, z.B. ein Motorradgurt. Ein Erste-Hilfe-Set wird vorher schon hergerichtet, damit man sich sofort verbinden kann. Man hält ein Musikgerät bereit, das sowohl beim Abbauen, wie auch beim Aufbauen freundliche Musik spielt.

Wer Menschen beim Umzug hilft, muss eine positive Stimmung verbreiten. Vieles loben, vor allem immer die neue Wohnung, dies ist besonders wichtig. Die Einziehenden haben fast immer große Bedenken, ob die Wohnung, das Haus, ja sogar das Traumhaus das hält, was es verspricht. Da lohnt es sich schon, einige Vorschußlorbeeren zu verteilen, die Realität später kommt noch früh genug.

Auch freut sich jeder darüber, wenn man seine Sachen bewundert, aber auch, wenn man mithilft, diese optimal schont und man mit ihnen sorgfältig umgeht. Menschen, von denen man weiß, dass sie allzu sorglos mit fremden Gütern umgehen, lädt man nicht zum Umzug ein.

Manchmal will man den Umziehenden etwas Gutes tun, aber man kann - zum Beispiel aus gesundheitlichen Gründen - nicht mit anpacken. Was da immer gut ankommt, ist die Betroffenen zum Essen einzuladen- entweder man kocht selbst und bringt das Essen - z.B. Eintopf - zusammen mit dem notwendigen Geschirr mit. Und entsorgt dann auch gleich alle Überreste und nimmt das Geschirr wieder mit. Oder man geht in die gegenüberliegende Pizzeria und sorgt so für eine kräftigende Pause.

Man sollte in keinem Fall Alkohol anbieten, auch kein Bier an die Profis. Damit kann man viel Schaden anrichten. Lieber eine Kiste mit Sprudel bereitstellen und eine große Thermoskanne mit Tee oder Kaffee.

Macht man zum Umzug Geschenke, dann sollte man darauf achten, dass diesen keinen Aufwand bedeuten. So kann der mitgebrachte Blumenstrauß zum Problem werden, wenn man nicht gleich auch die Vase mitschenkt.

Nahen Freunden oder Verwandten sollte man durchaus auch finanzielle Hilfe für den Umzug anbieten. Oft übersteigen die Kosten das Budget oder fressen die Ersparnisse auf. Da kann eine kleine Überbrückungshilfe, mit einem schriftlichen Vertrag abgesichert, aber auch ein größeres Geldgeschenk zur großen Hilfe werden, die lange in Erinnerung bleibt.

Oft wird während des Umzugs die Erreichbarkeit über Telefon zum Problem. Da hilft ein Mobiltelefon (Handy) sehr. Vielleicht kann euch jemand sein Handy für diese kurze Zeit borgen. Es liegen inzwischen mehr ungenutzte Handys herum, als man glaubt.

Wer umzieht, wird von den neuen Nachbarn immer argwöhnisch beobachtet. Der erste Eindruck ist enorm wichtig. Deshalb sich bei den neuen Nachbarn immer vorher anmelden und den Mist, den der Umzug verursacht hat, immer selbst wegräumen, auch wenn ein Hausmeisterservice zur Verfügung steht. Es schadet auch nicht, sich im Voraus für die Unannehmlichkeiten, die man sicherlich verursachen wird, zu entschuldigen.

Reisen - Allgemeines

Ich habe sehr viel reisen müssen, bin sehr oft umgezogen und bin dabei auch zwei-
mal ausgewandert. Aber ich habe viele Menschen getroffen, die noch wesentlich
mobiler als ich sein mussten. Es ist in unserer Zeit der Globalisierung für viele
Menschen notwendig, sich auf viele Ortswechsel einzustellen, oft auf Reise gehen zu
müssen und dazu will dieser Abschnitt beitragen.

Glücklich die Menschen, die immer an einem Ort leben können und dabei auch zufrieden sind. Mobilität hat ihren Preis. Mobile Menschen haben ihre Heimat verloren, bestenfalls ist ihre Familie oder ihre Firma ein Heimatersatz. Da sie überall zu
Hause sein müssen, sind sie es nirgendwo.

Wer plant ein mobiles Leben zu führen, ist gut beraten, sich früh einem internationalen Klub mit weiter Verbreitung anzuschließen. Lions zum Beispiel. So findet
man überall wieder leicht Anschluss. Aber auch die aktive Zugehörigkeit zu einer
Kirche kann hilfreich sein.

Und man sollte sich Hobbys auszuwählen, die man überall leicht ausüben kann:
Schwimmen, Musizieren und Schach gehören dazu. Wandern, im Gegensatz dazu,
wird man im wesentlichen auf die deutschsprachigen Länder beschränken müssen.

Wenig Besitz - Geld natürlich ausgenommen - macht mobil, viel Besitz wird leicht
zur Belastung. Ebenso belasten eine labile Gesundheit und ausgefallene Eßgewohn-
heiten.

Mobile Menschen müssen in der Lage sein, sich schnell mit neuen Menschen zurechtzufinden und müssen oft geliebte Menschen zurücklassen können.

Viele Reisende werden sich mit internationalen Markennamen schneller zurechtzu-
finden. Dies erleichtert in der Tat das Reisen ungemein, macht es aber auch lang-
weiliger. Auch ich habe meine bevorzugten Plätze: z.B. McDonalds, die französi-
schen Billig-Hotelketten (wie z.B. IBIS), die meinen Ansprüchen völlig genügen und
AVIS als Autovermieter. Noch besser ist es, die etablierten und streng kontrollierten
Qualitäts-Symbole eines Landes zu lernen, auf die man sich unterwegs verlassen
kann (z.B. AAA in den USA, Les Routiers in Frankreich) und bewährte Reiseführer
(z.B. Guide Michelins) zu konsultieren.

Bei allen Schwierigkeiten aber bedeutet Mobilität auch die Möglichkeit zum Weiterentwickeln. Ich hätte immer das Gefühl gehabt - im nachhinein mit Recht - etwas
zu versäumen, wenn ich nicht soviel von der Welt gesehen hätte.

International

Nur grob betrachtet sind alle Menschen gleich. Alle können sich zwar freuen, alle trauern, alle werden geboren, alle müssen sterben. Aber bei genauerer Betrachtung ist die Welt viel unterschiedlicher, als wir es uns vorstellen können. Wer es nicht glauben will, der gehe auf Reisen.

Man sollte meinen, dass die Anzeige der Ziffern mit den Fingern auf der ganzen Welt gleich ist. Haben wir doch alle ein Dezimalsystem und 2 Hände mit 5 Fingern. Aber ein kurzer Informationsaustausch mit Chinesen wird uns eines besseren belehren.

Es gibt wenig, was überall gilt. Es gibt kaum etwas Verbotenes, was nicht woanders erlaubt ist und umgekehrt. Da aber immer mehr die Grenzen zwischen den einzelnen Kulturen fallen und die Distanzen zwischen den Orten zumindest zeitlich kürzer werden, prallen oft die verschiedenen Kulturen hart aufeinander. Bei mangelnder Toleranz und fehlendem Wissen sind dann Konflikte unvermeidlich.

Um in dieser vielfältigen, internationalen Welt besser zurechtzukommen, wird ein lebenslanger Lernprozess notwendig sein, der schon sehr früh einsetzen muss. Deshalb sollten unsere Kinder schon früh Fremdsprachen lernen. Und wir alle sollten uns auf unseren Urlaubsreisen oder in Kontakten mit den ausländischen Mitbürgern informieren. Es gibt viel zu erforschen und zu erfragen.

Vor allem ist es nützlich, die Hintergründe herauszufinden. Dazu wird es auch notwendig sein, die Geschichte und Religion fremder Kulturen zu studieren. Wer mag und dazu fähig ist, wird das Gute, das er dabei lernt, zu übernehmen versuchen und so sein Leben reicher gestalten.

Vielfach wird aber das Fremde auch dazu führen, das eigene Verhalten besser zu verstehen und natürlich auch besser schätzen zu lernen. Es heißt nicht umsonst: der kürzeste Weg sich selbst kennen zulernen, ist eine Reise um die Welt.

Auch wenn man eine fremde Sprache ein bisschen kann, so gibt es wesentliche Bereiche, in denen man selbst nach langer Erfahrung noch Probleme haben wird.

Dazu gehören die Bedeutung von Ja, das Verstehen von Witzen und von Aufschriften, die körperliche Distanz und das Aussprechen von Kritik.

Im Zweifel ist daher klug, bei einem Ja nachzufragen, ob es wirklich Zustimmung bedeutet, auf keinen Fall Witze zu erzählen, niemanden zu berühren und keine Kritik auszusprechen oder auch ihr zuzustimmen.

Wer diese Schwierigkeiten im Berufsleben ausschließen will, ist gut beraten sich unbedingt lokale Unterstützung einzuholen, von jemandem, der den eigenen und auch den fremden Kulturbereich kennt.

Besonders wenn man sich in einem Land mit Todesstrafe, einem religiös - fundamentalistisch geprägten Land, einer Diktatur oder einem Land mit extremer Korruption aufhalten muss, wird man kaum ohne Hilfe auskommen. Relativ sicher ist man in alten Demokratien, mit einem dem unserem verwandten Rechtssystem und wo man die Deutschen liebt.

Weitere Problembereiche sind in den Essensvorschriften oder auch bei religiösen Begriffen und auch Festen zu finden. Problematisch sind vor allem der Genuss von Alkohol, Drogen aber auch mancher Fleischarten.

Je nach Kulturbereich oder Ort haben Menschen sehr unterschiedliche Empfindungen und Gefühle für Zeit, Raum, hier vor allem für die Nähe der Menschen zueinander, für Lautstärke und für die Familie. Mit etwas Vorsicht wird man schnell merken, was angebracht und gestattet ist.

Im Zweifel darf man als Fremder auch nachfragen. Auf jeden Fall wird man sich anpassen müssen, wobei starke Anpassung leicht lächerlich erscheint. Man denke nur an den Japaner in der Lederhose.

Schwierig wird es, wenn man als Führungskraft eine internationale Gruppe zu managen hat. Selbst bei großem Willen und großer Toleranz wird es immer wieder zu Problemen kommen. Hier erfolgreich zu sein, bedarf großer Kenntnisse und Erfahrung.

In Zukunft wird international erprobte soziale Kompetenz immer wichtiger werden, nicht nur für Führungskräfte der Industrie, sondern auch für Politiker. Menschen aus kleineren Ländern (z.B. Holländer, Österreicher, Schweizer), die schon früh darauf angewiesen sind, fremde Sprachen oder Kulturen zu lernen, weil sie ihr eigenes Land oft verlassen, Filme nur mit Untertiteln sehen, Handel treiben müssen etc., haben hier unschätzbare Vorteile.

Lebensort

Der Lebens- oder Wohnort ist für mich der wichtigste äußere Parameter für ein glückliches Leben. Und trotzdem nutzen ihn viele Menschen nicht aus. Höchstens, wenn sie ihren Urlaub aussuchen, bekommt ein Ort Bedeutung oder für gutverdienende Menschen auf der Flucht vor der Steuer.

Es gibt sicher viele Gründe, warum Menschen ihren Lebensort nicht verlassen wollen oder auch können. Wer in seiner Heimat tief verwurzelt ist, wird gar nicht auf die Idee kommen, sie zu verlassen. Und wer keinen Pass bekommt, kann auch nicht auswandern. Aber junge Menschen, vor allem die Bürger der EU, sollten sich zumindest die Frage nach dem Lebensort stellen und auch einige Versuche unternehmen, sich einen geeigneteren zu suchen. Und Menschen, die in ihrem Umfeld unglücklich sind, finden mit dem Auswandern vielleicht eine wesentlich bessere Umgebung für sich. Dazu will ich hier beitragen.

Ich weiß, dass die Welt sehr unterschiedlich ist und es nicht angebracht ist, allgemeine Maßstäbe für die Auswahl anzugeben. Trotzdem versuche ich Gemeinsamkeiten aufzuzeigen, zumindest als Denkanstöße. Letzten Endes wird ja jeder ohnehin ganz subjektiv entscheiden, wo er oder sie das Glück findet.

Folgende Faktoren werden u.a. wesentlich für die Entscheidung sein:

* Klima
* Wirtschaftsform (und damit Arbeitsmöglichkeiten)
* Einwohnerzahl, Größe
* Religion
* Regierungsform

Dies ist keine Prioritätsliste, sondern jeder Faktor kann wichtig und entscheidend sein. Ich gehe auf alle ein bisschen ein, in der Hoffnung dadurch Anregungen zum Ausprobieren zu geben. Für die Jugend werden andere Faktoren wichtiger sein als für alte Menschen, es ist also nicht unwahrscheinlich, dass jeder Mensch im Laufe der Zeit einige Lebensorte haben wird.

Klima

Nicht immer ist das Klima, in dem man geboren wurde, auch wirklich das optimale Umfeld für einen Menschen. So zieht es viele in die trockene Hitze der Wüste, weil sie dort nicht unter Krankheiten wie Allergie oder Rheuma leiden. Andere brauchen die Melancholie des Nordens, mit viel Regen in der Luft. Da das Klima so allumfassend ist, sollte man hier testen, bevor man sich für einen langen Zeitraum entscheidet.

Das Klima bestimmt nicht nur das eigene körperliche Wohlbefinden, sondern es prägt auch ganz signifikant die Seele und Kultur. In sonnigen Ländern sind die Menschen eher fröhlich als in Kältezonen. Aber schwierige Klimazonen haben die Menschen eher zu kulturellen Höchstleistungen herausgefordert, als Länder in denen der natürliche Überfluss herrschte und man nur zur nächsten Frucht greifen musste, um sich zu ernähren.

Menschen sind zwar in hohem Masse anpassungsfähig, aber es sind doch biologische Grenzen gesetzt. Und wer diese lange überschreitet, wird krank und unglücklich werden. Also findet eure bevorzugten Klimazonen durch Testen heraus. Wer heute Frühling und Sommer liebt, wird bei uns eher in den Süden ziehen wollen, die Herbst- und Winterfans werden eher im Norden glücklich sein.

Wirtschaftsform (Arbeitsmöglichkeiten)

In einem reichen Land wird man anders leben als in einem armen. Immer einfach erscheint der Wechsel in ein reicheres Land. Da bleiben bei den schon reichen Deutschen, Österreichern und Schweizern nicht mehr viele Länder übrig.

Wer in ein armes Land wechselt, sollte Vorsorge treffen, von dort wieder flüchten zu können. Das vergessen viele Menschen und sie sind dann in einer lebenslangen Falle gefangen. Denn im armen Land kann man nicht mehr genug verdienen, um wieder wegzukommen.

Kapitalistische Länder sind einfacher für Neubürger, weil sie mehr Flexibilität erlauben, kommunistische Länder aber haben meist bessere Grundversorgung. Dort sind dann höchstens alle arm, in den kapitalistischen Ländern, sind es nur wenige, die dann aber subjektiv die Armut mehr spüren.

Ohne Arbeits- und Verdienstmöglichkeiten wird man nicht glücklich werden. Also suche dir ein Land, das prosperiert oder zumindest im Aufschwung ist. Schließlich wirst du irgendwann Familie haben wollen und die will auch ernährt und ausgebildet sein.

Einwohnerzahl, Größe

Diese Kriterien gelten sowohl für Länder als auch für Orte. Entscheidend aber ist vor allem die Einwohnerdichte und die Größe deines Ortes.

Große Länder erlauben mehr Freiraum, größere Auswahl, größere Märkte, mehr Vielfalt, u.U. auch mehr Freiheit. Kleinere Länder aber bieten oft interessante Nischen, sind flexibler, sind oft auch steuerlich günstiger.

Großstädte leben schneller, bieten mehr Auswahl und Abwechslung. Die Chance Gleichgesinnte zu finden ist in Großstädten höher. Aber die Menschen dort zählen weniger als Individuum, sie reden schneller, sie wissen auf Alles eine Antwort und sie grüßen dich nicht. Du kannst in einer Großstadt freier leben, aber es wird dir vielleicht keiner helfen, wenn du krank bist. Du wirst mehr Auswahl an Arbeitsmöglichkeiten haben, aber vielleicht auch leichter in Slums landen.

Der Gegensatz dazu ist das Leben im Dorfe oder auf dem freien Land. Da die Menschen dort sehr aufeinander angewiesen sind, werden sie dich auch entsprechend beobachten und einordnen. Wenn die Großstadt der Dschungel ist, dann ist das Dorf der Zoo. Menschen, die von der Stadt aufs Land ziehen, übersehen dies gerne und sind dann unangenehm von dieser Sozialkontrolle berührt. Aber wer sich dabei wohl fühlt, kann hier viel mehr Wärme und Kontakte im menschlichen Umgang spüren als in der Stadt.

Ein guter Kompromiss sind für mich Kleinstädte, besonders wenn sie auch Universitätsstadt sind. Deshalb hat es mich auch nach Tübingen gezogen. Aber wichtiger als die Kleinstadt ist die Universität. Ich würde in keine Stadt mehr ziehen wollen, in deren Nähe keine Universität zu finden ist.

Ein großer Vorteil kleiner oder mittelgroßer Städte (50.000 bis 200.000 Einwohner) ist der geringe Aufwand für das tägliche Leben. Die Wege sind kurz, es gibt wenige Verkehrsinfarkte, die notwendige Infrastruktur, wie Ärzte, Schulen, Behörden ist meist gut und alles ist noch übersichtlich.

Religion

Ein wesentlicher Faktor für eine Region ist auch die herrschende Religion. Menschen, die in gottlosen Umgebungen aufgewachsen sind, vergessen gerne die Macht und den weitreichenden Einfluss von Religionen.

Religionen sind nicht nur für Bräuche und die Kultur entscheidend, sie sind auch maßgebend, wie tolerant man gegenüber Fremden und Neuem ist. Sie bestimmen auch entscheidend Gesetze und Ausbildungsmöglichkeiten.

Wer in ein Land zieht, dessen Hauptreligion ihm unvertraut ist, sollte sich unbedingt vorab informieren. Die Überraschungen und daraus erwachsenden Gefahren können groß werden.

Regierungsform

Hier habe ich eine klare Präferenz zu flexiblen Demokratien. Auch wenn das Leben in Diktaturen einfacher sein sollte, ich meide sie und ein Regierungsformwechsel wäre für mich ein Grund zum Auswandern.

Aber auch bei den Demokratien gibt es Unterschiede. Flexible Demokratien (mit Regierungspartei und großer Opposition oder mit Präsidenten wie in den USA) sind angenehmer als Systeme mit langjährigen großen Koalitionen, die sehr anfällig für Korruption und das Aufsteigen unfähiger Politiker - durch Postenproporz - sind.

Ob die obersten Staatsrepräsentanten jetzt aber Monarchen oder gewählte Bundespräsidenten sind, halte ich für nicht entscheidend. Ihre Macht ist ohnehin gering und deshalb zu vernachlässigen.

Immer bedenklich ist zuviel Einfluss von Militär. Wenn der Diener eines Staates zu seinem Herrn wird, ist etwas faul. Dieser Einfluss äußert sich gerne in der Verletzung von Menschenrechten und damit kann ich schlecht umgehen. Denn die Chance, dass auch ich Opfer werden kann, will ich nicht eingehen.

Sprachen lernen - Fremdsprachen

Wer nie reist, nie seinen Heimatort verlässt und wenig Außenkontakte hat, wird seine Fremdsprachenkenntnisse auch nie vermissen. Aber in unserer mobilen Zeit mit Fernurlauben, Berufswechsel innerhalb von Euroland, mit Flucht aus Kriegsgegenden wird man schmerzlich daran erinnert, dass man mehrere Sprachen sprechen muss, will man bestehen.

Auch manche Berufe setzen die Kenntnisse von Sprachen ganz selbstverständlich voraus. So wird heute jeder, der mit Computern oder den Medien zu tun hat, sehr gut Englisch sprechen müssen.

Da ich als Schüler schlechten Fremdsprachenunterricht hatte (meine Lehrerin hat die Sprache, die sie gelehrt hat, selbst kaum gesprochen) musste ich auf die harte Tour lernen, mit diesem Problem fertig werden. Vielleicht sind meine dabei gewonnenen Erkenntnisse dazu auch für andere LeserInnen nützlich.

Welche Fremdsprachen?

Wer Englisch spricht, hat schon viel gewonnen. In vielen Gegenden der Welt und in vielen Berufszweigen wird man damit ganz gut zurecht kommen. Allerdings bei weitem nicht überall. Erschreckt stelle ich immer bei meinen Urlauben in Frankreich oder Spanien fest, dass eigene Englischkenntnisse keineswegs eine brauchbare Verständigung garantieren. Englisch heißt heute fast immer amerikanisches Englisch, es hat wesentlich größere Ausbreitung, z.B. auch durch Computer oder Internet. Korrektes britisches Englisch ist eher exotisch und nur auf den Britischen Inseln optimal einsetzbar.

Und auch in manchen Berufszweigen werden weitere Sprachen notwendig werden. Wer im Finanzgewerbe arbeitet, wird es sehr nützlich finden, etwas Japanisch zu sprechen, wer für Fiat arbeitet, muss Italienisch können und Köche brauchen ein Grundrepertoire an Französisch.

Was man sich heute fast überall sparen kann, das ist Latein, außer man studiert Sprachen oder man reflektiert auf eine Karriere in der Katholischen Kirche. Sonst genügt ein Grundkurs am Gymnasium und ein gutes Wörterbuch, um sich durchs Leben schlagen zu können.

Unbedeutend für die Praxis sind auch die diversen Kunstsprachen - Experimente, wie Esperanto. Es ist ein schönes Hobby, sich mit Esperanto zu beschäftigen, es fördert sicher die internationale Kommunikation und dient so der Völkerverständigung und dem Weltfrieden, aber leider ist es auch nicht mehr. Da ist es besser, gleich eine lebende, romanische Sprache lernen, wie Spanisch oder Portugiesisch.

Zusammenfassend sollte jeder seine Muttersprache so gut beherrschen, dass er sich in Wort und Schrift in seinem Staatsgebiet deutlich und verständlich ausdrücken kann. Das ist gar nicht so selbstverständlich. Je mehr Europa zusammenwächst, um so mehr machen sich wieder lokale Dialekte breit, die kaum noch im Nachbarort verstanden werden. Dazu kommen wirklich gute Englischkenntnisse, die man ständig weiterentwickelt und die Kenntnisse der Sprachen, die helfen, sich im Beruf oder Hobby gut zurechtzufinden.

Gerne unterschätzt wird die Rolle vom eigenen Deutsch. Ich halte es vor allem politisch unklug, auf die Verwendung von Deutsch von vornherein zu verzichten. In einer Welt mit permanenten Wirtschaftskriegen (von subtilen bis zu ganz massiven) sollten wir uns auf den Vorteil der eigenen Sprache durchaus besinnen. Die USA machen uns vor, wie man die Sprache als Wirtschaftsfaktor zum eigenen Nutzen einsetzt. Wir sollten da ruhig - selbstbewusst - von ihnen lernen.

Das Lernen

Am einfachsten wird man in einer wohlwollenden, stressfreien Umgebung die neue Sprache lernen. Leider wird man diese aber selten, vielleicht noch innerhalb von Familien oder Freunden, vorfinden. Wenn man aber kann, sollte man sich diese suchen. Einige Versuche muss man dabei schon machen, bis man erfolgreich sein wird. Vielleicht findet man sie über ein Hobby oder über eine soziale Vereinigung.

Ich bin heute noch der First Presbyterian Church in Greenwich, Connecticut dankbar für die freundliche Aufnahme, die sie uns gewährt hat und die dazu beigetragen hat sich schnell in USA zu integrieren.

Nicht hilfreich sind Ghettos, das heißt Plätze, wo man nur mit anderen Ausländern zusammen ist. Sie helfen zwar, sich kurzfristig im Ausland zurechtzufinden, aber sie stehen der Integration im Wege. Und diese sollte doch im Vordergrund stehen. Denn eine fremde Sprache ist mehr als nur die Kenntnis der Wörter, es ist vor allem die Kenntnis der neuen Kultur, und diese kann nur über die Integration erreicht werden. Darum Ghettos, wie heimelig sie immer auch sein mögen, vermeiden!

Beginnen wird man als Erwachsener vor allem mit den Grundelementen der "Social Language". Sie findet man z.b. in den Polyglott Sprachführern, immer auf der Rückseite. Damit kann man schon als Tourist ganz gut überleben.

Es empfiehlt sich für jede Sprache, mit der man zu tun hat, den passenden Polyglott Sprachführer (zu etwa 5 DM) zu kaufen. Dieser Tipp hat mir schon viele gute Geschäftskontakte eröffnet und mir gelegentlich den Ruhm eingetragen, ein Sprachgenie zu sein. In Wahrheit habe ich nur die passenden Floskeln auswendig gelernt und bei passender Gelegenheit an mein Publikum gebracht.

Will man mehr als nur Tourist sein, wird man weitere Hilfsmittel brauchen. Wichtigstes ist immer noch ein gutes und aktuelles Wörterbuch. Die üblichen Schulwörterbücher sind dazu unbrauchbar, man braucht ein Großwörterbuch, in dem sich auch viele Redewendungen befinden. Für Englisch empfehle ich das PONS Großwörterbuch Collins, mit Daumenregister. Die 100 DM, die es kostet, sind gut investiert, u.U. wird man zwei Kopien davon brauchen, eine am Arbeitsplatz und eine zuhause.

Wer ständig Zugriff zum Internet hat, kann auch die Translation Services (z.b. über Altavista) nützen. Auch wenn die Ergebnisse immer noch unausgereift sind und damit lustig wirken, sind sie doch eine brauchbare Basis für Übersetzungen.

Ein weiteres unentbehrliches Hilfsmittel ist - immer noch - das Vokabelheft. In ihm werden alle Worte, Begriffe und Redewendungen notiert, die einem unterkommen und über deren Bedeutung man sich nicht sicher ist. Hat man Zeit oder freundliche Beratung zur Hand, dann wird es ergänzt. Mit ihm wird man schnell die neue Sprache lernen.

Allerdings sollte man darauf vorbereitet sein, bis zu 2000 Wörter auswendig zu lernen, um eine Basis dafür zu haben, dann nur noch über das Reden weiter dazu zulernen. Wenn man also täglich 20 neue Vokabeln dazulernt und alle alten wiederholt, wird man doch 100 Tage brauchen, um eine Basis in der neuen Sprache zu haben. Keine leichte Aufgabe, vor allem, wenn man schon ein bisschen älter ist!

Nützlich sind auch ein Videorecorder (aber er muss auch ausländische Bildformate vertragen, eventuell braucht man ein eigenes Gerät!), sowie ein CD-Spieler zum wiederholten Abspielen von Bild- und Tonträgern, die man sich gerne anhört oder anschaut. Fast überall gibt es auch Radio- und Fernsehsender, die fremdsprachige Programme abspielen. Für mich optimal ist ARTE TV, sowie CNN. Hier ist Sprache immer mit aktuellen Informationen gepaart und kein trockenes Thema! Gern schau ich mir auch amerikanische Soap Operas im Original an, z.B. die Golden Girls!

Wer im Auto einen Kassettenrecorder hat, kann diesen gut für Sprachunterricht einsetzen. Dazu lohnt es sich die passenden Sprachkurse zu kaufen. Mit ihnen nutzt man sonst eher vertane Zeit wirklich besser.

Hilfreich ist auch Kinderliteratur in der Fremdsprache. Besonders gut eignen sich meiner Meinung nach Kindercomics, z.B. Mickey Mouse (Asterix dagegen ist eher ungeeignet, ist zu intellektuell). Wer schon eine Sprache etwas besser kann, wird Krimis gerne lesen. Da wird man durch die Spannung zum Weiterlesen motiviert.

Gut geeignet zum Zuhören im fremden Land sind Vorträge und Vorlesungen (wenn man sich im Thema auskennt), Gerichtsverhandlungen (sind fast überall öffentlich) und Predigten von Gottesdiensten.

Für Erwachsene haben sich Tandems bewährt. Hier tauschen zwei (oder mehr) ihre eigenen Sprachkenntnisse mit denen des Tandempartners aus. Man korrigiert sich und trainiert wechselseitig. Und man geht z.B. gemeinsam aus und lernt so nicht nur die Sprache, sondern auch andere Kulturen kennen. Angebote für Tandempartner gibt es fast immer an den Sprachinstituten der Universitäten.

Am besten natürlich wird die Liebe helfen, die Sprache des geliebten Menschen zu lernen.

Das Überwinden der Sprachbarrieren

Oft hat man im Prinzip zwar das Vokabular drauf, aber weil man den Mund nicht aufmacht, bekommt man doch keine Spracherfahrung und lernt die neue Sprache nicht. Hier einige Tricks, wie man sich vielleicht helfen kann.

Wer E-Mails schreibt, kann so langsam wie er will schreiben und kann dabei genügend nachdenken und sich überprüfen. Im Laufe der Zeit verbessert sich mit der Schreibfertigkeit und Erfahrung dann auch das Reden.

Groß ist die Scheu vor dem Telefonieren in einer Fremdsprache. Hier lernt man den Anfang seines Telefonats einfach auswendig oder schreibt sich den Text auf und liest ihn ab.

Geschafft hat man übrigens das Sprachproblem, wenn man sicher über das Telefon kritische Verhandlungen führen kann.

Singen hilft auch beim Sprachenlernen. Einfach in einem Chor mitmachen. Auch (Laien-) Theaterspielen hilft, weil die Texte schon vorgegeben sind. Hier kann man den ausländischen Akzent sogar als Stilmittel einsetzen.

Laut lesen hilft sich mit dem Klang der Fremdsprache vertraut zu machen. Kann man Texte auswendig, kann man diese immer wieder laut im Auto rezitieren und sich so auf richtige Gespräche fit machen. Ebenso wird man seine ersten Vorträge in einer Fremdsprache mit Hilfe eines Kassettenrecorders einfach auswendig lernen

Zuviel Kritik, auch wenn gut gemeint, stört das Lernen. Es ist besser in eigenen Kritiksitzungen jemanden zu korrigieren und solange die Sprache verständlich ist, die Menschen einfach drauf los plappern zu lassen.

Im familiären Umfeld kann man immer wieder einige Sprachfetzen einbauen und so auf spielerische Weise seine Sprachfähigkeiten erweitern. Es war für mich interessant Kinder beim Erlernen einer Fremdsprache im Ausland zu beobachten. Sie glauben nicht eine neue Sprache zu lernen, sondern sie erweitern nur ihre bestehende Sprache! So können es auch die Erwachsenen machen.

Schlussbemerkung

Man wird Geduld, dauerhaften Einsatz und auch professionelle Hilfe brauchen, um eine fremde Sprache zu lernen. Je mehr man schon über die Regeln der eigenen Sprache weiß (Grammatik, Semantik und Pragmatik), um so leichter wird man auch neue Sprachen lernen. Und wer schon einige Sprachen gelernt hat, wird neue leicht dazu lernen. Mit der neuen Sprache öffnet sich eine neue Kultur. Sie wird der eigentliche Gewinn des Lernens sein.

Reisen

Reisen muss man erlernen. Am besten fängt man schon in der Jugend damit an. Am besten als Paar, denn dann ist es ziemlich sicher und es macht auch mehr Spaß.

Wer das Reisen nicht gelernt hat, wird wenig Freude daran haben. Das Reisen nimmt für viele Führungskräfte eine so zentrale Rolle ein, dass es eigene Zeitschriften gibt, die über Vorzüge, Nachteile und Gefahren informieren.

Wer reist, ist auf sich allein gestellt. Die Gefahren, denen man ausgesetzt ist, sind nicht zu vernachlässigen. Deshalb sind einige Vorsichtsmaßnahmen nützlich. Nicht nur bei Reisen in sogenannte gefährliche Gegenden, nein auch ganz nahe und unscheinbare Ziele bergen Risiken, die man mit Wissen besser umgehen kann.

Wenig mitzunehmen ist eine wichtige Regel. Wer regelmäßig Bergwanderungen oder Fahrradtouren macht und sein ganzes Gepäck mitschleppen muss, lernt was man unterwegs wirklich braucht und was man getrost Zuhause lassen kann. Wer wenig mitnimmt, dem kann auch nicht viel gestohlen werden.

Verschweige unterwegs die Details deiner Reise. Deine Leute Zuhause müssen gut informiert sein und auch über den Fortschritt der Reise auf dem Laufenden gehalten werden, aber die Reisebekanntschaften unterwegs brauchen nichts wesentliches zu wissen. Bei aller Freundlichkeit zu unbekannten Menschen kann es dir sehr schaden, wenn du die genaue Route (außer bei Bergtouren), die genaue Aufenthaltsdauer, Details deiner Geschäftsmission, deine Vermögensverhältnisse zu vielen Menschen mitteilst.

Unterwegs an Geld zu kommen ist heute mit den Kreditkarten einfach geworden. Trotzdem ist immer ein Vorrat an Bargeld mitzunehmen. Bewährt haben sich - nahezu weltweit akzeptiert - Dollar Reiseschecks und kleine Dollarnoten.

Wer zwei Geldbörsen mitnimmt, reduziert das Risiko, das ganze Geld auf einmal zu verlieren. Ohne Kreditkarte zu reisen macht wenig Sinn. Je nach Ziel wird man zwei Kreditkarten brauchen, z.B. Visa und Master Charge (Eurocard). Man sollte sich an alle Devisenbestimmungen halten. Die Strafen sind zu hoch!

Bei unbekannten Routen sollte man sich gut mit Dokumenten versorgen. Und Kopien der Pässe, Reisedokumente, Adresslisten und Inhalte der Geldbörsen im Gepäck dabei haben.

Extrem wichtige Information kann man z.B. unter den Schuheinlagesohlen mitnehmen. Man sollte sich immer überlegen, wie man von Zuhause oder von einer Botschaft im Notfall Hilfe bekommen kann und diese Information dabei haben.

Wer fliegt findet schnell heraus, dass es extreme Unterschiede gibt, mit welcher Fluglinie man unterwegs ist. Ich spreche hier nicht nur von der Sicherheit und der Qualität des Services, sondern auch von der Behandlung der Fluggesellschaft im Ausland. Wenn die Fluglinien sicher sind, dann ist es immer besser, die Fluglinien des Ziellandes zu bevorzugen, denn diese haben dann ihren Heimvorteil. (Frag auch die Flugzeugcrew, in welchen Hotels sie absteigt. Diese sind fast immer empfehlenswert.)

Jet - Lag, einige Tipps für Reisende zwischen den Zeitzonen

Schon beim Einsteigen ins Flugzeug die Uhr umstellen.
Viel Wasser trinken während des Fluges.

Nach der Ankunft duschen und sich viel im Tageslicht und im Freien aufhalten.
Wer müde wird, sollte schlafen, das Erzwingen des neuen Rhythmus führt
zu Raubbau.
Pro Tag wird man nur eine Stunde des Zeitunterschiedes ausgleichen
können.
Keine wichtigen Verhandlungstermine direkt nach der Reise.
Bei Flügen nach Osten nichts essen und eventuell ein Schlafmittel (bei mir
sind es zwei Fläschchen Rotwein) nehmen.
*Geheimtipp: Fußsohle, vor allem Fersen, in Papiertaschentücher einwi-
ckeln und dann erst die Socken drüberziehen (Warum dies wirkt, weiß ich
nicht, aber es hat schon vielen geholfen!)*

Es wird immer Konfliktzonen geben, denen man am besten ausweicht. Wer viel
reist, muss unbedingt die internationalen Nachrichten sehen und hören und sich informiert halten. Denn leicht kann man zwischen zwei Fronten geraten, ohne dass
man etwas dafür kann.

Auch vergangene Konflikte zeigen immer noch Nachwehen, die man spürt, wenn
man über ein ehemaliges Feindesland einreist. Wer einmal die Griechisch-
Türkische Grenze passiert hat, weiß wovon ich rede. Hier lohnt es sich Umwege
über ein unproblematisches Nachbarland zu planen und rechtzeitig dafür zu sorgen,
dass man zwei Pässe hat und darauf achtet, dass nur 'genehme' Stempel und Visa
sich in dem Pass befinden, den man dann vorzeigt!

Den Reiseprofi erkennt man an der Ausrüstung. Sie ist unscheinbar aber trotzdem
markant, so dass sie nicht leicht verwechselbar ist, leicht, versperrbar, und vor allem klein. Es gibt keine offenen Adressen zu sehen.

Menschen, die viel reisen, haben alles schon in Einheiten vorgepackt, eine Checkliste hilft Wichtiges nicht zu vergessen. Unterwegs sind andere Dinge wichtig als
Zuhause. Kleinigkeiten können einen großen Unterschied ausmachen. So verreise
ich nie ohne Ohrenstopfen, um den ungewohnten Lärm auszuschalten.

Alles was kostbar ist, oder kostbar aussieht, lässt man am besten Zuhause. Gold o-
der Goldfarbiges üben eine Riesenattraktion aus, ebenso Metallkoffer. Meinen einzigen Raubüberfall habe ich meiner Kamera zu verdanken. Ebenso zu vermeiden
sind Handtaschen (besser Gürteltaschen nehmen), Brustbeutel (wenn sie offen getragen werden), Waffen (es ist meist sicherer davonzulaufen oder alles abzugeben).
Problematisch können auch Medikamente werden, wenn sie für unerlaubte Drogen
gehalten werden.

Es hat sich sicher herumgesprochen, dass es gefährlich ist den Kurier zu spielen. Also deshalb nichts mitnehmen, was man nicht kennt, das heißt selbst eingepackt hat. Dies gilt auch für Briefe! Hier muss man konsequent nein sagen, das Risiko ist in manchen Ländern tödlich!

Aus demselben Grund sind alle Gepäckstücke gut abzuschließen, nicht nur, weil etwas entfernt werden könnte, sondern vor allem, um nichts unbedarft mitzunehmen.

Wer klug ist, nimmt ein kleines Büchlein mit, um die Eindrücke und Erfahrungen zu notieren. Vor allem alle Tipps aufzuschreiben, die man bei der nächsten Reise beachten wird. So kann man sich z.B. die günstigsten Plätze eines Flugzeugs notieren, als Lohn für seine Aufzeichnungen erhält man dann beim nächsten Flug den Sitz mit der größten Beinfreiheit. Aber auch um Gedanken zu notieren, die unterwegs kommen, eignet sich dieses Reisetagebuch bestens.

Ich nehme gelegentlich auch einen kleinen Kassettenrecorder (Walkman) mit und nehme damit die Ton- und Geräuschkulisse auf. Damit kann ich mich besser in eine fremde Gegend zurückversetzen als mit Fotos.

Ist man mit dem Auto unterwegs, so lohnt es sich für die Reise eine Musikkassette auszusuchen, die man dann häufig spielt. Hört man dann Zuhause diese Kassette wieder, sieht man mit dem geistigen Auge wieder die Fahrt vor sich.

Es ist auch nützlich, kleine Souvenirs aus der Heimat mitzunehmen, um kleine Gastgeschenke machen zu können. Bewährt haben sich bei mir Drucke von alten Landkarten, diese werden fast überall gerne angenommen, wiegen wenig und brauchen keinen Platz.

Es gibt inzwischen auf dem Internet für alle Länder dieser Welt nützliche Informationen. Vor der Reise einige Zeit auf dem Internet zu surfen, kann große Vorteile bringen. Man erfährt lokale Informationen und ist u.U. über einiges besser informiert als die Bewohner vor Ort.

Das Internet ist auch bestens geeignet, den Kontakt mit der Heimat aufrechtzuerhalten. Fast überall, wo es eine Universität gibt, hat man Zugriff zu entsprechenden Terminals. Vielreisende führen auf diese Art sogar ihre Tagesgeschäfte weiter, weil sie von überall - über Telefon - Zugriff zu ihrem Computer haben.

Reise - Tipps

Die folgenden Tipps sind sicher nicht vollständig, aber haben mich auf vielen Reisen vor größerem Schaden bewahrt. Für spezielle Gegenden empfehle ich unbedingt, die angebotene Information zu lesen und auch zu beachten.

So gibt es für Reisende in Florida ein nützliches Handblatt, das die Reisenden gut schützt, wenn sie sich daran halten. Für exotische Länder empfehle ich unbedingt die reichlich vorhandene Literatur zu Rate zu ziehen, aber auch die Lektüre von 'Survival Handbooks' ist informativ und dazu auch noch spannend.

Potentiell immer gefährlich sind Gegenden mit großer Armut, besonders in der Nachbarschaft reicher Orte, z.b. auch Gegenden, in denen Flüchtlinge sich aufhalten müssen, Drogenumschlagplätze (z.b. auch die Umgebung von Liquor Stores in USA), Orte mit Prostitution, Länder im Umbruch und mit Mafiastrukturen und natürlich Kriegsschauplätze.

Immer riskant ist es allein, in der Nacht, im Dunklen, alkoholisiert, hilfesuchend, und gut gekleidet herumzugehen oder zu fahren. Deshalb ist es sicherer in Gruppen zu gehen, den Alkohol zu meiden, nur an geschützten Plätzen die Land- oder Stadtkarte zu lesen.

Zu meiden sind Parks, vor allem in der Dunkelheit, zu leere und zu volle Plätze und Straßen, unsichere Parkhäuser, U-Bahn Stationen, leere Autobahnparkplätze.

Viel macht die Kleidung aus. Wer in Jeans herumläuft signalisiert nicht Reichtum, wer Turnschuhe trägt zeigt an, dass er schnell weglaufen kann. Die Lederjacke verleiht Kraft, das Geld steckt in tiefen vorderen Hosentaschen (eventuell vom Schneider speziell dafür verändert) am sichersten.

Im Zweifel ist es besser, im unbekannten Umfeld nicht zu helfen, man kann zuwenig abschätzen, was Fallen sind und was echte Not ist.

Wer Fallen als solche durchschaut hat, (z.b. die Hütchenspieler in Berlin) ist gut beraten, nur diskret und vorsichtig zu warnen, sonst wird man schnell das Opfer der brutalen Kriminellen.

Bei Übernachtung im Hotel sollte man alles so ablegen, dass man mit wenigen Griffen das Zimmer verlassen kann und trotzdem das Lebensnotwendige dabei hat. Man sollte sich unbedingt beim Einziehen die Notausgänge einprägen und zwar so, dass man zu ihnen auf dem Boden kriechen kann, denn der Rauch bei einem Brand wird die normalen Zeichen unsichtbar gemacht haben.

Ziemlich sicher ist man in Zimmern unterhalb des 7.Stockes (soweit reichen die meisten Feuerwehrleitern), die auf die Straße gehen. Bevor man eine Tür öffnet, befühlt man sie. Ist sie heiß, lässt man sie zu. Eine gute Tür schützt lange vor dem Feuer, besonders wenn sie nass gehalten wird. Aufzüge sind im Brandfall natürlich zu meiden, ebenso der ungeschützte Sprung aus dem Fenster. Im Normalfall ist man schon bei einem Sprung aus dem zweiten Stockwerk tot. Eine effektive Art Betroffene im Schlaf zu alarmieren, ist es, auf dem Parkplatz die Hupe eines Autos lange und immer wieder zu betätigen.

Spricht man die Sprache des Landes ist es besser mit 'Feuer' um Hilfe zu rufen als mit 'Hilfe', auch wenn es sich gar nicht um ein Feuer handelt. Denn bei Feuer helfen die Menschen eher als bei Hilfe. Bei Überfällen lohnt es sich nicht den Helden zu spielen, Feiglinge leben länger, vor allem wenn sie gut laufen können, gegen eine gut gezielte Kugel sind die stärksten Muskeln wirkungslos.

In Massenpaniksituationen, wenn die Menschen beginnen alles niederzutrampeln, vor allem oben bleiben, nur nicht auf den Boden kommen. Kleine Kinder hochheben und versuchen auf der Menschenmenge zu schwimmen. Die einzige Kommunikation, die in einer Panik noch am ehesten wirkungsvoll ist, wäre das Anschreien, aber dabei muss man selbst noch ruhig und überlegt bleiben. Am besten allerdings ist es - wegen der hohen Risiken - Massenveranstaltungen im unbekannten Umfeld von vornherein zu meiden.

In der U-Bahn sitzt man am sichersten im Fahrerwagen oder steht in der Nähe der Notbremse, die man bei Gefahr in den Stationen dann zieht. Da kommt dann immer jemand, um nachzusehen.

Im Auto schließt man prinzipiell mit der Zentralverriegelung beim Fahren und Stehen alle Türen, den Kofferraum schließt man am besten extra ab. Wer unerwünschte Dienstleistungen im Auto - wie Scheibenreinigen - von vornherein ablehnt, erspart sich viel Ärger und bekommt auch nicht die unbeliebten Nagelkratzer auf dem Lack zu spüren. Durch gefährliche Strassen fährt man am besten mit der grünen Welle, um nicht stehen bleiben zu müssen. Wenn man von Nachbarautos bedroht wird, solange es geht weiterfahren und erst an sicheren Plätzen halten und nachsehen ob Schäden am Auto sind.

Wer dich oder dein Gepäck berührt, hat vor dich zu beklauen. Die Nelkenfrauen in Spanien sind ein gutes Beispiel dafür.

Alle diese Tipps ermuntern nicht gerade zum Reisen. Aber - genügend Wissen und Vorsichtsmaßnahmen vorausgesetzt - wäre es einfach zu schade, sich deshalb vom Reisen abzuhalten zu lassen. Denn wer immer nur in seinem sicheren Zuhause sitzen bleibt, versäumt zuviel von der Faszination dieser großen Welt.

Danke

Viele Menschen haben zum Gelingen der Praxilogie
beigetragen.
Viele E-Mails haben mir geholfen und viele Lektoren
und Lektorinnen haben mich korrigiert.
Viel Unterstützung kam durch Empfehlungen und
durch handfestes Helfen.
Viele technische Tipps habe ich bekommen, ohne sie
hätte ich es nicht geschafft, dies alles aufzubereiten!

Ich danke euch allen.

Die Liste wäre inzwischen zu lang, wenn ich euch alle
nennen würde.
Wer beigetragen hat, weiß es und wird sich ange-
sprochen fühlen.
Vertraut auf mein gutes Gedächtnis und nehmt als
Gegenleistung meine Beratung in Anspruch!

Literatur

Axelrod, Robert: Die Evolution der Kooperation. R.Oldenbourg, Scientia Nova. 1995. ISBN 3-486-53993-0. Mit überraschend einfachen Ergebnissen, die eigentlich jeder kennen sollte!

Biebrichter H. / Speichert H.: Montessori für Eltern (eine Leserempfehlung zur Kindererziehung).

Bischof Anita / Bischof Klaus: Selbstmanagement effektiv und effizient. STS 1997. ISBN 3-86027-171-7.

Buchegger, Otto: Die Kunst der Klugheit. Gabler Verlag Wiesbaden. 1996. ISBN 3-409-19591-2. Ist - im Vergleich zum Original - sehr viel besser zu lesen. Aus der Trickkiste der Jesuiten, in Deutschland nahezu unbekannt.

Buchegger, Otto: *Kleine Freuden - Das Joybook aus Tübingen*. Eigenverlag 1997.

Buchegger, Otto: *Ja, so ist es!* Aphorismen aus Tübingen. Eigenverlag 1997.

Buchegger, Otto: *Glück ist sinnlich!* Noch mehr Aphorismen, Sprüche, Tipps und Ausreden aus Tübingen.

Buchegger, Otto: *Einmal ist keinmal, zweimal ist zu oft!* Die Aphorismen des Jahres 1998 aus Tübingen.

Buchegger, Otto: *Im Zweifel tue stets das Richtige.* Die Aphorismen des Jahres 1999 aus Tübingen.

Carnegie, Dale: Sorge dich nicht, lebe. Eines der erfolgreichsten Bücher über Lebensmanagement. Ein Klassiker, immer noch in den Bestsellerlisten.

Covey, Stephen R.: Die sieben Wege zur Effektivität. Campus Verlag 1992. ISBN 3-593-34601-X. Klassiker, sehr beliebt!

Crosby, Philip B.: Quality is free. Mentor Executive Library, ME1961.1979. Klassiker, es gibt von ihm auch deutsche Ausgaben zum Thema Qualität. Seine Grundgedanken sind zeitlos!

Doerner, Dietrich: Die Logik des Misslingens, Strategisches Denken in komplexen Situationen. Reinbeck bei Hamburg: Rowohlt Verlag, 1996. ISBN 3 499 19314 0. Ein Muss für alle Führungskräfte, ist zum Glück auch erschwinglich.

Felton, Sandra: Im Chaos bin ich Königin, Überlebenstraining im Alltag. Moers: Brendow, 1994. ISBN 3-87067-556-X. Originaltitel: Messie no more.

Frankl, Viktor E.: Das Leiden am sinnlosen Leben. Herder Taschenbuch 615. 1989. ISBN 3-451-07615-2.

Frankl, Viktor E.: ...trotzdem Ja zum Leben sagen. Ein Psychologe erlebt das Konzentrationslager. dtv 30050, 1977. ISBN 3-466-30050-7.

Großmann Alexander: Erfolg hat Methode! GABAL. 1995. ISBN 3-930799-030-0.

Hahlweg, Kurt u.a.: Partnerschaftsprobleme, Möglichkeiten zur Bewältigung. Springer 1999.

Heindl Eduard, Maier Karin: Der Webmaster. Praktische Realisierung der Internetpräsenz. Addison-Wesley-Longman, 1999, ISBN 3-8273-1444-5.

Iacocca, Lee: Iacocca. Die amerikanische Ausgabe. Klassiker, immer noch interessant.

Kennedy, Carol: Management Gurus. 40 Vordenker und ihre Ideen. Gabler 1998. ISBN 3-409-18983-1. Für alle, die sich nur eine Übersicht wünschen, damit sie auch mitreden können.

Kubr, Thomas u.a.: Planen, gründen, wachsen. Überreuter 1999. Das aktuelle McKinsey-Buch mit den einzelnen Bausteinen für einen erfolgreichen Businessplan.

Mankiw, Nicholas Gregory: Grundzüge der Volkswirtschaftslehre. Stuttgart: Schäffer-Poeschel, 1999. ISBN 3-7910-1458-7. Hat bei mir wichtige Bildungslücken geschlossen.

Meynart, Lennart: Life Management. Harpenden: Oldcastle Business Books, 1990. Ist leider vergriffen! War eine Hauptgrundlage für meine Praxilogie.

Nadler, Monika: Kleine Gebrauchsanleitung für das Leben. Einblicke, Erkenntnisse & Merkregeln für ein glückliches und erfülltes Leben. Cormoran Verlag 1999. ISBN 3-517-07999-5. Preiswert und sehr empfehlenswert!

Rico, Gabriele Lusser: GARANTIERT SCHREIBEN LERNEN. Rowohlt 1995. ISBN 3-498-05703-0. Benutzt Cluster, die den Mindmaps ähnlich sind.

Savant, Marilyn vos, und Fleischer Leonore: Brain Building. rororo Sachbuch 9696. 1995. ISBN 3 499 19696 4. Mit vielen nützlichen Übungen. Zum Teil sehr amerikanisch, trotzdem gut.

Schulz von Thun, Friedemann: Miteinander reden I: Störungen und Klärungen. Hamburg: rororo Sachbuch. 1988. ISBN 3-499-17489-8. Wem der erste Band gefällt, liest auch die weiteren Bände.

Senge, Peter M.: The fifth discipline (The Art and Practice of the Learning Organisation). Doubleday/Currency, 1990, ISBN 0-385-26094-6. Gibt es auch als deutsche Ausgabe. Ein wichtiges Buch.

Slator, Robert: Die unschlagbaren Erfolgstrategien von Jack Welch. Wer führt muss nicht managen. Moderne Industrie, 1999, ISBN 3-4783-6390-X.

Zach, Manfred: Monrepos oder die Kälte der Macht. Tübingen: Klöpfer & Meyer, 1996. ISBN 3-931402-05-3.

Klassiker:

Michel de Montaigne: Die Essais. Reclam 8308. ISBN 3-15-008308-7.

Sun Tsu: Wahrhaft siegt, wer nicht kämpft, Über die Kriegskunst, gebundene Ausgabe. Gibt es in vielen Varianten.

Niccolo Machiavelli: Der Fürst. Auch bei Reclam 1219. ISBN 3-15-001219-8.

Balthasar Gracián: Handorakel und Kunst der Weltklugheit. Reclam 2771. ISBN 3-15-002771-3.

Adolph Freiherr Knigge: Über den Umgang mit Menschen. Reclam 1138. ISBN 3-15-001138-8. Immer noch lesenswert.

Viele Adressen befinden sich im Internet unter www.praxilogie.de. Für aktuelle Links empfiehlt es sich dort nachzusehen!

Otto 'Clemens' Buchegger

 Dr. Otto Buchegger, Europäer mit deutschem Pass, geboren 1944 in Oberösterreich. Ich schloss 1968 das Studium der Nachrichtentechnik als Diplomingenieur ab und promovierte 1972 an der Technischen Universität Wien.

Ich verfüge über viele Jahre Managementerfahrung in der Softwareentwicklung und Ausbildung. Seit 1994 bin ich freiberuflicher Berater für Lebensmanagement (Praxiloge) und Hausmann.

Meine Hauptanliegen sind

- Managementwissen für die Ausbildung junger Menschen aufzubereiten
- Für mehr Freude im Alltag zu sorgen, über das Leben nachzudenken
- Nützliche Informationen über Tübingen zur Verfügung zu stellen
- die Musik zu fördern

Wer sich über meine aktuellen Arbeiten informieren will, der sehe im Internet nach. Auf den folgenden drei Servern wird man immer wieder Neues von mir und meinen drei Kindern finden!

www.buchegger.com

www.buchegger.de

www.praxilogie.de

Dr. Otto Buchegger, Tübingen

otto@buchegger.com

Ich bin telefonisch nicht erreichbar und stehe auch nicht für TV – Veranstaltungen zur Verfügung.

Inhaltsverzeichnis

Ich habe viele Versuche unternommen, der Praxilogie eine Struktur zu verpassen. Alle meine Bemühungen sind fehlgeschlagen, weil die meisten Leserinnen und Leser sie gar nicht wie ein Buch lesen wollten, sondern sie einfach aufschlagen und irgendwo zu lesen beginnen.

Deshalb habe ich es aufgegeben, die Inhalte zu gliedern. Die innere Struktur wird man leicht durchschauen. Sie beginnt mit Grundlagen, streift dann viele Bereiche für das Selbstmanagement, kommt dann zu Techniken und Methoden für die Gruppe und endet mit privaten Aspekten.

Wer die Praxilogie trotzdem gliedern will, der tue das selbst.

Ebenso habe ich in dieser Buchausgabe alle Betonungen in Fettdruck weggelassen, damit man schneller lesen kann. Wer Teile oder Wörter besonders herausheben will, ist eingeladen, es auch selbst zu tun. Damit verleiht er der Praxilogie eine ganz persönliche Note.

Viel Spaß beim Lesen!